Christian Alt (Hrsg.)

Kinderleben – Individuelle Entwicklungen
in sozialen Kontexten

# Schriften des Deutschen Jugendinstituts: Kinderpanel
# Band 5

Das Deutsche Jugendinstitut e. V. ist ein außeruniversitäres sozialwissenschaftliches Forschungsinstitut. Seine Aufgaben sind anwendungsbezogene Grundlagenforschung über die Lebensverhältnisse von Kindern, Jugendlichen und Familien, Initiierung und wissenschaftliche Begleitung von Modellprojekten der Jugend- und Familienhilfe sowie sozialwissenschaftliche Dienstleistungen. Das Spektrum der Aufgaben liegt im Spannungsfeld von Politik, Praxis, Wissenschaft und Öffentlichkeit. Das DJI hat dabei eine doppelte Funktion: Wissenstransfer in die soziale Praxis und Politikberatung einerseits, Rückkoppelung von Praxiserfahrungen in den Forschungsprozess andererseits. Träger des 1963 gegründeten Instituts ist ein gemeinnütziger Verein mit Mitgliedern aus Institutionen und Verbänden der Jugendhilfe, der Politik und der Wissenschaft. Dem Kuratorium des DJI gehören Vertreter des Bundes, der Länder, des Trägervereins und der wissenschaftlichen Mitarbeiterschaft des DJI an. Die Finanzierung erfolgt überwiegend aus Mitteln des Bundesministeriums für Familie, Senioren, Frauen und Jugend und im Rahmen von Projektförderung aus Mitteln des Bundesministeriums für Bildung und Forschung. Weitere Zuwendungen erhält das DJI von den Bundesländern und Institutionen der Wissenschaftsförderung.

Das DJI hat z. Zt. folgende Forschungsabteilungen: Kinder und Kinderbetreuung, Jugend und Jugendhilfe, Familie und Familienpolitik, Zentrum für Dauerbeobachtung und Methoden sowie die Forschungsschwerpunkte »Übergänge in Arbeit«, »Migration, Integration und interethnisches Zusammenleben«, »Gender und Lebensplanung«, ferner eine Außenstelle in Halle.

Christian Alt (Hrsg.)

# Kinderleben – Individuelle Entwicklungen in sozialen Kontexten

Band 5: Persönlichkeitsstrukturen und ihre Folgen

Bibliografische Information der Deutschen Nationalbibliothek
Die Deutsche Nationalbibliothek verzeichnet diese Publikation in der
Deutschen Nationalbibliografie; detaillierte bibliografische Daten sind im Internet über
<http://dnb.d-nb.de> abrufbar.

1. Auflage 2008

Alle Rechte vorbehalten
© VS Verlag für Sozialwissenschaften | GWV Fachverlage GmbH, Wiesbaden 2008

Lektorat: Monika Mülhausen

VS Verlag für Sozialwissenschaften ist Teil der Fachverlagsgruppe
Springer Science+Business Media.
www.vs-verlag.de

Das Werk einschließlich aller seiner Teile ist urheberrechtlich geschützt. Jede Verwertung außerhalb der engen Grenzen des Urheberrechtsgesetzes ist ohne Zustimmung des Verlags unzulässig und strafbar. Das gilt insbesondere für Vervielfältigungen, Übersetzungen, Mikroverfilmungen und die Einspeicherung und Verarbeitung in elektronischen Systemen.

Die Wiedergabe von Gebrauchsnamen, Handelsnamen, Warenbezeichnungen usw. in diesem Werk berechtigt auch ohne besondere Kennzeichnung nicht zu der Annahme, dass solche Namen im Sinne der Warenzeichen- und Markenschutz-Gesetzgebung als frei zu betrachten wären und daher von jedermann benutzt werden dürften.

Umschlaggestaltung: KünkelLopka Medienentwicklung, Heidelberg
Druck und buchbinderische Verarbeitung: Krips b.v., Meppel
Gedruckt auf säurefreiem und chlorfrei gebleichtem Papier
Printed in the Netherlands

ISBN 978-3-531-16165-5

# Inhalt

*Christian Alt/Gabriele Gloger-Tippelt*
**Persönlichkeitsentwicklung und Sozialstruktur**
Überlegungen zu einer modernen Kindheitsforschung ................................. 7

*Beatriz Barquero/Christian Alt/Andreas Lange*
**Persönlichkeitsentwicklung in der späten Kindheit**
Explorative Analysen ............................................................................. 27

*Gabriele Gloger-Tipelt/Olaf Lahl*
**Wie früh entwickeln Anna und Lukas ihre individuelle Persönlichkeit?**
Persönlichkeitsmerkmale und Problemverhalten in der Kindheit ................. 47

*Maria von Salisch*
**Ärger – Aushandlungen in der Freundschaft als Weg zu sozialer und emotionaler Kompetenz** ............................................................... 81

*Violetta Jung/Klaus Wahl*
**Kindliche Aggressivität im Zeitverlauf**
Ausmaß und Ursachen ........................................................................... 99

*Beatriz Barquero/Boris Geier*
**Elterliches Erziehungsverhalten**
Wie werden kindliche Verhaltensauffälligkeiten und
Persönlichkeitsmerkmale beeinflusst? .................................................... 125

*Johannes Huber*
**„Der Dritte im Bunde ist immer dabei..."**
Die Bedeutung des Vaters im familiären Erziehungsgeschehen ................ 149

*Sandra Ebner*
**Trotzdem erfolgreich?**
Was prägt die Entwicklung der 10-bis 12 Jährigen mehr - die Soziale
Herkunft, die Persönlichkeit oder der Erziehungsstil der Eltern? .............. 181

*H. Gerhard Beisenherz*
**Dauerhafte Armut und Schulleistung**
Befindlichkeiten von Kindern im Übergang von der Grundschule
in den Sekundarbereich ......................................................................... 207

*Ludwig Stecher/Sabine Maschke*
**Schule, wie sie von Eltern und Kindern gesehen wird**
Eine Längsschnittanalyse von der Grundschule in die ersten Jahre
der Sekundarstufe...................................................................................239

*Sibylle Schneider*
**Was bringen die Kinder von Zuhause in die Schule mit?**
Der Übergang von der Grundschule in die Sekundarstufe I aus Sicht
der Kinder und Eltern im Rückblick .........................................................259

*Sigrid Haunberger/Markus Teubner*
**Bildungswünsche von Eltern und Kindern im Vergleich**
Eine empirische Analyse anhand der drei Wellen des DJI-Kinderpanels....293

*Christoph Weber/Ursula Winklhofer/Johann Bacher*
**Partizipation von Kindern in der Grund- und Sekundarschule**...........317

*Claudia Zerle*
**Lernort Freizeit: Die Aktivitäten von Kindern zwischen
5 und 13 Jahren**......................................................................................345

*Christian Alt/Gabriele Gloger-Tippelt*
Persönlichkeitsentwicklung und Sozialstruktur
Überlegungen zu einer modernen Kindheitsforschung

1. Auf dem Weg zu einer modernen Kindheitsforschung .........8
2. Das Kinderpanel – ein adäquater Zugang zu einer Sozialberichterstattung moderner Kindheit .........10
3. Bisherige Befunde aus dem Kinderpanel – Kurzprofil moderner Kindheit .........11
   - 3.1 Die familiale Situation .........11
   - 3.2 Armut und Schicht .........12
   - 3.3 Schule und Wellbeing .........13
   - 3.4 Die Welt der Gleichaltrigen .........14
   - 3.5 Freizeit und wie sie verbracht wird .........15
   - 3.6 Partizipation im Alltag .........16
4. Neue Aspekte moderner Kindheitsforschung: Persönlichkeit und individuelle Entwicklung .........17
   - 4.1 Persönlichkeit im Alltagsdenken und in der psychologischen Forschung .........17
   - 4.2 Herausbildung von Persönlichkeitsmerkmalen und Fragen der Stabilität .........19
   - 4.3 Methodische Anforderungen an die Erhebung von Persönlichkeitsmerkmalen .........20
   - 4.4 Die soziologische Sichtweise auf Persönlichkeit und Identität .........22

Literatur .........23

## 1. Auf dem Weg zu einer modernen Kindheitsforschung

Auch wenn die Kindheitsforschung derzeit den Eindruck vermittelt, sie wäre aus dem Nichts entstanden, hat sie bereits eine lange Geschichte. Schon zu Beginn des 20. Jahrhunderts bezeichnete sich ein Kreis von Pädagogen, Medizinern, Heilpädagogen und Psychologen als Kinderforscher (Liegle 2002). Ihr Interesse lag eindeutig auf dem werdenden Kind. Beobachtet wurde der normale, vor allem aber der abweichende Entwicklungsverlauf. Diese einseitig auf Sozialisation und Erziehung bezogene Zugangsweise ist in den letzten 15-20 Jahren um eine Vielfalt von Dimensionen des Kindseins erweitert worden (Andresen/Hurrelmann 2007; Grunert/Krüger 2006). Ihre derzeitige Aufmerksamkeit verdankt sie mit großer Wahrscheinlichkeit auch der Tatsache, dass von ganz unterschiedlichen wissenschaftlichen Disziplinen ein starkes Interesse an einer (interdisziplinären) Kindheitswissenschaft (Lange 2006; Prout 2005; Reyer 2004) geäußert wird. Legt man – wie im Kinderpanel ausführlich beschrieben – einen sozialökologischen Rahmen zugrunde, deckt die interdisziplinäre Kindheitsforschung das gesamte Spektrum von Makro-, Meso- und Mikroeinflüssen auf das Leben und die Entwicklung von Kindern ab (Lauterbach/Lange 2000).

Diese moderne Kindheitsforschung hat eine erhebliche Entwicklung in kurzer Zeit hinter sich gebracht. So wurden innerhalb von wenigen Jahren die Annahmen eines Defizitansatzes – das Kind ist unfertig und muss daher von den Erwachsenen unterwiesen werden, will es den gesellschaftlichen Anforderungen gerecht werden –, der explizit von einer gesellschaftlich gesetzten und von den Erziehungspersonen durchzusetzenden Norm für das korrekte Aufwachsen von Kindern ausging, zunächst ersetzt durch die Vorstellung davon, dass der Alltag des Aufwachsens gemeinsam konstruiert werden muss durch das Zusammenwirken von Eltern und Kindern. Allerdings blieb die Forschung noch der Maßgabe verhaftet, dass der Entwurf von Normalität primär die Angelegenheit der Erwachsenen war. Informationen über Kindheit wurden daher stets aus der Perspektive der Eltern (der Mütter) gewonnen. Durch den Bedeutungszugewinn der interdisziplinären Sozialisationsforschung und der damit einhergehenden Berücksichtigung gesellschaftlicher Einflüsse auf die Persönlichkeitsentwicklung eines Individuums fokussierte sich die Forschung zunehmend mehr auf das Individuum „Kind". Man interessierte sich mehr und mehr dafür, wie es einem Kind in seiner Entwicklung gelingt, diejenigen sozialen und kulturellen Kompetenzen zu erwerben, die es befähigen in dieser Welt autonom handlungsfähig zu sein. In der modernen Soziologie wurde diese Diskussion stets im Kontext der Entwicklung einer eigenen Identität geführt. Im Vordergrund dieser Betrachtungsweisen standen die sozialen Kompetenzen. Dabei spielten die Beziehungen der Kinder zu den Eltern eine herausragende Rolle, aber – mit zunehmendem Alter der Kinder – auch die Peerkontakte und die Integration in die Gleichaltrigenstruktur. Hier gilt das Interesse der Frage, inwieweit die Kinder in der Lage sind, die erworbenen Fähigkeiten und Fertigkeiten – ihr persönliches Kapital – nutzbringend einzusetzen, um mittel- und langfristig ein Gewinn aus den bestehenden Beziehungen ziehen zu können (Ossyssek 2003).

Die wissenschaftliche Erklärung dieses Phänomens ist eine aus der Entwicklungspsychologie schon lange bekannte Zielsetzung. Hier wird und wurde ein besonderes Interesse auf die kognitiven, sozialen und physischen Kompetenzen gerichtet, welches Harter (1999) um die Bedeutung des allgemeinen Selbstwertgefühls erweiterte. Er verweist so auf eine weitere Ressource der Entwicklung und Sozialisation eines Kindes. Aus der soziologischen Profession konnten Herlth/Strohmeier (1982) zeigen, dass es die Eltern der Kinder sind, die deren aktive Lebensgestaltung beeinflussen und organisieren. So wird die Umwelt – die Wohnung, deren Ausstattung sowie die Spiel- und Lernmittel –, aber auch die sozialen Kontakte und die Schulform zum Gegenstand einer wissenschaftlichen Auseinandersetzung mit dem Fokus auf die Entwicklung der Kinder, allein schon, weil die Eltern in diesen Bereichen gezielt Vorgaben machen und somit konstitutiv sind für die damit einhergehende Kindheit.

Mit diesen (beiden) Dimensionen wird ein Raum aufgespannt, in dem sich Persönlichkeit und Bewältigungsstrategien herausbilden. Dabei sind die Entwicklung der individuellen Fähigkeiten und Fertigkeiten jene Ressourcen, die als persönliches Kapital oder individuelle Ressourcen (psychologisches Kind) angesehen werden können. Die sinnvolle Anwendung und vor allem die Nutzbarmachung dieses Potentials lassen sich als persönliche oder soziale Kompetenz beschreiben. Ein Feld, auf dem bislang wenig geforscht wurde.

## 2. Das Kinderpanel – ein adäquater Zugang zu einer Sozialberichterstattung moderner Kindheit

Vor diesem Hintergrund ist es nur allzu verständlich, dass die Sozialberichterstattung den Fokus auf die Lebenslagen von Kindern richtet, welche sie differenziert beschreiben will in Hinsicht auf die unterschiedlichen Rahmenbedingungen des Aufwachsens von Kindern und auf die Frage, wie ihre Lebensbedingungen im Kontext Schule, in den Kindertageseinrichtungen, im Hort, in der Familie sowie unter Peers tatsächlich sind (vgl. Joos 2001; Leu 2002). Diese Lebenslagen schließen neben den Lebenswelten bzw. -bereichen wie Familie, Schule oder die Peers auch größere Gebietseinheiten wie die Differenzierung in Ost- und Westdeutschland, Unterschiede auf Bundesländerebene, Stadt-Land-Unterschiede oder auch Differenzierungen innerhalb von Städten und Gemeinden z. B. nach Vierteln ein, so dass sich auf dieser Ebene sozialstrukturell-geographisch unterschiedliche Bedingungen des Kindseins herausarbeiten lassen (vgl. Alt 2001).[1]

Daneben richtet sich der Blick auch auf die Persönlichkeitsentwicklung der Kinder. Leitfragen dieser vorwiegend (entwicklungs-) psychologischen, aber auch sozialisationstheoretischen Perspektive (vgl. Bornstein/Bradley 2003) sind: Unter welchen Rahmenbedingungen entwickeln Kinder Fähigkeiten, um soziale Beziehungen aufbauen und aufrecht erhalten zu können, sich in Gruppen zu positionieren, gemeinsam mit anderen Probleme zu lösen und Konflikte zu bewältigen, soziale Unterstützung zu geben oder zu nutzen? Welche Konstellationen bergen die Gefahr, dass die Kinder in ihrer persönlichen und sozialen Entwicklung (z. B. im Schulerfolg, in ihrer persönlichen Interessenentfaltung) eingeschränkt werden oder aber Problemverhalten entwickeln (z.B. Aggressivität, Krankheiten, abweichendes Verhalten)? Lassen sich spezifische Resilienzfaktoren für bestimmte Kinder(-gruppen) bestimmen (vgl. Wustmann 2005)?

Gänzlich neu ist die Beachtung der sozialen Positionierung von Kindern (soziologisch-[sozial]pädagogische Perspektive). Die Leitfragen dieser Analyserichtung lesen sich exemplarisch wie folgt: Eine herausragende Frage in die-

---

[1] Der Methodenbericht des DJI-Kinderpanels und das Verfahren zur Gewichtung der Paneldaten sind zum Nachlesen auf der Homepage des DJI (www.dji.de) hinterlegt.

sem Kontext ist: Gibt es herkunftstypische Verschränkungen formaler und informeller Bildungsprozesse? Sind herkunftsspezifische Differenzen im Schulerfolg, im Übertrittsverhalten der Kinder auszumachen? Gibt es Hinweise darauf, dass ungleiche Sozialisationsbedingungen, aktuelle wie zukünftige Inklusions- oder Exklusionserfahrungen (in den Peergruppen, im Bildungssystem, etc.) wahrscheinlicher machen (vgl. Helsper/Hummrich 2005)? Weitere Analysen beziehen sich auf die ungleichen Machtstrukturen zwischen Erwachsenen und Kindern, die u. a. mit dem Stichwort „generationale Ungleichheit" bereits an anderen Stellen diskutiert werden (Engelbert/Herlth 2002) und in verschiedenen Lesarten des Agency-Konzeptes der neueren Kindheitsforschung Eingang gefunden haben (vgl. Betz 2007).

Hinter all dem steht die Frage, wie „die Lebenslagen die Persönlichkeitsentwicklung beeinflusst" (Alt 2005). Dies ist keinesfalls gleichbedeutend damit, dass die beschriebenen „Einflüsse" nur in eine Richtung wirksam wären. Das Bild vom Kind, das dem Kinderpanel zugrunde liegt, geht vielmehr von komplexen wechselseitigen Verschränkungen von Individuum und Umwelt aus. Individuen sind nicht nur passive Opfer der Verhältnisse, sondern immer auch Akteure dieser Umwelten (Lerner 2005). Es gilt an den unterschiedlichsten Stellen aufzuzeigen, inwiefern die Kinder und ihre Umwelt aufeinander relational bezogen sind und wie die Kinder selbst ihre „Umwelt" mit hervorbringen.

## 3. Bisherige Befunde aus dem Kinderpanel – Kurzprofil moderner Kindheit

Bislang wurde im Kinderpanel großer Wert auf die Beschreibung der vorgefundenen Strukturen und der Persönlichkeitsmerkmale der Kinder gelegt. Dabei ergab sich folgendes Bild.

### 3.1 Die familiale Situation

In der Stichprobe des Kinderpanels wuchsen etwa 75% der Kinder mit beiden biologischen Eltern auf. Ein Viertel der vom Deutschen Jugendinstitut untersuchten Kinder lebte in alternativen Familienformen, d.h. in Stieffamilien oder mit einem alleinerziehenden Elternteil. Vergleicht man diesen Befund mit den jüngst erschienenen Zahlen der World-Vision Studie (Andresen/Hurrelmann 2007) – gemäß dieser 70% der befragten Kinder in einer klassischen Kernfamilie zusammen mit ihren verheirateten Eltern leben, 17% bei einem alleinerziehenden Elternteil und weitere 6% zusammen mit einem Stiefelternteil leben – so setzt sich die bereits aus dem Vergleich des Familiensurvey mit dem Kinderpanel bekannte Entwicklung fort: der Anteil der Kinder, die in der klassischen Kernfamilie aufwachsen, verringert sich weiter. Was die Erwerbssituation der Eltern anbelangt, gilt, dass knapp die Hälfte der Kinder unter den Bedingungen einer klassischen „Breadwinner"-Familie aufwächst und ca. 46% in Familien, in denen beide Eltern einer regelmäßigen Erwerbstätigkeit nachgehen. Ganz gleich, ob sie in traditionellen oder alternativen Familienformen oder als Einzel- bzw. Geschwisterkinder aufwachsen, fast alle von uns befragten Kinder fühlten sich in ihrer Familie wohl. Nur 2% der Kinder beurteilen das Klima in ihrer Familie negativ.

## 3.2 Armut und Schicht

Im Kinderpanel geben 13% der Eltern an, dass sie nur schlecht oder sehr schlecht mit dem verfügbaren Einkommen zurechtkommen. Besonders häufig verwiesen arbeitslose Eltern oder Alleinerziehende, aber auch Eltern aus den neuen Bundesländern auf die vorgefundene Armut. Es sei darauf hingewiesen, dass es sich dabei um subjektive Einschätzungen und nicht um eine objektive Einstufung in eine Armutsskala handelt.

Für die Zuordnung der Familien zu den sozialen Schichten und den daraus resultierenden Verteilungen gilt, dass jeweils etwa 10% der Familien zu der untersten und obersten Schicht gezählt werden können. Ferner kann man feststellen, dass der Migrationshintergrund Teil der deutschen Kindheitsrealität geworden ist und die Kinder aus diesen Familien deutlich häufiger zur untersten Herkunftsschicht gehören.

Ist man an den Folgen der Armut interessiert, zeigt sich, dass primär die Dauer der Armut, dann die Bildung der Mutter und schließlich der Familientyp wirken. Neben der Dauer der Armut spielt die aktuelle Armut keine eigenständige Rolle mehr. Bemerkenswert ist die Abhängigkeit vom Geschlecht. So zeigt sich bei den Jungen, dass im Wesentlichen zwei Faktoren erheblich sind: die Dauer der Armut und der Familientyp. Für die Mädchen gilt dagegen: neben der Dauer der Armut und dem Familientyp ist auch die Bildung der Mutter von Bedeutung.

Diese wirkt sich bei den Mädchen stark auf das Ausmaß der Externalisierung aus. Bei niedrigerer Bildung der Mutter ist die Externalisierung stärker ausgeprägt. Untersucht man den Zusammenhang noch genauer, zeigt sich, dass die Bildung der Mutter und die Dauer der Armut in ihrem Einfluss auf die Externalisierung eine Wechselwirkung entfalten: Dauerhafte Armut fördert Externalisierung bei Mädchen insbesondere dann, wenn sie mit niedriger Bildung der Mütter zusammen trifft. Dies verweist in Bezug auf die Bedeutung der Lebensverhältnisse auch auf den außerfamilialen Bereich. Kinder aus einkommensschwachen Familien sind nicht selten auch in der Schule benachteiligt. Obgleich sie meist positive Erfahrungen mit der Schule machen, zeigen unsere Untersuchungen, dass sich gerade ihr schulisches Wohlbefinden von der 2. bis zur 4. Klasse verschlechtert. Dennoch bietet die Schule eben diesen Kindern durch geordnete Strukturen, durch Beziehungsarbeit sowie durch kulturelle Angebote die Möglichkeit, Folgen und Auswirkungen der Armut zu kompensieren.

**3.3 Schule und Wellbeing**

Ein weiteres markantes Fakt in diesem Zusammenhang: In Westdeutschland besuchen mehr als drei Viertel der 8- bis 9-Jährigen ausschließlich vormittags die Schule und nur jedes siebte Kind geht in eine Ganztagsschule. In Ostdeutschland besuchen hingegen fast zwei Drittel der 8- bis 9-Jährigen eine Ganztagsschule bzw. Schule und Hort, nur ein knappes Drittel geht ausschließlich vormittags in die Schule. Viele Kinder mit berufstätigen Eltern haben Betreuungslücken, denn ganztags betreut wird nur jedes fünfte Kind, dessen Mutter teilzeitbeschäftigt ist, und jedes zweite Kind, dessen Eltern beide Vollzeit arbeiten. Die urbanen Zentren weisen einen deutlich höheren Anteil an Ganztagsschulen und ganztags Betreuungsformen auf als der ländliche Raum.

Erwartungsgemäß nehmen Kinder aus oberen sozialen Schichten, mit größerer Ausstattung an sozialem und kulturellem Kapital, vermehrt zahlreiche und unterschiedliche Angebote des außerschulischen Bildungsbereichs wahr (z. B. schulnahe, organisierte Freizeitaktivitäten oder häufigere PC-Nutzung). Dies wird durch den hohen Stellenwert von Bildung in diesen Elternhäusern angeregt. Über das damit einhergehende Engagement für vielfältige Bildungsaktivitäten nehmen Eltern gezielt Einfluss auf den Schulerfolg der Kinder sowie deren Sicht von Schule und Lernen.

Schichtunabhängig zeigt sich die Überlegenheit der Mädchen bei den Schulleistungen. Im Rechnen, Schreiben und Lesen sind sie besser als die Jungen. Es ist also nicht mehr die katholische Arbeitertochter vom Lande, welche die prototypische Figur der Bildungsbenachteiligung darstellt, sondern eher der Junge aus großstädtischem Milieu mit Migrationshintergrund.

Im Gegensatz zu den Kindern aus sozial gut gestellten Schichten erleben Kinder aus niedrigeren Schichten starke Brüche zwischen den außerschulischen Erfahrungen und den schulischen Belangen, was sich in der geringeren Unterstützung durch die Eltern wie auch im Mangel an unterstützenden, familiären aber auch außerschulischen Angeboten ausdrückt. Sie entwickeln sich allem Anschein nach fern von den Anforderungen von Schule, Lernen und nachgefragten Kompetenzen. Dies schlägt sich auch in schlechteren Noten dieser Kinder nieder. Es sei ausdrücklich darauf hingewiesen, dass sich dies weitgehend unabhängig vom Migrationshintergrund so verhält. Die Zugehörigkeit zu den niedrigen sozialen Schichten und den damit fehlenden sozialen Ressourcen schlägt hier durch.

Nichts desto trotz: Die meisten Kinder gehen sogar sehr gerne in die Schule: Der Unterricht macht ihnen Spaß und sie fühlen sich in ihrer Klassengemeinschaft sehr wohl. Nur 13% der Kinder gehen eher ungern zur Schule und 5% der Kinder fühlen sich in der Klasse nicht wohl.

Dass aber nicht alles zum Besten bestellt ist, zeigt die alltägliche Situation in der Schule. Über 40% der Grundschulkinder haben oft Angst, in der Schule zu viele Fehler zu machen. Kinder aus niedrigeren sozialen Schichten äußern diese Befürchtung häufiger als Kinder aus höheren Schichten. Jedes vierte Kind langweilt sich in der Schule, die Jungen deutlich mehr als die Mädchen. Bei jedem siebten Grundschulkind kommt es nach Wahrnehmung der Mütter zu zwei und mehr Belastungssymptomen durch die Schule: Kopf- und Bauchschmerzen; Angst vor dem Lehrer/der Lehrerin; Sorge um das Abschneiden am nächsten Tag; starke Aufregung beim Aufrufen im Unterricht. Auch in dieser Gruppe der belasteten Schüler sind Kinder aus niedrigen sozialen Schichten mit hohem Armutsrisiko überproportional vertreten. Ferner ist zu beobachten, dass sich bei anhaltender Armut während der Grundschulzeit eine Leistungsbeeinträchtigung einstellt. Vor allem die länger andauernde Verarmung des Haushalts schlägt sich sowohl in der subjektiven Befindlichkeit als auch in der objektivierten Kompetenzentwicklung negativ nieder.

## 3.4 Die Welt der Gleichaltrigen

Die meisten Kinder sind gut in die Gleichaltrigenwelt eingebunden und zufrieden mit den Kontakten unter ihresgleichen. Durchschnittlich benennen diese Kinder sechs Gleichaltrige, mit denen sie sich regelmäßig treffen, mit vier davon verbindet sie eine gute Freundschaft. Mit ihren Freunden erleben sie viel Spaß und können auf deren Unterstützung zählen. Allerdings benennt jedes zehnte Kind keinen einzigen „guten Freund", keine einzige „gute Freundin", obwohl sich dies fast alle Kinder wünschen. Mädchen aus einkommensschwachen Haushalten sind besonders häufig ohne gute Freundinnen und Freunde, jedes vierte hat keine enge Beziehung zu Gleichaltrigen. Damit zeigt sich, dass auch Kinder und Jugendliche zumindest kurzfristig kleine Singles sein können.

Im Kinderpanel konnte gezeigt werden, dass Freunde eine wichtige Basis für das so genannte soziale Kapital bilden, über das jedes Individuum in unterschiedlicher Art und Weise verfügt. In einer groben Annäherung kann man die Anzahl der Personen, die man zu seinen Freunden zählt, als die Höhe des eigenen, sozialen Kapitals bezeichnen. Man kann zeigen, dass Kinder unabhängig von ihrer Herkunft stets etwa gleich viele Peers haben, also über ein gleich großes Potential möglicher guter Freunde verfügen. Die sozioökonomische Herkunft aber bestimmt, wie stark dieses Potenzial ausgeschöpft werden kann.

Kinder mit Migrationshintergrund sind nicht wesentlich schlechter integriert als einheimische deutsche Kinder. Wie dem Kinderpanel – Zusatzuntersuchung bei Türken und Russen – zu entnehmen ist, hat etwa jedes zehnte deutsche und türkische Kind keinen guten Freund – darin unterscheiden sich Kinder der beiden Bevölkerungsgruppen nicht. Russlanddeutsche Mädchen sind hingegen nur halb so oft ohne gute Freundin wie deutsche Mädchen. Zwischen russlanddeutschen und deutschen Jungen besteht kein signifikanter Unterschied im Anteil „freundloser" Kinder. Das Risiko der Isolation ist somit für Kinder mit Migrationshintergrund nicht höher als für Kinder ohne Migrationshintergrund. Darüber hinaus kann man sagen, dass Kinder mit türkischem oder russischem Migrationshintergrund ihre Freizeit mit mindestens genauso vielen Gleichaltrigen verbringen wie deutsche Kinder ohne Migrationshintergrund. Es zeigt sich aber auch, dass türkische Kinder mehr Freunde haben als russlanddeutsche Kinder.

### 3.5 Freizeit und wie sie verbracht wird

Laut unseren Befunden dominieren im Freizeitbereich Aktivitäten in einem Sportverein. Etwa 73% der Kinder betätigen sich regelmäßig aktiv in Vereinen. Immerhin jedes fünfte Kind besucht eine Musikschule. Regelmäßiges Mitmachen in Vereinen oder die Nutzung von sonstigen Angeboten in Deutschland ist stark schichtabhängig. Je gehobener die Schicht, desto größer der Anteil der Aktiven.

In Punkto Fernsehkonsum sind sich nahezu alle Kinder einig. 97% schauen nach eigener Einschätzung täglich Fernsehen. Während aber die World-Vision Studie (Andresen/Hurrelmann 2007) sich auf die Dauer des Fernsehschauens konzentriert und feststellen kann, dass mehr als die Hälfte aller Kinder sich zu den „Vielguckern" (mehr als eine Stunde regelmäßig pro Tag fernsehen) rechnet, stand im Kinderpanel die Frage im Vordergrund, mit wem die Kinder ihre Aktivitäten durchführen. Kinder sehen meist im Kreise der Familie fern. Aber: Jedes vierte Kind im Vorschulalter und jedes dritte Kind im Alter von acht bis neun Jahren sitzt oft alleine vor dem Fernsehapparat.

Im Kinderpanel lässt sich sehr schön zeigen, dass mit der größeren Anzahl guter Freunde die Wahrscheinlichkeit steigt, dass Kinder ihre Freizeit aktiv in einem institutionalisierten Rahmen verbringen. Die Zahl der genannten Peers (also nicht die der guten Freunde) reduziert diese Wahrscheinlichkeit. Daneben verringert sich die Wahrscheinlichkeit, die Freizeit im Rahmen einer festen Institution zu verbringen, fast um die Hälfte, wenn es sich dabei um ein Mädchen handelt. D.h. der „institutionalisierte Freizeiter" ist typischerweise ein Junge, der nichtinstitutionalisierte ein Mädchen.

Die Befragung der Kinder selbst ergänzt dies um die folgende Einsicht: Kinder, die immer wieder den häuslichen Computer nutzen und damit eher dem Indoorfreizeiter (Zerle 2007) zuzuordnen wären, verbringen eigenen Angaben zur Folge einen Großteil ihrer freien Zeit aktiv beim Sport, im Kino oder in der Musikschule. Die Couchpotatoes sind nur schwer auszumachen – vielmehr sind aktive Kinder in vielen Bereichen aktiv!

### 3.6 Partizipation im Alltag

Nach Einschätzung der Kinder legen die eigenen Eltern im Alltag sehr viel Wert auf ihre Meinung, mehr als die Klassenlehrer oder das Personal in Betreuungseinrichtungen. Hierbei fühlen sich die Kinder von den Müttern offenbar ernster genommen als von den Vätern. Grundsätzlich gilt auch in diesem Fall der Zusammenhang: je niedriger die Herkunftsschicht der Kinder, desto geringer die Würdigung, die diese Kinder bezüglich der eigenen Meinung in Familie, Freundeskreis, Schule und sonstigem institutionellen Umfeld erfahren. In aller Regel räumen die Eltern den Kindern ein großes Maß an Mitsprachemöglichkeiten ein. Dies gilt spätestens mit dem Schuleintritt. Kinder werden dann, wenn es um Dinge geht, die sie selber unmittelbar betreffen, regelmäßig von ihren Eltern nach ihrer Meinung gefragt. Diese Mitbestimmungsmöglichkeiten sind unabhängig von der sozialen Struktur: Kinder, die in einkommensarmen Familien aufwachsen, werden von ihren Müttern ähnlich häufig an Entscheidungen, die ihre Belange betreffen, beteiligt, wie Kinder wohlhabender Familien. Alleinerziehende Mütter sind ebenso oft an der Meinung des Nachwuchses interessiert wie Mütter aus Kernfamilien. Offensichtlich betrachten Mütter es mittlerweile als gesellschaftliche Norm, ihren Kindern Möglichkeiten zur Mitbestimmung in der Familie zu bieten.

Väter verhalten sich in diesem Bereich ähnlich wie die Mütter, sind aber weniger häufig bereit, ihre Kinder mitentscheiden zu lassen. Es fällt auf, dass bei den Vätern – anders als bei den Müttern – die schulische Bildung, die berufliche Stellung und die Höhe des Haushaltseinkommens durchaus einen Einfluss darauf haben, wie sehr Kinder als Verhandlungspartner wahrgenommen werden. Väter aus einkommensstarken Familien mit höherem sozioökonomischem Status fragen signifikant häufiger nach der Meinung des Kindes.

## 4. Neue Aspekte moderner Kindheitsforschung: Persönlichkeit und individuelle Entwicklung

Soweit einige der wichtigsten Befunde in aller Kürze. Wie unschwer zu erkennen ist, bezieht sich die Mehrzahl der Ergebnisse auf die Deskription von Lebenslagenindikatoren. Diese umfassen sowohl typische sozialstrukturelle Informationen – wie Armut oder Schicht – aber und dies ist das Neue an dieser Art der Sozialberichterstattung auch einige psychologische Indikatoren, z. B. Wohlbefinden oder Selbstwertgefühl. Diese psychologischen Dimensionen fokussieren auf individuelle Merkmale, die die beobachtbaren Unterschiede im Verhalten einzelner Individuen erklären sollen. Absicht der vorliegenden Publikation ist es, die Wechselwirkung zwischen beiden Aspekten herzustellen oder pointiert formuliert, das soziologische und das psychologische Kind miteinander ins Gespräch zu bringen. In die methodische Terminologie unserer Sozialberichterstattung übersetzt heißt dies: Können Persönlichkeitseigenschaften, wie sie die Psychologie verwendet, als erklärende Variablen in einer soziologisch fundierten Sozialberichterstattung eingesetzt werden? Dazu notwendig ist ein tieferes Verständnis dessen, wie die psychologische Forschung in diesem Bereich vorgeht.

### 4.1 Persönlichkeit im Alltagsdenken und in der psychologischen Forschung

Eltern fallen interindividuelle Unterschiede vor allem beim Vergleich von Geschwistern auf, wenn sie mit Erstaunen sehr unterschiedliche Verhaltensweisen und Reaktionen ihrer Kinder trotz ihrer vermeintlich gleichartigen elterlichen Erziehungspraktiken und soziale Umwelten wie Familiensituation, Wohnviertel, historisch-kulturelle Einflüsse feststellen. Auch in der wissenschaftlichen Diskussion hat dieser Aspekt große Beachtung gefunden. Auftretende Unterschiede werden gern geschlechtstypisch interpretiert, wenn sie den kulturellen Geschlechterstereotypen entsprechen. In der Alltagspsychologie wird von *Persönlichkeit* im Sinne von stabilen, individuellen Merkmalen überwiegend bei Erwachsenen gesprochen. Als Persönlichkeit wird dann die relativ stabile, individuelle Organisation von Verhaltens- und Erlebnisweisen bezeichnet, die sich aus einer begrenzten Anzahl von bevorzugten Verhaltensdispositionen im Sinne von Eigenschaften oder Traits zusammensetzt. Die Ausprägung und das Profil derartiger individueller Merkmale werden immer innerhalb einer kulturellen Gruppe definiert (Asendorpf 2004). Das Bedürfnis des Menschen, derartige zugrunde liegende individuelle Neigungen zu bestimmten Verhaltens- und Erlebnisweisen anzunehmen, ist für das Alltagsleben notwendig. Man kann die Funktion eines solchen Persönlichkeitskonzepts wissenschaftlich auf verschiedene Weise erklären. Vorrangig ist es die Notwendigkeit, im alltäglichen Umgang mit Menschen darauf zu vertrauen, dass diese vermutlich in einer stabilen, d. h. dauerhaft ähnlichen Art reagieren werden. Die Annahme von einigen wenigen Eigenschaften liefert nämlich ein ökonomisches System zur kognitiven Orientierung. Neben der Fremdbeurteilung von anderen Personen hat das Persönlichkeitskonzept für das Individuum selbst die Funktion, die Kontinuität der individuellen Entwicklung herzustellen. Aus subjektiver Sicht sind damit die eigene Biographie und eine Vorstellung vom Selbst verbunden.

Die wissenschaftliche Persönlichkeitspsychologie (Amelang/Bartussek 2006; Laux 2003) versucht dagegen vor allem, die postulierten Verhaltensdispositionen empirisch zu verankern, d. h. genaue (operationale) Kriterien für Merkmale anzugeben, ihre Dauerhaftigkeit exakter zu bestimmen und damit die Summe der Aussagen über Persönlichkeit überprüfbar zu machen. In der Folge lassen sich Modelle über Persönlichkeitsmerkmale widerspruchsfrei und anwendungsorientiert gestalten. Hierfür hat die Psychologie u. a. auch ein empirisch begründetes Eigenschaftsmodell bereitgestellt. Dies erlaubt es wie im Alltagsdenken, mit Hilfe einer begrenzten Zahl von Merkmalen, mehrere Personen nach ihrem Profil in der Ausprägung einiger weniger Merkmale miteinander zu vergleichen. Ebenso werden Persönlichkeitseigenschaften auch in ihrer systematischen Beziehung zum sozialen Verhalten von Personen empirisch untersucht.

Weitere aussagekräftige Merkmale von Personen sind ihre kognitiven Kapazitäten im Sinne von Intelligenz. Das intellektuelle Fähigkeitsniveau einer Person hat verständlicherweise Auswirkungen auf ihr Verhalten und Erleben. Insofern ist auch dies ein zentraler Bestandteil der Persönlichkeit. Jedoch wird traditionellerweise der Bereich von kognitiven Fähigkeiten und Leistungen von den affektiven und sozialen Dimensionen der Persönlichkeit getrennt. Im engeren Sinne werden daher nur die emotionalen, motivationalen und sozialen Verhaltens- und Erlebnisweisen von Individuen unter Persönlichkeit gefasst. Beide Bereiche, sowohl kognitive Fähigkeiten als auch emotionale, motivationale Merkmale und Sozialverhalten haben Auswirkungen auf Leistungen, beispielsweise in der Schule oder im Beruf.

## 4.2 Herausbildung von Persönlichkeitsmerkmalen und Fragen der Stabilität

Diese Merkmale werden nicht mehr nur bei Erwachsenen, sondern zunehmend auch bei Kindern untersucht. Man interessiert sich im jüngeren Alterssegment für die Herausbildung von zentralen, individuell unterschiedlich ausgeprägten Verhaltens- und Erlebnisweisen. Dadurch kam es zur Postulierung ähnlicher Merkmalsgruppierungen wie bei Erwachsenen auch für 12- bis 13-jährige Kinder (Asendorpf/van Aken 2003; John u. a. 1994).

Auch in deutschen Studien mit Stichproben verschiedener Altersjahrgänge konnten diese fünf Kernmerkmale – Neurotizismus, Extraversion, Verträglichkeit, Gewissenhaftigkeit und Offenheit – festgestellt werden. Es ließ sich nachweisen, dass die Merkmale in einem systematischen Zusammenhang mit Verhaltensauffälligkeiten der Kinder standen. Damit verknüpfen sich zwei psychologische Forschungstraditionen auf empirischem Wege. Auf der einen Seite die bereits erwähnte Persönlichkeitsforschung mit ihrer Suche nach stabilen Kernmerkmalen und auf der anderen Seite die gesundheitspsychologisch und klinisch orientierte Forschung zur Beschreibung von sozial auffälligen und problematischen Verhaltensweisen von Kindern.

Für Kinder im Vor- und Grundschulalter haben sich in einer gesundheitspsychologischen und klinisch psychologischen Forschungstradition Beschreibungen der psychischen und sozialen Anpassungsfähigkeit von Kindern herausgebildet. Die sozialen Verhaltensweisen von Kindern wurden von klinischen Kinderpsychologen nach zwei gegensätzlichen Reaktionsweisen im Umgang mit Anspannung und Erregung als *externalisierende*, d. h. nach außen agierende Verhaltensweisen, und *internalisierenden* Verhaltensweisen beschrieben, die einen innerpsychischen Spannungsabbau gemeinsam haben (in der Tradition von Achenbach 1991, in Döpfner/Schürmann/Fröhlich 1998). Je nach ihrer Häufigkeit und Intensität können externalisierende Verhaltensauffälligkeiten in extremer Ausprägung von körperlich und verbal aggressiven Verhaltensweisen, in der Zerstörung von Eigentum und regelwidrigem Verhalten bestehen. Gesteigerte Formen von internalisierenden Störungen umfassen ängstlich-depressive Verstimmungen (Einsamkeit, Minderwertigkeitsgefühle, Schuldgefühle, psychosomatische Beschwerden wie Schmerzen oder Schwindel). Als unabhängige dritte Gruppe von Problemverhalten erwiesen sich *gemischte Auffälligkeiten*, bei denen vor allem die Hyperaktivitätsstörung im Vordergrund steht, d. h. Aufmerksamkeitsprobleme, motorische Unruhe und Impulsivität. Die Verknüpfung mit der Persönlichkeitsforschung entstand durch den empirischen Nachweis enger Beziehungen zwischen den genannten zentralen Persönlichkeitsmerkmalen und den unter klinischer Perspektive untersuchten Verhaltensproblemen. So weisen Kinder mit externalisierenden Verhaltensproblemen gleichzeitig ein Muster von geringer Verträglichkeit und geringer Gewissenhaftigkeit auf. Im Gegensatz dazu zeigen Kinder mit internalisierenden Störungen ein Muster von geringer Extraversion und hohem Neurotizismus (Asendorpf/van Aken 2003).

Dabei ergeben sich zwei grundlegende Fragestellungen. Gibt es (bereits) Instrumente, die in der Umfrageforschung einsetzbar sind? Erhält man mit der Einführung solcher Instrumente zusätzliche Erklärungskraft, führen diese Variablen dann zu einer besseren Varianzaufklärung? Und: Erweitern sie das theoretische Erklärungsspektrum?

### 4.3 Methodische Anforderungen an die Erhebung von Persönlichkeitsmerkmalen

Schumann (2005) führt aus, dass es seit dem Beginn der 1990er Jahre so genannte trait-orientierte Persönlichkeitsvariablen gibt, die besser unter dem Label Big Five-Ansatz bekannt sind. Diese auf die Persönlichkeitspsychologie zurückzuführenden Instrumente erfassen die Persönlichkeitseigenschaften entlang den fünf Dimensionen Extraversion, Verträglichkeit, Gewissenhaftigkeit, Neurotizismus und Offenheit (vgl. Asendorpf 1999). Dabei fallen unter die Dimension der Extraversion persönliche Eigenschaften wie Aktivität, Geselligkeit, Durchsetzungsvermögen, aber auch die entgegengesetzten Eigenschaften wie Zurückgezogenheit oder Schüchternheit. Eigenschaften der Verträglichkeit sind Nähe, Kooperationsbereitschaft oder das Gegenteil davon, Misstrauen. Auch bei der Gewissenhaftigkeit unterscheidet man einmal nach Zuverlässigkeit oder Nachlässigkeit, nach Zielstrebigkeit oder Unbeständigkeit. Neurotizismus umfasst Eigenschaften wie Gelassenheit, Entspanntheit aber auch Nervosität, Ängstlichkeit oder Unsicherheit. Offenheit wiederum wird geprägt durch Erfahrungen, Neugierde, Traditionalismus oder Konservativismus.

Neuere Forschungsergebnisse legen es nahe, dass deren Erklärungskraft für soziologisch relevante Fragestellungen nicht mehr zu leugnen ist. Ob als abhängige Variable oder als Explanans, die Persönlichkeitseigenschaften lassen sich nicht nur sinnvoll in die sozialwissenschaftliche Forschung integrieren, sie führen gleichzeitig zu einer deutlichen Verbesserung der insgesamt erklärbaren Varianz (vgl. Schumann 2001 S. 14; Rammstedt 2007 S. 8ff). Dieser Effekt ist nicht zuletzt der bekannten Eigenschaft von Persönlichkeitsmerkmalen geschuldet, dass diese in starkem Maße das Individuum in seinem Handeln, seinen Einstellungen und Werten mitbestimmen. Unterschiedliche Verhaltensweisen von Individuen in einer vergleichbaren Situation lassen sich zum Teil auf die besonderen, individuellen Persönlichkeitsmerkmale zurückführen.

Wenn auch Persönlichkeitseigenschaften in aller Regel mit dem Ziel eingesetzt werden, individuelles Verhalten besser erklären zu können, zeigt sich doch, dass sie in der Sozialberichterstattung auch dann wertvolle Informationen liefern, wenn es um das weitergehende Interesse bzw. Verständnis von Prozessen geht. So darf es auch nicht weiter verwundern, wenn sich insbesondere die empirische Forschung für diese Variablen interessiert hat, wenn es um die Erklärung politischen Verhaltens, individuelle Optionschancen oder Fragen des Wertewandels gegangen ist.

Will man diese Vorteile auch in einer Sozialberichterstattung nutzen, so ist eine weitere Bedingung sicherzustellen. Die sehr umfangreichen Instrumentarien der Persönlichkeitspsychologie (Big-Five-Inventory Costa/McCrae 1989; John/Srivastava 1999) können in Umfragen – realistisch betrachtet – wegen der Zeit- und Kostenökonomie nicht eingesetzt werden. Sie müssen auf wenige aussagekräftige Items reduziert werden. Dies wurde mit der Kurzform des Big-Five-Inventory (BFI-10) (Lang/Lüdtke 2005; Rammstedt 2007) und im deutschsprachigen Raum mit dem NEO-Fünf-Faktoren Inventar (Borkenau/Ostendorf 1993) erreicht und mehrfach überprüft (vgl. Schumann 2001, S. 194; Rammstedt u. a. 2004; Rammstedt/John 2007).

Speziell für das Kinderpanel wurde auf der Grundlage sowohl der Müttereinschätzungen kindlicher Merkmale als auch der kindlichen Selbsteinschätzung aus der 1. Erhebungswelle des Kinderpanels die beiden Problemverhaltensweisen *Externalisierung* und *Internalisierung* als klare Beschreibungsdimensionen herauskristallisiert (Gloger-Tippelt/Vetter 2005). Ebenso bestätigte sich in diesen faktorenanalytischen Untersuchungen die dritte und heute häufigste Gruppe von kindlichen Problemverhaltensweisen, die in schwacher Form als *motorische Unruhe* und *kognitive Impulsivität* bezeichnet wurde, in starker Ausprägung als Aufmerksamkeitsdefizit – Hyperaktivitätsstörung. Als weitere zwei Persönlichkeitsmerkmale identifizierten wir ein *positives Selbstbild* und als Teil der Little Five ein Merkmal *kognitive und soziale Aufgeschlossenheit* (Gloger-Tippelt/Vetter 2005). Weiter wurde die Dimension der *Selbstwirksamkeit* erhoben, die das subjektive Vertrauen erfasst, Situationen und Probleme erfolgreich zu meistern. Damit sind die im Kinderpanel des DJI abgebildeten individuellen Merkmale der Kinder eingegrenzt auf motivationale und soziale Persönlichkeitsmerkmale und Problemverhaltensweisen. Sie wurden bezeichnet als *externalisierende Verhaltensprobleme, motorische Unruhe, internalisierende Probleme, positives Selbstbild, soziale und kognitive Aufgeschlossenheit* und *Selbstwirksamkeit*.

Die Messung der Persönlichkeitseigenschaften dient dazu, individuelles Verhalten bzw. dessen Modifikation zu erklären. Gewöhnlich werden sie dabei in den Modellen zwischen den Kontextvariablen des sozialen Umfeldes und dem eigentlichen Verhalten positioniert (vgl. Falter 1972; Schumann 2005) Die impliziten Annahmen, die dahinter stehen, lauten, dass ganz bestimmte Persönlichkeitsstrukturen typische Dispositionen hervorbringen, die im Laufe der Zeit oder besser in Laufe eines Prozesses zu einem präjudizierbarem Verhalten führen. Da die Attitüden einer Person als ausgesprochen stabil gelten, lassen sich auf diese Art und Weise tatsächlich Kausalitäten abbilden.

### 4.4 Die soziologische Sichtweise auf Persönlichkeit und Identität

Die Moderne verlangt heute von jedem Einzelnen, dass eine stete Bereitschaft zur flexiblen und mobilen Anpassung an Neues und Unbekanntes vorherrscht. Gleichzeitig bleiben traditionelle Tugenden wie Zuverlässigkeit oder die Erfüllung bestimmter Pflichten bestehen. So werden die Individuen schon sehr bald in ihrem Leben vor die Aufgabe gestellt, zwischen Regelkonformität und Eigeninitiative wählen zu müssen. Dies ist nur leistbar, wenn ein Individuum über eine eigene, starke Persönlichkeit verfügt. Darunter fallen jene individuelle Leistungen, die jederzeit zwischen angepasst sein, flexibel sein, initiativ oder relativ sein ausbalancieren müssen. Dies erfordert ein hohes Maß an psychischer Stabilität aber auch an hoher Sensibilität, um die aktuelle Situation zum eigenen Vorteil auch richtig nutzen zu können.

Werden diese Anforderungen nicht erfüllt, so sind die Folgen typische psychische (Entwicklungs-)Störungen. Bei deren Erklärung geht man davon aus, dass in jedem Falle ein multifaktorieller Entstehungszusammenhang vorliegen muss, damit es überhaupt dazu kommen kann. Interessanterweise wird von den Psychologen immer wieder darauf hingewiesen, dass neben denkbaren genetischen und physiologischen Faktoren auch psychosoziale Einflüsse und Umgebungsvariablen eine Rolle spielen. Bei der Diskussion über diese Gemengelage stellt sich immer wieder die Frage nach den Bedingungen und Wechselwirkungen dieser Faktoren. Allgemein geht man davon aus, dass diese prinzipiell in schützende und riskante Faktoren unterteilt werden können, abhängig zum Beispiel von den aktuell geltenden Umweltbedingungen. Im Rahmen der Salutogenese versucht man diese so zu fassen, dass die jeweils zur Lösung eines anstehenden Problems notwendigen Anforderungen an ein Individuum in die dafür benötigten, sinnvollen Ressourcen zerlegt werden. Das beobachtbare individuelle Engagement wird dann anhand der für eine sinnvolle Problemlösung eingesetzten Ressourcen bewertet. Quintessenz ist: stehen die eingesetzten Ressourcen in einer großen Kohärenz zueinander oder erlebt dies eine Person zumindest so, fallen die Risiken für eine Verhaltensstörung stets deutlich geringer aus.

Mindestens genauso interessant ist die Frage, welche Schutzfaktoren es Kindern aus risikoreichen Konstellationen ermöglichen, dennoch entgegen der vorhandenen Belastungen erfolgreich zu agieren. Bekannt ist diese Forschungsrichtung als Resilienzfaktoren. Diese lassen sich auf personale, familiale und soziale Ressourcen zurückführen. Typische Ressourcen sind dabei Selbstwirksamkeit (Schwarzer/Jerusalem 1999) und Persönlichkeit (personal), Familienklima und Erziehungsverhalten (familial) wie auch Peers und soziales Netzwerk (sozial), um nur einige zu nennen. In diversen Untersuchungen konnte ein signifikanter Zusammenhang von Selbstwirksamkeit und Introversion (Schwarzer 1994) festgestellt werden. Je höher dabei die personale Ressource war, desto geringer war stets die Angst oder Hilflosigkeit. Ähnliches gilt auch für das Erziehungsverhalten der Eltern, die Leistung sozialer Netzwerke oder für den Einfluss der Peers. Allen Aspekten ist gemein, dass sie bei positiver Ausgestaltung eine erhebliche protektive Wirkung für den Erwerb und Ausbau individueller Kompetenzen (van Aken/Helmke/Schneider 1997) haben. Laut der KIGGS Studie verfügen etwa 80% der Kinder im Alter von 11-17 Jahren über ausreichende personale Ressourcen, 78% über ein gut ausgestattetes Unterstützungsnetzwerk und 79% über genügend familiale Ressourcen. Immer wenn dies nicht zutrifft, kumulieren niedriger sozioökonomischer Status und Migrationshintergrund als typische Ausprägungen risikogefährdender Lebensumstände. Im sozialen Verhalten wirken gelegentlich auch noch das Geschlecht oder die unvollständige Familienform als zusätzliche Risikofaktoren. Während aber der sozioökonomische Status der Familie oder die Familienform nicht ohne weiteres veränderbar sind, lassen sich die sozialen Kompetenzen durch entsprechende Interventionsmaßnahmen nahezu immer verbessern. Familiale und soziale Ressourcen sind in ihrer Bedeutung auf keinen Fall zu unterschätzen und lassen durch entsprechende Fördermaßnahmen eine deutliche Verbesserung der sozialen Netzwerke und damit der sozialen Unterstützung erwarten.

## Literatur

Alt, Christian (2001): Kindheit in Ost und West. Wandel der familialen Lebensformen aus Kindersicht. Wiesbaden

Alt, Christian (Hrsg.) (2004-2008): Kinderleben. Bd. 1-5. Wiesbaden

Amelang, Manfred/Bartussek, Dieter (2006): Differentielle Psychologie und Persönlichkeitsforschung. Stuttgart

Andresen, Sabine/Hurrelmann, Klaus (2007): Was bedeutet es, heute ein Kind zu sein? Die World Vision Kinderstudie als Beitrag zur Kinder- und Kindheitsforschung In: Hurrelmann, Klaus/Andresen, Sabine (Hrsg.): Kinder in Deutschland 2007. 1. World Vision Kinderstudie. Frankfurt am Main, S. 35-64

Asendorpf; Jens B. (1999): Psychologie der Persönlichkeit. Berlin/Heidelberg

Asendorpf, Jens B. (2004): Psychologie der Persönlichkeit. 3. überarbeit. und aktual. Aufl. Heidelberg

Asendorpf, Jens B./van Aken, Marcel A. G. (2003): Validity of big five personality judgments in childhood: a 9 year longitudinal study. In: European Journal of Personality, Vol. 17, S. 1-17

van Aken, Marcel A. G./Helmke, Andreas/Schneider, Wolfgang (1997): Selbstkonzept und Leistung: Dynamik ihres Zusammenspiels. In: Weinert, Franz E./Helmke, Andreas (Hrsg.): Entwicklung im Grundschulalter. Weinheim, S. 341-350

Betz, Tanja (2007): Formale Bildung als „Weiter-Bildung" oder Dekulturation familialer Bildung? In: Alt, Christian (Hrsg.): Kinderleben – Start in die Grundschule. Wiesbaden, S. 163-187

Borkenau, Peter/Ostendorf, Fritz (1993): NEO-Fünf-Faktoren Inventar nach Costa und McCrae. Handanweisung. Göttingen

Bornstein, Marc H./Bradley, Robert H./Von Eye, Alexander (Ed.) (2003): Socioeconomic status, parenting, and child development. Mahwah, NJ: Lawrence Erlbaum, Associates

Costa, Paul/McCrae, Robert (1989): The NEO PI/FFI Manual Supplement. Odessa, Florida

Döpfner, Manfred/Schürmann, Stefanie/Fröhlich, Jan (1998): THOP – Therapieprogramm für Kinder mit hyperkinetischem und oppositionellem Problemverhalten.

Engelbert, Angelika/Herlth, Alois (2002): Sozialökologische Ansätze. In: Krüger, Heinz-Hermann/Grunert, Cathleen (Hrsg.): Handbuch Kindheits- und Jugendforschung. Opladen, S. 99-116

Falter, Jürgen W. (1972): Ein Modell zur Analyse individuellen politischen Verhaltens. In: Politische Vierteljahresschrift, 4, S. 547-566

Gloger-Tippelt, Gabriele/Vetter, Jürgen (2005): Ein kleiner Unterschied. In: Alt, Christian (Hrsg): Kinderleben Bd.2 Aufwachsen zwischen Freunden und Institutionen. Oldenburg, S. 231-256

Grunert, Cathleen/Krüger, Heinz-Hermann (2006): Kindheit und Kindheitsforschung in Deutschland. Forschungszugänge und Lebenslagen. Opladen

Harter, Susan (1999): The construction of the self. A developmental perspective. New York

Helsper, Werner/Hummrich, Merle (Hrsg.) (2005): Erfolg und Scheitern in der Schulkarriere: Ausmaß, Erklärungen, biografische Auswirkungen und Reformvorschläge. In: Sachverständigenkommission Zwölfter Kinder- und Jugendbericht (Hrsg.) Kompetenzerwerb von Kindern und Jugendlichen im Schulalter. München, S. 97-173

Herlth, Alois/Strohmeier, Klaus-Peter (1982): Sozialpolitik und der Alltag von Kindern. In: Vaskovics, Laszlo (Hrsg.): Umweltbedingungen familialer Sozialisation. Stuttgart, S. 307-329

John, Oliver P./Srivastava, Sanjay (1999): The Big Five taxonomy: History, measurement and theoretical perspectives. In: Pervin, Lawrence A./John, Oliver P. (Hrsg.): Handbook of Personality: Theory and Research New York, S. 102-138

John, Oliver/Caspi, Avshalom/Robins, Richard/Moffitt, Terrie E./Stoutha-mer-Loeber, Magda (1994): The "Little Five": exploring the nomological network of the five-factor model of personality in Adolescent boys. In: Child Development, Vol. 65, S. 160-178

Joos, Magdalena (2001): Die soziale Lage der Kinder. Sozialberichterstattung über die Lebensverhältnisse von Kindern in Deutschland. Weinheim

Lang, Frieder.R./Lüdtke, Oliver (2005): Der Big-Five-Ansatz der Persönlichkeitsforschung: Instrumente und Vorgehen. In: Schumann, Siegfried/Schoen Harald: Persönlichkeit. Wiesbaden, S. 17-27

Lange, Andreas (2006): Generationssoziologische Einkapselung oder interdisziplinärer „meeting point"? Entwicklungspfade der sozialwissenschaftlichen Kindheitsforschung. In: Sozialwissenschaftliche Literatur Rundschau, 29, 2, S. 79-93

Lauterbach, Wolfgang/Lange, Andreas (2000): Kinder, Kindheit, und Kinderleben: Ein interdisziplinärer Orientierungsrahmen. In: Lange, Andreas/Lauterbach, Wolfgang (Hrsg.): Kinder in Familie und Gesellschaft zu Beginn des 21. Jahrhunderts. Stuttgart, S. 5-25

Laux, Lothar (2003): Persönlichkeitspsychologie. Stuttgart

Lerner, Richard M. (2005): Promoting positive youth development: Theoretical and empirical bases. White paper: Workshop on the Science of Adolescent Health & Development, NRC/Institute of Medicine. Washington, DC

Leu, Hans-Rudolf (2002): Sozialberichterstattung über die Lage von Kindern – ein weites Feld. In: Leu, Hans-Rudolf (Hrsg.): Sozialberichterstattung zu Lebenslagen von Kindern. Opladen, S. 9-33

Liegle, Ludwig (2002): Anfänge der pädagogischen Kindheitsforschung. In: Oswald, Hans (Hrsg.): Wege zum Selbst. Soziale Herausforderungen für Kinder und Jugendliche. Stuttgart, S. 53-73

Ossyssek, Friedolf (2003): Kind-Ressourcivität als Beitrag des Kindes zu seiner eigenen Sozialisation. Dissertation Universität Bielefeld

Prout, Allan (2005): The Future of Childhood. London

Rammstedt, Beatrice (2007): Welche Vorhersagekraft hat die individuelle Persönlichkeit für inhaltliche sozialwissenschaftliche Variablen? In: ZUMA- Arbeitsbericht Nr. 2007/01

Rammstedt, Beatrice/John, O. P. (2007): Measuring personality in one minute or less: a 10-item short version of the Big Five Inventory in English and German. In: Journal of Research in Personality, 41, S. 203-212

Rammstedt, Beatrice u. a. (2004): Entwicklung und Validierung einer Kurzskala für die Messung der Big-Five-Persönlichkeitsdimensionen in Umfragen. In: ZUMA-Nachrichten, 55, S. 5-28

Reyer, Jürgen (2004): Integrative Perspektiven zwischen sozialwissenschaftlicher, entwicklungspsychologischer und biowissenschaftlicher Kindheitsforschung? Versuch einer Zwischenbilanz. In: Zeitschrift für Soziologie der Erziehung und Sozialisation, 24, 4, S. 339-361

Schumann, Siegfried (2001): Persönlichkeitsbedingte Einstellungen zu Parteien. Der Einfluss von Persönlichkeitseigenschaften auf Einstellungen zu politischen Parteien. München

Schumann, Siegfried (2005): Persönlichkeit. Eine vergessene Größe der empirischen Sozialforschung, Wiesbaden

Schwarzer, Ralf (1994): Optimistische Kompetenzerwartung: Zur Erfassung einer personalen Bewältigungsressource. In: Diagnostica, 40, 2, S. 105-123

Schwarzer, Ralf/Jerusalem, Matthias (Hrsg.) (1999): Skalen zur Erfassung von Lehrer- und Schülermerkmalen. Dokumentation der psychometrischen Verfahren im Rahmen der Wissenschaftlichen Begleitung des Modellversuchs Selbstwirksame Schulen. Berlin

Wustmann, Corina (2005): Die Blickrichtung der neuen Resilienzforschung. In: Zeitschrift für Pädagogik, 51, 2, S. 192-206

Zerle, Claudia (2007): Wie verbringen Kinder ihre Freizeit? In: Alt, Christian (Hrsg.): Kinderleben – Start in die Grundschule. Band 3: Ergebnisse aus der zweiten Welle. Wiesbaden, S. 243-270

*Beatriz Barquero/Christian Alt/Andreas Lange*
# Persönlichkeitsentwicklung in der späten Kindheit
Explorative Analysen

1. Entwicklungsschübe und Entwicklungsdifferenzen: Zusammenhänge zwischen Person und Sozialstruktur im Schulkindalter ... 28
2. Methode ... 30
   - 2.1 Stichprobe ... 30
   - 2.2 Variablen ... 31
   - 2.3 Auswertungsstrategie ... 32
3. Veränderungen und Unterschiede in den Verhaltensweisen ... 33
4. Veränderungen und Unterschiede in den positiven Persönlichkeitsmerkmalen ... 38
5. Diskussion ... 41

Literatur ... 44

## 1. Entwicklungsschübe und Entwicklungsdifferenzen: Zusammenhänge zwischen Person und Sozialstruktur im Schulkindalter

Die aktuellen Präsentationen der Studien IGLU 2006 (Stubbe u. a. 2007) und PISA 2006 (Ehmke/Baumert 2007) können wieder eine große mediale Aufmerksamkeit für sich verbuchen und belegen damit ein hervorragendes Interesse an den Entwicklungen im Kompetenzbereich der Schulkinder. Beide Studien lassen sich zusammenfassend dahingehend auslegen, dass sie einerseits auf ein vermehrtes Fördern der Kinder hierzulande durch Eltern und Schule hinweisen, gleichzeitig aber konstatieren, dass die sozialstrukturellen Hintergründe, die soziokulturellen Ressourcen des Elternhauses, in Deutschland weiter sehr stark über das Kompetenzniveau und das Bildungsniveau der Kinder mitbestimmen.

Das Schulkindalter beschäftigt jenseits der Fragen des internationalen Vergleichs auch anhaltend intensiv Entwicklungspsychologen, Sozialisationsforscher und neuerdings auch Kindheitsforscher. Das liegt daran, dass sich mit dem normativen Lebensereignis Schuleintritt eine Reihe von Anforderungen und Belastungen verbinden (Hasselhorn/Lohaus 2007), die aber nicht zu uniformen Sozialisationspfaden führen, sondern vielmehr zu größerer Variabilität. Insgesamt gesehen entwickeln sich im Schulkindalter wegweisende Kompetenz- und Selbstregulationspotenziale (Kramer/Bovenschen/Spangler 2007), die ihrerseits sehr stark von weiteren Merkmalen des Umfeldes, aber auch des Kindes selbst, beeinflusst werden.

Die hiermit zum Ausdruck kommende Auffassung von „differentiellen Sozialisationsverläufen" leitet sich aus neueren Überlegungen zur Integration des „soziologischen" und des „psychologischen Kindes" bzw. zur Berücksichtigung von Persönlichkeitsvariablen im Rahmen von Sozialstrukturanalysen ab (Haller/Müller 2006). In der soziologischen Umfrageforschung, auch zu Kindern, werden meist eine Vielzahl von Variablen zu Einstellungen und zu Verhaltensdispositionen und eine Standard-Menge von soziodemographischen Daten, wie etwa Geschlecht, Alter, Bildung, etc. erhoben. Diese Daten dienen zur Beschreibung der Beziehung zwischen den Variablen. Es besteht auch der Anspruch, diese Beziehungen als kausale Zusammenhänge interpretieren zu können. Es ist jedoch festzuhalten, dass meist nur ein relativ geringer Anteil der Varianz in den abhängig betrachteten Einstellungen und Verhaltensweisen erklärt wird. Der größere Teil bleibt unerklärt. Hier nun setzen neuere Überlegungen ein, auch psychologische Variablen miteinzubeziehen, also etwa Persönlichkeit und andere Facetten der Person. Diese integrative Konzeption ist auch ein Kennzeichen des DJI-Kinderpanels (Betz/Lange/Alt 2007).

Das Zusammenwirken individueller und struktureller Faktoren ist nun besonders prägnant ausgeprägt in Phasen des Übergangs, zu denen man den Eintritt in die Schule und die weiteren Übergänge in den Bildungskarrieren zählen kann. Die neuen Herausforderungen auf der individuellen Ebene betreffen dabei ganz unterschiedliche inhaltliche Domänen, wie den sozial-emotionalen Bereich, den sprachlich-kognitiven Bereich und das Feld der Selbstkontrolle und -regulation. Kinder bewältigen dies durchaus in differentieller Manier. Beelmann (2000) konnte auf der Basis einer Studie an 60 Kindern vor und nach dem Übergangsereignis nicht nur zeigen, dass Kinder den Anforderungen im Durchschnitt gewachsen sind, sondern dass es auch systematische Unterschiede in Form von vier Verlaufstypen gibt. Bei den Übergangsgestressten führt das neue Lebensumfeld zur Vergrößerung von Anpassungsproblemen, bei den Übergangsgewinnern kommt es zu einer verbesserten Individuum-Umwelt-Beziehung. Spekuliert werden kann, dass vormals existierende Probleme wie etwa Unterforderung im Kindergarten durch die neuen Anforderungen im positiven Sinne aufgelöst werden konnten. Bei der Gruppe der Geringbelasteten kann man durchgehend ein geringes Stressniveau festhalten. Sie scheinen vorab über genügend personale und soziale Ressourcen zu verfügen, um den Übergang zu bewältigen. Anders die Risikokinder, die durchgehend über hohe Belastungswerte identifiziert werden können. Hier findet sich eine Gruppe, für die vermutet werden muss, dass sich Probleme chronifizieren können.

Aus soziologischer Sicht ist dabei auf die mögliche Wirkung von unterschiedlichen „Habitusformungen" der Kinder in den Familien hinzuweisen, die es Kindern unterschiedlicher Sozialschichten und -milieus mehr oder weniger erlauben, sich auch auf der Ebene der Motivation und Emotion, und nicht nur auf derjenigen der Kompetenz, besser in das Schulgeschehen zu integrieren: Wenn Kinder in ihren Familien schon von früh an lernen, sich angemessen mit Institutionen und Erwachsenen auseinanderzusetzen, ihre eigenen Interessen zu artikulieren und sich selbst als Verursacher von Handlungen erleben zu können, werden sie, so unsere Ausgangsüberlegung in Anschluss an die einschlägigen Arbeiten von Lareau (2003), Nelson (2007) u.v.a.m., auch weniger

Gefühle der Überforderung, die aus Fremdheit und Milieuunterschieden resultieren, spüren, was sich im gesamten Spektrum der Motivations-, Emotions- und Kompetenzvariablen niederschlagen sollte.

Ziel dieses Aufsatzes ist es, die Entwicklung von 8- bis 9-jährigen Kindern in verschiedenen Bereichen ihrer Persönlichkeit (Problemverhalten sowie motivationale und soziale Merkmale) über die drei Erhebungswellen des Kinderpanels hinweg zu untersuchen. Dies geschieht vor der Folie eines Ineinandergreifens von neuen exogenen Herausforderungen im Schulkindalter, deren über die Zeit der Untersuchung sich routinisierenden Bewältigungsstrategien und den weiter vorhandenen Einbettungen der Kinder in andere Entwicklungskontexte positiver wie negativer Art, insbesondere im Kontext der Familie und möglichen Negativspiralen,

Dabei stellen sich konkret folgende Fragen:
- Verändern sich die verschiedenen Aspekte der kindlichen Persönlichkeit zwischen dem Alter von 8-9 und 11-12 Jahren in bedeutender Weise? Und wenn ja, in welche Richtung geht diese Entwicklung?
- Wie wirken soziostrukturelle Faktoren wie Geschlecht des Kindes und sozioökonomischer Status der Familie auf die kindliche Persönlichkeit? Gibt es signifikante Unterschiede, die auf diese soziostrukturellen Faktoren zurückzuführen sind? Und sind unterschiedliche Entwicklungsverläufe der untersuchten Persönlichkeitsmerkmale je nach Geschlecht und sozioökonomischem Status zu beobachten?

Nicht empirisch belegen, aber immerhin deutend plausibilisieren möchten wir, welche Rolle die Schule spielen könnte und welche Konsequenzen die Muster der Persönlichkeitsentwicklung haben könnten.

## 2. Methode

### 2.1 Stichprobe

Datengrundlage ist die ältere Kohorte des Kinderpanels. Da in einem anderen Beitrag (siehe Gloger-Tippelt/Lahl in diesem Band) die Veränderungen in den Urteilen der Mütter über die Persönlichkeitsmerkmale und das Problemverhalten ihrer Kinder untersucht wurden, konzentrieren sich unsere Analysen auf die Veränderungen in den Selbsturteilen der Kinder über ihr Verhalten und ihre Persönlichkeit. Daten von 593 Kindern über die drei Messzeitpunkte liegen unseren Analysen zu Grunde. Das Durchschnittsalter der Kinder in dieser Stichprobe war 8 Jahre und 7 Monate in der 1. Welle, 10 Jahre in der 2. und 11 Jahre und 6 Monate in der 3. Welle. Der Anteil der Jungen beträgt 49,7%, der Anteil der Mädchen 50,3%.

## 2.2 Variablen

*Sozioökonomischer Status oder Sozialschicht*

Als Indikator für den sozioökonomischen Status bzw. die Sozialschicht einer Familie wurde eine Variable gebildet, die Einkommen, Ausbildungsabschluss und den ausgeübten Beruf der Eltern am Anfang der Untersuchung (1. Welle) einbezieht (siehe Alt/Quellenberg 2005). Die fünf Stufen dieses Indikators wurden zu drei Gruppen zusammengefasst: untere Schicht (die aus der Unterschicht und der unteren Mittelschicht besteht), mittlere Mittelschicht und obere Schicht (welche die obere Mittelschicht und die Oberschicht beinhaltet). Zur unteren Sozialschicht gehörten 25,3% der Kinder, zur mittleren Mittelschicht 35,6% und zur oberen Sozialschicht 39,1%.

*Verhaltensweisen*

Drei Bereiche des kindlichen Verhaltens wurden mit jeweils einer Skala erfasst. Hohe Ausprägungen auf diesen Skalen gehen mit einem erhöhten Risiko für weitere Probleme – wie schulischer Misserfolg, Ablehnung durch Gleichaltrige oder sogar die Entwicklung psychischer Störungen – einher (Brezinka 2003; Scheithauer/Mehren/Petermann 2003; Webster-Stratton/Taylor 2001):

- *Internalisierung:* Die Skala umfasst 6 Items, die sich auf ängstliches, unsicheres Verhalten, traurige Verstimmung oder Einsamkeit beziehen (Cronbachs Alpha: .65, .67, .69 jeweils für 1. bis 3. Welle).
- *Externalisierung:* Die Skala wird aus 7 Items gebildet, die nach außen gerichtetes, auffälliges Verhalten wie Aggressivität, Störung anderer oder häufige Wut und Launenhaftigkeit bezeichnen (Cronbachs Alpha: .68, .72, .73 jeweils für 1. bis 3. Welle).
- *Motorische Unruhe:* Die Skala besteht aus 3 Items, die Zeichen von körperlicher Unruhe und Impulsivität erfassen (Cronbachs Alpha: .54, .60, .63 jeweils für 1. bis 3. Welle).

*Positive Persönlichkeitsmerkmale*

Drei weitere Skalen wurden zur Messung von motivationalen, kognitiven und sozial-emotionalen Merkmalen und Fähigkeiten verwendet, die zu einer positiven Bewältigung von altersrelevanten Entwicklungsaufgaben beitragen und somit auch als Schutzfaktoren gegen die Entwicklung von Verhaltensproblemen fungieren können (Scheithauer/Niebank/Petermann 2000; Weichold/Silbereisen 2007):

- *Positives Selbstbild*: Die Skala umfasst 5 Items, die sich auf Aspekte wie die Zufriedenheit mit sich selbst und mit der eigenen Leistung, oder eine häufige gute Laune beziehen (Cronbachs Alpha: .44, .37, .61 jeweils für 1. bis 3. Welle).
- *Kognitive und soziale Aufgeschlossenheit:* Die Skala besteht aus 5 Items, die Merkmale wie soziale Offenheit, Empathie, Kreativität und rasche Auffassungsgabe erfassen (Cronbachs Alpha: .51, .46, .57 jeweils für 1. bis 3. Welle).
- *Selbstwirksamkeit:* Die Skala besteht aus 10 Items, die sich mit der generalisierten Überzeugung befassen, angestrebte Ziele erreichen sowie unerwartete und schwierige Situationen meistern zu können. Hier werden die Urteile der Mütter über die Selbstwirksamkeit ihrer Kinder herangezogen, da die Kinder diesbezüglich nicht befragt wurden (Cronbachs Alpha: .85, .88, .90 jeweils für 1. bis 3. Welle).

In Bezug auf die Entstehung, den Aufbau und die Validierung der Skalen zur Erfassung von kindlichen Verhaltensproblemen und positiven Persönlichkeitsmerkmalen wird auf weitere Veröffentlichungen zum Kinderpanel verwiesen (z. B. Alt/Quellenberg 2005; Gloger-Tippelt/Vetter 2005). Die interne Konsistenz der Selbsturteilsskalen erweist sich als hinreichend, mit Ausnahme der Skala zum positiven Selbstbild, die in den ersten zwei Wellen unzureichende Reliabilitätswerte aufwies. Die Skala zur Selbstwirksamkeit (aus Muttersicht) zeigte eine sehr hohe Homogenität.

## 2.3 Auswertungsstrategie

Für jede Skala der untersuchten Variablen (Verhaltensweisen und positive Persönlichkeitsmerkmale) wurde der Mittelwert der Ausprägungen auf den jeweiligen Items ermittelt (jedoch nur, wenn Antworten für mindestens die Hälfte der Items verfügbar waren). Für jede Variable wurde eine dreifaktorielle messwiederholte Varianzanalyse mit den Faktoren Geschlecht (Mädchen, Junge), Sozialschicht (untere Schicht, mittlere Mittelschicht und obere Schicht) und Messzeitpunkt (1., 2. und 3. Welle) durchgeführt. In den Fällen, in denen ein signifikanter Haupteffekt des Messzeitpunkts oder der Sozialschicht erzielt wurde, wurde für die Mehrfachvergleiche eine Anpassung des Signifikanzniveaus nach Bonferroni berücksichtigt ($p<.017$). Die Tabelle 1 zeigt die Mittelwerte aller untersuchten Persönlichkeitsvariablen getrennt nach Messzeitpunkt, Geschlecht und Sozialschicht. In Tabelle 2 sind die Ergebnisse der entsprechenden Varianzanalysen aufgeführt.

## 3. Veränderungen und Unterschiede in den Verhaltensweisen

Die interessierenden Erscheinungsformen kindlichen Verhaltens waren Internalisierung, Externalisierung und motorische Unruhe. Für alle Erscheinungsformen gilt, dass problematisches Verhalten durch die höheren Werte zum Ausdruck kommt. Es geht zunächst um die Frage, ob sich die drei Facetten des untersuchten Verhaltens in bedeutsamer Weise über den Beobachtungszeitraum verändert haben.

Tab. 1: Mittelwerte der untersuchten Variablen bzgl. Verhaltensweisen und positiver Persönlichkeitsmerkmale getrennt nach Messzeitpunkt, Geschlecht der Kinder und Sozialschicht der Familien

|  | Messzeitpunkt | | | Geschlecht | | Sozialschicht | | |
| --- | --- | --- | --- | --- | --- | --- | --- | --- |
|  | 1. | 2. | 3. | ♂ | ♀ | Untere Schicht | Mittlere M-Sch. | Obere Schicht |
| **Verhaltensweisen** | | | | | | | | |
| Internalisierung | 1,55 | 1,48 | 1,28 | 1,38 | 1,49 | 1,47 | 1,45 | 1,38 |
| Externalisierung | 0,95 | 0,99 | 0,95 | 1,02 | 0,90 | 1,07 | 0,94 | 0,88 |
| Motorische Unruhe | 1,42 | 1,36 | 1,33 | 1,41 | 1,34 | 1,51 | 1,31 | 1,28 |
| **Positive Persönlichkeitsmerkmale** | | | | | | | | |
| Positives Selbstbild | 2,76 | 2,80 | 2,72 | 2,76 | 2,76 | 2,74 | 2,76 | 2,78 |
| Soz.-kog. Aufgeschlossenheit | 2,26 | 2,41 | 2,39 | 2,32 | 2,38 | 2,26 | 2,37 | 2,43 |
| Selbstwirksamkeit (Muttersicht) | 1,84 | 1,91 | 1,90 | 1,87 | 1,89 | 1,81 | 1,90 | 1,94 |

Quelle: DJI-Kinderpanel, 1.-3. Welle, eigene Berechnungen

Für die *internalisierenden Verhaltensweisen* ergab sich ein signifikanter Effekt sowohl bezüglich des Geschlechts der Kinder als auch des Messzeitpunkts. Der Geschlechtereffekt zeigt für die Mädchen höhere Ausprägungen in internalisierenden Problemen auf. Mädchen erweisen sich damit grundsätzlich als etwas ängstlicher und zurückhaltender als die Jungen in dieser Studie. Dies korrespondiert mit den Befunden anderer Studien (vgl. von Salisch 2005).

Zum anderen nahmen diese Probleme für beide Geschlechter mit der Zeit ab, wobei eine deutlichere Abnahme zwischen der 2. und der 3. Welle zu beobachten war. Dieses Ergebnis gewinnt vor dem Hintergrund der Sozialisationserfahrungen der Kinder in der Schule besondere Bedeutung. Im Durchschnitt zeigen die Kinder abnehmende internalisierende Verhaltensauffälligkeiten mit zunehmendem Alter. Dies entspricht den strukturfunktionalistischen Erwartungen von Talcott Parsons (1964). Durch die Schule wird dabei unter anderem erreicht, dass Kinder verhaltenskonformer werden, Auffälligkeiten sich deutlich reduzieren. Die Tatsache, dass zwischen der 2. und 3. Welle des Kinderpanels die internalisierenden Verhaltensauffälligkeiten besonders stark zurückgehen, fällt mit dem Übertritt der Kinder in die Sekundarstufe zusammen. Dort gelten bekanntlich strengere Maßstäbe in Bezug auf das tolerierte Verhalten als in der Grundschule.

Persönlichkeitsentwicklung in der späten Kindheit

Tab. 2: Ergebnisse der Überprüfung von zeitlichen Veränderungen und Unterschieden zwischen Geschlechtern und Sozialschichten in den untersuchten Variablen

|  |  | F | df | p | Part. $\eta^2$ |
|---|---|---|---|---|---|
| **Verhaltensweisen** | | | | | |
| Internalisierung | Geschlecht | 6.90 | 1.581 | <.01 | .01 |
|  | Sozialschicht (SES) | 2.14 | 2.581 | n.s. | .01 |
|  | Messzeitpunkt (MZP) | 44.25 | 2.1096 | <.001 | .07 |
|  | MZP x SES | 3.05 | 4.1096 | <.05 | .01 |
| Externalisierung | Geschlecht | 10.00 | 1.575 | <.01 | .02 |
|  | Sozialschicht | 7.98 | 2.575 | <.001 | .03 |
|  | Messzeitpunkt | 1.58 | 2.1110 | n.s. | .00 |
| Motorische Unruhe | Geschlecht | 1.62 | 1.574 | n.s. | .00 |
|  | Sozialschicht | 6.28 | 2.574 | <.01 | .02 |
|  | Messzeitpunkt | 2.63 | 2.1107 | n.s. | .01 |
| **Positive Persönlichkeitsmerkmale** | | | | | |
| Positives Selbstbild | Geschlecht | .08 | 1.582 | n.s. | .00 |
|  | Sozialschicht (SES) | 1.54 | 2.582 | n.s. | .01 |
|  | Messzeitpunkt (MZP) | 15.49 | 2.1139 | <.001 | .03 |
|  | MZP x Gesch. x SES | 2.72 | 4.1139 | <.05 | .01 |
| Soz.-kog. Aufgeschlossenheit | Geschlecht | 4.66 | 1.574 | <.05 | .01 |
|  | Sozialschicht | 10.93 | 2.574 | <.001 | .04 |
|  | Messzeitpunkt | 24.23 | 2.1031 | <.001 | .04 |
| Selbstwirksamkeit (Muttersicht) | Geschlecht | .42 | 1.572 | n.s. | .00 |
|  | Sozialschicht | 5.48 | 2.572 | <.01 | .02 |
|  | Messzeitpunkt | 7.15 | 2.1130 | =.001 | .01 |

Anmerkungen:
- Nur die signifikanten Interaktionen sind in dieser Tabelle aufgeführt worden.
- Die Anzahl der gültigen Fälle in den Analysen variiert mit der Anzahl der ausgeschlossenen Fälle wegen fehlender Werte.
- In den Analysen, in denen der Mauchly-Test auf Sphärizität signifikant ist, sind die korrigierten Freiheitsgrade (nach Greenhouse-Geisser) abgerundet dargestellt worden.

Quelle: DJI-Kinderpanel, 1.-3. Welle, eigene Berechnungen

Die bisherigen Effekte sind so genannte Haupteffekte. Bislang unberücksichtigt blieben die Interaktionseffekte. Diese betreffen in den vorliegenden Analysen insbesondere die Schichtvariable. Gemäß unseren Ausgangsüberlegungen erwarten wir wegen der unterschiedlichen Habitusformationen in den Familien Auswirkungen auf den Verlauf des internalisierenden Verhaltens je nach Sozialstatus. Wie aus Abbildung 1 zu ersehen ist, erlebten die Kinder

der mittleren Mittelschicht und der oberen Schicht eine kontinuierliche Verminderung ihrer internalisierenden Probleme, während bei den Kindern der unteren Schicht zunächst eine leichte Verschlimmerung in der Zeit zwischen der 1. und der 2. Befragung erfolgte, die aber in der Zeit bis zur 3. Befragung nachließ. Diese auf schichtspezifische Verläufe hindeutende Interaktion ist statistisch signifikant. Wieder fällt der Zusammenhang der Entwicklung mit dem Übertritt in die Sekundarstufe auf. Bei den Kindern aus Familien der unteren Schicht nahmen die internalisierenden Auffälligkeiten erst nach der 2. Befragung ab, während in der Zeit zwischen der 1. und der 2. Befragung eine leichte Zunahme zu verzeichnen war. Dieses Ergebnis könnte dahingehend interpretiert werden, dass Kinder aus Familien mit wenigeren Ressourcen (wegen geringeren Einkommens und niedrigeren Ausbildungsniveaus der Eltern) den bevorstehenden Schulwechsel besorgter betrachten als Kinder aus besser gestellten Familien, und dies ein erhöhtes Gefühl von Unsicherheit, Ängstlichkeit und Traurigkeit hervorrufen kann.

Abb. 1: Veränderung von internalisierenden Verhaltensauffälligkeiten in Abhängigkeit vom sozioökonomischen Status der Familie

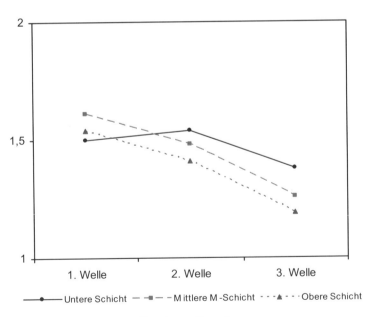

Quelle: DJI-Kinderpanel, 1.-3. Welle, eigene Berechnungen

Hinsichtlich des Auftretens *externalisierenden Problemverhaltens* führen sowohl das Geschlecht der Kinder als auch die Sozialschicht ihrer Familie zu bedeutsamen Effekten. Obwohl von den Kindern diese Art dysfunktionalen Verhaltens insgesamt nur in geringem Ausmaß berichtet wurde, beschrieben sich die Jungen selbst als auffälliger im Vergleich zu den Mädchen. Dies bestätigt wieder einmal die geringere Wahrscheinlichkeit für aggressive Verhaltensauffälligkeiten bei Mädchen (vgl. Wahl 2005). Der sozioökonomische Status der Familie beeinflusste das Auftreten aggressiven, störenden Verhaltens dahingehend, dass Kinder in der unteren Schicht signifikant höhere Ausprägungen im Vergleich zu den Kindern der oberen Schicht zeigten. Erwähnenswert ist, dass sich über den Beobachtungszeitraum diese Verhaltensweise nicht signifikant veränderte. Auffälliges aggressives Verhalten oder das Stören anderer Kinder nimmt demnach über die Zeit nicht wirklich ab. Signifikante Interaktionen zwischen den Variablen gab es nicht.

Die Analyse der *motorischen Unruhe* ergab nur einen Haupteffekt bezüglich der Sozialschicht. Kinder aus Familien der unteren Schicht wiesen häufigere Zeichen motorischer Unruhe und Impulsivität auf als Kinder aus Familien der mittleren Mittelschicht und der oberen Schicht. Das Geschlecht der Kinder oder der Messzeitpunkt weisen in diesem Zusammenhang keinen eigenen Effekt auf. Interaktionseffekte sind abermals nicht zu beobachten.

Zusammenfassend konnte nur eine bedeutsame Veränderung mit der Zeit bei den internalisierenden Auffälligkeiten festgestellt werden: Internalisierungstendenzen nahmen kontinuierlich vom Anfang bis zum Ende des Untersuchungszeitraumes ab. Diese progressive Abnahme ängstlicher, depressiver Auffälligkeiten war bei den Kindern aus Familien in vorteilhafteren sozioökonomischen Bedingungen deutlicher zu beobachten. Weitere Effekte bezogen sich auf die Geschlechtervariable. Hier konnten sowohl bei den internalisierenden als auch bei den externalisierenden Verhaltensweisen geschlechtsspezifische Differenzierungen entdeckt werden: Internalisierende Auffälligkeiten traten eher bei Mädchen auf, externalisierendes Verhalten eher bei Jungen. Ein weiterer signifikanter Einfluss auf das kindliche Problemverhalten basierend auf dem Sozialstatus der Familie wurde hinsichtlich der externalisierenden Verhaltensweisen und der motorischen Unruhe belegt: Beide Verhaltensauffälligkeiten waren bei den Kindern aus benachteiligten Familien (untere Sozialschicht) ausgeprägter.

## 4. Veränderungen und Unterschiede in den positiven Persönlichkeitsmerkmalen

Mit den Verhaltensauffälligkeiten fokussierten wir uns auf die Analysen der beobachtbaren Effekte differentieller Sozialisationsverläufe. Im Folgenden soll ein Schritt weiter gegangen werden – auf die Ebene der individuellen Entwicklung. Es soll uns jetzt neben den für soziologische Fragestellungen üblichen Einstellungen und Verhaltensweisen auch die Art der individuellen Bewältigung typischer Herausforderungen im Leben der Kinder interessieren. Dazu zählen u. a. die Selbstwirksamkeit, die soziale und kognitive Aufgeschlossenheit und ein positives Selbstbild.

Die Ergebnisse bzgl. des *positiven Selbstbilds* der Kinder lassen sich aufgrund der unzureichenden Reliabilität der Skala in zwei Erhebungswellen (wie bereits erwähnt) nur beschränkt interpretieren. Unterscheidet man wieder nach Haupteffekten und Interaktionen erhält man folgende Ergebnisse: Es wurden ein signifikanter Haupteffekt des Messzeitpunkts sowie eine signifikante Interaktion zwischen Messzeitpunkt, Geschlecht und Sozialschicht aufgedeckt. Zwischen der 2. und der 3. Befragung sank das positive Selbstbild der Kinder bis zu einem Wert ab, der auch signifikant niedriger als der am Anfang der Untersuchung erzielte Wert war. Um die dreifache Interaktion interpretieren zu können, sind die durchschnittlichen Veränderungen im positiven Selbstbild der Jungen und Mädchen aus den unterschiedlichen Sozialschichten in Abbildung 2 dargestellt. Die allgemeine Entwicklung, wonach das positive Selbstbild vom 2. zum 3. Messzeitpunkt bedeutsam abfällt, konnte bei den Jungen deutlich festgestellt werden; bei den Mädchen der mittleren Mittelschicht und der oberen Schicht konnte dieser Effekt ebenfalls nachgewiesen werden, nicht aber bei den Mädchen aus der unteren Schicht, die nur eine minimale Abwertung ihres Selbstbildes zwischen den zwei letzten Befragungen zeigten.

Persönlichkeitsentwicklung in der späten Kindheit

Abb. 2: Veränderung des positiven Selbstbilds in Abhängigkeit vom Geschlecht des Kindes und sozioökonomischen Status der Familie

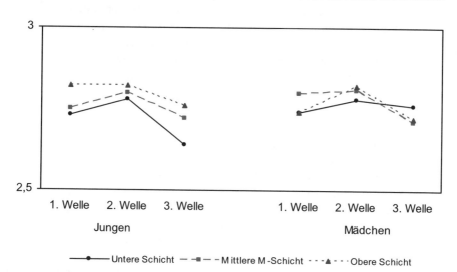

Quelle: DJI-Kinderpanel, 1.-3. Welle, eigene Berechnungen

Wieder fällt die beobachtete Entwicklung des Selbstbildes mit dem Übergang in die Sekundarstufe zusammen. Nahezu ausnahmslos führt dieses Ereignis zu einer Abnahme der positiven Werte. Einzig die Mädchen aus der unteren Schicht zeigen eine andere Entwicklung. Möglicherweise profitieren sie davon, dass sie in den neuen Klassen vom so genannten Bezugsgruppeneffekt profitieren. Die deutlich besseren Klassenkameraden sind jetzt in den gymnasialen Bereich abgewandert, was einer Aufwertung der übriggebliebenen Mädchen gleichkommt. Diese sind – wie wir wissen – in der Grundschule im Allgemeinen besser in den schulischen Belangen als die Jungen. Damit können die Mädchen sich jetzt als überdurchschnittlich gut erfahren. Sie sind daher mit ihren Leistungen zufrieden und dies schlägt sich auch in ihrem Selbstbild nieder.

In der Analyse der Einschätzungen der Kinder bzgl. ihrer *sozialen und kognitiven Aufgeschlossenheit* ließen sich sowohl ein signifikanter Haupteffekt des Messzeitpunkts als auch je ein signifikanter Haupteffekt des Geschlechts und des sozioökonomischen Status belegen. Zwischen der 1. und der 2. Befragung erfolgte eine erhebliche Verbesserung der sozialen Offenheit, der Kreativität und der Empathie, welche sich dann bis zur 3. Befragung kaum noch verändert hat. Nach eigener Einschätzung waren die Mädchen signifikant offener für kognitive und soziale Erfahrungen im Vergleich zu den Jungen. Sie haben in den eben genannten Merkmalen die höchsten Ausprägungen, sind demnach empathischer und kreativer als die Jungen und verfügen ihrer eigenen Meinung nach über eine raschere Auffassungsgabe. Zudem erzielten die Kinder aus Familien der mittleren Mittelschicht und der oberen Schicht höhere Ausprägungen dieser Merkmale als die Kinder der unteren Schicht. Bringt man diesen Befund mit dem Übergang in die Sekundarstufe zusammen, so erweist sich wieder einmal die soziale Herkunft als ausgesprochen wertvoll.

Was die *Selbstwirksamkeit* der Kinder anbelangt, gilt, dass diese im Gegensatz zu den Aussagen der Kinder auf der Befragung der Mütter beruht. Grundsätzlich gilt, dass Mütter die Selbstwirksamkeit ihrer Kinder im Durchschnitt hoch einschätzen. Es wundert daher auch nicht, dass hinsichtlich dieser Variablen ein signifikanter Haupteffekt des Messzeitpunkts und der Sozialschicht festgestellt werden konnte. Ähnlich wie bei den Selbsturteilen der Kinder bzgl. ihrer sozial-kognitiven Aufgeschlossenheit war eine deutliche Verbesserung zwischen der 1. und der 2. Welle bei den Urteilen der Mütter über die Selbstwirksamkeit ihrer Kinder nachweisbar; dieses Merkmal blieb dann bis zur 3. Welle fast unverändert. Der sozioökonomische Status der Familie wirkte auf diese Variable dahingehend, dass die Mütter in der unteren Schicht die Selbstwirksamkeit ihrer Kinder signifikant niedriger einschätzten als Mütter der oberen Schicht. Zweierlei wird damit deutlich. Zum einen erhöht sich mit zunehmendem Alter der Kinder deren Selbstwirksamkeit. Zum anderen wird den Kindern aus den oberen sozialen Schichten eine höhere Selbstwirksamkeit zugeschrieben. Dies kann als ein weiterer Aspekt zur Erklärung der Benachteiligung qua Zugehörigkeit zu unteren sozialen Schichten gezählt werden.

Zusammenfassend wurden bei den drei Persönlichkeitsmerkmalen signifikante Veränderungen über die Zeit beobachtet, die aber einen unterschiedlichen Verlauf aufwiesen. Während sich in der Zeit zwischen der 1. und der 2. Befragung die sozial-kognitive Offenheit der Kinder nach eigener Einschätzung und ihre Selbstwirksamkeit nach Einschätzung ihrer Mütter signifikant verbesserten, verschlechterte sich ihr positives Selbstbild in der Zeit zwischen der 2. und der 3. Befragung signifikant. Geschlechtspezifische Unterschiede waren nur hinsichtlich ihrer sozial-kognitiven Aufgeschlossenheit zu finden, wobei die Mädchen den Jungen überlegen waren. Durch den Sozialstatus bedingte Unterschiede ließen sich ebenfalls bzgl. der sozial-kognitiven Aufgeschlossenheit der Kinder und ihrer Selbstwirksamkeit belegen, wobei Kinder aus Familien der unteren Schicht geringere Ausprägungen dieser Persönlichkeitsmerkmale aufwiesen als Kinder aus Familien mit höherem Sozialstatus.

## 5. Diskussion

Auf die am Anfang gestellte Hauptfrage, ob in der älteren Kohorte – also im Alter von 8-9 und 11-12 Jahre – relevante Veränderungen in verschiedenen Bereichen der kindlichen Persönlichkeit stattfinden, können wir anhand der vorliegenden Ergebnisse antworten, dass bedeutsame Veränderungen in mehreren der untersuchten Variablen festgestellt werden konnten, die insgesamt auf eine positive Entwicklung der Kinder hindeuten.

Als positive Entwicklungen zeichneten sich eine kontinuierliche Abnahme der internalisierenden Verhaltensauffälligkeiten der Kinder und ein Anstieg (im Besonderen zwischen der 1. und der 2. Befragung) der Offenheit für soziale und kognitive Erfahrungen sowie der Selbstwirksamkeit ab.

Obwohl die internalisierenden (ängstlich-depressiven) Auffälligkeiten kontinuierlich über den Zeitraum der Untersuchung absanken, war diese Abnahme zwischen der 2. und der 3. Befragung, das heißt in der Zeit des Übergangs von der Grundschule in die Sekundarschule, deutlicher. Über teilweise ähnliche Ergebnisse berichten Ball, Lohaus und Miebach (2006; siehe auch Elben u. a. 2003) im Rahmen einer in Hessen durchgeführten Studie zur psychischen Anpassung von Kindern beim Wechsel zur weiterführenden Schule. Sie fanden eine signifikante Abnahme der internalisierenden Symptome im Selbsturteil der Schüler, die wie in unserer Untersuchung unabhängig vom Geschlecht der Kinder erfolgte. Im Unterschied zu unseren Ergebnissen konnten die Autoren auch eine signifikante Veränderung der externalisierenden Symptome mit dem Schulwechsel feststellen, die aber im Zusammenhang mit der Notenentwicklung der Schüler und mit dem Typ der weiterführenden Schule stand; diese Variablen wurden für den Zweck der vorliegenden Untersuchung nicht berücksichtigt.

Der Aspekt der kindlichen Persönlichkeit, der in der Entwicklung zwischen dem Alter von 8-9 und 11-12 Jahren eine negative Veränderung aufzeigte, war das Absinken des positiven Selbstbildes besonders im Zeitraum zwischen der 2. und der 3. Befragung, d.h. des Übergangs zur Sekundarschule. Dieses Absinken des Selbstkonzepts mit dem Schulwechsel ist ein mehrfach belegtes

Phänomen, das im Zusammenhang mit anderen Ergebnissen als Bezugsgruppeneffekt interpretiert wird (siehe z. B. Buff 1991; Filipp/Mayer 2005; Schwarzer/Lange/Jerusalem 1982; Valtin/Wagner 2004). Der Wechsel in eine neue Klasse führt zu Veränderungen der Selbstbewertung im sozialen Vergleichsprozess, die je nach Bewertung der Leistungen und Fähigkeiten der neuen Bezugsgruppe unterschiedlich ausfallen. Kinder, die vor dem Schulwechsel ein positives Selbstkonzept aufzeigen und dann auf das Gymnasium übertreten, kommen in eine Gruppe von im Durchschnitt leistungsstärkeren und kompetenteren Kindern, womit die Einschätzung der eigenen Fähigkeiten und das generalisierte Selbstkonzept niedriger werden können. Hingegen kommen Kinder, die vor dem Übergang selbstwertschwach waren und in die Hauptschule wechseln, dann in eine Gruppe von durchschnittlich leistungsschwächeren Kindern, unter denen der Vergleich der eigenen Fähigkeiten günstiger ausfallen und das Selbstkonzept höher bewertet werden kann.

Um zu prüfen, ob sich diese differenziellen Veränderungen des Selbstkonzepts in Abhängigkeit vom Schultyp auch in unserer Stichprobe nachweisen lassen, führten wir eine zusätzliche Analyse mit Daten der Kinder durch, die zum 3. Messzeitpunkt in eine Hauptschule, eine Realschule oder ein Gymnasium gewechselt hatten (N=448). Die Mehrheit der Kinder besuchte das Gymnasium (57,4%), gefolgt von den Realschülern (31%) und zuletzt den Hauptschülern (11,6%). Die Varianzanalyse mit den Faktoren Schultyp und Messzeitpunkt ergab lediglich den bekannten, signifikanten Haupteffekt des Messzeitpunkts: $F(2,875)=7.05$, $p=.001$. Auch wenn keine signifikante Interaktion zwischen beiden Faktoren gefunden wurde, erbrachte die Analyse des einfachen Haupteffekts vom Messzeitpunkt für jeden Schultyp nur in der Gruppe der Gymnasiasten ein signifikantes Ergebnis: $F(2,494)=13.35$, $p<.001$. Nur bei den Gymnasiasten fand das erwartete, drastische Absinken des positiven Selbstbildes mit dem Übergang in die weiterführende Schule statt, während bei den Haupt- und den Realschülern keine signifikante Veränderung ihres Selbstbildes zu verzeichnen war. Das heißt die nach dem Bezugsgruppeneffekt erwartete Verbesserung im Selbstwert von Hauptschülern konnte nicht repliziert werden.

Hinsichtlich der Frage zum Einfluss vom Geschlecht auf das Problemverhalten und die Persönlichkeitsmerkmale der Kinder konnten geschlechtsspezifische Unterschiede in den Selbsturteilen bzgl. der internalisierenden und externalisierenden Probleme und der sozial-kognitiven Aufgeschlossenheit festgestellt werden. Mädchen zeigten häufigere Zeichen internalisierender Probleme, während Jungen höhere Ausprägungen externalisierender Symptome aufwiesen. Diese Geschlechtsunterschiede konnten auch in der oben genannten Studie zur psychischen Anpassung hessischer Schüler beim Übergang zur Sekundarstufe nachgewiesen werden (Ball/Lohaus/Miebach 2006; Elben u. a. 2003). Zudem fanden Döpfner u. a. (1997) in ihrer Studie über psychische Auffälligkeiten und Kompetenzen von Kindern und Jugendlichen in Deutschland (PAK-KID-Studie), dass auch ältere Mädchen (11- bis 18-jährige) sich auf den Skalen zur Erfassung internaleranisierender Probleme im Vergleich zu den Jungen als auffälliger beschrieben.

Im Vergleich zu den Mädchen zeigten die Jungen der älteren Kohorte des Kinderpanels in höherem Ausmaß externalisierendes Problemverhalten. Dieses Muster eines häufigeren Auftretens von aggressiven Verhaltensweisen bei männlichen Kindern ist in zahlreichen epidemiologischen Studien zum Thema Aggression belegt worden (einen Überblick bieten z. B. Scheithauer/Petermann 2002).

Darüber hinaus waren die Mädchen in unserer Untersuchung hinsichtlich ihrer Offenheit für soziale und kognitive Erfahrungen ihren männlichen Gleichaltrigen signifikant überlegen. Die Skala zur sozial-kognitiven Aufgeschlossenheit enthält Items, die sich auf Aspekte sozial-emotionaler Kompetenzen beziehen, wie z. B. Einfühlungsvermögen, Bereitschaft für neue soziale Kontakte. Höhere Ausprägungen sozial-emotionaler Fähigkeiten bei Mädchen im Vergleich zu Jungen wurden mehrfach beobachtet (siehe z. B. Meerum Terwogt 2002; Ulich/Kienbaum/Volland 2002).

Schichtspezifische Unterschiede konnten in unserer Untersuchung ebenfalls nachgewiesen werden. Kinder aus sozioökonomisch benachteiligten Familien wiesen höhere Ausprägungen externalisierender Verhaltensprobleme und motorischer Unruhe auf, waren weniger offen für soziale und kognitive Erfahrungen und wurden von ihren Müttern als weniger selbstwirksam eingeschätzt als Kinder aus höheren Sozialschichten. Die Zugehörigkeit zu einer sozioökonomisch schwachen Schicht übt somit einen ungünstigen Einfluss auf die kindliche Persönlichkeit aus. In den Bereichen der Kinder- und Jugendpsychopathologie sowie der Primärprävention von Verhaltensstörungen ist ein niedriger sozioökonomischer Status der Familie ein gut dokumentierter Risikofaktor für das Auftreten von Verhaltensproblemen im Kindes- und Jugendalter (siehe z. B. Brezinka 2003; Dodge/Pettit 2003; Dodge/Pettit/Bates 1994; Webster-Stratton/Taylor 2001).

Obwohl die Entwicklung der kindlichen Persönlichkeit zwischen dem Alter von 8-9 und 11-12 Jahren insgesamt betrachtet einen eher positiven Verlauf verzeichnet, weisen einige bedeutsame individuelle Unterschiede auf ungünstige Einflüsse hin, die für die Prävention von negativen Entwicklungsverläufen (z. B. dem Auftreten von Verhaltensstörungen) zu berücksichtigen sind. Diesbezüglich wäre zu empfehlen, Maßnahmen zu implementieren, die solche Kinder mit einem erhöhten Risiko für eine ungünstige Entwicklung (mit höheren Ausprägungen externalisierenden Verhaltens und motorischer Unruhe oder geringerer sozial-emotionaler Kompetenz u. a.) besonders in den Bereichen ihrer Persönlichkeit fördern und unterstützen, in denen Defizite identifiziert werden.

## Literatur

Alt, Christian/Quellenberg, Holger (2005): Daten, Design und Konstrukte. Grundlagen des Kinderpanels. In: Alt, Christian (Hrsg.): Kinderleben – Aufwachsen zwischen Familie, Freunden und Institutionen. Band 1: Aufwachsen in Familien. Wiesbaden, S. 277-303

Ball, Juliane/Lohaus, Arnold/Miebach, Christiane (2006): Psychische Anpassung und schulische Leistungen beim Wechsel von der Grundschule zur weiterführenden Schule. In: Zeitschrift für Entwicklungspsychologie und Pädagogische Psychologie, 38/3, S. 101-109

Beelmann, W. (2000): Entwicklungsrisiken und -chancen bei der Bewältigung normativer sozialer Übergänge im Kindesalter. In: Leyendecker, Christoph/Horstmann, Trodis (Hrsg.): Große Pläne für kleine Leute. München, S. 71-77

Betz, Tanja/Lange, Andreas/Alt, Christian (2007): Das Kinderpanel als Beitrag zur Sozialberichterstattung über Kinder – Theoretisch-Konzeptionelle Rahmung sowie methodologische und methodische Implikationen. In: Alt, Christian (Hrsg.): Kinderpanel – Start in die Grundschule. Bd. 3, Ergebnisse aus der zweiten Welle. Wiesbaden, S. 19-59

Brezinka, Veronika (2003): Zur Evaluation von Präventivinterventionen für Kinder mit Verhaltensstörungen. In: Kindheit und Entwicklung, 12/2, S. 71-83

Buff, Alex (1991): Schulische Selektion und Selbstkonzeptentwicklung. In: Pekrun, Reinhard/Fend, Helmut (Hrsg.): Schule und Persönlichkeitsentwicklung. Ein Resümee der Längsschnittforschung. Stuttgart, S. 100-114

Dodge, Kenneth A./Pettit, Gregory S. (2003): A Biopsychosocial Model of the Development of Chronic Conduct Problems in Adolescence. In: Developmental Psychology, 39/2, S. 349-371

Dodge, Kenneth A./Pettit, Gregory S./Bates, John E. (1994): Socialization Mediators of the Relation between Socioeconomic Status and Child Conduct Problems. In: Child Development, 65, S. 649-665

Döpfner, Manfred/Plück, Julia/Berner, Walter/Fegert, Jörg M./Huss, Michael/Lenz, K./Schmeck, Klaus/Lehmkuhl, Ulrike/Poustka, Fritz/Lehmkuhl, Gerd (1997): Psychische Auffälligkeiten von Kindern und Jugendlichen in Deutschland – Ergebnisse einer repräsentativen Studie: Methodik, Alters-, Geschlechts- und Beurteilereffekte. In: Zeitschrift für Kinder- und Jugendpsychiatrie und Psychotherapie, 25, S. 218-233

Ehmke, Timo/Baumert, Jürgen (2007): Soziale Herkunft und Kompetenzerwerb: Vergleiche zwischen PISA 2000, 2003 und 2006. In: PISA-KONSORTIUM DEUTSCHLAND (Hrsg.): Pisa '06. Die Ergebnisse der dritten internationalen Vergleichsstudie. Münster, S. 309-335

Elben, Cornelia E./Lohaus, Arnold/Ball, Juliane/Klein-Heßling, Johannes (2003): Der Wechsel von der Grundschule zur weiterführenden Schule: Differentielle Effekte auf die psychische Anpassung. In: Psychologie in Erziehung und Unterricht, 50, S. 331-341

Filipp, Sigrun-Heide/Mayer, Anne-Kathrin (2005): Selbstkonzept-Entwick-lung. In: Asendorpf, Jens B. (Hrsg.): Enzyklopädie der Psychologie. Entwicklungspsychologie. Band 3: Soziale, emotionale und Persönlichkeitsentwicklung. Göttingen, S. 259-334

Gloger-Tippelt, Gabriele/Vetter, Jürgen (2005): Ein kleiner Unterschied. Geschlechtstypische schulische Entwicklung aus der Sicht von Müttern und ihren 8- bis 9-jährigen Töchtern und Söhnen. In: Alt, Christian (Hrsg.): Kinderleben – Aufwachsen zwischen Familie, Freunden und Institutionen. Band 2: Aufwachsen zwischen Freunden und Institutionen. Wiesbaden, S. 231-256

Haller, Max/Müller, Bernadette (2006): Merkmale der Persönlichkeit und Identität in Bevölkerungsumfragen. Ansätze zu ihrer Operationalisierung und Verortung als Erklärungsvariable für Lebenszufriedenheit. In: ZUMA-Nachrichten, 59/30, S. 9-41

Hasselhorn, Marcus/Lohaus, Arnold (2007): Schuleintritt. In: Hasselhorn, Marcus/Schneider, Wolfgang (Hrsg.): Handbuch der Entwicklungspsychologie. Göttingen, S. 489-500

Kramer, Klaudia/Bovenschen, Ina/Spangler, Gottfried (2007): Schulkindalter. In: Hasselhorn, Marcus/Schneider, Wolfgang (Hrsg.): Handbuch der Entwicklungspsychologie. Göttingen, S. 175-186

Lareau, Anette (2003): Unequal Childhoods. Class, Race, and Family Life. Berkeley, Los Angeles, London

Meerum Terwogt, Mark (2002): Emotional states in self and others as motives for helping in 10-year-old children. In: British Journal of Developmental Psychology, 20, S. 131-147

Nelson, Margaret/Schutz, Rebecca (2007): Day Care Differences and the Reproduction of Social Class. In: Journal of Contemporary Ethnography 36(3), S. 81-317

Parsons, Talcott (1964): Social Structure and Personality, The Free Press, New York

Salisch, Maria von (2005): Streit unter Freunden: Was tun Schulkinder, wenn sie sich über andere ärgern? In: Alt, Christian (Hrsg.): Kinderleben – Aufwachsen zwischen Familie, Freunden und Institutionen. Bd. 2, Aufwachsen zwischen Freunden und Institutionen. Wiesbaden, S. 63-82

Scheithauer, Herbert/Petermann, Franz (2002): Aggression. In: Petermann, Franz (Hrsg.): Lehrbuch der Klinischen Kinderpsychologie und –psycho-therapie (5., korr. Aufl.). Göttingen, S. 187-226

Scheithauer, Herbert/Mehren, Frank/Petermann, Franz (2003): Entwicklungsorientierte Prävention von aggressiv-dissozialem Verhalten und Substanzmissbrauch. In: Kindheit und Entwicklung, 12/2, S. 84-99

Scheithauer, Herbert/Niebank, Kay/Petermann, Franz (2000): Biopsychosoziale Risiken in der frühkindlichen Entwicklung: Das Risiko- und Schutzfaktorenkonzept aus entwicklungspsychologischer Sicht. In: Petermann, Franz/Niebank, Kay/Scheithauer, Herbert (Hrsg.): Risiken in der frühkindlichen Entwicklung. Entwicklungspsychopathologie der ersten Lebensjahre. Göttingen, S. 65-97

Schwarzer, Ralf/Lange, Bernward/Jerusalem, Matthias (1982): Selbstkonzeptentwicklung nach einem Bezugsgruppenwechsel. In: Zeitschrift für Entwicklungspsychologie und Pädagogische Psychologie, 14/2, S. 125-140

Stubbe, Tobias C./Buddeberg, Irmela/Hornberg, Sabine/McElvany, Nele (2007): Lesesozialisation im Elternhaus im internationalen Vergleich. Forschungsstand und Forschungsfragen. In: Bos, Wilfried u. a. (Hrsg.): Iglu 2006. Lesekompetenzen von Grundschulkindern in Deutschland im internationalen Vergleich. Münster, S. 299-327

Ulich, Dieter/Kienbaum, Jutta/Volland, Cordelia (2002): Empathie mit anderen entwickeln. Wie entwickelt sich Mitgefühl? In: Salisch, Maria von (Hrsg.): Emotionale Kompetenz entwickeln. Grundlagen in Kindheit und Jugend. Stuttgart, S. 111-133

Valtin, Renate/Wagner, Christine (2004): Der Übergang in die Sekundar-stufe I: Psychische Kosten der externen Leistungsdifferenzierung. In: Psychologie in Erziehung und Unterricht, 51, S. 52-68

Wahl, Klaus (2005): Aggression bei Kindern: Emotionale und soziale Hintergründe. In: Alt, Christian (Hrsg.) Kinderleben – Aufwachsen zwischen Familie, Freunden und Institutionen. Bd.1, Aufwachsen in Familien. Wiesbaden, S. 123-156

Webster-Stratton, Carolyn/Taylor, Ted (2001): Nipping Early Risk Factors in the Bud: Preventing Substance Abuse, Delinquency, and Violence in Adolescence Through Interventions Targeted at Young Children (0-8 Years). In: Prevention Science, 2/3, S. 165-192

Weichold, Karina/Silbereisen, Rainer K. (2007): Positive Jugendentwicklung und Prävention. In: Röhrle, Bernd (Hrsg.): Prävention und Gesundheitsförderung. Bd. III: Kinder und Jugendliche. Tübingen, S. 103-125

*Gabriele Gloger-Tippelt/Olaf Lahl*
# Wie früh entwickeln Anna und Lukas ihre individuelle Persönlichkeit?
Persönlichkeitsmerkmale und Problemverhalten in der Kindheit

1. Einleitung und grundlegende methodische Überlegungen .. 48
2. Untersuchung von Persönlichkeitsmerkmalen im Rahmen des Kinderpanels ................................................. 52
   - 2.1 Ziele und Fragestellungen ............................................ 52
   - 2.2 Methode ..................................................................... 54
3. Diskussion der Ergebnisse im Kontext weiterer Studien .... 64
   - 3.1 Diskussion differenzieller Veränderungen der kindlichen Persönlichkeit ............................................................. 64
   - 3.2 Diskussion der Stabilisierung von Persönlichkeitsmerkmalen in der Kindheit ........................................................... 72
4. Zusammenfassung wesentlicher Ergebnisse ...................... 75

Literatur .................................................................................. 77

## 1. Einleitung und grundlegende methodische Überlegungen

Eltern, Erzieher und Wissenschaftler machen – implizit oder explizit – Annahmen über die „Persönlichkeit" von Kindern. Sie gehen davon aus, dass es eine begrenzte Anzahl von Verhaltensdispositionen im Sinne von Eigenschaften schon in der Kindheit gibt. Bekannt sind vor allem geschlechtstypische Merkmale, die Mädchen und Jungen in unterschiedlicher Ausprägung zugeschrieben werden. Auf die Bedeutung solcher Annahmen für eine leichtere kognitive Orientierung im Alltag wurde in Kap. 1 hingewiesen. Ebenso gibt es Annahmen über die Kontinuität von Persönlichkeitsmerkmalen, nicht zuletzt aus der Sicht des Einzelnen für die Herausbildung seiner Identität im Entwicklungsverlauf. Im Kinderpanel des DJI konnten in Anlehnung an die so genannten *Big Five* bzw. für Kinder der *Little Five* und an gesundheitspsychologisch relevante Verhaltensweisen folgende Merkmale faktoriell bestätigt werden (Asendorpf/van Aken 2003; John u. a. 1994): *externalisierende Verhaltensprobleme, motorische Unruhe, internalisierende Probleme, positives Selbstbild, soziale und kognitive Aufgeschlossenheit* und *Selbstwirksamkeit* (Gloger-Tippelt/Vetter 2005). Diese zu Beginn des Kinderpanels sowohl aus der Mutter- als auch aus der Kindersicht identifizierten Merkmale stehen in im Mittelpunkt der folgenden Untersuchung. Die Items der gebildeten Skalen werden in 2.2 genannt.

Abgesehen von den kognitiven Fähigkeiten, die einen besonders stabilen Anteil der Persönlichkeit ausmachen und die im Rahmen der Panelstudie nicht untersucht werden konnten, stellt sich die wesentliche Frage, wann sich diese Persönlichkeitsmerkmale im Lebenslauf herausbilden.

Für das Vor- und Grundschulalter ist noch ungeklärt:

- In welchen Lebensabschnitten und Altersgruppen findet noch eine Veränderung in zentralen Persönlichkeitsmerkmalen statt und wann nicht mehr, d. h. wie früh stabilisieren sich die Merkmale?
- In welchen Merkmalsbereichen ist die Stabilität höher, in welchen geringer?
- Treffen die Veränderungen von Merkmalen in gleicher Weise auf Mädchen und Jungen zu, d. h. gibt es gleiche Stabilitäten?

- Welches sind die Mechanismen, die zu einer Stabilisierung führen? Dieser Punkt geht über Beschreibungen hinaus und zielt auf Erklärungen für die Stabilität.

Solche Fragen verlangen eine genaue Bestimmung dessen, was unter Stabilität zu verstehen ist. Es werden mit Lang und Heckhausen unter Rückgriff auf entwicklungspsychologische Grundlagenforschung verschiedene Formen von Stabilität unterschieden.

Diese betreffen unterschiedliche Aspekte:
- *Absolute Stabilität* meint, dass eine bestimmte Qualität des Verhaltens und Erlebens nahezu gleichbleibend ist, „mit nur minimalen Schwankungen" auftritt (Lang/Heckhausen 2005, S. 528). Konkret hieße dies, dass ein Kind in einem bestimmten Merkmal, z. B. der motorischen Unruhe, in Bezug auf eine Gruppe oder Stichprobe zu allen Messzeitpunkten die gleiche Ausprägung aufweist. Werden immer nur die Mittelwerte einer Stichprobe registriert, kann man nur von einer absoluten Stabilität des Mittelwertes, nicht des individuellen Wertes sprechen.
- *Die Positionsstabilität oder Stabilität der Rangordnungen* ist von größerer praktischer Bedeutung. Damit ist die relative Position eines Individuums in der Stichprobenverteilung gemeint. An dem Beispiel heißt das: Ein Kind mit hoher motorischer Unruhe zum ersten Messzeitpunkt wird auch bei späteren Messzeitpunkten im Verhältnis zur gesamten Gruppe als motorisch besonders unruhig eingestuft, auch wenn die Gesamtgruppe von Kindern vom fünften bis zum zehnten Lebensjahr im Mittel einen Rückgang an motorischer Unruhe zeigen würde. Positionsstabilität oder relative Stabilität wird technisch ausgedrückt durch den Korrelationskoeffizienten zwischen wiederholten Messungen des Merkmals.
- *Ipsative Stabilität* meint, dass das Verhältnis zweier oder mehrerer unterschiedlicher Persönlichkeitsmerkmale im Verhältnis zueinander unverändert bleibt. Bezogen auf das Beispiel könnte dies heißen, dass eine hohe Ausprägung der motorischen Unruhe auch immer mit einer hohen Ausprägung von aggressiven Verhaltensweisen bei einem einzelnen Kind einhergeht, und zwar bei allen Messzeitpunkten.
- Zusätzlich unterscheiden Lang und Heckhausen noch die *differenzielle Stabilität*, die sich darauf bezieht, dass bestimmte Strukturen oder Funktionen der Persönlichkeit von Einzelpersonen in einer bestimmten Teilgruppe unterschiedlich stabil sind im Vergleich zu an-

deren Teilgruppen. Vorstellbar ist, dass kognitive Fähigkeiten stabiler bleiben als motivationale Merkmale wie der Selbstwert.

Roberts und DelVecchio (2000) machen darauf aufmerksam, dass die zwei Aspekte von *Stabilität* und *Veränderung* deutlich getrennt werden müssen. Stabilität bezieht sich auf die Frage, ob zwei Kinder z. B. ihre relative Position oder Rangposition in der Gruppe über die Zeit erhalten. Dies war am Beispiel der relativen Erhaltung der Rangposition eines Individuums im Hinblick auf seine motorische Unruhe oben genannt worden. Ein Individuum kann in der Gruppe stabil hoch rangieren, während sich gleichzeitig die motorische Unruhe in der gesamten Gruppe mit zunehmendem Alter abschwächt. Völlig unabhängig davon ist nämlich die andere Frage, ob beide Kinder in der mittleren Ausprägung eines Merkmals eine Veränderung, also eine Zunahme oder Abnahme aufweisen. Dies entspricht der alltäglichen Lebenserfahrung, dass z. B. ein körperlich aktives, impulsives und gegenüber anderen aggressives Kind sich in einen ausgeglichenen, sozial verträglichen Jugendlichen verwandelt. Die Autoren machen darauf aufmerksam, dass selbst bei einer Positionsstabilität für einzelne Individuen durchaus Veränderungen vorkommen können, die Gesamtgruppe von Individuen jedoch ihre relative Position überwiegend beibehält. Für Persönlichkeitsmerkmale ist deshalb zum einen interessant, ob sie sich im Laufe des Lebens insgesamt in ihrer absoluten Ausprägung verändern und weiter, ob sich die relative Position von Individuen innerhalb einer Gruppe im Laufe des Lebens verändert.

In psychologischen Forschungen ist vor allem die relative Stabilität untersucht worden. Man hat festgestellt, dass sich individuelle Merkmale wie die oben beschriebenen zunehmend im Verlaufe des Lebens verfestigen oder stabilisieren. Dies ist vor allem für die genannten fünf Persönlichkeitsmerkmale im Fünf-Faktoren-Modell belegt worden (Lang/Heckhausen 2005). Über den gesamten Lebenslauf werden *Phasen beschleunigter Veränderung* und *Phasen der Konsolidierung* unterschieden (Roberts/Del Vecchio 2000; Lang/Heckhausen 2005). Derartige Phasen sind vor allem im Zusammenhang mit Übergängen im Lebenslauf zu postulieren. Im Kontext des Kinderpanels sind vor allem der erste Übergang in Bildungsinstitutionen, der Schuleintritt, und der weitere Übergang zur Sekundarstufe I relevant. Schulische Übergänge bringen Veränderungen im Umfeld der Kinder und können so auch Veränderungen von Persönlichkeitsmerkmalen zur Folge haben.

Die Grundlage für die These der zunehmenden Stabilisierung von Persönlichkeitsmerkmalen lieferte eine umfangreiche Studie von Roberts und DelVecchio (2000). In einer metaanalytischen Bearbeitung von 152 Längsschnittstudien – überwiegend aus den USA zu den Big Five-Merkmalen – ermittelten sie die mittleren Retest-Koeffizienten zwischen jeweils zwei Messzeitpunkten von der Kindheit bis ins hohe Erwachsenenalter, wobei die Abstände durchschnittlich 6 ½ Jahre betrugen. Insgesamt ergab ihre Analyse, dass sich die Stabilität zentraler Persönlichkeitsmerkmale, die oben bezeichnete Positionsstabilität, in linear zunehmender Weise bis in das 60. Lebensjahrzehnt erhöht, wo sie den höchsten Punkt erreichte. Zu den frühesten Messzeitpunkten zwischen der Geburt und dem Alter von drei Jahren war die Stabilität am geringsten ausgeprägt ($r=.35$). Einen erheblichen Anstieg wiesen die Koeffizienten im Vorschulalter von drei bis ca. sechs Jahren auf ($r=.53$). Zwischen dem Vorschulalter und den College-Jahren sank die Stabilität leicht auf unter $r=.50$ und stieg dann erheblich im frühen Erwachsenenalter von 22 bis 29 Jahren wiederum auf $r=.55$ und im 6. Lebensjahrzehnt auf $r=.70$ an. Im 7. Lebensjahrzehnt blieb die Stabilität annähernd gleich hoch. Bei Frauen und Männern erwies sich die Stabilität der untersuchten Persönlichkeitsmerkmale zu allen Messzeitpunkten als relativ gleich. Insgesamt zeigten für das Erwachsenenalter die Big Five-Merkmale eine Stabilität zwischen $r=.54$ (Extraversionen, Verträglichkeit), $r=.50$ (Neurotizismus) und $r=.51$ (Gewissenhaftigkeit und kognitive Offenheit). Maße für frühkindliche Persönlichkeitsmerkmale wie das Aktivitätsniveau oder die Emotionalität (Reizbarkeit) lagen deutlich darunter ($r=.33$) (Roberts/DelVecchio 2000). Damit lieferte die Forschung relativ klare Belege für die Stabilisierung von Merkmalsbereichen im Kindesalter. Für die frühe Kindheit fällt sie etwas geringer aus als für die mittleren Jahre und für das Jugendalter.

Es stellt sich die spannende und weitergehende Frage, welche Bedingungen dafür verantwortlich gemacht werden können. In diesem Kontext wäre zu fragen, welche Faktoren die zunehmende Stabilität, insbesondere in der Phase der relativen Verfestigung um den Schuleintritt, verursachen könnten. Hier sind erklärende Ansätze und entsprechende empirische Studien gefordert. Der Forschungsstand zu Erklärungen ist allerdings erst wenig entwickelt. Insgesamt lassen sich vier unterschiedliche theoretische Erklärungspositionen unterscheiden, die in Lang und Heckhausen (2005) beschrieben werden und hier nicht ausgeführt werden können. Prinzipiell wird die Stabilität von Persönlichkeitsmerkmalen durch *biologische/verhaltensgenetische Ansätze* erklärt, wonach im Wesentlichen genetische Einflüsse verantwortlich gemacht werden müssen. Zweitens werden *gesellschafts- und sozialisationsbezogene Faktoren* verantwortlich gemacht, in denen Merkmale der Umwelt, wie z. B. gleichbleibende Erziehungseinflüsse, einen stabilen Anpassungsdruck ausüben. Umgekehrt könnten nach diesem Ansatz auch Veränderungen in der Umwelt zu Veränderungen und abnehmender Stabilität der Persönlichkeit führen. Ein interessanter Aspekt der Umwelteinflüsse im Rahmen dieses Erklärungsmodells liegt in den so genannten *altersgradierten Normen*, d. h. den gesellschaftlichen Erwartungen an bestimmte Verhaltensweisen von Menschen über die Lebensspanne, die mit Anforderungen der institutionalisierten Bildungs-, Karriereverläufe und Übergänge in der Familienentwicklung verbunden sind. Dies könnte in der Kindheit auch mit normativen Vorstellungen über die Entwicklung von Merkmalen beim Eintritt in die Schule und weiteren Erwartungen an Anpassung im Laufe der schulischen Karriere verbunden sein. Ein dritter Erklärungsansatz wird als *dynamischer Interaktionismus in der Person-Umwelt-Passung* gesehen. Darunter sind verschiedene Prozesse zu verstehen, die einer wechselseitigen Interaktion von Person und Umwelt zu Grunde liegen können. Eine dieser Vorstellungen, die selektive Transaktion, beinhaltet, dass Individuen sich aufgrund ihrer Persönlichkeitsmerkmale ihre Umwelten selbst auswählen und so in Umwelten leben, die ihre Vorlieben, Verhaltensweisen oder Kompetenzen widerspiegeln. Ein weiterführender vierter Ansatz kann in *Theorien der lebenslangen Entwicklungsregulation* gesehen werden, die die aktive Rolle des Individuums als Produzent seiner eigenen Umwelt weiter differenzieren. Hierzu sind Studien auch im Jugend- und Erwachsenenalter erforderlich. Altersspezifisch können dann ausgewählte Mechanismen oder Prozesse untersucht werden wie z. B. die Herausbildung einer Identität im Jugendalter, die zu einer Stabilisierung der Persönlichkeit beitragen kann (Lang/Heckhausen 2005).

## 2. Untersuchung von Persönlichkeitsmerkmalen im Rahmen des Kinderpanels

### 2.1 Ziele und Fragestellungen

Die Daten des DJI-Kinderpanels bieten eine seltene Möglichkeit, einige der in der Forschung diskutierten Fragen an einer deutschen Stichprobe zu prüfen. Es werden zwei globale Fragestellungen untersucht, die sich jeweils in mehrere Teilaspekte untergliedern.

Es soll geprüft werden, ob es eine Veränderung in der Ausprägung von Persönlichkeitsmerkmalen und Problemverhalten bei den beiden im DJI-Kinderpanel erfassten Kohorten von Kindern gibt. Da eine jüngere und eine ältere Kohorte untersucht werden, kann somit eine Altersperiode zwischen fünf und zwölf Jahren einbezogen werden. Es soll außerdem geprüft werden, ob sich die ausgewählten Merkmale stabilisieren, d. h. in welchem Alter dies geschieht und in welchen Bereichen Stabilisierungen von Persönlichkeitsmerkmalen in welchem Ausmaß festzustellen sind.

Beide Fragenkomplexe decken unterschiedliche Aspekte von Veränderung und Stabilität ab. Wie Roberts und DelVecchio (2000) hervorheben, ist die mittlere Ausprägung, d. h. die mittlere Merkmalshöhe, deutlich zu unterscheiden von der relativen Stabilität oder Positionsstabilität innerhalb einer Gruppe.

Zum ersten Komplex sollen folgende Einzelfragen zu differenziellen Veränderungen empirisch behandelt werden:

- Wie verändern sich Persönlichkeitsmerkmale und Problemverhalten bei Kindern im Alter zwischen fünf und zwölf Jahren? Welche Merkmale verändern sich mehr, welche weniger; in welche Richtung treten Veränderungen auf?
- Gibt es Geschlechtsunterschiede? In welchen Merkmalen treten diese auf?
- Gibt es geschlechtstypisch unterschiedliche Verläufe in den Merkmalen und Problemverhaltensweisen, z. B. in der Art, dass die von einem Geschlecht erwarteten und akzeptierten Verhaltensweisen einen stärkeren Zuwachs zeigen. Beispielsweise könnte eine Zunahme an externalisierenden Verhaltensproblemen und eine stärkere motorische Unruhe bei Jungen vermutet werden, dagegen eine Zunahme an internalisierenden Verhaltensweisen bei Mädchen.

Zum zweiten Fragenkomplex können die folgenden Punkte genauer untersucht werden:

- Für eine jüngere und eine ältere Kohorte lässt sich getrennt ermitteln, wie die Retest-Koeffizienten von der ersten zur zweiten und von der zweiten zur dritten Messung bei den insgesamt sechs Merkmalen ausfallen, d. h. wie hoch die Stabilität ist.
- Dann kann geprüft werden, in welchen Altersabschnitten sich Veränderungen oder Kontinuitäten zeigen, ob die Stabilitäten vom ersten zum zweiten oder vom zweiten zum dritten Messzeitpunkt statistisch bedeutsam voneinander verschieden sind. Bei der jüngeren Kohorte ist zu prüfen, ob die Veränderungen in Altersabschnitten von 5 ½ bis zu 7 Jahren verschieden sind von Veränderungen von 7 bis 8 ½ Jahren, bei der älteren Kohorte entsprechend, ob Sprünge von 8 ½ bis zu 10 Jahren oder von 10 bis 11 ½ Jahren auftreten. Die Altersabschnitte sind so gewählt, dass die jüngere Kohorte zwischen 5 ½ und 7 Jahren den Schuleintritt in die Grundschule erlebt, bei der älteren Kohorte findet zwischen 10 und 11 ½ Jahren (in den meisten

Bundesländern) der Übergang in eine der Schulformen der Sekundarstufe I statt.

## 2.2 Methode

*Design*

Das Untersuchungsdesign beruht auf drei Erhebungswellen des Kinderpanels an zwei Kohorten; damit wird insgesamt eine Altersperiode von 5 ½ Jahren im Vorschulalter bis zu 11 ½ Jahren in der Vorpubertät abgedeckt. Die jüngere Kohorte war zum ersten Messzeitpunkt 5 Jahre und 8 Monate, zum zweiten Zeitpunkt 7 Jahre alt und zum dritten Messzeitpunkt 8 Jahre und 6 Monate. Die ältere Kohorte wies zum ersten Messzeitpunkt ein durchschnittliches Alter von 8 Jahren und 7 Monaten, zum zweiten Zeitpunkt ein Alter von 10 Jahren und zum dritten Messzeitpunkt ein Alter von 11 Jahren und 6 Monaten auf.

Die Messungen fanden durchschnittlich alle 1 ½ Jahre statt. Für Jungen und Mädchen lagen die Messzeitpunkte zu gleichen Alterszeitpunkten. Abbildung 1 veranschaulicht das Design des Kinderpanels.

Abb. 1: Design zum Kinderpanel des DJI nach Erhebungswellen, Messzeitpunkten und Alter der Kinder

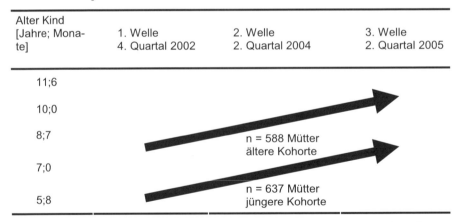

Anmerkung: Soweit nicht anders dargestellt, folgen alle weiteren Altersangaben dieser Bezeichnungsweise. Ein Kind mit der Altersangabe 5;8 ist also fünf Jahre und acht Monate alt.

*Stichprobe*

Als Daten wurden hier die Urteile der Mütter über die Merkmale ihrer Kinder zu Grunde gelegt. Sie bieten die umfangreichste Datenbasis, da die Kinder

der jüngeren Kohorte sich mit 5 ½ Jahren noch nicht selbst einschätzen konnten und bei der Verwendung von Vätereinschätzungen nur eine sehr viel geringere Stichprobengröße erzielt werden konnte.

Von der ersten jüngeren Kohorte beurteilten 637 Mütter ihre Kinder, 316 davon schätzten ihre Töchter und 321 ihre Söhne ein. Bei der älteren Kohorte liegen Daten von 588 Müttern vor, 297 Mütter beurteilten ihre Töchter und 291 ihre Söhne. Die Stichprobenbeschreibung wird genauer in folgenden Veröffentlichungen vorgenommen (Alt/Quellenberger, 2005).

Zum ersten Messzeitpunkt $t_1$ lagen die relevanten Einschätzungen von 1146 (jüngere Kohorte) bzw. 1556 (ältere Kohorte) Müttern vollständig vor. Für den dritten Messzeitpunkt $t_3$ lagen noch die vollständigen Einschätzungen von 637 (jüngere Kohorte) bzw. 588 (ältere Kohorte) Müttern vor. Das entspricht einem Dropout zwischen $t_1$ und $t_3$ von 44,4% in der ersten und 62,2% in der zweiten Kohorte. Die folgenden Berechnungen beziehen sich nur auf die noch zu $t_3$ verbliebenen Familien.

*Erhebungsverfahren*

Als Instrumente dienten 30 Items des DJI-Testheftes, mit dem die fünf von uns konstruierten Merkmalsbereiche abgefragt wurden. Es handelt sich um die 30 Items in den Befragungen 1001 ($t_1$), 2001 ($t_2$) und 3001 ($t_3$). Die mit den Items erfassten Merkmalsdimensionen wurden in der 1. Welle entwickelt und folgendermaßen in der Version für die Mütter definiert:
- *Externalisierung* (7 Items: rauft gern / hat Spaß andere zu ärgern / fällt anderen auf die Nerven / wird leicht sauer / fängt oft Streit an / ist oft wütend auf andere / ist oft launisch);
- *Internalisierung* (6 Items: manchmal ängstlich / manchmal traurig / fühlt sich manchmal allein / manchmal unsicher / schüchtern / hat manchmal Angst vor fremden Kindern);
- *positives Selbstbild* (5 Items: findet sich ok / stolz auf das Geschaffte / meist gut gelaunt / probiert gern Neues / lacht gern);
- *soziale und kognitive Aufgeschlossenheit* (5 Items: merkt, wenn's Freunden schlecht geht / hat viele Ideen / lernt gerne neue Kinder kennen / Einfühlungsvermögen / begreift schnell);
- sowie *motorische Unruhe* (2 Items: ist zappelig / kann nicht lange stillsitzen, Impulsivität: handelt oft ohne nachzudenken).

Das Itemformat wurde 4-stufig gewählt, mit den Kategorien „trifft überhaupt nicht zu" (1), „trifft eher nicht zu" (2), „trifft eher zu" (3) und „trifft voll und ganz zu" (4). Zusätzlich wurde nur für das Merkmal des positiven Selbstbildes die Antwortperspektive der Kinder aus der älteren Kohorte einbezogen, die Kinder der jüngeren Kohorte konnten nicht zu allen drei Zeitpunkten befragt werden. Für die Kinder waren die Items in Ich-Form formuliert (z. B. „Finde mich ok"). Diese faktoriell aus getrennten Mütter- und Kindereinschätzungen gewonnenen Skalen wiesen weitgehend zufriedenstellende Werte für die interne Konsistenz auf (Cronbachs Alpha bis zu 0.7, z. B. bei Externalisierung), zum Teil jedoch geringere Werte (Cronbachs Alpha um 0.5). Bei den Müttern fiel die interne Konsistenz jeweils höher aus als bei den Kindern (Gloger-Tippelt/Vetter 2005, S. 12). Als weiteres Persönlichkeitsmerkmal wurde die *Selbstwirksamkeit* des Kindes aus Sicht der Mutter in Anlehnung an Schwarzer (2000, S. 190) mit 10 Items erhoben, die ebenfalls in dem beschriebenen Modus vierfach abgestuft wurden. Beispiele sind: „Wenn sich Widerstände auftun, findet mein Kind Mittel und Wege, um sich durchzusetzen"; „In unerwarteten Situationen weiß mein Kind immer, wie es sich verhalten soll." Hier fiel die interne Konsistenz hoch aus (Cronbachs Alpha 0.85). In jeder der drei Wellen wurden diese Items in gleicher Weise eingesetzt.

*Auswertungsmethoden*

Für den ersten Themenblock wurden als Auswertungsmethoden zweifaktorielle Varianzanalysen mit einem Messwiederholungsfaktor (drei Messzeitpunkte), einem zweiten Faktor Geschlecht und einem Wechselwirkungsfaktor Geschlecht × Zeit berechnet, und zwar für alle Merkmale getrennt. Um neben der statistischen Signifikanz die inhaltliche Bedeutsamkeit der Ergebnisse abschätzen zu können, wurden zusätzlich partielle $\eta^2$ Werte als Maße der Effektstärke berechnet (vgl. Tabachnick/Fidell 1989). Sie geben den Anteil der Merkmalsvarianz an, der auf die Variation des jeweiligen Faktors (Zeit, Geschlecht und Interaktion) und nicht auf Messfehler zurückgeführt werden kann. Zwecks höherer Anschaulichkeit berichten wir diese Anteile als prozentuale Werte. Zur Auswertung des zweiten Hypothesenblocks kamen Produkt-Moment-Korrelationen zum Einsatz. Die Überprüfung der statistischen Unterschiedlichkeit der Korrelationskoeffizienten erfolgte nach dem von Steiger (1980) vorgeschlagenen Test für den Vergleich zweier abhängiger Korrelationskoeffizienten.

*Ergebnisse*

Die Ergebnisse zum ersten Fragenkomplex über differenzielle Veränderungen zeigt Abbildung 2 im Überblick. Dort sind die durchschnittlichen Veränderungen in den drei Problemverhaltensweisen und den weiteren drei Persönlichkeitsmerkmalen veranschaulicht, indem die Verläufe für Mädchen und Jungen und für beide Kohorten über alle untersuchten Altersgruppen abgebildet wurden. Die Tabellen 1 und 2 zeigen die zugehörigen Prüfungsgrößen der zweifaktoriellen Varianzanalysen.

Abb. 2: Verlauf der sechs Persönlichkeitsmerkmale über die drei Messzeitpunkte der jüngeren (linke Hälfte) und älteren (rechte Hälfte) Kohorte. Auf der Abszisse ist jeweils das Alter der Kinder (in Jahren; Monaten) zum Zeitpunkt der Messung angegeben. Auf der Ordinate sind die Skalen-Ausprägungen (1-4) der relevanten Verhaltensausschnitte abzulesen.

Internalisierung

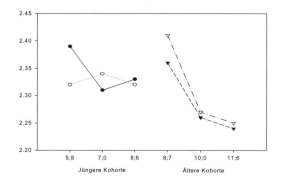

Externalisierung

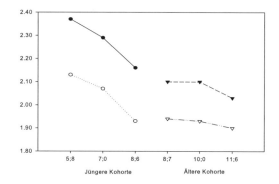

## Motorische Unruhe

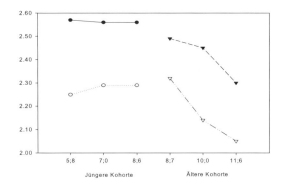

## Positives Selbstbild

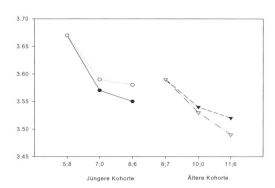

## Soziale und kognitive Aufgeschlossenheit

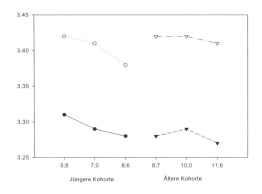

# Wie früh entwickeln Anna und Lukas ihre individuelle Persönlichkeit? 59

Selbstwirksamkeit

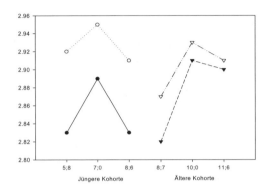

Quelle: DJI-Kinderpanel, 3. Welle, eigenen Berechnungen

In Tabelle 1 über die jüngste Kohorte ist ersichtlich, dass sich für die internalisierenden Verhaltensstörungen weder eine zeitliche Veränderung noch ein Geschlechtereffekt ergab. Die Wechselwirkung zwischen Zeit und Geschlecht verfehlte knapp die Signifikanz. Für den Merkmalsbereich der externalisierenden Verhaltensauffälligkeiten zeigte sich sowohl ein signifikanter Zeiteffekt, d. h. bei Jungen und Mädchen nahm die Ausprägung von externalisierenden Verhaltensauffälligkeiten über die Zeit ab. Ebenso ergab sich ein signifikanter Geschlechterunterschied: Die Mädchen zeigten zu allen Zeitpunkten eine geringere Ausprägung von externalisierenden Verhaltensproblemen als die Jungen. Die Wechselwirkung fiel in diesem Fall nicht signifikant aus. Für das Merkmal motorische Unruhe ergab sich keine bedeutsame Veränderung über die Zeit, dafür aber ein signifikanter Geschlechtereffekt in der Weise, dass die Jungen hoch signifikant stärker ausgeprägte motorische Unruhe über alle drei Messzeitpunkte im Vergleich zu den Mädchen aufwiesen. Auch hier fiel die Wechselwirkung nicht signifikant aus. Das positive Selbstbild nahm bei der jüngeren Kohorte statistisch bedeutsam über die Zeit ab, vor allem vom Messzeitpunkt $t_1$ zu $t_2$ im Alter zwischen 5;8 und 7;0 Jahren. Die Geschlechter unterschieden sich nicht und es ergab sich auch hier kein Wechselwirkungseffekt. Das Merkmal der sozialen und kognitiven Aufgeschlossenheit zeigte keine bedeutsame Veränderung, jedoch trat ein signifikanter Geschlechtseffekt auf. Mädchen wurden von ihren Müttern über alle drei Messzeitpunkte hochsignifikant aufgeschlossener eingeschätzt als die Jungen. Im Merkmal der Selbstwirksamkeit ergaben sich bei den Mädchen signifikant höhere Einschätzungen zu allen drei Zeitpunkten. Der ebenfalls signifikante Zeiteffekt ist darauf zurückzuführen, dass zwischen $t_1$ und $t_2$ bei beiden Geschlechtern ein Anstieg der Selbstwirksamkeit zu verzeichnen war, der sich zum Zeitpunkt $t_3$ wieder auf das Ausgangsniveau zurückbewegt hatte.

Tab. 1: Überprüfung von Veränderungen und Geschlechtsunterschieden der Persönlichkeitsmerkmale in der jüngeren Kohorte – Teststatistiken, p-Werte und Effektstärken der Varianzanalysen über die Faktoren Zeit und Geschlecht.

| Quelle der Varianz | Zeit ($t_1$, $t_2$, $t_3$) | | | Geschlecht | | | Zeit × Geschlecht | | |
|---|---|---|---|---|---|---|---|---|---|
| | $F_{2;1270}$ | p | $\eta_p^2$ | $F_{2;635}$ | p | $\eta_p^2$ | $F_{2;1270}$ | p | $\eta_p^2$ |
| Internalisierung | 1.47 | n. s. | 0.2% | 0.26 | n. s. | 0.0% | 2.93 | 0.05 | 0.5% |
| Externalisierung | 45.75* | <.001 | 6.7% | 39.65* | <.001 | 5.9% | 0.24 | n. s. | 0.0% |
| Motorische Unruhe | 0.14 | n. s. | 0.0% | 21.46* | <.001 | 3.3% | 0.26 | n. s. | 0.0% |
| Positives Selbstbild | 27.37* | <.001 | 4.1% | 1.04 | n. s. | 0.2% | 0.48 | n. s. | 0.1% |
| Aufgeschlossenheit | 1.93 | n. s. | 0.3% | 16.87* | <.001 | 2.6% | 0.20 | n. s. | 0.0% |
| Selbstwirksamkeit | 4.54* | .011 | 0.7% | 7.65* | .006 | 1.2% | 0.39 | n. s. | 0.1% |

Quelle: DJI-Kinderpanel, 1.-3. Welle, eigenen Berechnungen

Bei der Untersuchung der 588 Kinder der zweiten älteren Kohorte ergab sich für das Merkmal des internalisierenden Problemverhaltens ein deutlicher Zeiteffekt. Er besagt, dass die Internalisierungsprobleme zwischen 8;7 und 11;6 Jahren hochsignifikant abnahmen. Mädchen und Jungen unterschieden sich darin nicht, die Wechselwirkung zwischen dem Zeiteffekt und Geschlechtereffekt fiel nicht signifikant aus. Das Merkmal der externalisierenden Verhaltensauffälligkeiten nahm genau wie bei der jüngeren Kohorte signifikant über die Zeit ab. Auch die Geschlechter unterschieden sich bedeutsam: Jungen zeigten wieder eine höhere Ausprägung der Externalisierung über alle Zeitpunkte. Auch das Merkmal der motorischen Unruhe nahm über die Zeit zwischen 8;7 und 11;6 Jahren ab. Ebenso spielte das Geschlecht eine bedeutende Rolle. Die Mädchen der älteren Kohorte weisen wie auch in der jüngeren Kohorte geringer ausgeprägte motorische Unruhe auf als die Jungen. Die Wechselwirkung Zeit × Geschlecht fiel nicht signifikant aus. Die positive Selbstsicht verringerte sich bei der älteren Kohorte zwischen 8;7 und 11;6 Jahren bedeutsam, und zwar bei beiden Geschlechtern; es trat auch keine signifikante Wechselwirkung auf. In dem Merkmal der kognitiven und sozialen Aufgeschlossenheit unterschieden sich die Geschlechter der älteren Kohorte wiederum bedeutsam. Die Mädchen zeigten eine höhere Aufgeschlossenheit als die Jungen. Das Merkmal der Selbstwirksamkeit zeigte für die ältere Kohorte keinen Unterschied zwischen Mädchen und Jungen, jedoch einen statistisch bedeutsamen Zeiteffekt, der auf den in beiden Geschlechtern gleichsinnigen Anstieg zwischen $t_1$ und $t_2$ zurückgeht.

Tab. 2: Überprüfung von Veränderungen und Geschlechtsunterschieden der Persönlichkeitsmerkmale in der älteren Kohorte – Teststatistiken, p-Werte und Effektstärken der Varianzanalysen über die Faktoren Zeit und Geschlecht.

| Quelle der Varianz | Zeit ($t_1$, $t_2$, $t_3$) | | | Geschlecht | | | Zeit × Geschlecht | | |
|---|---|---|---|---|---|---|---|---|---|
| | $F_{2;1172}$ | p | $\eta_p^2$ | $F_{2;586}$ | p | $\eta_p^2$ | $F_{2;1172}$ | p | $\eta_p^2$ |
| Internalisierung | 23.96* | <.001 | 3.9% | 0.43 | n. s. | 0.1% | 0.48 | n. s. | 0.1% |
| Externalisierung | 3.74 | .024 | 0.6% | 13.85* | <.001 | 2.3% | 0.49 | n. s. | 0.1% |
| Motorische Unruhe | 21.48* | <.001 | 3.5% | 13.49* | <.001 | 2.2% | 2.04 | n. s. | 0.3% |
| Positives Selbstbild | 12.77* | <.001 | 2.1% | 0.25 | n. s. | 0.0% | 0.35 | n. s. | 0.1% |
| Aufgeschlossenheit | 0.33 | n. s. | 0.1% | 23.88* | <.001 | 3.9% | 0.29 | n. s. | 0.0% |
| Selbstwirksamkeit | 7.54* | .001 | 1.3% | 0.97 | n. s. | 0.2% | 0.64 | n. s. | 0.1% |

Quelle: DJI-Kinderpanel, 1.-3. Welle, eigenen Berechnungen

Für das Merkmal positive Selbstsicht illustriert Abbildung 3 zusätzlich den Vergleich zwischen der Perspektive der Mütter und der Sichtweise der Kinder in der älteren Kohorte über den Verlauf der drei Messzeitpunkte. In der entsprechenden dreifaktoriellen Varianzanalyse (Geschlecht × Perspektive × Zeit) zeigte sich einerseits ein signifikanter Abfall des positiven Selbstbildes über die Zeit (Haupteffekt Zeit: $F_{2;1172}=15.65$; $p<.001$). Auffälliger ist aber noch der deutliche und signifikante Unterschied zwischen der Kinderbeurteilung durch die Mütter und durch die Kinder selbst. Hier stellte sich heraus, dass sich die Kinder zu allen drei Zeitpunkten positiver sahen als sie von den Müttern beurteilt wurden (Haupteffekt Perspektive: $F_{1;586}=315.30$; $p<.001$). Dabei unterscheiden sich Mädchen nicht von Jungen (Haupteffekt Geschlecht n.s.).

Abb. 3: Das positive Selbstbild der Kinder der älteren Kohorte über die drei Messzeitpunkte aus Sicht der Mütter und aus eigener Sicht der Kinder

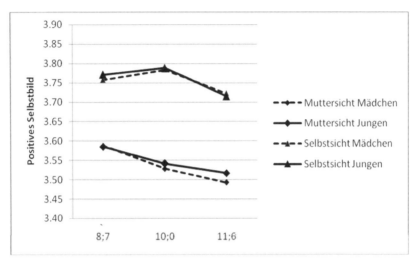

Quelle: DJI-Kinderpanel, 1.-3. Welle, eigenen Berechnungen

Zum zweiten Fragenkomplex der relativen Stabilität der Merkmale zu den verschiedenen Messzeitpunkten wurden zunächst die Retest-Koeffizienten (Produkt-Moment-Korrelationen) von der ersten zur zweiten und von der zweiten zur dritten Erhebungswelle bei beiden Kohorten ermittelt. Abbildung 4 gibt für die erste Kohorte einen Überblick über die Höhe der Stabilitätskoeffizienten in den sechs Merkmalsbereichen für den Zeitpunkt 5;8 bis 7;0 Jahre (Korrelation zwischen $t_1$ und $t_2$) und 7;0 bis 8;6 Jahre (Korrelation zwischen $t_2$ und $t_3$).

Wie man sieht, liegen die Korrelationen allesamt im mittleren Bereich um .5, so dass im Mittel etwa 25% der Varianz eines Merkmals durch seine vergangene Ausprägung erklärt werden können. Es wurde weiterhin geprüft, ob sich innerhalb der einzelnen Merkmale bedeutsame Unterschiede zwischen den frühen ($t_1$ - $t_2$) und späten ($t_2$ - $t_3$) Stabilitätskoeffizienten ergaben, die als Hinweis auf eine (De-)Stabilisierung im Zeitverlauf gewertet werden könnten. Jedoch fand sich in keinem der sechs Merkmale ein statistisch signifikanter Unterschied zwischen den beiden Korrelationen.

Abb. 4: Stabilitätskoeffizienten in den sechs Merkmalsbereichen der jüngeren Kohorte zwischen 5;8 ($t_1$) und 7;0 Jahren ($t_2$) [$r(t_1, t_2)$] und zwischen 7;0 ($t_2$) und 8;6 Jahren ($t_3$) [$r(t_2, t_3)$]

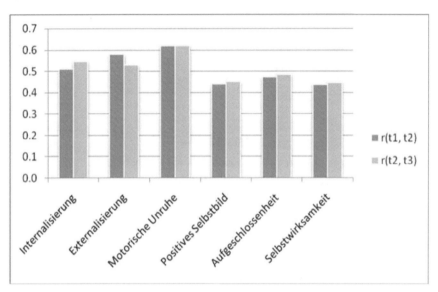

Quelle: DJI-Kinderpanel, 1.-3. Welle, eigenen Berechnungen

Abbildung 5 zeigt die Ergebnisse zur Stabilitäts-Frage in der älteren Kohorte. Hier beziehen sich die Stabilitätskoeffizienten auf die Zeitspanne zwischen 8;7 und 10;0 Jahren (Korrelation zwischen $t_1$ und $t_2$) sowie auf die Zeitspanne zwischen 10;0 und 11;6 Jahren (Korrelation zwischen $t_2$ und $t_3$).

Offenbar zeigen die Stabilitätskoeffizienten in der älteren Kohorte eine größere Streuung zwischen den Merkmalen. So fällt die Kontinuität im Merkmal *Positives Selbstbild* jeweils nur mäßig aus [$r(t_1, t_2)$=.39; $r(t_2, t_3)$= .44], während sich in den beiden Problemmerkmalen *Externalisierung* und *Motorische Unruhe* vergleichsweise hohe Übereinstimmungen (> .6) ergeben. In der älteren Kohorte ergab der Vergleich der frühen und späten Retest-Koeffizienten einen signifikanten Stabilitäts*zuwachs* über die Zeit für die Merkmale Internalisierung [$r(t_1, t_2)$=.48; $r(t_2, t_3)$=.54; $z$=1.86; $p$=.03] und Aufgeschlossenheit [$r(t_1, t_2)$=.45; $r(t_2, t_3)$=.53; $z$=2.29; $p$=.01]. In den anderen Eigenschaften konnten hingegen keine statistisch bedeutsamen Veränderungen der Stabilität nachgewiesen werden.

Abb. 5: Stabilitätskoeffizienten in den sechs Merkmalsbereichen der älteren Kohorte zwischen 8;7 ($t_1$) und 10;0 Jahren ($t_2$) [$r(t_1, t_2)$] und zwischen 10;0 ($t_2$) und 11;6 Jahren ($t_3$) [$r(t_2, t_3)$]

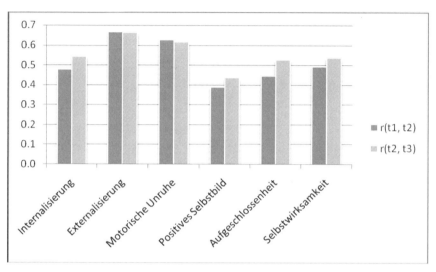

Quelle: DJI-Kinderpanel, 1.-3. Welle, eigenen Berechnungen

## 3. Diskussion der Ergebnisse im Kontext weiterer Studien

Zuerst gehen wir auf die Veränderungen in den untersuchten Merkmalsbereichen und geschlechtsspezifischen Verläufe ein, die als erste Fragestellung verfolgt wurden. Danach kommen die Ergebnisse zur zweiten Fragestellung über die Stabilität von Persönlichkeitsmerkmalen zur Sprache.

### 3.1 Diskussion differenzieller Veränderungen der kindlichen Persönlichkeit

Bevor die Ergebnisse im Einzelnen diskutiert werden, soll noch kurz auf die inhaltliche Bedeutsamkeit der gefundenen Unterschiede zwischen den Entwicklungsphasen und Geschlechtern eingegangen werden. Wie man den Tabellen 1 und 2 entnehmen kann, bewegen sich die Effektstärken der inferenzstatistisch bedeutsamen (signifikanten) Ergebnisse zwischen etwa 1% und 7% der Merkmalsvarianz, die durch jeweils eine der unabhängigen Variablen aufgeklärt werden kann[1]. Dies sind allerdings die typischen Anteile aufgeklärter Varianz, die in komplexen (und häufig auch in einfachen) sozialwissenschaftlichen Fragestellungen anzutreffen sind, und so entsprechen die angesprochenen Varianzanteile der allgemeinen Definition kleiner (um 1%) und mittlerer (um 6%) verhaltenswissenschaftlicher Effekte (Cohen 1988).

Betrachtet man die Befunde deskriptiv, so ist hervorzuheben, dass die Ausprägung der Problemverhaltensweisen und Persönlichkeitsmerkmale bei den Kindern der jüngeren und älteren Kohorte im Wesentlichen gleich ausfällt. Daher wird zur Interpretation vor allem auf die altersbezogenen zeitlichen Verläufe und auf mögliche Geschlechtsunterschiede eingegangen. In Abbildung 2 ist sehr anschaulich zu erkennen, dass die drei problematischen Verhaltenstendenzen – internalisierende, externalisierende Auffälligkeiten und motorische Unruhe – in dem Niveau ihrer Ausprägung deutlich niedriger liegen (zwischen 2.4 und 1.9) als die ressourcenorientierten Merkmalen des positiven Selbstbildes und der Aufgeschlossenheit (Werte zwischen 3.6 bis 3.2). Das Merkmal der Selbstwirksamkeit liegt mit Werten von 2.8 bis 3.0 dazwischen. Die Verläufe fallen bei vier Merkmalen eindeutig aus, und zwar bei Externalisierung, motorischer Unruhe, positivem Selbstbild und Aufgeschlossenheit, weniger eindeutig bei Internalisierung und Selbstwirksamkeit.

Im Vergleich zu den anderen Merkmalsbereichen zeigen die *internalisierenden Problemverhaltensweisen*, also der soziale Rückzug von anderen zusammen mit ängstlicher und trauriger Stimmung, das am wenigsten eindeutige Bild, vor allem in der jüngeren Kohorte. In der älteren Kohorte tritt bei Jungen und Mädchen eine parallele bedeutsame Abnahme an Internalisierungsproblemen von 8 ½ bis 11 ½ Jahren auf, also vom späten Grundschulalter bis zur Vorpubertät. Der Abfall an Internalisierungen beträgt auf der vierstufigen Skala nur 0.2 Punkte, fällt aber hochsignifikant aus. Dies entspricht Berichten in der Literatur. So fand eine neuere Studie an hessischen Schulen (Ball/Lohaus/Miebacg 2006) einen generellen Rückgang an internalisierenden Belastungsformen aus Schülersicht von der 4. zur 6. Schulklasse nach Schulwechsel.

Allerdings thematisieren viele klinisch-psychologische Studien vor allem Geschlechtsunterschiede in den internalisierenden Verhaltensauffälligkeiten. Es wird in der Regel eine bis zu zweifach höhere Neigung zu sozialem Rückzug, Ängstlichkeit, depressiver Stimmung bei Mädchen berichtet, vor allem bei Mädchen nach der Pubertät (Alsaker/Bütikofer 2005; Ball/Lohaus/Mie-

---

[1] Dies bedeutet im Umkehrschluss, dass mindestens 93% der vorgefundenen Verhaltensvariabilität auf andere als die von uns untersuchten Faktoren zurückgeführt werden muss und damit im Rahmen dieser Untersuchung nicht erklärt werden kann.

bacg 2006; Döpfner u. a. 1998). Geschlechtsunterschiede in klinisch relevanten Depressionen, die über die hier erfragte gedrückte Stimmung und Rückzug hinausgehen, werden in großen Längsschnittstudien erst ab 11−13 Jahren registriert, mit zunehmender Geschlechterschere zwischen 15 und 18 Jahren (Hankin u. a. 1998). Die Ergebnisse zu geschlechtstypischen Prävalenzraten verschiedener psychischer Belastungs- und Störungsbilder hatten wir in der früheren Veröffentlichung zum Kinderpanel dargestellt (Gloger-Tippelt/ Vetter 2005; Ihle/Esser 2002).

Die gleichförmige Abnahme der Internalisierung bei beiden Geschlechtern in den Erhebungen des Kinderpanels widerspricht damit einzelnen Studien, die hier eine geschlechtstypisch geringere Abnahme der Internalisierung bei den Mädchen berichten. Hammarberg und Hagekull (2006) fanden bei jüngeren, nämlich fünf- bis sechsjährigen Kindern im Verlauf eines Vorschuljahres, dass bei mehr Jungen als Mädchen die internalisierenden Probleme rückläufig waren und bei mehr Mädchen als Jungen die externalisierenden Auffälligkeiten nachließen. Demnach hatten die schwedischen Autorinnen anhand wiederholter Erziehereinschätzungen vor Grundschuleintritt eine Veränderung in die geschlechtstypisch erwartete Richtung festgestellt. Sie führen dies auf geschlechtsbezogene Rollenmuster für Jungen und Mädchen zurück, wie sie z. B. durch Erwartungen der Erzieher vermittelt werden. Betrachtet man den Verlauf der Internalisierung in der jüngeren DJI-Kohorte in Abbildung 2, so könnten die zurückgehenden Werte der Jungen den schwedischen Befunden entsprechen. Bei der älteren Kohorte war der Verlauf der Internalisierungswerte bei Jungen und Mädchen bis zu 11 ½ Jahren gleich rückläufig. Ob nach der Pubertät (Menarche mit durchschnittlich 12 ½ Jahren) die Mädchen gemäß den Befunden in der klinischen Literatur und den Geschlechterstereotypen eine höhere Ausprägung von sozialem Rückzug und ängstlichen, depressiven Stimmungen zeigen als die Jungen, deren Geschlechtsreife etwas später auftritt, ließe sich erst mit einem späteren Messzeitpunkt nach der Pubertät beurteilen.

Der zweite Merkmalsbereich betrifft *externalisierende Verhaltensauffälligkeiten* mit Verhaltensweisen wie Raufen, Streit anfangen, sauer, wütend, launisch sein. Hierzu zeigt Abbildung 2 zum einen eine fast kontinuierliche Abnahme in der Ausprägung von 5 ½ bis zu 11 ½ Jahren. Zum anderen fallen die deutlichen geschlechtstypischen Ausprägungen auf. Die Abnahme körperlicher Auseinandersetzungen und sozial unerwünschter Verhaltensweisen wie Streiten und ärgerliche Stimmungen erweisen sich allerdings nur für die Kinder der jüngere Kohorte zwischen 5 ½ und 8 ½ Jahren als statistisch signifikant, später zwischen 8 und 11 ½ Jahren nicht mehr. Die Verringerung der aggressiven und impulsiven Problemverhaltensweisen verläuft bei Jungen und Mädchen gleich, die Jungen starten nur jeweils auf einem höheren Niveau, was durch den jeweils hoch signifikanten Geschlechtsunterschied zum Ausdruck kommt. Dieser Trend zur durchschnittlichen Abnahme aggressiver Verhaltensweisen (wie körperlicher Aggression, Bedrohung anderer, provokantem Verhalten) bei beiden Geschlechtern im Zeitfenster zwischen 5 und 8 Jahren und sich sogar noch fortsetzend bis zu 18 Jahren wird durch mehrere Studien zur klinischen Kinderpsychologie bestätigt (Scheithauer/Petermann 2002, S. 195). Zwischen dem ersten und zweiten Messzeitpunkt lag der Schuleintritt der Kinder. Spätestens ab dem Besuch der Grundschule, häufig schon im Vorschulalter, finden systematisch unterstützte Lernprozesse statt, die eine Stärkung sozialer Kompetenzen und Unterdrückung impulsiver aggressiver Verhaltensweisen zum Ziel haben. Die generelle Abnahme der externalisierenden Verhaltensweisen (ohne Einbeziehung von delinquentem Verhalten und von Regelverstößen wie Schuleschwänzen) kann entwicklungspsychologisch auf den Zuwachs verschiedener Kompetenzen in diesem Altersabschnitt zurückgeführt werden. Kinder lernen besonders in der Grundschule, sich besser verbal – auch über Gefühle und Erlebnisweisen – mit Altersgleichen auszudrücken und Konflikte nicht körperlich, sondern durch Reden zu lösen. Insgesamt nehmen die Fähigkeiten zur Kontrolle negativer Gefühle wie Ärger, Wut, launische Stimmungen, die hier als Indikatoren für externalisierende Problemen erfragt wurden, mit dem Alter von fünf Jahren bis zum Ende des Grundschulalters zu (von Salisch/Kunzmann 2005). Die allgemeinen Entwicklungstrends vor Schuleintritt bestehen vor allem im besseren Verstehen von Gefühlen, Aushandeln von Konflikten und Beherrschen des eigenen Ärgers, im Grundschulalter in der Entwicklung von (intrapsychischen) Strategien, z. B. sich bei negativen Emotionen zu distanzieren, und in (kognitiven) Fähigkeiten, soziale Hinweisreize in Situationen mit Peers besser zu verstehen und im Handeln umzusetzen (ebd.). Dass besonders die fehlende Regulation von Ärgergefühlen mit externalisierenden Problemen im Alter zwischen vier und neun Jahren zusammenhängt, zeigten gründliche Studien aus den USA mit Eltern-, Lehrereinschätzungen und Beobachtung der Kinder (Eisenberg u. a. 2001).

Bemerkenswert an den Daten des Kinderpanels ist weiter, dass Jungen über den gesamten Zeitverlauf beider Kohorten hinweg eine statistisch höhere Ausprägung dieser körperlich aggressiven und sozial unausgeglichenen Verhaltensweisen und Stimmungen zeigen als die Mädchen. Das entspricht ebenfalls den Erwartungen nach deutschen und internationalen Studien (Ball/Lohaus/Miebacg 2006; Scheithauer/Petermann 2002; Alsaker/Bütikofer

2005). Dieses durchgängige und viel diskutierte Ergebnis wird auf unterschiedliche Erklärungsansätze zurückgeführt, die hier nicht im Detail diskutiert werden können (Scheithauer/Petermann 2002).

Der dritte Bereich von Problemverhalten, die *motorische Unruhe*, war mit nur zwei Items (ist zappelig, kann nicht still sitzen) zur Motorik und einer Frage zur kognitiven Impulsivität (handelt oft, ohne nachzudenken) erfasst worden. Trotz dieser geringen Informationsbasis erbrachten die Daten nach Abbildung 2 ein klares Ergebnis. Zwischen 5 ½ und 8 Jahren zeigt sich keinerlei Veränderung, von 8 ½ bis zu 11 ½ Jahren aber ein deutlicher Rückgang. Auch hier fanden sich hoch signifikante Geschlechtsunterschiede. Jungen zeigen generell einen höheren Grad an motorischer Unruhe und Impulsivität als Mädchen. Die Abstände zwischen den Geschlechtern bleiben über die Zeit gleich, es findet keine Wechselwirkung statt. Der offensichtliche Geschlechtsunterschied, nämlich die stabile Neigung zu hyperaktivem Verhalten bei Jungen im Vergleich zu Mädchen, ist in der Literatur in Zusammenhang mit dem extremeren Störungsbild der Aufmerksamkeitsdefizit-Hyperaktivitätsstörung und dessen größerer Auftrittshäufigkeit bei Jungen vielfach beschrieben worden (zwischen 3 und 10 Jungen auf 1 Mädchen) (Döpfner 2002; Ihle/Esser 2002). Es liegen keine unmittelbar mit dem DJI-Kinderpanel vergleichbaren Operationalisierungen eines Musters von motorischer Unruhe und Impulsivität in der Literatur vor. Unter klinischen Diagnosekriterien gibt es zwar auch einen Typ mit situationsübergreifender Hyperaktivität (gleiches Item: kann nicht still sitzen) und Impulsivität, aber ein Vergleich mit dieser extremen (pathologischen) Ausprägungsform verbietet sich. Bekannt ist auch, dass Eltern hyperaktives Verhalten viel häufiger angeben als Erzieher (Döpfner 2002). Berichte über systematische Veränderungen über das Alter sind kaum zu finden, sondern überwiegend Aussagen zur Kontinuität oder Stabilität dieses Verhaltens (vgl. 3.2). Insofern liefern die Daten des Kinderpanels hier wertvolle neue Ergebnisse über die allmähliche Verringerung dieser motorischen Auffälligkeiten bei beiden Geschlechtern im Alter zwischen 8 ½ und 11 ½ Jahren. Die Mädchen weisen mit 11 ½ Jahren nur ein relativ niedriges Ausmaß an motorischer Unruhe auf, das von den Müttern ähnlich wie die externalen Verhaltensweisen mit dem Wert 2 (trifft eher nicht zu) eingestuft wurde. Der festgestellte systematische Rückgang an motorischer Unruhe könnte auch mit der entwicklungsbedingten durchschnittlichen Zunahme von kognitiven, sprachlichen Fähigkeiten und mit besseren Selbstkontrollstrategien in der mittleren Kindheit zusammenhängen.

Das Merkmal *positives Selbstbild* umfasst Aspekte wie allgemeines Selbstwertgefühl, (findet sich ok, ist stolz auf das Geschaffte), positive Stimmung (gut gelaunt, lacht viel) und Neugierverhalten (probiert gern Neues aus). Abbildung 2 zeigt einen parallelen Verlauf für Mädchen und Jungen, und zwar einen signifikanten Rückgang dieser positiven Selbstsicht (beurteilt von den Müttern) von 5 ½ bis zu 11 ½ Jahren. Beide Geschlechter starten vor dem Schulbeginn mit relativ hohen Werten ($t_1$ um 2.7; entspricht dem Urteil „trifft eher zu"). Diese günstige Sicht verschiebt sich dann zu einem etwas weniger positiven Selbstbild ($t_2$ Wert 2.5). Der Rückgang ist zwischen 5 ½ bis zu 7 Jahren, also über den Schuleintritt, stärker ausgeprägt und schwächt sich ab 8 Jahren ab. Zwischen 8 ½ und 11 ½ Jahren verschlechtert sich die Selbstsicht weiter und wird weniger positiv. Die bisher genannten Veränderungen in den Einschätzungen der Mütter wurden beim Selbstbild durch die Kindperspektive ergänzt. Interessanterweise zeigen auch die Kinder selbst einen vergleichbaren Rückgang ihrer positiven Selbsteinschätzung während dieses Zeitraums (Abbildung 3). Zwar steigen die Werte zwischen 8 ½ und 10 Jahren geringfügig an, fallen dann aber bis zum Alter von 11 ½ Jahren unter das Ausgangsniveau. Den auffälligsten Befund stellt indes die Diskrepanz zwischen der mütterlichen Fremdbeurteilung und der kindlichen Selbstbeurteilung dar. Ungeachtet des zeitlichen Verlaufs bewerten sich die Kinder in ihrem positiven Selbstbildbild durchweg um etwa 0.2 Skalenpunkte günstiger als dies die Mütter tun. Offen ist die Frage, ob die beiden Sichtweisen mit Eintritt in die Pubertät ggf. konvergieren. Mit den Daten des Kinderpanels kann dieser Aspekt aber derzeit nicht beantwortet werden.

Unsere Ergebnisse können wegen der hier verwendeten Erhebungsform durch eine Kombination von Selbstwert- und Stimmungsitems nur eingeschränkt mit Befunden in der Literatur verglichen werden, weil in anderen Studien Selbstwertschätzung und kognitives Fähigkeitsselbstkonzept eher getrennt werden. Außerdem ist zu berücksichtigen, dass hier zunächst Muttereinschätzungen benutzt wurden, für die ältere Kohorte konnten auch die Selbsteinschätzungen des Selbstbildes der Kinder ausgewertet werden. Trotz dieser Vorbehalte bieten sich vergleichende Betrachtungen an. Helmke (1991) beschrieb den Verlauf des Fähigkeitsselbstbildes bei Kindern dieses Alters als einen Wechsel vom „Optimisten" zum „Realisten". Er untersuchte Kinder ab drei Monaten vor Schuleintritt bis zur dritten Grundschulklasse mit einer einfachen Einschätzung ihrer eigenen Leistung innerhalb der jeweiligen Vergleichsgruppe (Kindergarten, Schulklasse). Damit beziehen sich seine Ergebnisse auf ähnliche Altersstufen wie die der ersten Kohorte des Kinderpanels. Kurz vor Schuleintritt und noch drei Monate nach Beginn der 1. Klasse neigen Kinder zu einem naiven Optimismus bei der Selbsteinschätzung

(50% glauben, sie seien die Besten). Diese Selbsteinschätzung fiel aber in der 2. Klasse abrupt ab (annähernd zu unserem 2. Messzeitpunkt mit 7 Jahren) (Helmke 1991). Das Absinken des Fähigkeitsselbstbildes wird auf einen Wechsel der Bezugsgruppen zurückgeführt. Erst in der Schule können die Kinder eine soziale Bezugsnorm (das Selbst innerhalb der Klasse) aufbauen. Vorher sind sie auf die individuelle Bezugsnorm angewiesen (das Selbst im längsschnittlichen Vergleich). Helmke stellte allerdings in der 3. Klasse wieder einen Anstieg des Fähigkeitsselbstkonzeptes fest. In unseren Daten sinken die Einschätzungen dagegen weiter. Offenbar wirkt sich der Übergang in die Grundschule im Mittel belastend auf ein optimistisches Selbstbild bei Mädchen und Jungen aus. Die vorher noch sehr positive Gestimmtheit, Zuversicht und Neugier auf neue Aufgaben sinken dann bedeutsam ab. Da jedoch Kinder ohne Schuleintritt als mögliche Kontrollgruppe nicht zu finden sind, sollte dieses Ergebnis nicht vorschnell als Wirkung der Grundschule interpretiert werden. Auch allgemeine Entwicklungsveränderungen kommen als Gründe für weniger positive Selbstdarstellungen in Frage, z. B. das Fehlen kognitiver Fähigkeiten unter dem Alter von neun Jahren, zwischen verschiedenen Ursachen (wie Anstrengung und Fähigkeit) für Schulleistungen unterscheiden zu können (Helmke 1991). Ähnliche Gründe werden von Entwicklungspsychologen für Einbrüche im Selbstkonzept in der Vorpubertät angeführt (Harter 1999). Bis zum Jugendalter sind Kinder zwar zunehmend in der Lage, Widersprüche bei sich zu erkennen, z. B. in ihrem Verhalten in verschiedenen sozialen Umgebungen wie Familie, Schule oder im Freundeskreis, jedoch erleben sie dadurch Konflikte. Sie besitzen noch nicht die Fähigkeit, die Widersprüche zu einem kohärenten Selbst zu integrieren und machen sich Sorgen darüber, wer sie „wirklich" sind. Diese Verunsicherung könnte für den Rückgang des positiven Selbstbildes in der späten Kindheit verantwortlich sein.

Pädagogische Psychologen führen als Gründe für die Verschlechterung des Selbstbildes aus Mutter- und Kindersicht zwischen 8 ½ und 11 ½ Jahren differenzielle Verläufe an, die je nach Schulnoten bzw. Leistung und schulischer Selektionsgeschichte beim Übergang in die Sekundarstufe I beobachtbar sind. Beim Eintritt in die Sekundarstufe I im dreigliedrigen Schulsystem Deutschlands werden zur Erklärung eines Absinkens des Selbstwertes Bezugsgruppeneffekte herangezogen, besonders für leistungsschwache Schülerinnen und Schüler beim Übergang ins Gymnasien, aber auch für positiv Selegierte in die leistungsstärkere Gruppe eines Gymnasiums (Buff 1991; Ball/Lohaus/Miebacg 2006). Wenn Kinder nach dem Übertritt eine (relative) Verschlechterung ihrer Schulnoten und damit mehr Misserfolgserlebnisse im Vergleich zur Bezugsgruppe erfahren, ist ein weiteres Absinken des Selbstwertgefühls wahrscheinlich. Es zeigte sich allerdings auch, dass die negativen

Selbstwerteffekte durch den Schulübertritt nicht von Dauer waren (Buff 1991). Derartige Überlegungen müssen durch differenzierte Auswertungen des Kinderpanels zu Schulübergängen geprüft werden.

Ein weiteres Merkmal des Kinderpanels wurde in Anlehnung an die Big Five als *kognitive und soziale Aufgeschlossenheit* bezeichnet. Es setzt sich zusammen aus Items wie „merkt, wenn es Freunden schlecht geht", „lernt gerne neue Kinder kennen" und kognitiven Aspekten wie „begreift schnell", „hat viele Ideen". In diesem Bereich erbrachten die Auswertungen, wie Abbildung 2 veranschaulicht, keine Veränderung über die verschiedenen Altersgruppen, weder bei der jüngeren noch bei der älteren Kohorte. Dagegen zeigten sich hochsignifikante Unterschiede zwischen den Geschlechtern, Mädchen wird dieses Merkmal über alle Messzeitpunkte hinweg in stärkerem Maße zugesprochen als Jungen. Da die Forschung zu Persönlichkeitsmerkmalen im Big Five-Modell keine Geschlechtsunterschiede erbrachte (Roberts/DelVecchio 2000), sind wir zur Erklärung hier auf Vermutungen angewiesen. Eine mögliche wäre, dass der Geschlechtsunterschied durch die in einem Teil der Items abgedeckten prosozialen Kompetenzen wie Empathie erklärbar ist, die bei Mädchen im Entwicklungsverlauf stärker ausgeprägt sind (Bischof-Köhler 2006; Persson 2005). Dies wird in entwicklungspsychologischen Studien häufig durch unabhängige Beobachtungen und Einschätzungen des kindlichen Verhaltens in standardisierten Situationen erfasst, die Hilfehandlungen und Einfühlung erfordern. Eine andere Vermutung betrifft die geschlechtsstereotypen Zuschreibungen von Verhaltensweisen und Kompetenzen, die sowohl in der Selbstbeurteilung als auch in der Fremdbeurteilung (Mütter beurteilen ihre Töchter und Söhne) wirksam werden. Stärkere Empathie und soziale Sensibilität ist traditioneller Bestandteil des weiblichen Stereotyps, das hier in die Beurteilung eingehen könnte und die Mütter zu einer höheren Einschätzung von empathischen und prosozialen Fähigkeiten ihrer Töchter veranlassen könnte. Eine andere mögliche Erklärung wäre durch die Vermutung gegeben, dass Jungen diese Kompetenzen erst später – etwa im Verlauf der Pubertät – erlernen, um dann mit den Mädchen gleichzuziehen.

Schließlich wurde das Merkmal der *Selbstwirksamkeit* im differenziellen Verlauf geprüft, einen Überblick bietet wiederum Abbildung 2. Die sehr homogenen Items zu diesem Konzept zielen alle darauf, die kindliche Zuversicht, seine Fähigkeit, Probleme selber meistern zu können und mit unvorhergesehenen Situationen gut fertig zu werden, zu erfassen. Damit besteht eine leichte Überschneidung mit den Items des positiven Selbstbildes. Das könnte erklären, warum auch hier die Mädchen in der jüngeren Kohorte zwischen 5 ½ und 8 Jahren signifikant höhere Werte erreichen. Der Anstieg bis zu 7

Jahren bei Mädchen und Jungen ließe sich so deuten, dass der Schuleintritt zunächst eine Erhöhung der Selbstwirksamkeit bewirkt, der längere Schulbesuch bis zur 2. Klasse dann aber durch die Gewöhnung wieder einen Abfall hervorruft. Der gleiche Effekt, nämlich erst ein Anstieg, dann ein Abfall, könnte für den Übergang in eine andere Schulform der Sekundarstufe I vermutet werden. Insgesamt ist dieses Merkmal nicht so hoch bei den Kindern ausgeprägt.

Unabhängig vom Verlauf der einzelnen Verhaltensmerkmale über den Beobachtungszeitraum des Kinderpanels zeigen unsere Daten übereinstimmend eine erfreuliche Tendenz zu höheren Einschätzungen in den positiv zu wertenden, ressourcenorientierten Merkmalen im Vergleich zu den problematischen Verhaltensbereichen. So liegen die mütterlichen Beurteilungen der *kognitiven und sozialen Aufgeschlossenheit*, der *positiven Selbstsicht* und der kindlichen *Selbstwirksamkeit* sämtlich im Bereich „trifft eher zu" und vielfach darüber. Hingegen bewegen sich die Einstufungen der *internalisierenden* und *externalisierenden* Auffälligkeiten und der *motorischen Unruhe* etwa eine ganze Skalen-Stufe darunter, also im Bereich „trifft eher nicht zu" (vgl. Abbildung 2).

### 3.2 Diskussion der Stabilisierung von Persönlichkeitsmerkmalen in der Kindheit

Das Untersuchungsinteresse zum zweiten Fragenkomplex richtete sich auf die Verfestigung bzw. Stabilisierung der untersuchten kindlichen Merkmalsbereiche. Dazu wurden die Stabilitätskoeffizienten zwischen dem 1. und 2, sowie 2. und 3. Messzeitpunkt für die jüngere und ältere Kohorte ermittelt. So lassen sich Aussagen darüber machen, wie sehr sich die Merkmale zwischen 5 ½ und 7, zwischen 7 und 8 Jahren, zwischen 8 ½ und 10 und schließlich zwischen 10 und 11 ½ Jahren verfestigen. Weiter wurde geprüft, ob sich Sprünge im Stabilisierungsprozess zeigen, d. h. ob Altersabschnitte mit verstärkter Stabilisierung oder Destabilisierung zu erkennen sind. Abbildung 4 zeigt im Überblick eine durchweg mittlere Ausprägung der Stabilität mit Koeffizienten um .5 in allen Merkmalen, und zwar sowohl zwischen 5 ½ und 7 als auch zwischen 7 und 8 ½ Jahren. Das Merkmal der motorischen Unruhe erweist sich als das stabilste (.6). Das bedeutet, die bestehenden individuellen Unterschiede in körperlicher Hyperaktivität und Impulsivität der Kinder bleiben weitgehend erhalten, 36% der Variation der späteren Werte können durch die früheren vorhergesagt werden. Bei den anderen Merkmalen werden ungefähr 25% der späteren Merkmalsausprägung durch diejenigen zum früheren Zeitpunkt erklärt. Vergleicht man diese Ergebnisse mit den in der Literatur berichteten Stabilitätskoeffizienten für die Altersgruppen zwischen 5 und 12 Jahren, so entsprechen unsere Befunde genau den dort berichteten Angaben (zwischen .4 und .5; Roberts/DelVecchio 2000). Das Merkmal der motorischen Unruhe zeigte auch dort eine höhere Verfestigung, das positive Selbstbild (mit .4) eine etwas geringere. Einschränkend ist allerdings anzumerken, dass diese Autoren größere Zeitabschnitte für die Stabilität zugrunde legten.

Für die ältere Kohorte fielen die Stabilitätskoeffizienten der Merkmale unterschiedlicher aus als für die jüngere, wie Abbildung 5 verdeutlicht. *Externalisierende Verhaltensprobleme* erwiesen sich als sehr stabil (.67 von 8 ½ bis 10 Jahren und .66 von 10 bis 11 ½ Jahren). Das entspricht einer Vorhersage von 45% der Merkmalsvarianz des jeweils späteren Messzeitpunktes durch die Ausprägung der Merkmale zum früheren Zeitpunkt. Auch das Merkmal *motorische Unruhe* erreicht eine höhere Stabilität (.63 und .62) für diese Altersperiode zwischen 8 ½ und 11 ½ Jahren als für die Zeitspanne, in der die jüngere Kohorte untersucht wurde (5 ½ bis 8 Jahre). Studien aus der klinischen Kinderpsychologie bestätigen die offensichtliche Verfestigung hoch ausgeprägter aggressiver Verhaltensweisen und impulsiver Reaktionen mit negativen Gefühlen wie Ärger, Wut und negativen Stimmungen (schlechte Laune). Eine hohe Stabilität bedeutet jedoch auch umgekehrt, dass Kinder mit niedrigen Ausgangswerten auf diesem niedrigen Niveau bleiben.

Die Ergebnisse zur Kontinuität der individuellen Unterschiede im Aggressionsniveau stimmen überein mit Berichten in der Literatur über aggressives, oppositionelles Verhalten (Burns/Walsh/Owen 1995; Scheithauer/Petermann 2002). Auch US-amerikanische epidemiologische Studien bestätigten über 7-Jahres-perioden vom Vorschulalter bis zur Grundschule und Junior Highschool eine hohe Stabilität für Externalisierungsprobleme (Fischer u. a. 1984). Im Hinblick auf die Stabilität der motorischen Unruhe lässt sich ein vorsichtiger Vergleich zu den klinischen Kernsymptomen von Hyperaktivität und damit der hohen Ausprägungsvariante ziehen. Für diese Kernsymptome Hyperaktivität, Aufmerksamkeitsschwäche und Impulsivität wird eine relativ hohe Stabilität vom Vorschul- bis zum Grundschulalter und vom Grundschul- bis ins Jugendalter, sogar dann bis ins Erwachsenenalter berichtet[2] (Döpfner 2002). Bemerkenswert ist weiter, dass bei Kontinuität einer hoch ausgeprägten Hyperaktivität häufig ein gemeinsames Vorkommen (Komorbidität) mit aggressiven und dissozialen, regelverletzenden Verhaltensweisen beobachtet wird (ebd.).

---

[2] Quantitative Angaben sind hier nicht vergleichbar, weil in der klinischen Forschung der Prozentsatz der diagnostizierten Fälle und nicht ein Stabilitätskoeffizient benutzt wird.

Weniger stabil erweisen sich in der älteren Kohorte ein positives Selbstbild (.39 und .44) und die kognitive und soziale Aufgeschlossenheit (.43 und .53). Auch für die internalisierenden Problemverhaltensweisen sind niedrigere Stabilitätskoeffizienten feststellbar als zu den früheren Entwicklungszeitpunkten, die die jüngere Kohorte abdeckt. Dies wird noch verstärkt durch das Ergebnis, dass bei den Merkmalen Internalisierung und Aufgeschlossenheit statistisch bedeutsame Stabilitätssprünge zwischen den Alterszeitpunkten auftraten. Die Internalisierung verfestigte sich deutlicher von 10 bis 11 ½ Jahren, ebenso die Offenheit für Neues. Das bedeutet, in diesen beiden Persönlichkeitsbereichen verfestigten sich die individuellen Unterschiede zwischen den Kindern eher erst in der Vorpubertät und weniger im späten Grundschulalter. Die vorn genannte epidemiologische nordamerikanische Studie fand vom Vorschulalter bis zum Ende der dortigen Elementary school eine geringere Stabilität in den Internalisierungsproblemen im Vergleich zu den stabileren Externalisierungsproblemen (Fischer u. a. 1984).

Das Merkmal der Selbstwirksamkeit, d. h. das Vertrauen in die eigene Problemlösekompetenz verfestigte sich zunehmend mehr zwischen den Altersabschnitten 8 ½–10 und 10–11 ½.

Sowohl die Destabilisierung von Selbstbild und kognitiver/sozialer Aufgeschlossenheit als auch die Verfestigung des internalisierenden Problemverhaltens sollten in dieser Altersgruppe im Zusammenhang mit Umbrüchen in der Pubertät gesehen werden. Durchschnittlich tritt die Pubertät mit der Menarche bei Mädchen mit 12 ½ Jahren und der Ejakularche bei Jungen etwa ein Jahr später ein. Durch hormonelle Veränderungen, körperliche Wachstumsprozesse, die größere Bedeutung der Peergruppe im Vergleich zur Familie und einen oft gleichzeitigen Schulwechsel bei Beginn der Sekundarstufe I, können in der Vorpubertät Destabilisierungen auftreten. Für das spätere Jugendalter berichten Studien auch eine beachtliche Stabilität (Oerter/Dreher 2002). Bezieht man die Ergebnisse des Kinderpanels auf die in der Literatur berichteten Verfestigungen von Persönlichkeitsmerkmalen im weiteren Lebenslauf, so lässt sich Folgendes sagen: Bereits im Alter von 5 ½ Jahren, also schon vor Schuleintritt, zeigen Kinder eine Reihe individuell typischer Verhaltensweisen und emotional-sozialer Reaktionen, die auch später mit 8, 10, 12 bis sogar 20 Jahren noch bei ihnen festgestellt werden können. In den Merkmalsbereichen, die zu den zentralen Kernmerkmalen der kindlichen Persönlichkeit gehören, besteht damit schon sehr früh eine beachtliche Stabilität. Damit entsprechen die Befunde des Kinderpanels dem Trend, den sehr umfangreiche Literaturauswertungen zur Verfestigung der Person erbracht haben (Roberts/DelVecchio 2000).

Während für die mittlere Kindheit die Verfestigung in allen Persönlichkeitsmerkmalen annähernd gleich ausfiel, gab es differenzielle Befunde bei der späteren Kindheit vor Beginn der Pubertät. Eine beschleunigte Stabilisierung konnte zwischen 8 ½ und 11 ½ bei Externalisierung und motorischer Unruhe festgestellt werden, eine abnehmende Verfestigung, d. h. Destabilisierung in dieser Zeit beim positiven Selbstbild und der Aufgeschlossenheit.

## 4. Zusammenfassung wesentlicher Ergebnisse

1. Die Befunde des Kinderpanels belegen für die Kindheit einen klaren Rückgang der Problemverhaltensweisen über die gesamte untersuchte Altersspanne vom Vorschulalter bis zur Vorpubertät. Sehr eindeutig zeigt sich dieser Trend für die externalisierenden Verhaltensauffälligkeiten, d. h. für aggressives Verhalten und negative Gefühle wie Ärger und Wut und für motorische Unruhe gepaart mit der Neigung zu unüberlegtem Handeln. Motorische Unruhe lässt zwischen spätem Grundschulalter und Vorpubertät (8 ½ bis 11 ½ Jahre) besonders stark nach. Internalisierende Auffälligkeiten mit sozialem Rückzug, ängstlicher und depressiver Stimmung nahmen im Mittel von 8 ½ bis zu 11 ½ Jahren bei beiden Geschlechtern ab, im frühen Grundschulalter zeigte sich eine Abnahme eher bei den Jungen als bei den Mädchen.
2. Positiv bewertete Persönlichkeitsmerkmale, wie zuversichtliche Selbstsicht, Aufgeschlossenheit und Selbstwirksamkeit, liegen bei den befragten Kindern im Kinderpanel im höheren Wertebereich. Damit sind die Ressourcen der Kinder höher ausgeprägt als die problematischen, unangepassten Verhaltensweisen. Kinder sehen sich selbst deutlich positiver als die Mütter sie beschreiben. Im Durchschnitt wird den Kindern von ihren Müttern im Vorschulalter ein positiveres Selbstbild zugesprochen als nach Eintritt in die Grundschule und nach Übergang in die Sekundarstufe I. Dieser charakteristische Verlauf kann als Übergang von einer naiv optimistischen zu einer eher realistischen Selbstsicht der Kinder interpretiert werden. Eine leichte Verschlechterung des Selbstbildes entspricht den Ergebnissen anderer psychologischer Studien in Deutschland.
3. Die mütterlichen Einschätzungen der Persönlichkeitsmerkmale und Problemverhaltensweisen im Rahmen des Kinderpanels bestätigen die erwarteten Geschlechtsunterschiede. Eindeutig zeigen Jungen mehr aggressive Verhaltensweisen, Ärger und Wut, ebenso sind sie motorisch unruhiger und impulsiver über die gesamte untersuchte Zeit vom Vorschulalter bis

nach Beginn der Sekundarstufe I. Mädchen dagegen sind über die untersuchte Zeitspanne kognitiv aufgeschlossener und lassen mehr empathische und soziale Fähigkeiten erkennen. Diese Ergebnisse des Kinderpanels stimmen völlig mit den Befunden in der Literatur überein.
4. Die dreifach wiederholten Messungen an den teilnehmenden Familien des Kinderpanels ließen Berechnungen der Merkmalsstabilität zu. Damit sind Aussagen über die Stabilität der kindlichen Persönlichkeitsmerkmale und Problemverhaltensweisen über die untersuchte Entwicklungsperiode von sechs Jahren zwischen dem Vorschulalter und der Vorpubertät der Kinder möglich. Zusammengefasst zeigt sich für die mittlere Kindheit eine deutliche Verfestigung in allen Persönlichkeitsmerkmalen. Interindividuelle Unterschiede in Problemverhaltensweisen wie Aggression, motorischer Unruhe oder sozialem Rückzug stehen damit bereits zu einem erheblichen Teil im frühen Alter fest und erweisen sich insofern als stabil, als zwischen 25 und 36 Prozent der Unterschiede in den späteren Merkmalen bereits durch die frühe Ausprägung vorhersagbar sind. Für die späte Kindheit zwischen höherem Grundschulalter und Vorpubertät nahm eine Verfestigung besonders in den Problemverhaltensweisen Externalisierung und motorischer Unruhe zu. In diesen Merkmalen sind bereits um die 40% der Variation der interindividuellen Unterschiede von 11 ½ Jahren durch die Unterschiede im Alter von 8 ½ Jahren erklärbar. Das ist ein sehr hohes Maß an Stabilität von unerwünschten sozialen Problemverhaltensweisen. Diese Befunde zur Verfestigung von Persönlichkeitsmerkmalen aus dem Kinderpanel entsprechen auch darin eindeutig internationalen und nationalen Studien.
5. Aus den Ergebnissen zur relativ frühen Stabilisierung sozial unerwünschter Verhaltensweisen – wie Aggressivität, Impulsivität oder sozialer Rückzug und Ängstlichkeit – können Konsequenzen für frühe präventive Interventionsmaßnahmen vor dem Schuleintritt gezogen werden. Kinder mit hohen Ausprägungen dieser Problemverhaltensweisen und ihre Eltern sollten eine Beratung erhalten. Umgekehrt sind pädagogische und soziale Maßnahmen zur Stärkung der positiven Persönlichkeitsmerkmale – wie positives Selbstbild, soziale Aufgeschlossenheit und Empathie sowie Vertrauen in die eigenen Kompetenzen – wünschenswert.

## Literatur

Alsaker, Francoise D./Bütikofer, Andrea (2005): Geschlechtsunterschiede im Auftreten von psychischen und Verhaltensstörungen im Jugendalter. In: Kindheit und Entwicklung, Jg. 14, H. 3, S. 169-180

Alt, Christian/Quellenberg, Holger (2005): Daten, Design und Konstrukte. Grundlagen des Kinderpanels. In: Alt, Christian (Hrsg.): Kinderleben – Aufwachsen zwischen Familie, Freunden und Institutionen. Band 2: Aufwachsen in Familien. Wiesbaden, S. 317-343

Asendorpf, Jens B. (2004): Psychologie der Persönlichkeit. 3. überarbeit. und aktual. Aufl. Heidelberg

Asendorpf, Jens B./van Aken, Marcel A. G. (2003): Validity of big five personality judgments in childhood: a 9 year longitudinal study. In: European Journal of Personality, Vol. 17, S. 1-17

Ball, Juliane/Lohaus, Arnold/Miebacg, Christiane (2006): Psychische Anpassung und schulische Leistungen beim Wechsel von der Grundschule zur weiterführenden Schule. In: Zeitschrift für Entwicklungspsychologie und Pädagogische Psychologie, 38. Jg., H. 3, S. 101-109

Bischof-Köhler, Doris (2006): Von Natur aus anders. Die Psychologie der Geschlechtsunterschiede. 3. überarb. und aktual. Aufl. Stuttgart

Buff, Alex (1991): Schulische Selektion und Selbstkonzeptentwicklung. In: Pekrun, Reinhard/Fend, Helmut (Hrsg.): Schule und Persönlichkeitsentwicklung. Stuttgart, S. 100-114

Burns, G. Leonard/Walsh, James A./Owen, Sandra M. (1995): Twelve-month stability of disruptive classroom behavior as measured by the Sutter-Eyberg Student Behavior Inventory. In: Journal of Clinical and Child Psychology, Vol. 24, S. 453-462

Cohen, Jacob (1988): Statistical power analysis for the behavioral science. Hillsdale (NJ)

Döpfner, Manfred (2002): Hyperkinetische Störungen. In: Petermann, Franz (Hrsg.): Lehrbuch der Klinischen Kinderpsychologie und -psychiatrie. 5. korr. Aufl. Göttingen, S. 152-186

Döpfner, Manfred/Plück, Julia/Berner, Walter/Englert, Ekkehart/Fegert, Jörg M./Huss, Michael/Lenz, Klaus/Schmeck, Klaus/Lehmkuhl, Gerd/Lehm-kuhl, Ulrike /Poustka, Fritz (1998): Psychische Auffälligkeiten und psychosoziale Kompetenzen von Kindern und Jugendlichen in den neuen und alten Bundesländern – Ergebnisse einer bundesweit repräsentativen Studie. In: Zeitschrift für Klinische Psychologie, 27, S. 9-19

Eisenberg, Nancy/Cumberland, Amanda/Spinrad, Tracy L./Fabes, Richard A./Shepard, Stephanie A./Reiser, Mark/Murphy, Bridget C./Losoya, Sandra H./Guthrie, Ivanna K. (2001): The relations of regulation and emotionality to children's externalizing and internalizing problem behavior. In: Child Development, Vol. 72, S. 1112-1134

Fischer, Mariellen/Rolf, Jon E./Hasazi, Joseph E./Cummings, Lucinda (1984): Follow-up of a preschool epidemiological sample: cross-age continuities and predictions of later adjustment with internalizing and externalizing dimensions of behavior. In: Child Development, Vol. 55, S. 137-150

Gloger-Tippelt, Gabriele/Vetter, Jürgen (2005): Ein kleiner Unterschied. Geschlechtsspezifische schulische Entwicklung aus der Sicht von Müttern und ihren 8- bis 9-jährigen Töchtern und Söhnen. In: Alt, Christian (Hrsg.): Kinderleben – Aufwachsen zwischen Familien, Freunden und Institutionen. Wiesbaden, S. 231-256

Hammarberg, Annie/Hagekull, Berit (2006): Changes in externalizing and internalizing behaviours over a school-year: differences between 6-year-old boys and girls. In: Infant and Child Development, Vol. 15, S. 123-137

Hankin, Benjamin L./Abramson, Lyn Y./Moffitt, Terrie E./Sliva, Phil A./McGee, Rob/Angell, Kathryn E. (1998): Development of Depression from preadolescence to young adulthood: emerging gender differences in a 10-year-longitudinal study. In: Journal of Abnormal Psychology, Vol. 107, No. 1, S. 128-140

Harter, Susan (1999): The construction of the self: a developmental perspective. New York/London

Helmke, Andreas (1991): Entwicklung des Fähigkeitsselbstbildes vom Kindergarten zur dritten Klasse. In: Pekrun, Reinhard/Fend, Helmut (Hrsg.): Schule und Persönlichkeitsentwicklung. Stuttgart, S. 83-99

Ihle, Wolfgang/Esser, Günter (2002): Epidemiologie psychischer Störungen im Kindes- und Jugendalter; Prävalenz, Verlauf, Komorbität und Geschlechtsunterschiede. In: Psychologische Rundschau, 53. Jg., H 4. S. 159-169

John, Oliver/Caspi, Avshalom/Robins, Richard/Moffitt, Terrie E./Stoutha-mer-Loeber, Magda (1994): The "Little Five": exploring the nomological network of the five-factor model of personality in Adolescent boys. In: Child Development, Vol. 65, S. 160-178

Lang, Frieder R./Heckhausen, Jutta (2005): Stabilisierung und Kontinuität der Persönlichkeit im Lebensverlauf. In: Asendorpf, Jens B. (Hrsg.): Enzyklopädie der Psychologie, Theorie und Forschung. Band 3: Soziale, emotionale und Persönlichkeitsentwicklung. Göttingen, S. 525-562

Oerter, Rolf/Dreher, Eva (2002): Jugendalter. In: Oerter, Rolf/Montada, Leo (Hrsg.): Entwicklungspsychologie. 5. Aufl.. Weinheim, S. 258-318

Persson, Gun E. B. (2005): Developmental perspectives on prosocial and aggressive motives in preschoolers' peer interactions. In: International Journal of Behavioural Development, Vol. 29, S. 80-91

Roberts, Brent W./DelVecchio, Wendy F. (2000): The rank-order consistency of personality traits from childhood to old age: a quantitative review of longitudinal studies. In: Psychological Bulletin, Vol. 126, S. 3-25

Salisch, Maria von/Kunzmann, Ute (2005): Emotionale Entwicklung über die Lebensspanne. In: Asendorpf, Jens B. (Hrsg.): Enzyklopädie der Psychologie. Band 3: Soziale, emotionale und Persönlichkeitsentwicklung. Göttingen, S. 1-74

Scheithauer, Herbert/Petermann, Franz (2002): Aggression. In: Petermann, Franz (Hrsg.): Lehrbuch der Klinischen Kinderpsychologie und –psycho-therapie. 5. korr. Aufl. Göttingen, S. 187-226

Schwarzer, Ralf (2000): Angst, Stress und Handlungsregulation. 4. Aufl. Stuttgart

Steiger, James H. (1980): Tests for comparing elements of a correlation matrix. In: Psychological Bulletin, Vol. 87, S. 245-251

Tabachnick, Barbara G./Fidell, Linda S. (1989): Using multivariate statistics. New York

*Maria von Salisch*
# Ärger – Aushandlungen in der Freundschaft als Weg zu sozialer und emotionaler Kompetenz

1. Ärger – eine Emotion mit Risiken und Nebenwirkungen...82
2. Wie regulieren Kinder ihren Ärger in der Freundschaft?....84
3. Wer wurde befragt?..............86
4. Wie entwickelt sich die Ärgerregulierung in der Freundschaft?..............86
5. Welche Bedingungen fördern die Entwicklung konstruktiver Ärgerregulierungsstrategien?.............89
   - 5.1 Das Modell..............89
   - 5.2 ... und seine Überprüfung..............90
6. Ausblick ..............93

Literatur ..............94

## 1. Ärger – eine Emotion mit Risiken und Nebenwirkungen

Ärger ist eine Emotion mit Risiken und einigen unerwünschten Nebenwirkungen. Denn wenn man sich über einen engen Vertrauten ärgert, ist es meistens nötig, dieses Gefühl in irgendeiner Weise zu regulieren. Der reine Ärgerausdruck ist nicht sozial verträglich, führt oft zur Eskalation und manchmal zum Abbruch der Beziehung. Dies ist insbesondere in frei gewählten Beziehungen wie eben der Freundschaft eine Gefahr, da diese nicht durch Tradition oder Verpflichtung abgesichert sind (Laursen/Hartup/Koplas 1996). Im Falle der Freundschaft kommt erschwerend hinzu, dass dies eine symmetrisch-reziproke Peer-Beziehung ist (Youniss 1982). In Beziehungen dieser Art ist keiner der Beteiligten in der Lage, divergierende Ansichten oder Interessen von vornherein durch dauerhafte Überlegenheit in punkto Wissen, Macht oder Status zu lösen. Stattdessen ist es nötig, den Streitpunkt mit dem Freund oder der Freundin auszuhandeln, und zwar „auf Augenhöhe" (Krappmann 1993a). Bei diesen Verhandlungen von Gleich zu Gleich sind Menschen gefordert, ihren Ärger zu regulieren, damit es ihnen gelingt, den Konflikt zu lösen und gleichzeitig die eigentlich geschätzte Beziehung fortzusetzen. Zu lernen wie man sich auseinandersetzt, ohne den Freund durch Feindseligkeit zu vergraulen, ist daher einer der sozialen Aufgaben, die die Freundschaft den Heranwachsenden stellt (Asher/Parker/Walker 1996; von Salisch/Seiffge-Krenke 2007). Dass dies keine triviale Angelegenheit ist, belegen Kinder, die nur wenige oder konfliktreiche Freundschaften unterhielten, weil sie zu Racheaktionen oder aggressivem Verhalten neigten (Rose/Asher 1999), und natürlich auch Kinder mit Störungen des Sozialverhaltens, Hyperaktivität oder anderen kinderpsychiatrischen Störungsbildern, die meist ganz ohne Freundschaften zu Altersgenossen auskommen müssen und diese schmerzhaft vermissen (z. B. Hodgens/Cole/Boldizar 2000). Einer der ersten Schritte in der psychologischen Kindertherapie ist es, diesen Kindern zu helfen, „freundschaftsfähig" zu werden, ihnen also beizubringen, wie sie andere Kinder für sich gewinnen können und – noch wichtiger – wie sie diese Freundschaften trotz gelegentlicher Meinungsverschiedenheiten auch halten können. Ärgerregulierung spielt hierbei natürlich eine wichtige Rolle.

Wenn es Kindern nämlich gelingt, konstruktive Formen der Ärgerregulierung zu entwickeln, dann können sie von den Möglichkeiten profitieren, die der Ärgerausdruck bietet – und zwar sowohl für sie selbst als auch für ihren Freund oder ihre Freundin (Averill 1982). Das Erleben von Ärger verschafft der ärgerlichen Person Gelegenheit, ihre eigenen oft impliziten Pläne, Vorlieben und Bedürfnisse kennenzulernen. Nur dadurch, dass wir uns über etwas aufregen, wird uns oft bewusst, was uns lieb und teuer ist. Entzündet sich der Ärger an einem moralrelevanten Gegenstand, dann hilft die spontane Empörung, klarer zu erkennen, wie die eigenen moralischen Werte beschaffen sind (Montada 1993). Auf längere Sicht trägt die durch den Ärger oder die Empörung angeregte Innensicht zur Konstruktion eines angemessenen und realistischen Selbstkonzeptes im Jugendalter bei (Harter 1989). Ärger enthält darüber hinaus Chancen für den Freund oder die Freundin, weil er diese Person informiert, dass etwas mit ihrem Verhalten oder ihren Ansichten „nicht in Ordnung" ist. Nur wenn der Freund dies erfährt, kann er seine Einstellungen oder sein Verhalten ändern – oder auch nicht. Aber dies ist dann eine bewusste Entscheidung (Averill 1982; Tangney u. a. 1996). Sogar die Freundschaft kann tiefer und wahrhaftiger werden, wenn Ärger erregende Vorfälle nicht „unter den Teppich" gekehrt, sondern von den Beteiligten als solche anerkannt und erörtert oder auf andere Weise behandelt werden. Jugendliche zählen aus diesen Gründen Ehrlichkeit zu den Verpflichtungen, die eine enge Freundschaft mit sich bringt (Youniss/Smollar 1985). „Gerade weil du mein Freund bist, muss ich dir sagen, dass dies mich stört" könnte am Anfang einer solchen Ärger-Aushandlung stehen. Dass solche Gespräche nicht immer einfach zu führen sind, liegt auf der Hand. Zu groß ist die Gefahr, den Freund durch die eigene Offenheit zu verletzten. Fähigkeiten zur Ärgerregulierung zählen daher in allen Konzepten zu den Kernbestandteilen von sozialer und/oder emotionaler Kompetenz (Mayer/Salovey 1997; Saarni 1999; von Salisch 2002).

Der Wunsch, die Freundschaft zu erhalten, gewinnt gegen Ende der Kindheit an Dringlichkeit. Der Freund oder die Freundin ist jetzt nicht mehr so einfach austauschbar wie noch zu Beginn der Schulzeit (Krappmann 1993b). Präadoleszente Freundespaare suchen bei ihrem gleichgeschlechtlichen „Busenfreund" nicht mehr nur Spaß und Geselligkeit, sondern zunehmend auch Vertrauen und Vertraulichkeit (Burmester/Furman 1987). In den Teenager-Jahren entwickeln sich die besten Freundinnen (und die besten Freunde) zu immer geschickteren sozialen Unterstützungspersonen, also zu wahren Helfern in der Not angesichts von Pickeln, Partys, schlechten Schulnoten und anderen (normalen) Katastrophen des Jugendalters (Denton/Zarbatany 1996). Einen besten Freund des eigenen Geschlechts zu haben, führte über die Zeit zu überdurchschnittlichen Gewinnen bei der Selbstbewertung bis ins junge Erwachsenenalter (Bagwell/Newcomb/Bukowski 1998). Die Schattenseite davon ist, dass befreundete Mädchen in diesen Gesprächen auch dazu neigen, gemeinsam die Übel der Welt oder ihrer Person zu „beweinen" und dabei kein Ende zu finden (Rose 2002). Grübeln wird dieses Verhalten genannt, das das Auftreten und die Chronifizierung von depressiven Verstimmungen fördert (Nolen-Hoeksema/Girgus/Seligman 1992). Insgesamt bieten die zunehmend intimeren Freundschaften den Heranwachsenden starke Anreize zu lernen, wie sie ihren Ärger sozial verträglich regulieren können.

## 2. Wie regulieren Kinder ihren Ärger in der Freundschaft?

Das Kinderpanel machte sich die wachsenden Fähigkeiten der Schulkinder zur Introspektion zunutze und befragte sie mit Hilfe des Fragebogens zu den Kindlichen Ärger-Regulierungs-Strategien (KÄRST). Dieser Fragebogen fragt Kinder danach, was sie tun, wenn sie auf einen bestimmten Freund ihres eigenen Geschlechts „sauer sind". Ein Beispiel-Item lautet: „Wenn ich auf ... sauer bin, dann trete, schubse oder haue ich ihn oder sie." Die Antworten der Kinder konnten in einem vierstufigen Format gegeben werden, das von 0 „fast nie" über 1 „selten" und 2 „manchmal" bis zu 3 „fast immer" reichte. Eine Faktorenanalyse des KÄRST aus der 1. Welle des Deutschen Kinderpanels (von Salisch 2005) ergab (mit Ausnahme des Humors, der nicht abgefragt worden war) folgende Faktoren des Ärgerumgangs, die jeweils aus mehreren Strategien bestanden:

1. konfrontieren und schädigen, also aggressive Strategien, die darauf abzielen, die Person des Freundes direkt körperlich oder verbal anzugreifen, oder sie indirekt durch Intrigen oder Rachegedanken zu schädigen;
2. sich Distanzieren, also Abstand gewinnen, sei es direkt durch das Abwenden vom ärgerprovozierenden Freund, oder sei es indirekt durch die Beschäftigung mit Dritten oder durch die Aufmerksamkeitslenkung in Gedanken (innerer Dialog);
3. erklären und sich zurücknehmen beinhaltet die Bemühungen, mit dem Freund oder der Freundin die Hintergründe des eigenen Ärgers zu besprechen und die eigenen Ansprüche kognitiv umzudeuten.

Diese Faktoreneinteilung wurde bei Berliner Schulkindern (von Salisch/ Pfeiffer 1998; von Salisch 2000) und in der KUHL-Studie bei Acht- bis Dreizehnjährigen (von Salisch/Vogelgesang 2005) repliziert.

Bei Ärger körperlich, verbal oder relational aggressiv zu reagieren, ist nicht als sozial kompetent anzusehen, weil es den Freund oder die Freundin vor den Kopf stößt und eine friedliche Aushandlung der zugrundeliegenden Themen erschwert (von Salisch 2000). Heranwachsende, die dazu neigten, ihren Freund oder ihre Freundin körperlich zu konfrontieren, verloren über die nächsten fünf Jahre an sozialer Kompetenz (von Salisch/Vogelgesang 2007). Erklären und zurücknehmen ist dagegen als eine kompetente Form der Ärgerregulierung anzusehen, weil sich die Heranwachsenden in konstruktiver Weise mit ihrem Ärger beschäftigen. Insbesondere bei der Strategie des Erklärens und Vertragens tauschen sich die befreundeten Kinder über Hintergründe, Ursachen und Anlässe der ärgerlichen Gefühle aus und schaffen es, sich dabei nicht zu entzweien, sondern durch Gespräche von Gleich zu Gleich, wie oben ausgeführt, ein tieferes Verständnis der eigenen Person, des Freundes und der Freundschaft zu gewinnen. Ausgehandelte Ärgernisse tragen dazu bei, Klarheit zu schaffen und die Beziehung zwischen den Beteiligten zu vertiefen. Darüber hinaus entstehen in diesen Erörterungen nach einiger Zeit geteilte Bedeutungen zu moralischen Konzepten wie Egalität, Fairness oder Verpflichtung (Keller 1996). Denn diese Aushandlungen kreisen unter anderem um die Frage, ob der Anspruch, der den Ärger begründet hatte, legitim ist, ob es also im Rahmen dieser Freundschaft rechtmäßig ist, darauf zu bestehen, dass eine Verabredung abgesagt wird. Gelingt es dem Freundespaar, sich über Streitfragen dieser Art zu einigen, dann entstehen gegenseitige Verpflichtungen, die es den Heranwachsenden ermöglichen, ihre (moralischen) Ansprüche in Zukunft mit größerer Gewissheit zu vertreten (Youniss 1982). Bewirken die ärgerlichen Heranwachsenden bei einem solchen Austausch Änderungen in Einstellung oder Verhalten ihres Freundes, so können sie dies sich selbst zuschreiben, und zwar ganz konkret ihrer wachsenden sozialen und emotionalen Kompetenz.

Zusammenfassend ist zu fragen, ob Kinder in Deutschland mit zunehmendem Alter mehr soziale und emotionale Kompetenz entwickeln, d. h., ob sie bei Ärger in der Freundschaft häufiger Aushandlungen und seltener (körperlich) aggressives Verhalten einsetzen. Da verschiedene Untersuchungen Geschlechtsunterschiede bei der sozialen und emotionalen Kompetenz gefunden haben (von Salisch 2000), ist es wichtig, diese Entwicklung auch getrennt für Jungen und für Mädchen nachzuzeichnen.

## 3. Wer wurde befragt?

Nur die Kinder der älteren Kohorte des Kinderpanels (Alt/Quellenberg 2005) wurden in die Analysen dieses Kapitels einbezogen, weil nur sie über die Ärgerregulierung in ihren Freundschaften Bericht abgaben. Die Stichprobe der älteren Kohorte bestand bei der zweiten Welle der Datenerhebung (W2) aus 722 neun- bis elfjährigen Kindern und ihren Müttern. An der dritten Welle (W3) beteiligten sich 86% der Stichprobe von W2 oder N= 618 inzwischen elf- bis zwölfjährige Kinder und ihre Mütter. Selektivitätsanalysen unterstreichen, dass Mütter, die die Schule vorzeitig verlassen hatten, in der Stichprobe von W3 (gegenüber W2) unterrepräsentiert waren (vgl. Homepage DJI).

## 4. Wie entwickelt sich die Ärgerregulierung in der Freundschaft?

Tabelle 1 enthält die längsschnittlichen Entwicklungen der konstruktiven und der aggressiven Ärgerregulierungsstrategien bei Mädchen und bei Jungen, die mit Hilfe von multivariaten Varianzanalysen mit Messwiederholungen berechnet wurden.

Aus Tabelle 1 geht hervor, dass das Konfrontieren und Schädigen und insbesondere das körperlich aggressive Verhalten sehr selten eingesetzt wurde und im Laufe der 18 Monate zwischen den beiden Erhebungswellen noch weiter zurückging. Elf- bis zwölfjährige Mädchen wie Jungen schlugen, traten oder schubsten den Freund oder die Freundin nur im Ausnahmefall. Jungen verhielten sich – ähnlich wie in den meisten anderen Untersuchungen – etwas häufiger offen aggressiv als Mädchen (Hyde 1984; von Salisch 2000). Kinder gewinnen nach diesen Ergebnissen (bestätigt durch entsprechende Ergebnisse aus der KUHL-Studie, von Salisch 2007) insofern an sozialer und emotionaler Kompetenz als sie aggressive Formen der Ärgerregulierung über die Zeit seltener wählten. Dieser Abwärtstrend setzt sich nach einer Berliner Längsschnittstudie bis ins Jugendalter fort, die größere Neigung der Jungen zum aggressiven Verhalten ebenfalls (von Salisch/Vogelgesang 2005).

Tab. 1: Entwicklung der Ärgerregulierung in Freundschaften

|  | MW W2 | MW W3 | Haupteffekt Alter Pillai Spur F | p | Eta | Interaktionseffekt Alter x Geschlecht F | p | Eta |
|---|---|---|---|---|---|---|---|---|
| Konfrontieren und schädigen (7) | 0.43 | 0.37 | 6.99 | .008 | .017 | 2.43 | n.s. | .006 |
| Körperlich aggressives Verhalten (2) | 0.32 | 0.20 | 9.14 | .003 | .022 | 2.92 | n.s. | .007 |
| Sich distanzieren (4) | 1.23 | 1.29 | 2.30 | n.s. | .000 | <1.0 | n.s. | .000 |
| Erklären und sich zurücknehmen (6) | 1.51 | 1.52 | <1.0 | n.s. | .000 | 4.84 | .028 | .012 |
| Erklären und sich vertragen (3) | 1.88 | 1.97 | 3.69 | .05 | .009 | 2.64 | n.s. | .007 |

|  | MW Mädchen | MW Jungen | Pillai SpurF | p | Eta |
|---|---|---|---|---|---|
| Konfrontieren und schädigen (7) | 0.38 | 0.43 | 2.49 | n.s. | .006 |
| Körperlich aggressives Verhalten (2) | 0.12 | 0.26 | 19.51 | .000 | .046 |
| Sich distanzieren (4) | 1.29 | 1.23 | 1.10 | n.s. | .000 |
| Erklären und sich zurücknehmen (6) | 1.58 | 1.43 | 10.67 | .001 | .026 |
| Erklären und sich vertragen (3) | 2.02 | 1.83 | 10.52 | .001 | .026 |

Quelle: DJI-Kinderpanel, 2. und 3. Welle, eigene Berechnungen

Die Mittelwerte von Tabelle 1 verdeutlichen weiter, dass das Erklären und Zurücknehmen und insbesondere das Erklären und Vertragen der am häufigsten gewählte Weg ist, um mit dem Ärger gegenüber dem gleichgeschlechtlichen Freund fertig zu werden. Dies war schon in der ersten Welle des Kinderpanels der Fall (von Salisch 2005). Die gute Nachricht ist nun, dass in den 18 Monaten zwischen W2 und W3 das Erklären und Vertragen noch weiter um sich greift, vor allem unter den Mädchen. Sowohl der Aufwärtstrend wie auch die Geschlechtsunterschiede entsprechen den Befunden der KUHL-Studie, wo sie im längsschnittlichen Vergleich über drei Jahre gerechnet wurden (von Salisch 2007). Nach den Ergebnissen der anderen Berliner Längsschnittstudie setzen sich sowohl die Zunahme der Aushandlungen als auch die stärkere Beteiligung der Mädchen an diesen Besprechungen über die nächsten fünf Jahre bis ins Jugendalter fort (von Salisch/Vogelgesang 2005).

Dass die Heranwachsenden ihren Ärger mit dem Freund ihres eigenen Geschlechts immer häufiger aushandeln, reiht sich ein in sozial-kognitive Untersuchungen, die die wachsende psychologische Intimität der Jugendfreundschaften betonen. Freundschaften basieren zunehmend auf der gegenseitigen

Wertschätzung der psychologischen Merkmale des Freundes oder der Freundin (Selman 1984), dem Austausch von vertraulichen Informationen (Buhrmester/Furman 1987), der Konstruktion einer geteilten Weltsicht (Youniss/Smollar 1985) und der Einsicht, dass Freundschaften nur dann beendet werden sollten, wenn ein Konflikt zentrale Bereiche der Freundschaft, wie etwa das Vertrauen, berührt (Youniss/Smollar 1985). Das entspricht Niveau 3 in Selmans (1984) Freundschaftskonzept. Diese Studien kommen zu dem Ergebnis, dass Mädchen den Übergang zu intimen Freundschaften meist früher vollziehen als Jungen (Buhrmester/Furman 1987). Die Ergebnisse des Kinderpanels ergänzen diese Befunde für eine repräsentative Stichprobe deutscher Kinder. Zugleich unterstreichen sie, dass Heranwachsende, insbesondere Mädchen, mit zunehmendem Alter immer geschickter darin wurden, ihren Ärger zu regulieren und zu kommunizieren, ohne die Freundin durch schädigende Gedanken oder Handlungen zu verschrecken.

Dass Ärger-Aushandlungen dieser Art für die Persönlichkeitsentwicklung von Jugendlichen „gewinnbringend" sind, belegt die Berliner Längsschnittstudie. Ihr zufolge wächst die soziale Kompetenz von Freundespaaren, denen solche Aushandlungen am Ende der Kindheit häufiger gelingen, schneller als in den weniger verhandlungsorientierten Freundespaaren. Fünf Jahre später hatten Studienteilnehmer, die ihren Ärger häufig aushandelten, größere Fortschritte bei der Ausbildung von sozialer Kompetenz gemacht (von Salisch/Vogelgesang 2007). Der überproportionale Zuwachs an sozialer Kompetenz ist erklärlich. Wenn es Heranwachsende angesichts vielfältiger Ärger-Anlässe nämlich immer wieder schaffen, zugleich ihre eigenen Ansprüche zu formulieren und diese im Gespräch für beide Seiten zufrieden stellend zu klären, so stärkt dies ihre Fähigkeit, enge Freundschaften einzugehen, aufrechtzuerhalten und nach den eigenen Bedürfnissen zu gestalten, eben ihre soziale und emotionale Kompetenz (Saarni 1999). Die stetig wachsende Neigung der Präadoleszenten, das Gespräch zur Ärgerregulierung zu suchen, lässt zusammen mit ihrer Fernwirkung auf die soziale Kompetenz vermuten, dass zwischen etwa 10 und 13 Jahren das Zeitfenster liegt, an dem die Heranwachsenden diese Komponente der emotionalen Kompetenz ganz wesentlich verfeinern und dass ihre Freundschaften der Ort sind, an dem dies geschieht.

## 5. Welche Bedingungen fördern die Entwicklung konstruktiver Ärgerregulierungsstrategien?

### 5.1 Das Modell ...

Da die Fähigkeit zur Aushandlung von Ärger ein Aspekt der sozialen und emotionalen Kompetenz ist und diese durch die Aushandlungen auf längere Sicht noch weiter befördert wird, wird die Frage virulent, welche Umstände innerhalb und außerhalb der Person des Kindes es wahrscheinlicher machen, dass Kinder diese friedliche Form der Ärgerregulierung ausbilden und anwenden. Gefragt wird also nach den Bedingungen des Erklärens und Vertragens. Diese Frage macht sich die Vielfalt der Lebenshintergründe der teilnehmenden Familien und das längsschnittliche Design des Deutschen Kinderpanels zunutze. Die Auswertungen profitieren von der breiten Anlage dieser Untersuchung, können doch sowohl die Einflüsse von Geschlecht und Sozialschicht der Familie als auch die Bedingungen der Sozialisation in Familie und Peer-Beziehungen einbezogen werden und zusammen mit der Persönlichkeit des Kindes in einem Modell zu den Bedingungen der Ärgerregulierung miteinander in Beziehung gesetzt werden.

Das in Abbildung 1 dargestellte Modell veranschaulicht die Faktoren, die Fortschritte beim Erklären und Vertragen über die Zeit theoretisch vorhersagen. Nach den oben präsentierten Analysen ist davon auszugehen, dass Mädchen häufiger zum Aushandeln bei Ärger neigen. Darüber hinaus ist zu vermuten, dass eine wenig eingeschränkte soziale Lage der Familie (Schneewind/Beckmann/Engfer 1983) und Bedingungen einer positiven Erziehung wie eine hohe (aber nicht allzu hohe) Familienkohäsion, wenig strenge Kontrolle und eine kindzentrierte oder responsive Kommunikation von Seiten der Eltern die Neigung ihrer Kinder zum Erklären und Vertragen fördern (Gottmann/Katz/Hooven 1997; von Salisch/Herzog 2007). Keine Isolation, sondern eine gute Einbindung in die Freundschaftsnetze der Peer-Gruppe (Rubin/Bukowski/Parker 1998) sollte es Kindern ebenfalls erleichtern, auch mal „ein offenes Wort" in ihren Freundschaften zu sprechen. Während Persönlichkeitseigenschaften der Kinder wie eine Neigung zum Internalisieren oder Externalisieren (Gloger-Tippelt/Vetter 2005) die Ärgerregulierung im Gespräch erschweren dürften, sollte ihre soziale und kognitive Aufgeschlossenheit Ärger-Aushandlungen in der Freundschaft erleichtern.

Abb. 1: Förderliche Bedingungen für die Entwicklung des Erklärens und Vertragens – ein Modell

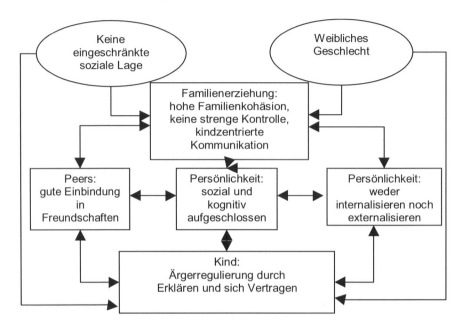

## 5.2 ... und seine Überprüfung

Dieses Modell wurde mit Hilfe einer hierarchischen Regressionsanalyse überprüft. Genauer gesagt wurde die Ärgerregulierung mittels Erklären und Vertragen in W3 durch die im Modell aufgeführten Variablen aus W2 vorhergesagt. Im ersten Schritt wurde dabei das Geschlecht der Kinder und die Sozialschicht ihres Haushalts mit dem SPSS Befehl „forward selection" eingegeben, so dass nur jene Merkmale, die in einem signifikanten Zusammenhang von Erklären und Vertragen zu W3 stehen, in der Regressionsgleichung verblieben. Auf diese Weise wurde ermittelt, welche Faktoren aus dem Bereich Erziehung, Freundschaften oder Persönlichkeit neben den strukturellen Merkmalen Geschlecht und Sozialschicht für die Vorhersage der Neigung zum Erklären und Vertragen zu W3 am bedeutendsten waren. Die in Tabelle 2 abgebildeten Ergebnisse verdeutlichen, dass nur das Geschlecht, nicht aber die Sozialschicht einen signifikanten Einfluss hatte: Wie in den Varianzanalysen oben gezeigt, neigten Mädchen eher dazu, den Ärger mit der Freundin im Gespräch zu klären, als Jungen. Die Sozialschicht des Kindes spielte bei diesem Aspekt der Persönlichkeitsentwicklung keine Rolle. Damit sind sozial benachteiligte Kinder in keiner schlechteren Position, wenn es darum geht, soziale und emotionale Kompetenz in Form von Erklären und Vertragen zu entwickeln.

Tab. 2: Vorhersage des Zuwachses von Erklären und sich Vertragen von W2 zu W3 durch Erziehung und Persönlichkeit (N=381)

| Schritt | Variablen | $R^2$ | Veränderung $R^2$ | F | p | Beta[a] | t | p |
|---|---|---|---|---|---|---|---|---|
| 1 | Geschlecht (0=Junge, 1=Mädchen) | .029 | .029 | 11.2 | *** | .120 | 2.44 | * |
| 2 | W2 Erklären und sich vertragen | .092 | .063 | 22.4 | *** | .228 | 4.65 | ** |
| 3 | W2 Kindzentrierte Kommunikation Mutter | .104 | .012 | 5.06 | * | .089 | 1.80 | (*) |
| 4 | W2 Externalisieren | .123 | .019 | 8.07 | ** | -.141 | -2.84 | ** |

[a] Angegeben ist das standardisierte Beta im letzten Schritt der Regressionsanalyse
(*) p<.10, * p<.05, ** p<.01
Quelle: DJI-Kinderpanel, 2. und 3. Welle, eigene Berechnungen

Im zweiten Schritt wurde das Erklären und Vertragen zu W2 in die Regressionsgleichung gezwungen. Wie in Tabelle 2 zu sehen, war der Beitrag der früheren Neigung zum Erklären und Vertragen erheblich. Das heißt: Die meisten Kinder, die schon zu W2 zum Erklären und Vertragen geneigt hatten, setzten dieses Verhalten im nächsten Jahr fort. Dass die Stabilität des Aushandelns von Ärger nicht noch größer ausfiel, mag daran gelegen haben, dass manche Kinder in der Zwischenzeit ihren Freund oder ihre Freundin gewechselt hatten. Denn der oder die spielt für die Möglichkeiten des Gesprächs bei Ärger natürlich auch eine Rolle.

Über die Stabilität des Erklärens und Vertragens hinaus sagte die responsive und kindzentrierte Kommunikation der Mutter diese konstruktive Form der Ärgerregulierung voraus. Die anderen ebenfalls in Schritt 3 mit „forward selection" eingegebenen Erziehungsvariablen, nämlich Familienkohäsion, strenge Kontrolle der Mutter, strenge Kontrolle des Vaters oder kindzentrierte Kommunikation des Vaters, erwiesen sich nicht als signifikante Prädiktoren. Dieses Ergebnis ist bedeutsam, denn alle später eingegebenen Variablen in einer Regressionsanalyse können nur jene Anteile der Varianz von Erklären und Vertragen erklären, die nicht schon durch vorher eingegebene Variablen aufgeklärt worden sind. Daher ist davon auszugehen, dass die kindzentrierte Kommunikation der Mutter die Fortschritte bei der Neigung zum Erklären und Vertragen zwischen W2 und W3 vorhersagte. Dass die kindzentrierte

Kommunikation der Mutter eine Rolle bei der Vorhersage spielte, welche Kinder im Erklären und Vertragen über die Zeit Fortschritte gemacht haben, ist damit zu erklären, dass hier von den Wahrnehmungen des Kindes ausgegangen wurde. Je mehr die Kinder der Ansicht waren, dass ihre Mütter sie emotional unterstützten und sie respektierten, indem sie sie in Familienentscheidungen einbezogen, desto schnellere Fortschritte machten sie im Gebrauch des Gesprächs als Mittel der Ärgerregulierung in ihren Freundschaften. Wenn Mütter (oder Eltern) mit ihren Kindern auf eine warme, responsive und deren Emotionen coachende Weise sprechen, scheint es für diese einfacher zu sein, ihren Ärger und dessen Hintergründe mit dem Freund oder der Freundin zu besprechen. Dieses Ergebnis konkretisiert Überlegungen und Befunde zur Meta-Emotion-Philosophie, nach der Eltern, die ihre Kinder in ihrem Gefühlsausdruck anerkennen und beraten, meist sozial kompetentere und in der Peer-Gruppe besser eingebundene Kinder haben (Gottman/Katz/Hooven 1997). Zugleich bekräftigt es Formulierungen der Bindungstheorie, nach denen ein responsiver und respektvoller Umgang der Eltern mit ihren Kindern in allen Lebensaltern ein Anzeichen für eine sichere Bindungsqualität ist, die auf Seiten des Kindes mit weniger aggressivem Verhalten und einer günstigeren Persönlichkeitsentwicklung insgesamt einhergeht (Grossmann u. a. 1997).

Die Peers trugen weder in der Form von „Anzahl guter Freunde" noch in der „Anzahl unterstützender Peers" in signifikanter Weise zur Erklärung der wachsenden Neigung zur Aushandlung von Ärger bei. Ein Grund für die Bedeutungslosigkeit der Peers könnte darin liegen, dass es bei der Entwicklung von Verhandlungsfähigkeiten bei Ärger vielleicht weniger auf die Einbindung in die Peer-Gruppe im Allgemeinen als mehr auf die Person des befreundeten Kindes oder die Qualität der Interaktion mit ihm oder ihr ankommt (Adams/Bukowski/Bagwell 2004). Dies wurde im Kinderpanel jedoch nicht abgefragt.

Einen signifikanten Beitrag lieferte nur noch die in Schritt 4 mit „forward selection" eingegebene Persönlichkeitsdimension des Externalisierens: Wie das negative Vorzeichen des Beta-Gewichts in Tabelle 2 andeutet, machten Kinder größere Fortschritte beim Erklären und Vertragen über die Zeit, die keinen Hang zum Externalisieren hatten. Die Neigung der Kinder zum Internalisieren und ihre soziale und kognitive Aufgeschlossenheit spielte indessen keine Rolle. Dass externalisierende Persönlichkeitsmerkmale es Kindern erschweren, Erklären und Vertragen oft einzusetzen, ist nicht überraschend angesichts der Tatsache, dass ein impulsives Temperament es Kindern insgesamt schwerer macht, ihre ärgerlichen Gefühle im Zaum zu halten und in einer ruhigen Art über sie zu sprechen (Eisenberg/Fabes 1992; Eisenberg u. a. 1994). Diese hierarchische Regressionsanalyse klärte 12,3% der Varianz auf.

## 6. Ausblick

Auch wenn die Analysen auf einen allgemeinen Zuwachs an emotionaler Kompetenz in punkto Ärgerregulierung in der Freundschaft hindeuten und Kinder, die eine warme und responsive Erziehung genießen sowie Kinder, denen keine externalisierenden Persönlichkeitszüge im Wege stehen, größere Fortschritte beim selbst berichteten Erklären und Vertragen bei Ärger machten, so klären diese Analysen doch nicht allzu große Anteile der Varianz auf. Die im Modell angedeuteten Wechselwirkungen zwischen den einzelnen Wirkfaktoren konnten ebenso wie die vermittelnden Effekte nicht überprüft werden. Dies wird in zukünftigen Analysen, die auch W1 einbeziehen, geschehen.

Wenn ältere Kinder sich über ihre Freunde ärgern, sind Eltern meist nicht mehr in der Lage, ihren Streit zu schlichten, weil ihre Kinder in diesem Punkt inzwischen selbstständig geworden sind und sich nicht mehr in ihre Angelegenheiten hereinreden lassen wollen. Die Ergebnisse des Kinderpanels unterstreichen, dass die kindzentrierte Kommunikation der Mütter gleichwohl eine Ressource war, die es Mädchen und Jungen aus allen sozialen Schichten erleichterte, bei Ärger immer häufiger zum Erklären und Vertragen in ihren Freundschaften zu greifen. Weitere Auswertungen des Kinderpanels zur Entwicklung des aggressiven Verhaltens legen nahe, dass diese zugewandte und respektvolle Art des Umgangs durch Mütter (und Väter) auch den Rückgang des körperlich aggressiven Verhaltens bei Ärger in der Freundschaft förderte (von Salisch/Herzog 2007; ähnlich Eisenberg u. a. 2005). Damit entfaltet die kindzentrierte Kommunikation der Eltern Wirkungen jenseits der Familie, die es ihren Kindern erleichtern, die Chancen des Ärgers und die Chancen von Freundschaften und Peer-Beziehungen für eine positive Persönlichkeitsentwicklung zu nutzen. Zukünftige Forschungen werden die Art der Übertragung von der Familie in die Freundschaften in den Blick nehmen. Zu fragen ist, ob das Lernen am Modell des Ärgerausdrucks der Eltern, ob deren emotionsbezogenen Ratschläge oder deren positive emotionale Expressivität (oder eine Kombination dieser Faktoren) dafür verantwortlich waren, dass ihre Kinder schnellere Fortschritte bei der Entwicklung sozial und emotional kompetenterer Formen des Umgangs mit Ärger in ihren Freundschaften gemacht haben.

Unter sozialpolitischer Perspektive wäre es nach diesen Ergebnissen des Kinderpanels wichtig, Eltern aus allen sozialen Schichten in ihrer Erziehung soweit zu stärken, dass sie warm, zugewandt, responsiv und respektvoll mit ihren Kindern (über deren Gefühle) sprechen können, weil dies die Ärger-Aushandlungsfähigkeiten ihrer Kinder mit ihren Freunden außerhalb der Familie fördert und auf diese Weise die Chancen vergrößert, die ihren Kindern durch die Teilhabe an Freundschaften und Peer-Beziehungen insgesamt erwachsen (Krappmann 1993a). Die Chancen des Lernens durch Partizipation in der Peer-Kultur gewinnen im Jugendalter weiter an Bedeutung, weil die Gleichaltrigen den Jugendlichen immer wichtiger werden und weil die Lernmöglichkeiten, die in den Peer-Beziehungen stecken, sich immer weniger in anderen Beziehungen kompensieren lassen. Mit einer Stärkung der Erziehungskompetenz der Eltern ließe sich daher eine sich selbst verstärkende Spirale in Gang setzen, die es den Heranwachsenden ermöglicht, eine der sozialen Aufgaben von Freundschaften zu bewältigen und Ziele in der Persönlichkeitsentwicklung zu erreichen, die vor allem in der Gruppe der Gleichaltrigen anzusteuern sind, wie etwa der Erwerb von sozialer und emotionaler Kompetenz im Bereich der Ärgerregulierung.

# Literatur

Adams, Ryan E./Bukowski, William M./Bagwell, Catherine (2004): Stability of aggression during early adolescence as moderated by reciprocated friendship status and friends' aggression. In: International Journal of Behavioral Development, 29, S. 139-145

Alt, Christian/Quellenberg, Holger (2005): Daten, Design und Konstrukte. Grundlagen des Kinderpanels. In: Alt, Christian (Hrsg.): Kinderleben – Aufwachsen zwischen Familie, Freunden und Institutionen. Band 2: Aufwachsen in Familien. Wiesbaden, S. 317-343

Asher, Steven R./Parker, Jeffrey G./Walker, Diane (1996): Distinguishing friendship from acceptance: Implications of interventions and assessment. In: Bukowski, William M./Newcomb, Andrew/Hartup, Willard W. (Hrsg.): The company they keep: Friendships during childhood and adolescence. New York, S. 366-405

Averill, James R. (1982): Anger and aggression. An essay on emotion. New York

Bagwell, Catherine L./Newcomb, Andrew F./Bukowski, William M. (1998): Preadolescent friendship and peer rejection as predictors of adult adjustment. In: Child Development, 69, S. 140-153

Buhrmester, Duane/Furman, Wyndol (1987): The development of companionship and intimacy. In: Child Development, 58, S. 1101-1113

Denton, Kathy/Zarbatany, Lynne (1996): Age differences in support processes in conversations between friends. In: Child Development, 67, S. 1360-1373

Eisenberg, Nancy/Fabes, Richard A. (1992): Emotion, self-regulation, and the development of social competence. In: Clark, Margaret S. (Hrsg.): Review of Personality and Social Psychology, 14. Newbury Park, S. 119-150

Eisenberg, Nancy/Fabes, Richard A./Nyman, Mia/Bernzweig, Jane/Pinuelas, Angel (1994): The relations of emotionality and regulation to children's anger-related reactions. In: Child Development, 65, S. 109-128

Eisenberg, Nancy/Zhou, Qing/Spinrad, Tracy L./Valiente, Carlos/Fabes, Richard A./Liew, Jeffrey (2005): Relations among positive parenting, children's effortful control, and externalizing problems: A three-wave longitudinal study. In: Child Development, 76, S. 1055-1071

Gloger-Tippelt, Gabriele/Vetter, Jürgen (2005): Ein kleiner Unterschied. Geschlechtsspezifische schulische Entwicklung aus der Sicht von Müttern und ihren 8- und 9-jährigen Töchtern und Söhnen. In: Alt, Christian (Hrsg): Kinderleben – Aufwachsen zwischen Familie, Freunden und Institutionen. Band 2. Opladen

Gottman, John M./Katz, Lynn F./Hooven, C. (1997): Meta-emotion: How families communicate emotionally. Hillsdale

Grossmann, Klaus E./Becker-Stoll, Fabienne/Grossmann, K.arin/Kindler, Heinz/Schieche, Michael/Spangler, Gottfried/Wensauer, Mirjam/Zimmer-mann, Peter (1997): Die Bindungstheorie: Modell, entwicklungspsychologische Forschung und Ergebnisse. In: Keller, Heidi (Hrsg.): Handbuch der Kleinkindforschung. Göttingen, S. 51-95

Harter, Susan (1989): The construction of the self: A developmental perspective. New York

Hodgens, J. Bart/Cole, Joyce/Boldizar, Janet (2000): Peer-based differences among boys with ADHD. In: Journal of Clinical Child Psychology, 28, S. 443-452

Hyde, Janet S. (1984): How large are gender-differences in aggression? A developmental meta-analysis. In: Developmental Psychology, 20, S. 722-736

Keller, Monika (1996): Moralische Sensibilität: Entwicklung in Freundschaft und Familie. Weinheim

Krappmann, Lothar (1993a): Entwicklungsfördernde Aspekte in den Freundschaften von Kindern und Jugendlichen. In: Gruppendynamik, 24, S. 119-129

Krappmann, Lothar (1993b): Die Entwicklung vielfältiger sozialer Beziehungen unter Kindern. In: Auhagen, Ann E./Salisch, Maria von (Hrsg.): Zwischenmenschliche Beziehungen. Göttingen, S. 37-58

Laursen, Brett/Hartup, Willard W./Koplas, Ann L. (1996): Towards understanding peer conflict. In: Merrill-Palmer Quarterly, 42, S. 76-102

Mayer, John D./Salovey, Peter (1997): What is emotional intelligence? In: Salovey, Peter/Sluyter, David (Hrsg): Emotional development and emotional intelligence. Educational implications. New York, S. 3-31

Montada, Leo (1993): Moralische Gefühle. In: Edelstein, Wolfgang/Nunner-Winkler, Gertrud/Noam Gil (Hrsg.): Moral und Person. Frankfurt, S. 259-277

Nolen-Hoeksema, Susan/Girgus, Joan S./Seligman, Martin E. P. (1992): Pre-dictors and consequences of childhood depressive symptoms. A five year longitudinal

study. In: Journal of Abnormal Psychology, 101, S. 405-422
Rose, Amanda J. (2002): Co-rumination in the friendships of girls and boys. In: Child Development, 73, S. 1830-1843
Rose, Amanda J./Asher, Steven R. (1999): Children's goals and strategies in response to conflicts within a friendship. In: Developmental Psychology, 35, S. 69-79
Rubin, Kenneth/Bukowski, William M./Parker, Jeffrey G. (1998): Peer interactions, relationships, and groups. In: Damon, William (Reihen-Hrsg.)/Eisenberg, Nancy (Band-Hrsg.): Handbook of child psychology: Vol 3. Social, emotional, and personality development, 5. Aufl., New York, S. 619-700
Saarni, Carolyn (1999): The development of emotional competence. New York
Salisch, Maria von (2000): Wenn Kinder sich ärgern... Emotionsregulierung in der Entwicklung. Göttingen
Salisch, Maria von (2002) (Hrsg): Emotionale Kompetenz entwickeln. Grundlagen in Kindheit und Jugend. Stuttgart
Salisch, Maria von (2005): Streit unter Freunden. Was tun Schulkinder, wenn sie sich über andere ärgern? In: Alt, Christian (Hrsg.): Kinderleben – Aufwachsen zwischen Familie, Freunden und Institutionen. Band 2. Opladen
Salisch, Maria von (2007): On the way to constructive anger regulation: Longitudinal development in preadolescents' friendships. Posterbeitrag zur Konferenz der Society for Research in Child Development, Boston
Salisch, Maria von/Herzog, M. (2007): Parenting, Peer, and Personality Influences on the Development of Anger Regulation in Children's Friendships: Evidence from the German National Children's Panel. Ms. unter Begutachtung
Salisch, Maria von/Pfeiffer, Iris (1998): Ärgerregulierung in den Freundschaften von Schulkindern – Entwicklung eines Fragebogens. In: Diagnostica, 44, S. 41-53
Salisch, Maria von/Seiffge-Krenke, Inge (2007): Entwicklung von Freundschaften und romantischen Beziehungen. In: Silbereisen, Rainer K./Hasselhorn, Marcus (Hrsg.): Psychologie des Jugendalters. Band 5 der Serie Entwicklungspsychologie in der Enzyklopädie der Psychologie. Göttingen
Salisch, Maria von/Vogelgesang, Jens (2005): Anger regulation among friends: Assessment and development from childhood to adolescence. In: Journal of Social and Personal Relationships, 37, S. 317-330
Salisch, Maria von/Vogelgesang, Jens (2007): Anger regulation in friendship and self-evaluation of acceptance among friends (and peers): A longitudinal study on the direction of effects. Ms. unter Begutachtung
Schneewind, Klaus A./Beckmann, Michael/Engfer, Anette (1983): Eltern und Kinder. Stuttgart
Selman, Robert L. (1984): Die Entwicklung des sozialen Verstehens. Frankfurt a. M.
Tangney, June P./Hill-Barlow, Deborah/Wagner, Patricia E./Marschall, Donnah E./Borenstein, Julie K./Sanftner, Jennifer/Mohr, Tim/Gramzow, Richard (1996): Assessing individual differences in constructive versus destructive responses to anger across the lifespan. In: Journal of Personality and Social Psychology, 70, S. 780-796

Youniss, James (1982): Die Entwicklung und Funktion von Freundschaftsbeziehungen. In: Edelstein, Wolfgang/Keller, Monika (Hrsg.): Perspektivität und Interpretation. Frankfurt a. M., S. 78-109
Youniss, James/Smollar, Jacqueline (1985): Adolescent relations with mothers, fathers and friends. Chicago

*Violetta Jung/Klaus Wahl*
# Kindliche Aggressivität im Zeitverlauf
Ausmaß und Ursachen

1. Zum Stand der Forschung ................................................. 100
2. Forschungsmethoden ...................................................... 103
3. Ergebnisse ................................................................ 105
   - 3.1 Verbreitung und Entwicklung kindlicher Aggressivität ............... 105
   - 3.2 Kindliche Persönlichkeit und Aggressivität ........................ 108
   - 3.3 Persönlichkeit der Eltern und kindliche Aggressivität ............. 112
   - 3.4 Elterlicher Erziehungsstil, Familienklima und kindliche Aggressivität ............................................................ 113
   - 3.5 Weitere soziale Umwelt und kindliche Aggressivität ................ 118
4. Welche Ebenen von Faktoren dürften kindliche Aggressivität fördern? ............................................................... 119

Literatur ..................................................................... 121

## 1. Zum Stand der Forschung

Immer wieder berichten die Medien von spektakulären Fällen kindlicher Aggressivität, von Gewalt an Schulen und auf Straßen. Gibt es Anzeichen dafür, dass die Aggressivität von Kindern in den letzten Jahren zugenommen hat? Und welche Faktoren können für solche Neigungen zu Gewalttätigkeit verantwortlich gemacht werden?

Nach internationalen und nationalen Studien kommen „aggressive Störungen", variierend nach Alter und Geschlecht, bei 2% bis 7% der Kinder vor (Kuschel 2001, S. 40f; Kuschel u. a. 2000, S. 21). Nach der neuen Kinder- und Jugendgesundheitsstudie (KiGGS) waren ca. 20% der Jungen und 10% der Mädchen (11- bis 17-Jährige) in den letzten 12 Monaten gewalttätig (Schlack/Hölling 2007). Die Aggressivität von Kindern kann, wenn Gegeneinflüsse fehlen, von der Kindheit bis in die Jugend und das Erwachsenenalter reichen. Das legen Längsschnittstudien und biographische Untersuchungen nahe (vgl. etwa Loeber/Hay 1997; Tremblay 2000; Manecke u. a. 2000; Wahl 2003). Aggressivität in der Kindheit ist auch ein häufiger Prognosefaktor für Probleme im weiteren Leben: Kinder mit geringer Selbstkontrolle haben später mehr Anpassungsprobleme, häufiger Konflikte in der Schule, sie sind häufiger und länger arbeitslos und trinken mehr Alkohol (Kokko/Pulkkinen 2000).

Es sind indes nicht nur aggressive Kinder, die einen Entwicklungspfad zu immer auffälligerer Gewalttätigkeit einschlagen. Auch Kinder mit anderen Emotions- und Verhaltensbesonderheiten können erhöhte Aggressivität entwickeln. So wurde ermittelt, dass Gewalttäter in ihrer Kindheit nicht nur ziemlich durchgängig aggressiv, sondern auch häufiger ängstlich, motorisch unruhig oder traurig waren als später friedliche Menschen (Wahl 2003). In der Summe wird das Vorkommen von solchen psychischen Auffälligkeiten (Prävalenz) wie Aggressivität, Ängstlichkeit, Hyperkinetik, Depression u. ä. – je nach dem psychologischen bis psychiatrischen Schweregrad – von der internationalen Forschung mit 15% bis 20% der Kinder angesetzt (Cox 1995, S. 24; Kuschel u. a. 2000, S. 20; Hölling u. a. 2007). Ist man an der Entwicklung von Aggressionsneigungen bei Kindern interessiert, sollten auch diese emotionalen und motorischen Aspekte betrachtet werden.

Jedes Kind hat eine unterschiedliche Neigung zu Aggression. Nur wenige sind dauernd aggressiv gestimmt und könnten gegen jeden, der ihnen begegnet, gewalttätig werden. Zwar zeigen schon Kleinkinder im ersten Lebensjahr oft aggressionsaffine Emotionen wie Ärger, Wut oder protoaggressive Verhaltensweisen wie Wegwerfen oder Schlagen. Das wird jedoch meist noch nicht als Aggression gedeutet. Dies ist erst der Fall, wenn es um *eindeutig gegen andere gerichtete schädigende Aktionen* geht (so eine verbreitete Definition von Aggression) – z. B. ohne eine zuvor erlittene Provokation heftig gegen ein anderes Kind treten. Das ist gewöhnlich erst im zweiten Lebensjahr zu beobachten. Im dritten Lebensjahr tritt dann bereits ein ganzes Spektrum von Aggressionsformen auf, z. B. andere umwerfen oder treten, so dass im Kindergartenalter schon viele eindeutig als aggressiv intendierte Verhaltensweisen ausgemacht werden können (Selg/Mees/Berg 1988, S. 50ff). Vom Beginn des Schulalters bis ins Jugendalter ist meist ein leichter Rückgang der Aggressivität der Kinder zu beobachten – bis auf jene Gruppen, die ein gleich hohes Aggressionsniveau oder ein Niveau besonderer Friedlichkeit beibehalten (Tremblay 2000).

Die verschiedenen Aggressionsformen lassen sich u. a. einteilen in (a) offensives, geplantes instrumentell-aggressives Verhalten aus Dominanzgefühl heraus und (b) reaktiv-defensives, impulsiv-aggressives Verhalten aus Emotionen wie Furcht heraus (Schmeck/Poustka 2000, S. 4). Kinder und Jugendliche, die den Aggressionstyp (a) zeigen, werden später z. B. eher zu Anführern gewalttätiger Jugendgruppen. Kinder des Typs (b) werden eher die Mitläufer in solchen Gruppen: sie schlagen weniger als erste zu, wohl aber dann, wenn ihr Gruppenführer dies tut (Wahl 2003).

Als Ursachen für das individuelle Aggressionsniveau von Kindern werden Faktoren auf ganz unterschiedlichen Ebenen diskutiert und untersucht:

*(a) Elterliche Gene und andere biologische Einflüsse:* Untersuchungen an getrennt und zusammen aufgewachsenen eineiigen Zwillingen sowie an Adoptivkindern im Vergleich zu leiblichen Kindern zeigten, dass von den Eltern *vererbte Dispositionen* und *Persönlichkeitsmerkmale* maßgeblich für die Aggressionsneigung von Kindern sein können (vgl. etwa die niederländischen Studien von Van den Oord/Boomsma/Verlust 1994; Van den Oord/Boomsma/Verlust 2000). Solche biologischen Einflüsse äußern sich u. a. in unterschiedlichen Pegeln von Hormonen und Neurotransmittern, die Aggressivität bzw. deren Hemmung beeinflussen, wie Testosteron, Serotonin, NO und Cortisol (Coie/Dodge 1998; McBurnett u. a. 2000; Dölling/Hermann 2001, S. 172; Medina 2002, S. 239ff).

*(b) Schwangerschaftseinflüsse*, etwa das Rauchen einer werdenden Mutter, erhöhen das Risiko, ein überdurchschnittlich aggressives Kind zu bekommen (Varisco 2000; Thomas 2001; Tremblay 2003).

*(c) Die emotionale Qualität der Eltern-Kind-Beziehung* und *Bindung* sowie das *emotionale Familienklima* (Streit, Schweigen, gemeinsames Tun etc.) können sich nach verschiedenen Studien je nach den emotionalen Färbungen dieser Beziehung in unterschiedlichen Aggressionsniveaus der Kinder niederschlagen (Marcus/Kramer 2001; Essau/Conradt 2004, S. 125f; Wahl 2003, S. 132f).

*(d) Sozialisationserfahrungen* eines Kindes entstehen in *Wechselwirkung zwischen der genetischen Ausstattung und Reaktionen der sozialen Umwelt.* Auf ein von seinem angeborenen Temperament her „schwieriges" (z. B. hyperkinetisches) Kind reagieren Eltern oft gereizt-aggressiv und rufen dadurch aggressive Anschlussreaktionen des Kindes hervor. So kann sich ein Teufelskreis einspielen, der das Kind noch „schwieriger" macht. Es wurde auch festgestellt, dass sich Gene ihre eigene Umwelt „suchen", wenn beispielsweise ein von seiner genetischen Anlage risikobereites und aggressives Kind auch risikobereitere und aggressive *Peergroups* aufsucht, in denen seine riskanten Neigungen weiter gefördert werden. Auch in diesem Fall beeinflusst die genetische Ausstattung die Art der Sozialisation (vgl. Rutter 1997; Scarr 1992; Renninger 1999; Renninger/Wahl 2000). Ähnliche Zusammenhänge zeigen sich bei der geschlechtsspezifisch unterschiedlichen Tendenz zu physischer Aggression: Auf das *biologische* Geschlecht eines Kindes (und schon bei diesem nehmen Evolutionsbiologen erhöhte männliche Aggressivität an, vgl. etwa Daly/Wilson 1988, S. 137ff) reagiert die Gesellschaft damit, ein *soziales* Geschlecht zu formen, bei dem Mädchen zu weniger gewalttätigen Umgangsweisen angehalten werden als Jungen (vgl. Selg/Mees/Berg 1988, S. 118f).

Zur Sozialisation gehört vor allem auch der *Erziehungsstil der Eltern.* Ein strafendes, überkontrollierendes, aber auch unterkontrollierendes und inkonsistentes elterliches Verhalten begünstigt eine erhöhte Aggressivität der Kinder (Petermann/Scheithauer 1998, S. 282). Vermutet wird, dass Eltern heute mangels natürlicher Vorbilder und eines pluralistischen Ratgebermarktes in Erziehungssachen verunsichert sind. Die hohen Einschaltquoten von Fernsehsendungen wie „Super Nanny" sind nach ersten Untersuchungen nicht voyeurhaftem Interesse, sondern einem tatsächlichen Beratungsbedarf von Müttern und Vätern in Erziehungsfragen geschuldet (Wahl/Hees 2006; Grimm 2006).

*e) Einflüsse sozialer, kultureller und ökonomischer Faktoren der weiteren Umwelt* auf Eltern und die Entwicklung ihrer Kinder werden seit langer Zeit von der Sozialisationsforschung untersucht: Auswirkungen der sozialen

Schicht oder des Milieus, von Region, Religion oder Armut, die die Anregungsstrukturen von Familien und die Art ihrer Erziehung prägen (vgl. etwa Walper 1999, S. 309ff; Heitmeyer u. a. 1995). Auch der elektronischen Elternkonkurrenz in Gestalt der Sozialisationseinflüsse der Medien (Gewaltvideos, Killerspiele usw.) gilt viel Aufmerksamkeit. Neuerdings spielen in der politischen Diskussion um die Ausweitung von Krippenerziehung auch ausländische Studien über einen möglichen Zusammenhang von Krippenbesuch und Aggressivität der Kinder eine Rolle (Belsky u. a. 2007).

Mit den Daten des DJI-Kinderpanels können auf Basis der vorliegenden Daten dazu einige Fragen beantwortet werden:

- annäherungsweise zur *Verbreitung* aggressiver Verhaltensweisen von Kindern in Deutschland,
- zum Zusammenhang dieser Aggressivität mit *möglichen Ursachen* wie emotionalen Persönlichkeitsaspekten der Kinder und ihrer Eltern, mit der emotionalen Eltern-Kind-Beziehung, mit dem elterlichen Erziehungsstil und mit sozioökonomischen Faktoren im Umfeld der Familien.

## 2. Forschungsmethoden

Die folgenden Berechnungen wurden anhand der Daten der 3. Welle des DJI-Kinderpanels durchgeführt. In die Auswertungen gingen dabei die Antworten von 591 Kindern (288 Jungen, 303 Mädchen) der älteren Alterskohorte (11 bis 13 Jahre) und 640 Kindern (323 Jungen, 317 Mädchen) der jüngeren Kohorte (8 bis 9 Jahre) ein. Zusätzlich wurden deren Mütter (N=1235) und Väter (N=730) befragt.

Wie bereits zum Zeitpunkt der ersten beiden Erhebungen wurden die Variablen zur *emotionalen Persönlichkeit der Kinder* anhand einer Skala von 30 Items erhoben. Diese Items stammten aus unterschiedlichen Quellen, vor allem der *Child Behavior Checklist – CBCL* (Achenbach/Edelbrock 1981ff), der *Temperamentskalen* von Windle/Lerner (1986) bzw. deren Kurzversion (Schwarz/Rinker 1998) sowie der *Leipziger Längsschnittstudie* (Zentralinstitut für Jugendforschung seit 1986).

Wie bei den Berechnungen der ersten beiden Wellen wurde aus dieser Skala ein Index für die *Aggressivität der Kinder* extrahiert, indem Fragen zu körperlicher Aggressivität (gerne raufen, Spaß am Ärgern anderer, oft Streit anfangen) zusammengefasst wurden ($\alpha$=.50 bis .71).

Eine Faktorenanalyse zu den mit dieser Skala erhobenen *Persönlichkeitsmerkmalen der Kinder* ergab dieselben Dimensionen wie in den beiden vorangegangenen Wellen:[1]
- *Externalisierung/Impulsivität (ohne reine Aggressivität)*[2]*:* 4 Items, z. B. oft wütend sein, anderen auf die Nerven fallen ($\alpha$=.61).
- *Motorische Unruhe:* 3 Items, z. B.: Zappeligkeit, nicht still sitzen können ($\alpha$=.60).
- *Internalisierung:* 6 Items, z. B.: Traurigkeit, Unsicherheit, Schüchternheit ($\alpha$=.70).
- *Soziale und kognitive Aufgeschlossenheit:* 5 Items, z. B.: Offenheit für neue Kinder, Empathie, Kreativität ($\alpha$=.55).
- *Positives Selbstbild:* 5 Items, z. B.: Stolz auf eigene Leistung, sich okay finden, gerne lachen ($\alpha$=.56).

Zur Erhebung der *emotionalen Persönlichkeit der Eltern* wurde den Müttern und Vätern eine gegenüber der Kinderskala verkürzte Skala vorgelegt, die aber für einige Dimensionen Eltern-Kind-Vergleiche zulässt. Dabei mussten die Eltern 11 Items auf einer vierstufigen Antwortskala beantworten. Diese Fragen wurden wiederum einer Faktorenanalyse unterzogen, die drei Indizes ergab:
- *Impulsivität, Externalisierung:* 2 Items (handle oft, ohne nachzudenken; bin oft wütend auf andere – Muttersicht: r=.34**, Vatersicht: r= .35**)
- *Internalisierung*: 4 Items (z. B.: traurig, ängstlich, unsicher sein – $\alpha$=.73 bzw. .74)
- *Positives Selbstbild:* 5 Items (z. B.: meist gut gelaunt, stolz auf das Geschaffene – $\alpha$=.63 bzw. .65)

Seit der 2. Welle des DJI-Kinderpanels wurde auch das *Erziehungsverhalten der Eltern* untersucht. So erteilten die Eltern Auskunft darüber, inwieweit sie in ihrer Erziehung eine *strenge oder milde Kontrolle* ausüben, und in der *Kommunikation mit ihren Kindern* auf deren Bedürfnisse und Wünsche eingehen (Skala nach Schwarz u. a. 1997). Aus diesen zwei Frageblöcken wurden folgende beide Indizes gebildet:

---

[1] In Klammern der Reliabilitätskoeffizient *Cronbachs Alpha ($\alpha$)* für die Kinder, Mütter und Väter. Je näher dem Wert 1, desto stärker ist die Konsistenz der Items des Koeffizienten. Bei nur zwei Items wird der Korrelationskoeffizient r genannt.
[2] Um bei Zusammenhangsanalysen zu vermeiden, dass anzunehmende hohe Korrelationen zwischen der Persönlichkeitseigenschaft Externalisierung und Aggressivität nur aufgrund teilweise gleicher Items zustande kommen, wurden bei solchen Analysen diese drei Items aus dem Index für Externalisierung herausgerechnet.

- *Strenge Kontrolle:* 5 Items, z. B.: finde, Kind sollte sich Erwachsenen nicht widersetzen; Strafe, wenn Kind etwas gegen meinen Willen tut ($\alpha$=.68 bzw. .74).
- *Kindzentrierte Kommunikation*: 6 Items, z. B.: spreche mit meinem Kind über das, was es erlebt hat; frage Kind nach seiner Meinung bei Sachen, die es betreffen ($\alpha$=.72 bzw. .77).

Das *emotionale Familienklima* wurde im Kinderpanel durch eine Skala erfasst (aus Kinder- und Elternsicht), in die Fragen dazu eingingen, ob es oft Reibereien in der Familie gibt, ob man in der Familie über alles sprechen kann, ob jeder dort seine eigene Wege geht usw. Daraus wurde ein Index für das Familienklima gebildet ($\alpha$=.70).

## 3. Ergebnisse

### 3.1 Verbreitung und Entwicklung kindlicher Aggressivität

Die Aggressivität bei den 11- bis 13-jährigen Kindern (ältere Kohorte des DJI-Kinderpanels) zum Zeitpunkt der 3. Erhebung verteilt sich nach den Angaben der Kinder selbst wie folgt[3]: Knapp ein Fünftel (18%, N=106) der befragten Kinder dieser Altersgruppe wendet körperliche Gewalt im Sinne von „gerne raufen" an. 15% (N=91) haben Spaß daran, andere zu ärgern. 7% (N=32) dieser Kinder fangen häufig oder fast immer einen Streit an. Abbildung 1 zeigt die Verteilung der Einzelitems für die 11- bis 13-Jährigen, getrennt nach Geschlecht.

---

[3] Bei diesen Prozentangaben, wie nachfolgend im Text, sind die beiden Antwortkategorien „Trifft voll und ganz zu" und „Trifft eher zu" der vierstufigen Skala zusammengefasst.

Abb. 1: Verteilung der aggressiven Verhaltensweisen der 11- bis 13-Jährigen aus Kindersicht nach Geschlecht (in %)

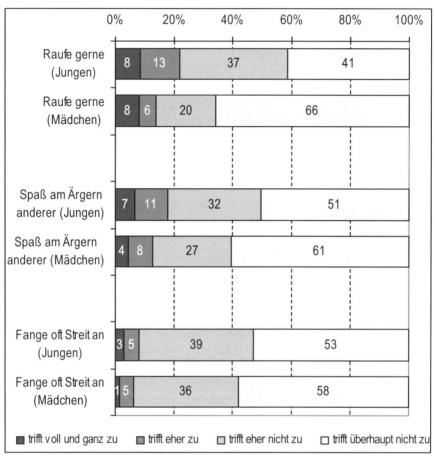

Anzahl der Fälle: N=580-583
Quelle: DJI, 3. Welle Kinderpanel, eigene Berechnungen

Nachdem diese drei Items zu einem Index für Aggressivität zusammengefasst wurden, können 5,5% der Kinder der älteren Kohorte nach ihren eigenen Angaben klar als aggressiv eingestuft werden. Etwa jedes 18. Kind in diesem Alter schätzt sich selbst somit als sehr aggressiv ein. Den Erwartungen entsprechend neigen Jungen (wie auch schon in den vorangegangenen Wellen) signifikant häufiger zu aggressivem Verhalten als Mädchen ($M_{Jungen}$= 1.47; $M_{Mädchen}$=.1.32; p=.000).

# Kindliche Aggressivität im Zeitverlauf

Über die drei Befragungswellen hinweg nimmt aus Sicht der Mütter die kindliche Aggressivität mit zunehmendem Alter leicht ab (vgl. Abbildung 2). Die Werte fallen indes aus Sicht der Kinder und der Eltern unterschiedlich aus. Die Gruppe der sich selbst als aggressiv einschätzenden Jungen hat sich seit der 1. Welle stark vermindert, aber seit der 2. Welle kaum verändert (zuletzt von 6,6% auf 7,0%). Bei den sich selbst als aggressiv kategorisierenden Mädchen gab es einen schwachen Rückgang von der 1. zur 2. Welle, danach eine kleine Zunahme von 3,6% auf 4,1%. Vielleicht nehmen die Mütter eher einen weiteren Rückgang der Aggressionen ihrer Kinder an, weil sie einfach mit zunehmendem Kindesalter nicht mehr alles sehen, was die Kinder in der Schule oder auf der Straße tun. Oder sie haben sich etwas an die Aggressivität der Kinder gewöhnt während diese sich nun selbstkritischer wahrnehmen.

Abb. 2: Entwicklung der Aggressivität aus Kinder- und Muttersicht nach Geschlecht der Kinder (in %)

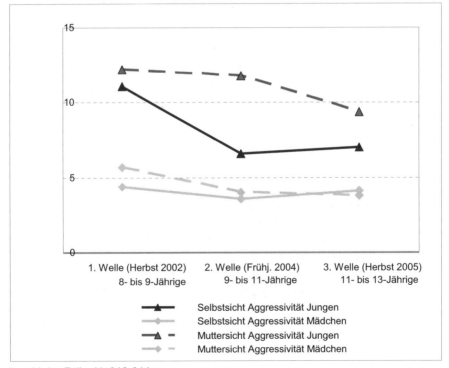

Anzahl der Fälle: N=612-614
Quelle: DJI, 3. Welle Kinderpanel, eigene Berechnungen

Ähnlich verhält es sich in Bezug auf die Verbreitung der Aggressivität der 8- bis 9-jährigen Kinder (jüngere Kohorte des DJI-Kinderpanels), die beim 3. Erhebungszeitpunkt erstmals selbst zu ihrer Einschätzung befragt wurden. Ein Viertel (24%) der Kinder rauft gerne mit anderen Kindern. 18% haben Spaß daran, andere zu ärgern. 9% geben an, häufig oder fast immer Streit anzufangen. Wie bei den 11- bis 13-Jährigen neigen auch bei den jüngeren Kindern (8- bis 9-Jährige) Jungen eher zu Gewalt als Mädchen ($M_{Jungen}$=. 1.54; $M_{Mädchen}$=.1.32; p=.000).

Befragt man die Eltern zur Aggressivität ihrer Kinder, weichen die Einschätzungen der Mütter und Väter etwas voneinander ab. Während die Mütter bei ihren älteren Kindern insgesamt etwas mehr aggressives Verhalten wahrnehmen, schätzen die Väter es geringer ein: So sehen 6,5% der Mütter, aber nur 4,3% der Väter ihre Kinder als aggressiv an. Wie bei den Kindern lässt sich auch aus Sicht der Mütter und Väter ein signifikanter Unterschied zwischen Jungen und Mädchen erkennen: auch die Eltern nehmen bei ihren Söhnen mehr aggressives Verhalten wahr als bei ihren Töchtern.

Korrelationsanalysen zeigen, dass die Urteile der Mütter und Väter bezüglich der Aggressivität ihrer Kinder ähnlich sind (r=.48**). Vergleicht man die Sichtweise der Eltern mit der Selbstsicht der Kinder so stellt man fest, dass Mütter und Kinder sich in ihrer Einschätzung ähneln (r=.40**). Die Sichtweisen der Väter und ihrer Kinder hinsichtlich der kindlichen Aggressivität gehen zwar in dieselbe Richtung, aber weniger stark (r=.26**). Möglicherweise rührt das daher, dass die Väter die Kinder einfach seltener direkt beobachten können.

### 3.2 Kindliche Persönlichkeit und Aggressivität

Einige der Korrelate und potentiellen psychischen Vorläufer von Aggressionsneigungen sollen nun genauer unter die Lupe genommen werden. Analysen der fünf Indizes der Persönlichkeit der 11 bis 13-jährigen Kinder ergaben Folgendes (vgl. Abbildung 3):

Als *stark externalisierend* stufen sich 14% der 11- bis 13-jährigen Kinder ein (die rein aggressiven Aspekte sind dabei hier nicht einbezogen, um später Zusammenhänge zwischen Aggression und sonstigen Externalisierungstendenzen analysieren zu können). In bestimmten Details kommt die externalisierende Neigung noch stärker zum Ausdruck, etwa darin, dass 45% der Kinder anderen gerne auf die Nerven fallen oder 16% der Kinder angeben, oft wütend auf andere zu sein.

Kindliche Aggressivität im Zeitverlauf 109

Abb. 3: Verteilung der Persönlichkeitsmerkmale der 11- bis 13-Jährigen aus Kindersicht nach Geschlecht (in %)

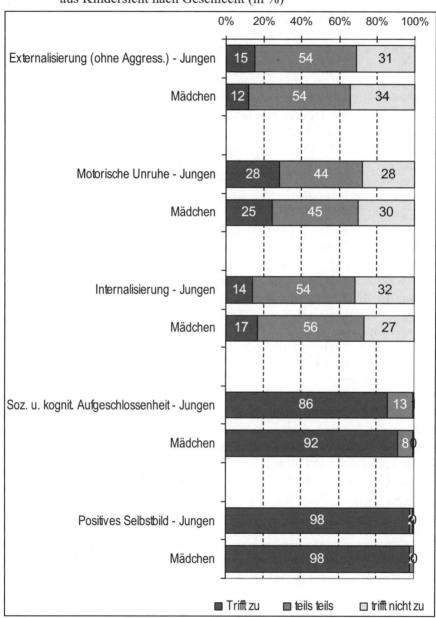

Anzahl der Fälle: N= 613-614;
Quelle: DJI, 3. Welle Kinderpanel, eigene Berechnungen

*Erhebliche Impulsivität und motorische Unruhe* (bis hin zur *Hyperkinetik*, einem möglichen Vorläufer für Aggressivität) sehen 26% der Kinder bei sich selbst. In einigen Details gibt es noch höhere Anzeichen für solche Neigungen. So geben 47% der Kinder an, zappelig zu sein, 44% haben Schwierigkeiten damit, still zu sitzen und fast ein Drittel (31%) handelt oft, ohne nachzudenken.

Doch auch andere Grundemotionen können Ausgangslage einer Entwicklung von Aggressivität sein, wie z. B. Tendenzen zu *starker Internalisierung*, die immerhin 16% der älteren Kinder bei sich sehen. Im Einzelnen gibt sogar mehr als die Hälfte der älteren Kinder an, häufig ängstlich (59%) und traurig (56%) zu sein. 26% fühlen sich manchmal alleine. Mehr als ein Viertel der Kinder (27%) schätzen sich als schüchtern ein, 42% als unsicher. 16% empfinden ab und zu Angst vor fremden Kindern. Abbildung 4 verdeutlicht die Entwicklung der kindlichen Persönlichkeit über die drei Wellen des Kinderpanels.

Wie auch zu den Zeitpunkten der 1. und 2. Erhebung haben fast alle (98%) Kinder der älteren Kohorte ein *positives Selbstbild* und betrachten sich als *sozial und kognitiv aufgeschlossen* (89%). Positive und negative Anteile der Sicht auf sich selbst schließen sich eben nicht aus. Über die drei Wellen hinweg ist die Internalisierung am stärksten zurückgegangen, etwas kleiner sind auch die Werte für motorische Unruhe, die Externalisierung blieb einigermaßen gleich. Auf sehr hohem Niveau verblieb das positive Selbstbild und den stärksten Zuwachs hatte die soziale und kognitive Aufgeschlossenheit. Insgesamt könnte das eine zunehmende Reife der Kinder in dieser Altersspanne andeuten.

Aber auch, wenn sich die Kinder insgesamt recht positiv sehen, gilt es, jene Kinder besonders zu beachten, die bestimmte Risiken aufzeigen, später aggressiv zu werden oder zu anderen problematischen Verhaltensweisen zu neigen. Das gilt nicht nur für die bereits als Kinder überdurchschnittlich Aggressiven und jene mit allgemeinen Tendenzen zur Externalisierung und motorischer Unruhe, sondern auch für jene Kinder, die stark zur Internalisierung neigen.

Die Selbstbeschreibung der jüngeren Kohorte (8- bis 9-Jährige) hinsichtlich der eigenen Persönlichkeit fällt ähnlich aus wie bei der älteren: starke Externalisierung (14%), erhebliche motorische Unruhe (31%), starke Internalisierung (32%), ein positives Selbstbild (98%) und hohe soziale und kognitive Aufgeschlossenheit (81%).

Abb. 4: Entwicklung der kindlichen Persönlichkeit aus Kindersicht (in %)

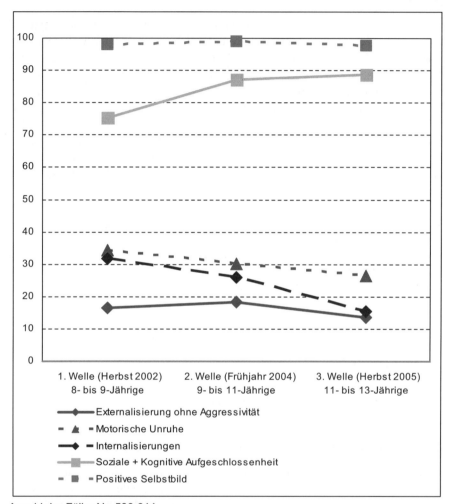

Anzahl der Fälle: N= 586-614
Quelle: DJI, 3. Welle Kinderpanel, eigene Berechnungen

In der älteren Kohorte der 11- bis 13-Jährigen schätzen sich Jungen im Vergleich zu Mädchen als etwas externalisierender und motorisch unruhiger ein und betrachten sich als etwas weniger internalisierend. Mädchen halten sich hingegen als sozial und kognitiv für etwas aufgeschlossener. Im positiveren Selbstbild gleichen sich beide Geschlechter. Dies ist bemerkenswert, weil entsprechende Studien zumindest bei Erwachsenen bislang zeigten, dass Frauen im Durchschnitt ein negativeres Bild von sich selbst hatten als Männer (vgl. Wahl 1989; S. 200f). Deutet sich hier ein Wandel im Selbstbild der Mädchen an? Korrelationsanalysen der fünf Persönlichkeitsmerkmale mit der Aggressivität der Kinder zeigen, dass all diese potentiellen Vorläufervariablen signifikant mit der kindlichen Aggressivität zusammenhängen (vgl. Tabelle 1): Je mehr Externalisierungstendenzen, motorische Unruhe, aber auch Internalisierung die Kinder zeigen, desto mehr neigen sie zu aggressiven Verhaltensweisen. Ein erhöhtes Niveau von Aggressivität geht auch mit einem negativen Selbstbild und geringerer sozialer und kognitiver Aufgeschlossenheit einher. Das passt zu den anfangs erwähnten Forschungsbefunden, wonach ganz *unterschiedliche* emotionale Grundtendenzen und Verhaltensmuster am Anfang von Entwicklungspfaden zu instrumentell-offensiver und reaktiv-defensiv-impulsiver Aggressivität stehen können.

Tab. 1: Korrelationen zwischen Persönlichkeitsmerkmalen und Aggressivität der 11- bis 13-Jährigen

| Persönlichkeitsmerkmale | Aggressivität |
| --- | --- |
| Externalisierung (ohne Aggressivität) | .54** |
| Motorische Unruhe | .36** |
| Internalisierung | .19* |
| Aufgeschlossenheit | -.25** |
| Positives Selbstbild | -.12** |

Anzahl der Fälle: N=576-591
** Signifikanzniveau ≤ .01, * Signifikanzniveau ≤ .05
Quelle: DJI, 3. Welle Kinderpanel, eigene Berechnungen

### 3.3 Persönlichkeit der Eltern und kindliche Aggressivität

Kinder unterliegen dem unmittelbaren und mittelbaren Einfluss ihrer Eltern. Daher werden nun verschiedene Persönlichkeitsmerkmale und Verhaltensweisen der Eltern genauer betrachtet. Anschließend werden diese Merkmale der Eltern mit der Aggressivität der Kinder in Zusammenhang gebracht.

Wie die Analyse der emotionalen Persönlichkeit der Eltern zeigt, reagiert ein Achtel der Mütter (12%) und ein Zehntel der Väter (10%) häufiger impulsiv und wütend, zeigt also Tendenzen der Externalisierung. Zu Internalisierung neigen signifikant mehr Mütter (25%) als Väter (10%). Die meisten Mütter und viele Väter haben ein eher positives Bild von sich selbst (88% der Mütter und 76% der Väter). Mütter fühlen sich zwar hin und wieder allein und unsicher, manchmal traurig und ängstlich. Sie haben gleichwohl ein deutlich positiveres Selbstbild als Väter (p<.001) – überraschend angesichts früherer Untersuchungen, die bei Frauen ein weniger günstiges Selbstbild ermittelten.

Die emotionale Persönlichkeit der Eltern weist einige signifikante Zusammenhänge mit der kindlichen Aggressivität der 11- bis 13-jährigen Kinder auf. So gehen erhöhte Externalisierung, aber auch erhöhte Neigung zu Internalisierung bei beiden Elternteilen mit erhöhter Aggressivität bei den Kindern einher (Tabelle 2).

Tab. 2: Korrelationen zwischen Persönlichkeitsmerkmalen der Eltern und Aggressivität der 11- bis 13-Jährigen

| Persönlichkeit der Mutter | Kindliche Aggressivität (Muttersicht) | Persönlichkeit des Vaters | Kindliche Aggressivität (Vatersicht) |
|---|---|---|---|
| Externalisierung | .14** | Externalisierung | .18** |
| Internalisierung | .15** | Internalisierung | .17** |

Anzahl der Fälle: N= 618 Mütter; N=413 Väter ** Signifikanzniveau ≤ .01
Quelle: DJI, 3. Welle Kinderpanel, eigene Berechnungen

Die Frage bleibt, wie weit genetische Aspekte der Weitergabe des Temperaments von Müttern und Vätern an die Kinder eine Rolle spielen oder psychische Reaktionsbildungen der Kinder auf die Persönlichkeit und das Verhalten der Eltern (Nachahmung aggressiven Elternhandelns, Frustration über Eltern usw.). Zwillingsstudien legen nahe, dass insbesondere bei Aggressivität erhebliche genetische Anteile angenommen werden müssen. Auch eine eigene Zusatzstichprobe zum Kinderpanel (N=128 G*eschwisterpaare* einschließlich *ein- und zweieiiger Zwillinge*) brachte Ergebnisse, die mit dieser Theorie konform sind (Edlinger/Wahl 2007, S. 313f). Weitere biologisch vermittelte Wirkungen von Müttern auf die kindliche Aggressivität konnten mit den Daten des Kinderpanel belegt werden, z. B. ein Zusammenhang von Rauchen in der Schwangerschaft mit der Aggressivität der Kinder (a.a.O.).

### 3.4 Elterlicher Erziehungsstil, Familienklima und kindliche Aggressivität

Der elterliche *Erziehungsstil* wurde in zwei Dimensionen gemessen. Einmal, in wieweit die Eltern zu einer *strengen oder milden Kontrolle der Kinder* neigen. Ein Fünftel der Mütter (21%) und gut ein Viertel der Väter (28%) tendieren nach eigenen Angaben zu einem eher milden Erziehungsstil gegenüber den Kindern beider Alterskohorten. Dagegen befürwortet etwa jede zehnte Mutter (9,6%) und etwa jeder fünfzehnte Vater (6,4%) eine strenge Kontrolle in der Erziehung. Entgegen vielen Annahmen sind also die Mütter im Durchschnitt etwas strenger zu den Kindern (möglicherweise, weil sie länger mit ihnen zusammen sind und ihr Verhalten sehen). Etwa zwei Drittel der Eltern bewegen sich in ihrem Erziehungsstil zwischen den Gegensätzen von Strenge und Milde (vgl. Abbildung 5).

Abb. 5: Verteilung des elterlichen Erziehungsstils „strenge vs. milde Kontrolle" nach Geschlecht; beide Kinderkohorten zusammen (in %)

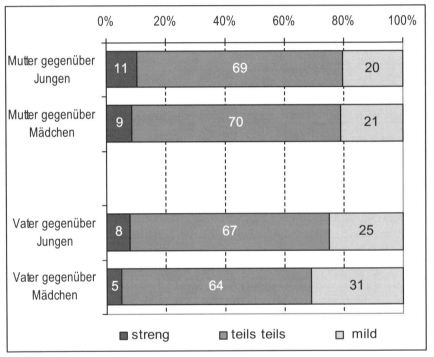

Anzahl der Fälle: N=1248 Mütter; N=714 Väter
Quelle: DJI, 3. Welle Kinderpanel, eigene Berechnungen

Wie in Abbildung 5 erkennbar, werden die Jungen in der Erziehung von beiden Elternteilen praktisch kaum strenger kontrolliert als Mädchen (mütterliche Kontrolle: $M_{Jungen}= 1.90$; $M_{Mädchen}=1.88$; n.s.; väterliche Kontrolle: $M_{Jungen}=1.83$; $M_{Mädchen}=1.74$; n.s.). Die Entwicklung des Erziehungsstils der „strengen Kontrolle" der Mütter und Väter gegenüber den Kindern von der 2. zur 3. Befragungswelle findet sich in Abbildung 6. Die Eltern werden insgesamt etwas milder gegenüber den Kindern, allerdings nimmt die Kontrolle der Mütter gegenüber den Mädchen am wenigsten ab.

Abb. 6: Entwicklung des elterlichen Erziehungsstils „strenge Kontrolle" gegenüber Kindern nach Geschlecht; beide Kinderkohorten zusammen (in %)

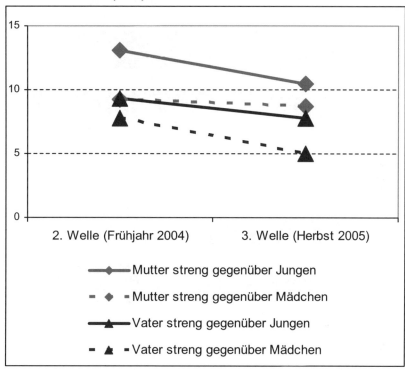

Anzahl der Fälle: N=1194-1248 Mütter; N=714-816 Väter
Quelle: DJI, 2. und 3. Welle Kinderpanel, eigene Berechnungen

Neben der Dimension der „strengen vs. milden Kontrolle" im elterlichen Erziehungsstil wurde auch ermittelt, wie oft die Eltern mit ihrem Kind *kindgerecht kommunizieren*, und ob die Bedürfnisse und Anliegen des Kindes im Zentrum der Eltern-Kind-Kommunikation stehen.

Es zeigte sich, dass der Großteil der Mütter und Väter sehr oft eine kindzentrierte Kommunikation in ihrer Erziehung anstreben. So geben 97% der Mütter und 92% der Väter an, häufig bzw. sehr oft mit ihrem 11- bis 13-jährigen Kind auf diese Weise zu kommunizieren (vgl. Abbildung 7).

Abb. 7: Verteilung des elterlichen Erziehungsstils „kindzentrierte Kommunikation" nach Geschlecht, beide Kinderkohorten zusammen (in %)

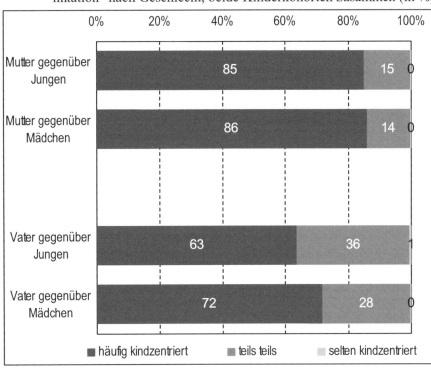

Anzahl der Fälle: N=1268 Mütter; N=711 Väter
Quelle: DJI, 3. Welle Kinderpanel, eigene Berechnungen

Mütter unterscheiden beim Ausmaß der kindzentrierten Kommunikation praktisch nicht nach dem Geschlecht des Kindes, wohl aber die Väter, die im Durchschnitt mehr auf die Bedürfnisse und Wünsche der Mädchen eingehen (Mütter: $M_{Jungen}=2.84$; $M_{Mädchen}=2.85$; n.s., Väter: $M_{Jungen}=2.63$; $M_{Mädchen}=2.71$; p=.000).

Aus Sicht der Eltern zeigt sich, dass vor allem strenge Kontrolle und eine geringe kindzentrierte Kommunikation in der Erziehung signifikant mit erhöhter Aggressivität beider Kohorten zusammenhängen (vgl. Tabelle 3).

Tab. 3: Korrelationen zwischen elterlichem Erziehungsstil (Kontrolle, kindzentrierte Kommunikation) und Aggressivität der 11- bis 13-Jährigen und 9- bis 11-Jährigen

| Erziehungsstil | Kindliche Aggressivität aus Sicht des betreffenden Elternteils | |
|---|---|---|
| | Ältere Kohorte | Jüngere Kohorte |
| Mutter: strenge Kontrolle | .18** | .19** |
| Vater: strenge Kontrolle | .19** | .19** |
| Mutter: kindzentrierte Kommunikation | -.28** | -.23** |
| Vater: kindzentrierte Kommunikation | -.18** | -.26** |

Anzahl der Fälle: N=605-660 Mütter; N=341-370 Väter
** Signifikanzniveau ≤ .001
Quelle: DJI, 3. Welle Kinderpanel, eigene Berechnungen

Hierfür sind unterschiedliche Zusammenhänge möglich. Ein rigider Erziehungsstil und ein geringes Eingehen auf das Kind können Ausdruck einer Persönlichkeitsstruktur der Eltern sein, zu der auch Externalisierung und Aggressivität gehören, die über die genetische Ausstattung an die Kinder vermittelt wird. Die kindliche Aggressivität könnte auch eine Reaktion auf einen besonders strengen Erziehungsstil der Eltern sein oder seine Nachahmung.

Weiter muss in Betracht gezogen werden, dass Einflüsse in die andere Richtung wirken: Keineswegs muss immer das elterliche Erziehungsverhalten der kindlichen Aggression vorausgehen. Es könnte auch sein, dass aggressive Verhaltensweisen der Kinder bei den Eltern bestimmte Reaktionsweisen im Umgang mit den Kindern provozieren.

Kinder erleben auch sehr intensiv das *emotionale Familienklima* in ihrem Elternhaus. Die große Mehrheit der Kinder (89%) empfand das häusliche Klima meist als gut. In bestimmten Teilbereichen gab es aber dunkle Flecken. So glaubten 20% aller Kinder, dass in ihrer Familie jeder seinen eigenen Weg gehe, 17% meldeten häufige Reibereien in der Familie. War diese von ihnen wahrgenommene Stimmung weniger positiv, so neigten sie auch erhöht zu Aggressivität (Korrelation c=.26**). Auch wenn die Mütter das Familienklima schlecht einschätzten, waren die Kinder öfter aggressiv (c=.20**). Natürlich können auch hier Wechselwirkungen vorliegen, so dass etwa ein aggressives Kind das Familienklima belastet und die Eltern darauf wiederum mit Reaktionen antworten, die die Stimmung im Hause noch weiter verschlechtert.

## 3.5 Weitere soziale Umwelt und kindliche Aggressivität

Weiter stellt sich die Frage, welchen Einfluss die sozioökonomische Lage und die soziale Umwelt der Familien sowie breitere gesellschaftliche Aspekte auf die Aggressivitätsausprägung der Kinder haben. Wir haben dazu eine Vielzahl von Faktoren geprüft, z. B. ob die Familien in einer Großstadt, Kleinstadt oder auf dem Lande wohnen, ob in wirtschaftlich prosperierenden oder zurückgebliebenen Regionen, wie es in armen und wohlhabenden Familien aussieht, ob es sich um Familien mit Migrationshintergrund handelt und vieles mehr. Das Ergebnis fällt grob gesagt so aus, dass viele dieser in *soziologischer* Hinsicht wichtigen Aspekte für die Entwicklung der kindlichen Aggressivität nur von sekundärem Gewicht sind. Am ehesten machen sich hier (in Bezug auf die ältere Kohorte der 11- bis 13-Jährigen) ein niedriges Familieneinkommen ($c=.20^{**}$) und ein damit verbundener niedriger Sozialstatus der Familie ($c=.16^{**}$) bemerkbar. Auch eine schlechte Bewertung der Wohnung und des unmittelbaren Wohnumfeldes ($c=.17^{**}$) und ein Migrationshintergrund der Familie ($CC=.15$) schlagen noch zu Buche. Dagegen weist etwa der Verstädterungsgrad (Urbanitätsindex) mit $c=.07$ keinen signifikanten Zusammenhang mit der Aggressivität der Kinder auf, ebenso wenig die soziale und wirtschaftliche Situation der Region ($c=.006$).

Da die Familien mit zunehmendem Alter der Kinder diese nicht mehr alleine erziehen, können auch weitere Sozialisationsagenturen als möglicherweise fördernde Faktoren für kindliche Aggressivität wichtig werden. Ein besonderes Augenmerk von Öffentlichkeit und Politik gilt dabei den *Medien, Computern und elektronischen Spielen.*

Die Mehrheit der 11- bis 13-jährigen nutzt Medien wie Fernsehen/Video (98%), Computer (89%) und Spielkonsolen (75%). Spielkonsolen werden signifikant häufiger von Jungen (86%) als von Mädchen (64%) dieser Altersgruppe genutzt ($p=.000$). Bei der Nutzung von PCs, Fernsehen und Videos zeigen sich kaum Geschlechterunterschiede. Mädchen schreiben etwas häufiger E-mails und chatten öfter als Jungen.

Die Prüfung der Korrelationen zwischen der Nutzung von Medien, Computern etc. (allerdings ohne die Nutzungsdauer, die in dieser Studie nicht erfragt wurden) und kindlicher Aggressivität ergab für die ältere Kohorte in der 3. Welle, dass es einen signifikanten Zusammenhang hinsichtlich der Computernutzung ($CC=.28^{**}$) gab: Kinder, die keinen PC und keine Lernprogramme nutzten, erwiesen sich als aggressiver, wobei allerdings ein ökonomischer Aspekt hereinspielt (in ärmeren Familien sind Kinder ohnehin aggressiver). Die Nutzung von Spielkonsolen, von Video und Fernsehen zeigte dagegen kaum eine Korrelation mit der kindlichen Aggressivität. Hier sind Untersuchungen mit einer Berücksichtigung von Nutzungsdauer und der sozialen Konstellation (z. B. Anwesenheit von Eltern und Freunden sowie deren Verhalten) bei der Nutzung sicher aussagekräftiger. In der aktuellen familien- und bildungspolitischen Diskussion geht es u. a. um die Auswirkungen des *Krippenbesuchs* von kleinen Kindern auf ihre Persönlichkeitsbildung. Schon vor längerer Zeit gab es eine Kontroverse über die Pfeiffersche (1999) These von der aggressionsfördernden Wirkung von DDR-Krippen. Diese Behauptung konnte anhand eigener Daten kritisiert werden (Manecke u. a. 2000). Die jüngste amerikanische Studie (Belsky u. a. 2007) ermittelte bei Schulkindern, die die Krippe besucht hatten, ein leicht erhöhtes Maß externalisierender Verhaltensweisen (einschließlich Aggressivität), gegenüber in Familien aufgewachsenen Kindern. Was sagen die Daten des DJI-Kinderpanels zu dieser Frage für Deutschland? Weder aus der Selbstsicht der Kinder noch aus Mütter- und Vätersicht gibt es einen signifikanten Zusammenhang zwischen dem einstigen Krippenbesuch und späterer Aggressivität der Kinder (CC=.104 bis .126). Dasselbe gilt für den Besuch eines Kindergartens.

## 4. Welche Ebenen von Faktoren dürften kindliche Aggressivität fördern?

Wie stellen sich nun die in diesem Beitrag analysierten Ebenen möglicher Einflussfaktoren auf die Entwicklung kindlicher Aggressivität im Vergleich dar? Tabelle 4 listet eine Reihe von möglichen Einflussfaktoren nach der Stärke der Korrelationen mit der kindlichen Aggressivität (aus Kindes- und Muttersicht) auf. Dabei wird deutlich, dass neben einigen Persönlichkeitsfaktoren von Kind und Eltern, dem elterlichen Erziehungsstil und einem schlechten Familienklima sowie dem Geschlecht des Kindes ein geringes Einkommen, ein niedriger sozialer Status, sowie ein hoher Belastungsgrad durch Wohnung und Wohnumfeld mit erhöhter Aggressivität der Kinder einher gehen. Faktoren des weiteren sozialen Umfeldes, wie hier beispielhaft Krippen- und Kindergartenbesuch, oder die soziale und wirtschaftliche Situation der gesamten Region, spielen dagegen nur eine sehr geringe oder gar keine Rolle.

Tab. 4: Korrelation zwischen unterschiedlichen Faktoren und Aggressivität der 11- bis 13-Jährigen (nach abnehmender Korrelationsstärke)

| Mögliche Einflussfaktoren | Korrelation mit Aggressivität des Kindes (Kindessicht) | Korrelation mit Aggressivität des Kindes (Muttersicht) |
|---|---|---|
| Externalisierung (ohne Aggression) beim Kind | .54** | .34** |
| Motorische Unruhe beim Kind | .36** | .29** |
| Schlechtes Familienklima | .34** | .24** |
| Wenig kindzentrierte Kommunikation der Mutter | .22** | .28** |
| Geringes Äquivalenzeinkommen | .20** | .20** |
| Internalisierung beim Kind | .19** | .13** |
| Geschlecht des Kindes (CC) | .18* | .19* |
| Schlechte/s Wohnung/Wohnumfeld | .17** | .15** |
| Niedriger Sozialer Status des Haushalts | .16** | .21** |
| Migrationshintergrund (CC) | .15 | .05 |
| Kindergartenbesuch | .12 | .10 |
| Internalisierung bei Mutter | .11** | .15** |
| Strenge Kontrolle durch Mutter | .11* | .18** |
| Krippenbesuch | .10 | .13 |
| Wenig kindzentrierte Kommunikation des Vaters | .09 | .18** |
| Internalisierung beim Vater | .08 | .16** |
| Externalisierung bei Mutter | .08 | .14** |
| Höherer Verstädterungsgrad | .07 | .04 |
| Strenge Kontrolle durch Vater | .06 | .13* |
| Externalisierung bei Vater | .05 | .12* |
| Ost/West (CC) | .02 | .05 |
| Schlechte soziale und wirtschaftliche Situation der Region | .006 | .04 |

Die Korrelationen der Tabelle sind richtungsbereinigt, d. h. alle positiv. Lesart: Je höher der Wert der Variable in der 1. Spalte, desto höher die Aggressivität. Bei den Nominalvariablen Geschlecht, Migrationshintergrund und Ost-/Westdeutschland gilt statt des numerischen Wertes der Unterschied (Junge/Mädchen; Migrationshintergrund ja/nein, Ost/West).
Pearsons Produkt-Moment-Korrelationen, außer bei nominalskalierten Variablen (dort Kontingenzkoeffizient CC). ** Signifikanzniveau ≤ .01; * Signifikanzniveau = .05
Quelle: DJI, 3. Welle Kinderpanel, eigene Berechnungen

Auch angesichts der Daten der 3. Welle des Kinderpanel zeigt sich somit wie zuvor in den früheren Wellen: Faktoren, in denen sich das weitere gesellschaftliche Umfeld bemerkbar macht (geringes Einkommen, niedriger sozialer Status, schlechte Wohnung und Wohnumgebung usw.) stehen in einem leichten Zusammenhang mit der Aggressivität von Kindern. Stärkere Zusammenhänge ergeben sich hinsichtlich des elterlichen Erziehungsstils (insbesondere mütterliche Kontrolle und Kommunikation), dem emotionalen Familienklima und dem Verhalten der Kinder. Die emotionalen Persönlichkeitsprofile der Eltern, und stärker noch der Kinder selbst, haben markante Zusammenhänge mit den Aggressionsneigungen der Kinder. Macht man einen Sprung von einer Korrelationsanalyse zu Wirkungsvermutungen (die dann mit anderen statistischen Analysen zu prüfen sind), so deutet sich ein Gefälle der Wirkungskraft der Faktoren von innen nach außen an: Die stärksten Faktoren, die kindliche Gewaltneigungen fördern, sind im inneren Bereich zu finden, also in psychischen Faktoren der kindlichen Persönlichkeit und der Persönlichkeiten insbesondere der Mütter, deren Erziehungsverhalten sowie im emotionalen Familienklima. Der äußere Kreis von sozialen, wirtschaftlichen und kulturellen Faktoren, die die gesellschaftliche Lage der Familien markieren (Wohnregion, Sozialstatus usw.), zeigt schwächere, aber immer noch nachweisbare Einflüsse auf kindliche Aggressionsneigungen.

Insgesamt hat die Aggressivität der Kinder zwischen 8 und 13 Jahren leicht abgenommen. Dieses Ergebnis steht im Einklang mit anderen internationalen Studien (z. B. Tremblay 2000). Dabei ist zu beachten, dass es Minderheiten von Kindern gibt, die ein sehr hohes Aggressivitätsniveau beibehalten. Ihnen hat die Aufmerksamkeit von Eltern und Pädagogen zu gelten, weil hier Verstetigungen drohen, die bis in die Gewaltkriminalität führen können (Wahl 2003, Wahl 2007). Da sich auch im Kinderpanel herausgestellt hat, wie stark emotionale Persönlichkeitsfaktoren der Kinder, die elterlichen Persönlichkeiten und das Erziehungsverhalten der Eltern mit der Aggressivität der Kinder zusammenhängen, ist dies ein Anlass dafür, Präventionsmaßnahmen gegen Gewalt früh in der Kindesentwicklung, beginnend mit der Familie und dem Kindergarten, einzusetzen, damit sie wirksam werden können.

## Literatur

Achenbach, Thomas M./Edelbrock, Craig S. (1981): Behavioral Problems and competencies reported by parents of normal and disturbed children aged four through sixteen. Monographs of the Society for Research in Child Development, 46 (1, Serical No. 188)

Belsky Jay u. a. (2007): Are There Long Term Effects of Early Child Care? In: Child Development 78, 2, S. 681-701

Coie, John D./Dodge, Kenneth A. (1998): Aggression and Antisocial Behavior. In: Damon, William/Eisenberg, Nancy (Hrsg.): Handbook of Child Psychology. Vol. 3: Social, Emotional, and Personality Development. 5. Aufl.. New York, S. 779-862

Cox, Anthony. D. (1995): Diagnostic Appraisal. In: Rutter, Michael/Taylor, Eric/Hersov, Lione (Hrsg.): Child and Adolescent psychiatry. Modern Approaches.

3. Aufl., Oxford, S. 22-33

Daly, Martin/Wilson, Margo (1988): Homicide. New York

Dölling, Dieter/Hermann, Dieter (2001): Anlage und Umwelt aus der Sicht der Kriminologie. In: Wink, Michael (Hrsg.): Vererbung und Milieu. Berlin, S. 153-182

Edlinger, Daniela/Wahl, Klaus (2007): Aggressivität bei Kindern: Persönliche und soziale Einflüsse. In: Alt, Christian (Hrsg.): Kinderleben – Start in die Grundschule. Wiesbaden, S. 299-323

Essau, Cecilia/Conradt, Judith (2004): Aggression bei Kindern und Jugendlichen. München

Grimm, Dieter (2006): Super Nannys. Ein TV-Format und sein Publikum. Konstanz

Heitmeyer, Wilhelm/Collmann, Birgit/Conrads, Jutta/Kraul, Dietmar/Kühnel, Wolfgang/Matuschek, Ingo/Möller, Renate/Ulbrich-Herrmann, Matthias (1995): Gewalt. Schattenseiten der Individualisierung bei Jugendlichen aus unterschiedlichen Milieus. Weinheim/München

Hölling, Heike u. a. (2007): Verhaltensauffälligkeiten bei Kindern und Jugendlichen. Erste Ergebnisse aus dem Kinder- und Jugendgesundheitssurvey (KiGGS). In: Bundesgesundheitsblatt 50, 5/6, S. 784-793

Kokko, Katja/Pulkkinen, Lea (2000): Aggression in childhood and long-term unemployment in adulthood: A cycle of maladaption and some protective factors. In: Developmental Psychology 36, S. 463-472

Kuschel, Anett (2001): Psychische Auffälligkeiten bei Braunschweiger Kindergartenkindern. Diss. an der Gemeinsamen Naturwissenschaftlichen Fakultät der Technischen Universität Braunschweig – http://www.biblio.tubs.de/ediss/data/20010813a/20010813a.pdf

Kuschel, Anett u. a. (2000): Prävention von oppositionellen und aggressiven Verhaltensstörungen bei Kindern: Triple P – ein Programm zu einer positiven Erziehung. In: Kindheit und Entwicklung 9, 1, S. 20-29

Loeber, Rolf/Hay, Dale (1997): Key Issues in the Development of Aggression and Violence from Childhood to Early Adulthood. In: Annual Review of Psychology 48, S. 371-410

Manecke, Kurt/Kuhnke, Ralf/Mittag, Hartmut/Strehmel, Petra/Wahl, Klaus (2000): Fremdenfeindliche Gewalt – eine Folge des Erziehungssystems der DDR? Eine wissenschaftliche Auseinandersetzung mit den Thesen Christian Pfeiffers. Unveröff. Ms. München

Marcus, Robert F./Kramer, Catherine (2001): Reactive and Proactive Aggression: Attachment and Social Competence Predictors. In: Journal of Genetic Psychology 162, 3, S. 260-275

McBurnett, Keith u. a. (2000): Low Salivary Cortisol and Persistent Aggression in Boys Referred for Disruptive Behavior. In: Archives of General Psychiatry 57, 1, S. 38-43

Medina, John (2002): Am Tor zur Hölle. Die Biologie der sieben Todsünden. Heidelberg

Petermann, Franz/Scheithauer, Herbert (1998): Aggressives und antisoziales Verhalten im Kindes- und Jugendalter. In: Petermann, Franz/Kusch, Michael/Niebank, Kay: Entwicklungspsychopathologie. Ein Lehrbuch. Weinheim, S. 243-295

Pfeiffer, Christian (1999): Anleitung zu Haß. In: DER SPIEGEL 12, S. 60-66
Renninger, Suzann-Viola (1999): Genetik und Umwelt. Alte Kontroversen, neuer Kompromiß? In: DISKURS 9, 2, S. 58-65
Renninger, Suzann-Viola/Wahl, Klaus (2000): Gene und Sozialisation: Eine neue Runde in einem alten Streit. In: Sozialwissenschaftliche Literatur Rundschau 40, S. 5-16
Rutter, Michael L. (1997): Nature-Nurture Integration. The Example of Antisocial Behavior. In: American Psychologist 52, 4, S. 390-398
Scarr, Sandra (1992): Developmental theories for the 1990: Development and individual differences. In: Child Development 63, S. 1-19
Schlack, Robert/Hölling, Heike (2007): Gewalterfahrungen von Kindern und Jugendlichen im subjektiven Selbstbild. Erste Ergebnisse aus dem Kinder- und Jugendgesundheitssurvey (KiGGS). In: Bundesgesundheitsblatt 50, 5/6, S. 819-826
Schmeck, Klaus/Poustka, Fritz (2000): Biologische Grundlagen von impulsivaggressivem Verhalten. In: Kindheit und Entwicklung 9, 1, S. 3-13
Schwarz, Beate/Rinker, Burkhard (1998): Temperament. In: Zinnecker, Jürgen/Silbereisen, Rainer K. (Hrsg.): Kindheit in Deutschland. Aktueller Survey über Kinder und ihre Eltern. 2. Auflage, Weinheim, S. 159-168
Schwarz, Beate/Walper, Sabine/Gödde, Mechthild/Jurasic, S. (1997): Dokumentation der Erhebungsinstrumente der 1. Hauptbefragung (überarb. Version). Berichte aus der Arbeitsgruppe „Familienentwicklung nach der Trennung" 14/1997. Ludwig-Maximilians-Universität München.
Selg, Herbert/Mees, Ulrich/Berg, Detlef (1988): Psychologie der Aggressivität. Göttingen
Thomas, Josephine (2001): Maternal Smoking During Pregnancy Associated With Negative Toddler Behavior and Early Smoking Experimentation. In: NIDA Notes 16, 1-http://www.drugabuse.gov/NIDA_Notes/NNVol16N1/ Maternal.html
Tremblay, Richard E. (2000): The development of aggressive behavior during childhood: What have we learned in the past century? In: International Journal of Behavior Development 24, 2, S. 129-141
Tremblay, Richard E. (2003): Early development and prevention of physical violence. Referat auf Konferenz „Per una societá più sicura". ISTAT, Rom 5.12.2003
Van den Oord, Edwin. J. C. G./Boomsma, Dorret. I./Verhulst, Frank C. (1994): A study of problem behaviors in 10- to 15-year-old biologically related and unrelated international adoptees. In: Behavior Genetics 24, S. 193-205
Van den Oord, Edwin J. C. G./Boomsma, Dorret I./Verhulst, Frank C. (2000): A Study of Genetic and Environmental Effects on the Co-Occurence of Problem Behaviors in Three-Year-Old Twins. In: Journal of Abnormal Psychology 109, 3, S. 360-372
Varisco, Raymond (2000): Drug Abuse and Conduct Disorder Linked to Maternal Smoking During Pregnancy. In: NIDA Notes 15, 5
Wahl, Klaus (1989): Die Modernisierungsfalle, Gesellschaft, Selbstbewußtsein und Gewalt. Frankfurt a. M.
Wahl, Klaus (Hrsg.) (2003): Skinheads, Neonazis, Mitläufer. Täterstudien und Prä-

vention. Opladen

Wahl, Klaus (2007): Vertragen oder schlagen? Biografien jugendlicher Gewalttäter als Schlüssel für eine Erziehung zur Toleranz in Familie, Kindergarten und Schule. Berlin

Wahl, Klaus/Hees, Katja: (2006): Helfen „Super Nanny" und Co? Ratlose Eltern – Herausforderung für die Elternbildung. Weinheim

Walper, Sabine (1999): Auswirkungen von Armut auf die Entwicklung von Kindern. In: Lepenies, Annette u. a. (Hrsg.): Kindliche Entwicklungspotentiale. Normalität, Abweichung und ihre Ursachen. München, S. 291-360

Windle, Michael/Lerner, Richard M. (1986): Reassessing the dimensions of temperamental individuality across life span: The Revised Dimensions of Temperament Survey (DOTS-R). Unpublished Manuscript. Chicago

Zentralinstitut für Jugendforschung (ZIJ) (1988): Leipziger Längsschnitt, 3. Welle 1988, ISF, Klasse 5, Leipzig

*Beatriz Barquero/Boris Geier*
# Elterliches Erziehungsverhalten
Wie werden kindliche Verhaltensauffälligkeiten und Persönlichkeitsmerkmale beeinflusst?

1. Einleitung .................................................................. 126
2. Methode .................................................................... 130
   - 2.1 Stichprobe ........................................................ 130
   - 2.2 Variablen .......................................................... 131
   - 2.3 Design und Auswertungsstrategie ................. 132
3. Ergebnisse ................................................................ 132
   - 3.1 Einfluss des mütterlichen Erziehungsverhaltens auf die kindlichen Verhaltensprobleme ............................ 133
   - 3.2 Einfluss des mütterlichen Erziehungsverhaltens auf die positiven Persönlichkeitsmerkmale der Kinder .......... 139
4. Diskussion ................................................................ 142
   Literatur ..................................................................... 145

## 1. Einleitung

Das Thema Erziehung hat in den letzten Jahren stark an Bedeutung gewonnen. Das betrifft sowohl die öffentliche Debatte als auch die sozialwissenschaftliche Forschung. In der öffentlichen und sozialpolitischen Debatte wird die Notwendigkeit früher, dauerhafter und nachhaltiger Förderung kindlicher Entwicklung mit Blick auf Bildungs- und Berufschancen vehement thematisiert. Ebenso widmet man sich den Gefahren mangelnder Förderung, schlechter Ausstattung mit Bildungsressourcen sowie erzieherischen Versäumnissen, bezogen auf sensible Entwicklungsphasen eines Kindes mit gesteigerter Aufmerksamkeit. Während Ausbau und Qualitätssteigerung institutioneller Betreuungs- und Bildungseinrichtungen vorangetrieben werden, existieren parallel dazu immer mehr Angebote, die elterliche Erziehungskompetenz zu fördern. Fragen nach den Auswirkungen elterlicher Erziehung auf die Entwicklung des Kindes und danach, was gute oder dysfunktionale Erziehung ausmacht, nehmen derzeit auch in der sozialwissenschaftlichen Forschung wieder deutlich mehr Raum ein. Nach einer Phase intensiver Beforschung in den 1970er und 1980er Jahren, galt die Familie insbesondere in der Surveyforschung bisweilen als „black-box". Das Kinderpanel war die seit längerer Zeit erste repräsentative Erhebung, die die Familie auch anhand psychologischer und pädagogischer Dimensionen erfasste. Sie liefert sowohl Daten über kindliche Verhaltensdispositionen und Persönlichkeitsmerkmale als auch über das Erziehungsverhalten ihrer Eltern. Der vorliegende Beitrag befasst sich mit dem Einfluss elterlicher Erziehungsstile auf die kindliche Persönlichkeitsentwicklung.

Im Forschungsfeld familialer Erziehung finden sich unterschiedliche, teils lange zurückreichende Traditionen (für einen Überblick: Teti/Candelaria 2002). Neben bindungstheoretischen Ansätzen (z. B. Grossmann 2000) bildet die Erziehungsstilforschung bis heute die prominenteste Forschungsrichtung. Sie hat eine Vielzahl von Instrumenten hervorgebracht, welche sich für den Einsatz in Surveys eignen.

Unter einem Erziehungsstil wird allgemein das emotionale Klima, in welchem Erziehungsverhalten sich ausdrückt, verstanden (Darling/Steinberg 1993; Kruse 2001). Erziehungsstile gelten dabei als relativ stabile Verhaltenstendenzen und grenzen sich somit einerseits von Einstellungen und Werten ab (welche den Erziehungsstilen zugrunde liegen) andererseits von situativ eingesetzten Erziehungspraktiken.

Für die Beschreibung von Erziehungsstilen haben sich zwei grundlegende Dimensionen als nützlich erwiesen. Die erste Dimension beschreibt die affektive Qualität des elterlichen Verhaltens und bewegt sich zwischen den Polen „Zuwendung/Wärme" und „Ablehnung/Kälte". Die zweite Dimension wird durch die Pole „Kontrolle" und „Autonomie" aufgespannt und spiegelt das Ausmaß elterlicher Lenkung und Machtausübung wider. Diese beiden Basisdimensionen finden sich auch in Typologien des Erziehungsstils wieder. So unterschied Baumrind (1971) zwischen einem autoritären Erziehungsstil, der durch hohe Kontrolle und geringe Zuwendung geprägt ist, einem permissiven Erziehungsstil, welcher durch viel Wärme, jedoch geringe Kontrolle bestimmt ist und einem autoritativem Erziehungsstil, welcher sich durch hohe Zuwendung bei gleichzeitiger Kontrolle und Lenkung auszeichnet. Mit dem vernachlässigenden Erziehungsstil, der durch wenig Kontrolle und geringe Zuwendung beschrieben ist, komplettierten Maccoby und Martin (1983) das aus den beiden Basisdimensionen konstruierbare 4-Felder-Schema der Erziehungsstiltypologie, das – trotz weiterer Differenzierungen, die sich im Laufe der Zeit ergaben (vgl. Baumrind 1991) – bis heute Anwendung findet.

Es liegt eine Vielzahl von Befunden vor, welche den Einfluss elterlicher Erziehung auf die Entwicklung des Kindes unterstreichen (Maccoby/Martin 1983; Lamborn u. a. 1991; Steinberg u. a. 1994). So existieren Zusammenhänge zwischen dem Erziehungsstil und kindlicher Kompetenzentwicklung, Leistungsfähigkeit, sozialer Entwicklung, Selbstwahrnehmung, seelischer Gesundheit sowie kindlichem Problemverhalten, wobei sich der autoritative Erziehungsstil in nahezu allen Studien als der für die Entwicklung des Kindes günstigste erweist (Steinberg u. a. 1994). Sind strenge Kontrolle und harte Strafen das dominierende Erziehungsverhalten, steigt die Wahrscheinlichkeit kindlicher Verhaltensauffälligkeiten. Ebenso ist ein permissiver Erziehungsstil häufiger mit aggressivem und deviantem Verhalten von Kindern gepaart und erschwert die Entwicklung von Selbstständigkeit und Verantwortungsbewusstsein (Maccoby/Martin 1983).

Auch in den Bereichen der Kinder- und Jugendpsychopathologie sowie der Prävention von psychischen Störungen ist das elterliche Erziehungsverhalten als ein gut dokumentierter *Risikofaktor* für kindliche Verhaltensstörungen (Brezinka 2003; vgl. Schneewind 1991) bekannt. Eine restriktive und inkonsistente Erziehung, eine unzureichende Beaufsichtigung der Aktivitäten und sozialen Kontakte ihrer Kinder, sowie eine durch Mangel an Wärme, sozial-emotionaler Unterstützung und kognitiver Anregung gekennzeichnete Eltern-Kind-Interaktion erhöhen nicht nur die Wahrscheinlichkeit eines frühen Auftretens von kindlichen Verhaltensproblemen wie Ängsten, sozialem Rückzug oder aggressiv-dissozialem Verhalten. Derart ungünstiges Erziehungsverhalten der Eltern geht auch häufig mit einer Chronifizierung der kindlichen Verhaltensprobleme oder mit der späteren Entwicklung schwerwiegenderer Probleme im Jugendalter wie Delinquenz, Substanzmissbrauch oder Depression einher, wenn keine Interventionsmaßnahmen ergriffen werden und wenn zusätzliche Risikofaktoren auftreten wie z. B. deviante Peergruppe, Schulversagen oder mangelnde Einbindung ins Schulumfeld (Scheithauer/Mehren/Petermann 2003; Webster-Stratton/Taylor 2001).

Im Gegensatz dazu begünstigt eine wachstumsorientierte elterliche Erziehung, die sich durch Liebe und Wärme, eine klare Eltern-Kind-Kommunikation, Ermutigung des Kindes, angemessene Forderungen und konsequentes Grenzensetzen auszeichnet, die kindliche Entwicklung psychosozialer Fähigkeiten wie z. B. Empathie, Kooperationsbereitschaft, Selbstwirksamkeit, Selbstwertgefühl oder Selbstverantwortlichkeit (Schneewind 2002a). Somit erfüllt ein positives, unterstützendes Erziehungsverhalten der Eltern eine risikomildernde oder *Schutzfunktion*, indem es durch seinen entwicklungsfördernden Effekt den Risikobedingungen für Verhaltensstörungen entgegenwirken kann (Scheithauer/Mehren/Petermann 2003; Scheithauer/ Petermann/Niebank 2002).

Zu den Risikobedingungen zählen, neben einer genetisch bedingten Vulnerabilität, vor allem die sozioökonomische Situation der Familie. Zahlreiche Studien zeigen einen Zusammenhang zwischen dem sozioökonomischen Status und der kindlichen Entwicklung auf (für einen Überblick z. B.: Bradley/Corwyn 2002). Für Kinder ab einem Alter von ungefähr 10 Jahren zeigen sich die deutlichsten Effekte im Bereich intellektueller Leistungen (Otto/Atkinson 1997; Dornbusch u. a. 1991), während soziale Kompetenzen oder Verhaltensprobleme in dieser Altergruppe kaum vom sozioökonomischen Status der Familie abhängen. Anders bei jüngeren Kindern: Dodge, Pettit und Bates (1994) fanden in ihrer Längsschnittstudie, in der Kinder vom Vorschulalter bis zur dritten Grundschulklasse untersucht wurden, deutliche Zusammenhänge zwischen sozialem Status und externalisierendem und aggressivem Verhalten: Je prekärer die soziale Situation der Eltern, desto wahrscheinlicher waren Verhaltensauffälligkeiten bei den Kindern. Neben verschiedenen Sozialisationsvariablen untersuchten Dodge/Pettit/Bates (1994) auch den Einfluss strenger Disziplin und mütterlicher Wärme. Diese erwiesen sich als Mediatorvariablen nicht unabhängig vom sozioökonomischen Status, jedoch mit eigenständigem Erklärungsanteil an den kindlichen Entwicklungsverläufen. Die Autoren kommen zu dem Schluss, dass die Förderung elterlicher Erziehungskompetenz einen Ansatzpunkt bietet, sozioökonomischen Defiziten entgegenzuwirken.

Die Förderung elterlicher Erziehungskompetenz gewinnt zusätzlich an Bedeutung, wenn man den Zusammenhang zwischen dem Erziehungsverhalten der Eltern und der Resilienz ihrer Kinder in Betracht zieht. Resilienz bezeichnet die psychische Widerstandsfähigkeit von Menschen gegenüber widrigen Umständen und Ereignissen. Resiliente Kinder verfügen über bestimmte Persönlichkeitsmerkmale (wie positiven Selbstwert, Selbstwirksamkeitsüberzeugung), Fähigkeiten (wie soziale Kontakte zu knüpfen, Problemlösefähigkeiten) und Ressourcen in ihrem familialen oder sozialen Umfeld (wie Zuwendung und unterstützende Erziehung der Eltern), die es ihnen ermöglichen, mit belastenden Situationen (z. B. ungünstigem sozioökonomischen Status ihrer Familie) zurechtzukommen und sich trotz widriger Umständen positiv zu entwickeln. Die Stärkung der Erziehungskompetenz der Eltern kann somit zur Stärkung der Resilienz ihrer Kinder beitragen (für einen Überblick über den Zusammenhang zwischen elterlicher Erziehung und Resilienz: Hill u. a. 2007).

Ziel dieses Aufsatzes ist es, den Einfluss von zwei Dimensionen des mütterlichen Erziehungsverhaltens (nämlich kindzentrierte Kommunikation und strenge Kontrolle) auf verschiedene Persönlichkeitsmerkmale der Kinder im Zusammenhang mit dem sozioökonomischen Status der Familie zu untersuchen. Vor dem Hintergrund der angeführten Befunde über die Auswirkung des elterlichen Erziehungsverhaltens auf das Verhalten und die Persönlichkeitsentwicklung der Kinder werden folgende Annahmen geprüft:

a) Hinsichtlich der Haupteffekte der zwei Erziehungsvariablen:
- Ein unterstützendes Erziehungsverhalten der Mutter, das sich durch eine an den Interessen und Bedürfnissen des Kindes orientierte Kommunikation und Interaktion auszeichnet, wird sich positiv auf die kindliche Persönlichkeit auswirken. In diesem Sinne werden Kinder, die ihre Mütter als besonders unterstützend einschätzen, weniger Verhaltensauffälligkeiten und höhere Ausprägungen positiver Persönlichkeitsmerkmale aufzeigen als Kinder, die ihre Mütter als weniger unterstützend beurteilen.
- Ein autoritäres Erziehungsverhalten der Mutter, welches das Ausüben einer strengen Kontrolle des Kindverhaltens durch rigide Regeln, Verbote und Strafen kennzeichnet, wird einen negativen Einfluss auf die Persönlichkeit des Kindes haben. Dementsprechend werden Kinder, die ihre Mütter für besonders streng und autoritär halten, häufiger Verhaltensprobleme sowie niedrigere Ausprägungen positiver Persönlichkeitsmerkmale aufweisen als solche Kinder, die ihre Mütter als weniger autoritär einschätzen.

b) Hinsichtlich der möglichen Interaktion zwischen den Erziehungsvariablen und dem sozioökonomischen Status:
- Unter der Betrachtung eines unterstützenden Erziehungsverhaltens der Eltern als Schutzfaktor gegen Verhaltensstörungen wird erwartet, dass sich eine derartige mütterliche Erziehung im höheren Ausmaß entwicklungsfördernd bei Kindern aus sozioökonomisch ungünstigen Familienverhältnissen auswirkt. Das heißt, eine zunehmende kindzentrierte Kommunikation der Mutter wird besonders den Kindern aus Familien der unteren Sozialschichten helfen, bestehende Verhaltensprobleme zu reduzieren (bzw. ihrer Entstehung vorzubeugen) und die Entwicklung von Eigenschaften wie positiver Selbstwert, Offenheit für soziale und kognitive Erfahrungen sowie Selbstwirksamkeit zu stärken.
- Demgegenüber wird unter Berücksichtigung eines autoritären Erziehungsstils der Eltern als Risikofaktor für das Auftreten von Verhaltensproblemen erwartet, dass diese strenge mütterliche Erziehung eine entwicklungshemmende Auswirkung insbesondere bei Kindern aus Familien mit geringeren sozioökonomischen Ressourcen hat. In diesem Sinne wird eine ausgeprägt strenge Kontrolle der Mutter es diesen Kindern erschweren, bestehende Verhaltensprobleme zu überwinden und positive Persönlichkeitsmerkmale zu entwickeln.

## 2. Methode

### 2.1 Stichprobe

Datengrundlage ist die ältere Kohorte des Kinderpanels über die drei Erhebungswellen (1. Welle im Herbst 2002, 2. Welle im Frühjahr 2004 und 3. Welle im Herbst 2005). Daten von 593 Kindern über die drei Messzeitpunkte liegen unseren Analysen zu Grunde. Das Durchschnittsalter dieser Stichprobe war 8 Jahre und 7 Monate in der 1. Welle, 10 Jahre in der 2. und 11 Jahre und 6 Monate in der 3. Welle. Der Anteil der Jungen beträgt 49,7%, der Anteil der Mädchen 50,3%. Hinsichtlich des sozioökonomischen Status ihrer Familien[1] gehörten in der 2. Welle 29,2% der Kinder zur unteren Sozialschicht, 36,6% zur mittleren Mittelschicht und 34,2% zur oberen Sozialschicht. In der

---

[1] Für die Analysen der vorliegenden Untersuchung wurden nur die Daten bzgl. sozioökonomischen Status aus der 2. und der 3. Welle herangezogen.

3. Welle waren 32,2% der Kinder der unteren Sozialschicht, 31,4% der mittleren Mittelschicht und 36,4% der oberen Sozialschicht zuzuordnen.

## 2.2 Variablen

Die Erfassung des sozioökonomischen Status der Familie sowie der kindlichen Verhaltensprobleme (Internalisierung, Externalisierung und motorische Unruhe) und der positiven Persönlichkeitsmerkmale (positives Selbstbild, sozial-kognitive Aufgeschlossenheit und Selbstwirksamkeit) ist in einem anderen Beitrag beschrieben worden (siehe Barquero/Alt/Lange in diesem Band). Für die vorliegende Untersuchung wurden die Einschätzungen der Kinder bezüglich ihres eigenen Problemverhaltens, ihrer Persönlichkeitsmerkmale und des Erziehungsverhaltens ihrer Mütter berücksichtigt, nur hinsichtlich der Variablen Selbstwirksamkeit wurden die Urteile der Mütter über ihre Kinder herangezogen, da die Kinder diesbezüglich nicht befragt wurden.

*Erziehungsverhalten der Mutter*

Erziehungsverhalten wurde anhand der beiden Skalen „kindzentrierte Kommunikation" und „strenge Kontrolle" erfasst, die in Anlehnung an Simons (1992) bzw. an Schwarz u. a. (1997) konstruiert wurden. Kindliche Urteile über das Erziehungsverhalten ihrer Mütter wurden lediglich in der 2. und der 3. Welle erhoben:

- *Mütterliche Unterstützung oder kindzentrierte Kommunikation*: Die Skala besteht aus 6 Items, die eine Beziehung und Kommunikation der Mutter zum Kind kennzeichnen, welche sich durch Vertrauen, Liebe und Interesse an der Meinung, den Erlebnissen und den Gefühlen des Kindes charakterisieren lässt (z. B. „Wie oft spricht Deine Mutter mit Dir über Dinge, die Dich ärgern oder belasten?"). Für jedes Item wählt das Kind eine von 4 Antwortalternativen aus, je nachdem wie oft die Mutter das jeweilige Verhalten zeigt (1=nie/selten, 2=manchmal, 3=häufig, 4=sehr oft/immer). Die interne Konsistenz dieser Skala erweist sich als hinreichend (Cronbachs Alpha: .71 und .76 jeweils für 2. und 3. Welle).
- *Strenge Kontrolle*: Die Skala umfasst 5 Items, die Zeichen von einer autoritären und strengen Erziehungshaltung erfassen (z. B. „Deine Mutter bestraft Dich, wenn Du etwas gegen ihren Willen tust"). Bei jedem Item wählt das Kind eine von 4 Antwortalternativen aus, je nachdem wie zutreffend die jeweilige Aussage für das Verhalten seiner Mutter ist (1=stimmt gar nicht, 2=stimmt eher nicht, 3=stimmt eher, 4=stimmt ge-

nau). Die interne Konsistenz dieser Skala erweist sich ebenfalls als hinreichend (Cronbachs Alpha: .65 und .64 jeweils für 2. und 3. Welle).

### 2.3 Design und Auswertungsstrategie

Als unabhängige Variablen wurden der sozioökonomische Status der Familie sowie die zwei Dimensionen des mütterlichen Erziehungsverhaltens (kindzentrierte Kommunikation und strenge Kontrolle), als abhängige Variablen die kindlichen Verhaltensprobleme und positiven Persönlichkeitsmerkmale jeweils in der 2. und der 3. Welle berücksichtigt. Für jede Skala der kindbezogenen Variablen (Verhaltensprobleme und positive Persönlichkeitsmerkmale) sowie der Variablen bezüglich der mütterlichen Erziehung wurde der Mittelwert der zugehörigen Items ermittelt (jedoch nur wenn Antworten für mindestens die Hälfte der Items verfügbar waren). Hinsichtlich der zwei Erziehungsvariablen wurde die Stichprobe anhand der Terzile jeweils in drei Gruppen eingeteilt: niedrige, mittlere oder hohe kindzentrierte Kommunikation bzw. niedrige, mittlere oder hohe strenge Kontrolle der Mutter.

Jeweils in der 2. und der 3. Welle wurde für jede abhängige Variable eine dreifaktorielle Kovarianzanalyse mit den Faktoren Sozialschicht (untere Schicht, mittlere Mittelschicht und obere Schicht), kindzentrierte Kommunikation (niedrig, mittel, hoch) und strenge Kontrolle (niedrig, mittel, hoch) sowie mit der jeweiligen kindbezogenen Variable zum vorherigen Messzeitpunkt als Kovariate durchgeführt. Um den Einfluss der Unterschiede hinsichtlich der Kindvariablen in einer früheren Phase der Untersuchung herauszupartialisieren, wurde die jeweilige Kindvariable in der 1. Welle für die Analysen in der 2. Welle bzw. die Werte in der 2. Welle für die Analysen in der 3. Welle als Kovariate herangezogen. In den Fällen, in denen ein signifikanter Haupteffekt der Sozialschicht oder der Erziehungsvariablen erzielt wurde, wurde für die Mehrfachvergleiche eine Anpassung des Signifikanzniveaus nach Bonferroni berücksichtigt (p<.017).

## 3. Ergebnisse

Bevor wir auf die Ergebnisse der Kovarianzanalysen eingehen, stellen wir eine kurze Beschreibung der kindlichen Urteile über die mütterliche Erziehung dar. Im Durchschnitt schätzten die Kinder das Erziehungsverhalten ihrer Mütter positiv ein. Im Urteil der Kinder schienen die Mütter eine an den kindlichen Interessen und Bedürfnissen orientierte Kommunikation häufig anzuwenden ($M$=3,09; $SD$=0,52 in der 2. Welle; $M$=3,25; $SD$=0,51 in der

3. Welle). Diese unterstützende Art der mütterlichen Kommunikation stieg sogar von der 2. zur 3. Welle signifikant an: t (589)=-6.60, p<.001. Darüber hinaus bezeichneten die Kinder das Ausüben einer strengen Kontrolle als „eher nicht zutreffend" für das Verhalten ihrer Mütter ($M$=2,31; $SD$=0,60 in der 2. Welle; $M$=2,26; $SD$=0,56 in der 3. Welle). Diese Einschätzung blieb über die zwei Wellen hinweg unverändert: t (586)=1.64, n.s. Zwischen beiden Erziehungsvariablen bestand lediglich ein geringer negativer Zusammenhang (Kendall's $Tau_b$: -.18, p<.001 in der 2. Welle; -.17, p<.001 in der 3. Welle).

Tabelle 1 gibt einen Überblick über die Ergebnisse der Kovarianzanalysen. Die Tabellen 2a und 2b zeigen die adjustierten Mittelwerte der untersuchten Kindvariablen (Verhaltensprobleme und positive Persönlichkeitsmerkmale) getrennt nach Sozialschicht, Grad der mütterlichen Unterstützung und der strengen Kontrolle in der 2. und 3. Welle.

### 3.1 Einfluss des mütterlichen Erziehungsverhaltens auf die kindlichen Verhaltensprobleme

Die Analyse der *internalisierenden Verhaltensauffälligkeiten* der Kinder ergab einen signifikanten Haupteffekt der strengen Kontrolle der Mutter in der 2. Welle. Erwartungsgemäß wiesen Kinder, deren Mütter in hohem Maße als autoritär beurteilt wurden, mehr internalisierende Probleme auf als Kinder von Müttern, die geringe Strenge ausüben. Dieser Effekt konnte aber in der 3. Welle nicht repliziert werden. Hingegen zeigte die Analyse des internalisierenden Verhaltens der Kinder in der 3. Welle einen signifikanten Haupteffekt der zweiten Erziehungsvariablen, die kindzentrierte Kommunikation. Bei Kindern mit hoch unterstützenden Müttern war ängstliches, traurig gestimmtes Kindverhalten weniger zu beobachten als bei Kindern mit mittel unterstützenden Müttern.

Tab. 1: Effekte des mütterlichen Erziehungsverhaltens (kindzentrierte Kommunikation und strenge Kontrolle) und der Sozialschicht auf die kindlichen Verhaltensprobleme und positiven Persönlichkeitsmerkmale

|  |  | 2. Welle | | 3. Welle | |
|---|---|---|---|---|---|
|  |  | F | Part. $\eta^2$ | F | Part. $\eta^2$ |
| **Verhaltensprobleme** | | | | | |
| Internalisierung | KzK | n.s. | -- | 6.98*** | .02 |
|  | stKon | 7.31*** | .03 | n.s. | -- |
|  | SES | 2.67+ | .01 | n.s. | -- |
| Externalisierung | KzK | n.s. | -- | 9.60*** | .03 |
|  | stKon | 2.79+ | .01 | 5.19** | .02 |
|  | SES | n.s. | -- | n.s. | -- |
| Motorische Unruhe | KzK | n.s. | -- | 10.07*** | .04 |
|  | stKon | n.s. | -- | n.s. | -- |
|  | SES | 4.63** | .02 | n.s. | -- |
|  | stKon x SES | n.s. | -- | 3.32* | .02 |
| **Pos. Persönlichkeitsmerkmale** | | | | | |
| Positives Selbstbild | KzK | 3.56* | .01 | 3.98* | .01 |
|  | stKon | n.s. | -- | n.s. | -- |
|  | SES | n.s. | -- | n.s. | -- |
|  | KzK x SES | 2.62* | .02 | n.s. | -- |
|  | KzK x stKon | n.s. | -- | 2.89* | .02 |
| Soz.-kog. Aufgeschlossenheit | KzK | 19.57*** | .07 | 7.01*** | .02 |
|  | stKon | n.s. | -- | n.s. | -- |
|  | SES | 3.40* | .01 | n.s. | -- |
|  | KzK x stKon | 3.24* | .02 | n.s. | -- |
| Selbstwirksamkeit (Muttersicht) | KzK | 3.17* | .01 | 2.47+ | .01 |
|  | stKon | n.s. | -- | 4.32* | .02 |
|  | SES | n.s. | -- | 3.38* | .01 |
|  | KzK x SES | n.s. | -- | 6.30*** | .04 |
|  | KzK x stKon x SES | n.s. | -- | 2.29* | .03 |

Anmerkungen:
- KzK: kindzentrierte Kommunikation; stKon: strenge Kontrolle; SES: Sozialschicht
- *** p≤.001, ** p≤.01, * p≤.05, + p<.10, n.s. = nicht signifikant
- Nur die signifikanten Interaktionen sind in dieser Tabelle aufgeführt worden.

Quelle: DJI-Kinderpanel, 2. und 3. Welle, eigene Berechnungen

Hinsichtlich der *externalisierenden Verhaltensprobleme* ließ sich ein signifikanter Haupteffekt der strengen Kontrolle der Mutter in der 3. Welle nachweisen, der aber in der 2. Welle noch nicht gegeben war. Wie der Tabelle 2b zu entnehmen ist, zeigen Kinder, deren Mütter mittlere bis hohe strenge Kontrolle ausüben, höhere Ausprägungen dieser Verhaltensprobleme als Kinder von weniger autoritären Müttern. Zudem konnte in der 3. Welle ein signifikanter Einfluss der kindzentrierten Kommunikation der Mütter auf das Auftreten aggressiven, störenden Verhaltens ihrer Kinder festgestellt werden. Im Vergleich zu den Kindern in der Gruppe mit niedriger mütterlicher Unterstützung berichteten die Kinder mit hoch unterstützenden Müttern von diesem Problemverhalten in geringerem Maße.

Bezüglich der *motorischen Unruhe* zeigte sich keine bedeutsame Auswirkung der beiden Erziehungsvariablen in der 2. Welle, sondern lediglich ein signifikanter Haupteffekt der Sozialschicht. Kinder aus sozioökonomisch benachteiligten Familien wiesen höhere Ausprägungen dieses Problemverhaltens auf als Kinder aus Familien der oberen Sozialschichten. In der 3. Welle konnte ein signifikanter Haupteffekt der kindzentrierten Kommunikation nachgewiesen werden, während der Einfluss der Sozialschicht verschwindet. Kinder von Müttern, die sich in ihrer Kommunikation in höherem Maße an den kindlichen Interessen und Bedürfnissen orientieren, berichten über geringere motorische Unruhe als Kinder von Müttern, die nur bis zu einem niedrigen oder mittleren Grad eine unterstützende Kommunikation ausüben.

Tab. 2a: Adjustierte Mittelwerte der kindbezogenen Variablen getrennt nach den mütterlichen Erziehungsvariablen und Sozialschicht der Familie in der 2. Welle

| 2. Welle | Kindzentrierte Kommunikation | | | Strenge Kontrolle | | | Sozialschicht | | |
|---|---|---|---|---|---|---|---|---|---|
| | niedrig | mittel | hoch | niedrig | mittel | hoch | untere | mitt. | obere |
| **Verhaltensprobleme** | | | | | | | | | |
| Internalisierung[1] | 1,47 | 1,53 | 1,48 | 1,37 | 1,49 | 1,63 | 1,58 | 1,46 | 1,43 |
| Externalisierung | 1,06 | 0,99 | 0,94 | 0,92 | 1,01 | 1,05 | 1,03 | 1,03 | 0,93 |
| Motorische Unruhe[2] | 1,42 | 1,41 | 1,27 | 1,29 | 1,38 | 1,43 | 1,47 | 1,42 | 1,21 |
| **Pos. Persönlichkeitsmerkmale** | | | | | | | | | |
| Positives Selbstbild[3] | 2,76 | 2,81 | 2,83 | 2,80 | 2,80 | 2,80 | 2,79 | 2,80 | 2,81 |
| Soz.-kog. Aufgeschlossenheit[4] | 2,23 | 2,40 | 2,53 | 2,38 | 2,40 | 2,39 | 2,33 | 2,38 | 2,45 |
| Selbstwirksamkeit (Muttersicht)[5] | 1,86 | 1,92 | 1,98 | 1,96 | 1,91 | 1,90 | 1,90 | 1,91 | 1,96 |

Signifikante Paarvergleiche (p<.017) bei signifikanten Haupteffekten der Faktoren:
[1] Strenge Kontrolle: niedrig < hoch
[2] Sozialschicht: untere > obere
[3] Kindzentrierte Kommunikation: keine (niedrig< hoch, p=.02)
[4] Kindzentrierte Kommunikation: niedrig < mittel, hoch; mittel < hoch; Sozialschicht: keine (untere < obere, p=.03)
[5] Kindzentrierte Kommunikation: keine (niedrig < hoch, p=.04)
Quelle: DJI-Kinderpanel, 2. Welle, eigene Berechnungen

Tab. 2b: Adjustierte Mittelwerte der kindbezogenen Variablen getrennt nach den mütterlichen Erziehungsvariablen und Sozialschicht der Familie in der 3. Welle

| 3. Welle | Kindzentrierte Kommunikation | | | Strenge Kontrolle | | | Sozialschicht | | |
|---|---|---|---|---|---|---|---|---|---|
| | niedrig | mittel | hoch | niedrig | mittel | hoch | unt. | mitt. | obere |
| **Verhaltensprobleme** | | | | | | | | | |
| Internalisierung[1] | 1,30 | 1,38 | 1,16 | 1,26 | 1,25 | 1,31 | 1,34 | 1,27 | 1,23 |
| Externalisierung[2] | 1,03 | 0,97 | 0,83 | 0,85 | 0,99 | 0,98 | 0,99 | 0,94 | 0,89 |
| Motorische Unruhe[3] | 1,44 | 1,42 | 1,16 | 1,28 | 1,33 | 1,41 | 1,32 | 1,36 | 1,34 |
| **Pos. Persönlichkeitsmerkmale** | | | | | | | | | |
| Positives Selbstbild[4] | 2,68 | 2,76 | 2,75 | 2,75 | 2,71 | 2,74 | 2,73 | 2,74 | 2,73 |
| Soz.-kog. Aufgeschlossenheit[5] | 2,32 | 2,42 | 2,47 | 2,41 | 2,40 | 2,40 | 2,39 | 2,40 | 2,42 |
| Selbstwirksamkeit (Muttersicht)[6] | 1,91 | 1,83 | 1,92 | 1,94 | 1,92 | 1,81 | 1,94 | 1,83 | 1,90 |

Signifikante Paarvergleiche ($p<.017$) bei signifikanten Haupteffekten der Faktoren:
[1] Kindzentrierte Kommunikation: mittel > hoch
[2] Kindzentrierte Kommunikation: niedrig > hoch; strenge Kontrolle: niedrig < mittel
[3] Kindzentrierte Kommunikation: niedrig, mittel > hoch
[4] Kindzentrierte Kommunikation: keine (niedrig < mittel, $p=.05$)
[5] Kindzentrierte Kommunikation: niedrig < hoch
[6] Strenge Kontrolle: niedrig > hoch; Sozialschicht: keine (untere > mittel, $p=.03$)
Quelle: DJI-Kinderpanel, 3. Welle, eigene Berechnungen

Darüber hinaus ließ sich in der 3. Welle eine signifikante Interaktion zwischen der strengen Kontrolle der Mutter und der Sozialschicht der Familie feststellen. Zusätzliche Analysen ergaben einen einfachen Haupteffekt der strengen Kontrolle auf die motorische Unruhe der Kinder in den unteren Sozialschichten: $F(2,185)=8.57$, $p<.001$, $\eta^2=.09$, nicht aber in der mittleren Mittelschicht oder in den oberen Schichten. Wie in Abbildung 1 zu ersehen ist, stieg bei den Kindern aus sozioökonomisch benachteiligten Familien die Ausprägung motorischer Unruhe mit zunehmender strenger Kontrolle ihrer Mütter an.

Abb. 1: Motorische Unruhe der Kinder in der 3. Welle in Abhängigkeit von der strengen Kontrolle der Mutter und dem sozioökonomischen Status der Familie

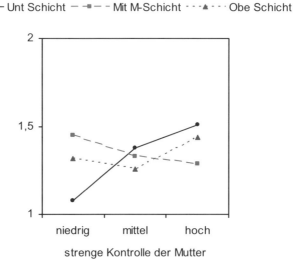

Quelle: DJI-Kinderpanel, 3. Welle, eigene Berechnungen

Vergleicht man die Befundmuster der beiden Erhebungswellen zeigt sich ein differenzierter Einfluss der beiden Erziehungsvariablen. So hat kindzentrierte Kommunikation erst in der 3. Welle auf die zu diesem Zeitpunkt elf- bis zwölfjährigen Kinder einen Effekt. Strenge Kontrolle wirkt sich in der 2. Welle auf internalisierendes Verhalten, in der 3. Welle auf externalisierendes Verhalten aus. Für die Interpretation dieses Ergebnisses ist es sinnvoll sich die Veränderung von Verhaltens- und Erziehungsvariablen über die Erhebungswellen vor Augen zu halten. So ist eine allgemeine Abnahme internalisierenden Verhaltens über den gesamten Erhebungszeitraum, insbesondere zwischen der 2. und 3. Welle festzustellen, während die Häufigkeit externalisierenden Verhaltens hingegen konstant bleibt (s. Barquero/Alt/Lange in diesem Band). Gleichzeitig erhöht sich das erlebte Ausmaß kindzentrierter Kommunikation der Mütter zur 3. Welle, während sich strenge Kontrolle im Durchschnitt nicht verändert. Davon ausgehend kann vermutet werden, dass sich in elterlicher Strenge und Kontrolle relativ stabile Erziehungseinstellungen widerspiegeln. Abhängig vom Alter des Kindes werden durch strenge Kontrolle jedoch unterschiedliche Verhaltenskomponenten eines Kindes beeinflusst. Anders scheint kindzentrierte Kommunikation flexibler eingesetzt zu werden. So ist es denkbar, dass die Mütter das Ausmaß ihrer unterstützenden und wertschätzenden Kommunikation zur 3. Welle deshalb intensivieren, weil diese Art der Kommunikation auch für ihre Kinder erst zu diesem Zeitpunkt an Bedeutung gewinnt, wenn es darum geht Verhaltensprobleme zu besprechen.

## 3.2 Einfluss des mütterlichen Erziehungsverhaltens auf die positiven Persönlichkeitsmerkmale der Kinder

Die Ergebnisse bzgl. des *positiven Selbstbilds* der Kinder in der 2. Welle lassen sich aufgrund der unzureichenden Reliabilität der Skala zu diesem Messzeitpunkt (s. Barquero/Alt/Lange in diesem Band) nur beschränkt interpretieren. Die Analyse ergab einen signifikanten Haupteffekt der kindzentrierten Kommunikation der Mutter in beiden Wellen. Wie den Tabellen 2a und 2b zu entnehmen ist, wiesen die Kinder mit Müttern, die in mittlerem bis hohem Grad eine unterstützende Kommunikation mit ihren Kindern durchführen, ein positiveres Selbstbild auf als die Gruppe der Kinder, deren Mütter sich weniger unterstützend verhalten.

Eine signifikante Interaktion zwischen kindzentrierter Kommunikation und Sozialschicht in der 2. Welle deutete auf sozialschichtspezifische Unterschiede in der Wirkung dieser Erziehungsvariablen hin. Zusätzliche Analysen ergaben einen einfachen Haupteffekt der kindzentrierten Kommunikation auf das positive Selbstbild nur bei den Kindern der unteren Sozialschichten und der mittleren Mittelschicht: $F(2,168)=3.79$, $p<.05$, $\eta^2=.04$ für untere Sozialschichten; $F(2,213)=4.62$, $p<.05$, $\eta^2=.04$ für mittlere Mittelschicht. Wie in Abbildung 2 zu ersehen ist, ist das positive Selbstbild der Kinder aus sozioökonomisch benachteiligten Familien mit zunehmender mütterlicher Unterstützung höher, während bei den Kindern aus der mittleren Mittelschicht ein positiveres Selbstbild in der Gruppe mit mittlerer Unterstützung der Mutter im Vergleich zu der Gruppe mit niedriger mütterlicher Unterstützung zu beobachten war. Da ein positives Selbstbild als personale Ressource betrachtet werden kann, ist dessen Förderung insbesondere in Umfeldern, denen es an anderen Ressourcen mangelt, von großer Bedeutung. Dass kindzentrierte Kommunikation sich gerade in der Unterschicht als besonders förderlich erweist, ist daher auch ein für die Resilienzforschung zu beachtender Befund. Bedeutsam erscheint darüber hinaus auch der Zeitpunkt zu welchem ein positives Erziehungsverhalten seine protektive und zur Resilienz beitragende

Wirkung entfaltet, da in der 3. Welle keine sozialschichtspezifischen Unterschiede der Wirkung kindzentrierter Kommunikation mehr festzustellen sind.

Abb. 2: Positives Selbstbild der Kinder in der 2. Welle in Abhängigkeit von der kindzentrierten Kommunikation der Mutter und dem sozioökonomischen Status der Familie

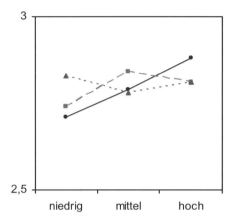

Quelle: DJI-Kinderpanel, 2. Welle, eigene Berechnungen

Die signifikante Interaktion zwischen den beiden Erziehungsvariablen in der 3. Welle beruht auf schwer zu interpretierenden Mittelwertsunterschieden.

Hinsichtlich der *sozialen und kognitiven Aufgeschlossenheit* der Kinder ließ sich ein signifikanter Haupteffekt der kindzentrierten Kommunikation ihrer Mütter in beiden Wellen belegen. In der 2. Welle stieg die Offenheit der Kinder für soziale und kognitive Erfahrungen mit zunehmender unterstützender Kommunikation ihrer Mütter signifikant an (siehe Tabelle 2a); in der 3. Welle war der Vorteil der Gruppe mit hoch unterstützenden Müttern gegenüber der Gruppe mit niedrig unterstützenden Müttern auf dem nach Bonferroni angepassten Niveau signifikant (siehe Tabelle 2b). Betrachtet man die Effektgrößen, nimmt der zur 2. Welle relativ deutliche Einfluss kindzentrierter Kommunikation in der 3. Welle etwas ab.

Zudem konnte in der 2. Welle ein signifikanter Haupteffekt der Sozialschicht festgestellt werden, welcher sich, betrachtet man die Mehrfachvergleiche (Tabelle 2a), hauptsächlich aus Unterschieden zwischen den unteren und den oberen Schichten heraus erklärt. Für die signifikante Interaktion zwischen beiden Erziehungsvariablen lässt sich keine eindeutige Erklärung finden.

In der Analyse der Urteile der Mütter über die *Selbstwirksamkeit* ihrer Kinder ließ sich ein signifikanter Haupteffekt der kindzentrierten Kommunikation in der 2. Welle nachweisen, der aber in der 3. Welle unterhalb der Signifikanzgrenze lag. Kinder von Müttern, die in hohem Maße ein unterstützendes Erziehungsverhalten aufweisen, erhielten in der 2. Welle von diesen Müttern tendenziell höhere Selbstwirksamkeitswerte als die Kinder, deren Mütter geringe Unterstützung in ihrer Kommunikation und Interaktion anbieten (s. Tabelle 2a).

Darüber hinaus konnten in der 3. Welle ein signifikanter Haupteffekt der strengen Kontrolle der Mutter sowie des sozioökonomischen Status der Familie, eine signifikante zweifache Interaktion zwischen kindzentrierter Kommunikation und Sozialschicht und eine signifikante dreifache Interaktion zwischen beiden Erziehungsvariablen und Sozialschicht festgestellt werden. Kinder von sehr strengen Müttern wurden als weniger selbstwirksam eingeschätzt im Vergleich zu den Kindern von Müttern, die eine niedrige Strenge in ihrer Erziehung aufweisen (s. Tabelle 2b). Hinsichtlich des Einflusses des sozioökonomischen Status der Familie zeigten die Kinder aus der mittleren Mittelschicht im bivariaten Vergleich etwas schlechtere Selbstwirksamkeit als die Kinder der anderen Sozialschichten (das Ergebnis dieser Gruppenvergleiche war in einem Fall nicht signifikant, im anderen Fall lag es knapp unterhalb der Signifikanzgrenze).

Um die Interaktion zwischen kindzentrierter Kommunikation und Sozialschicht dennoch interpretieren zu können, wurden zusätzliche Analysen durchgeführt, welche einen einfachen Haupteffekt der kindzentrierten Kommunikation auf die Selbstwirksamkeit bei den Kindern der unteren Sozialschichten und der mittleren Mittelschicht ergaben: $F(2,182)=4.59$, $p<.05$, $\eta^2=.05$ für untere Sozialschichten; $F(2,180)=6.33$, $p<.01$, $\eta^2=.07$ für mittlere Mittelschicht. Wie in Abbildung 3 zu ersehen ist, wirkte sich eine hoch unterstützende mütterliche Kommunikation positiv auf die Selbstwirksamkeit von Kindern aus benachteiligten Familien aus: Diese Kinder erhielten von ihren Müttern höhere Selbstwirksamkeitswerte als Kinder aus Familien, deren Mütter geringe Unterstützung anbieten. Ähnlich den Befunden zum positiven Selbstbild erweist sich kindzentrierte Kommunikation wiederum als protektiver Faktor, indem sie eine personale Ressource fördert, die dem Kind hilft auch in belastenden Situationen erfolgreich zu handeln.

Bei den Familien der mittleren Mittelschicht zeigen die zwei Gruppen mit jeweils niedriger oder hoher kindzentrierter Kommunikation der Mutter höhere Selbstwirksamkeitsausprägungen als die Kinder, deren Mütter in mittlerem

Maße ihre Kommunikation an den Bedürfnissen und Gefühlen ihrer Kinder orientieren.

Abb. 3: Selbstwirksamkeit der Kinder (aus Muttersicht) in der 3. Welle in Abhängigkeit von der kindzentrierten Kommunikation der Mutter und dem sozioökonomischen Status der Familie

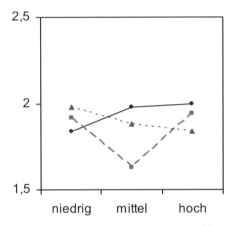

Quelle: DJI-Kinderpanel, 3. Welle, eigene Berechnungen

Für die dreifache Interaktion zwischen kindzentrierter Kommunikation, strenger Kontrolle und Sozialschicht kann kein eindeutiges Erklärungsmuster gefunden werden.

## 4. Diskussion

Die Ergebnisse unserer Untersuchung lassen sich folgendermaßen zusammenfassen und erklären: Es konnte ein positiver Einfluss der unterstützenden Kommunikation der Mütter auf die Verhaltensprobleme ihrer Kinder nachgewiesen werden. Kinder von Müttern, die in hohem Maße ein unterstützendes Kommunikationsverhalten zeigen, berichten über weniger Internalisierungsprobleme, externalisierendes Verhalten oder motorische Unruhe als Kinder von Müttern, die in geringem Maße eine an den kindlichen Bedürfnissen und Gefühlen orientierte Kommunikation und Interaktion aufweisen. Es handelt sich aber um einen eher kleinen Effekt (maximaler $\eta^2=.04$), der erst in der 3. Welle auftritt. Warum ist dieser positive Effekt nicht schon in der 2. Welle erschienen? Wie vorhin angedeutet, stieg die unterstützende Kommunikation der Mütter nach Urteil ihrer Kinder von der 2. zur 3. Welle signifikant an; möglicherweise war das Ausmaß der mütterlichen Unterstützung zur Zeit der 2. Befragung nicht hoch genug, um eine bedeutsame Wirkung auf die kindlichen Verhaltensprobleme ausüben zu können. Außerdem ereignete sich zwischen der 2. und der 3. Welle der Übergang in die Sekundarstufe; ein solcher Übergang ist mit neuen Herausforderungen verbunden, die von den Kindern weitere Anpassungen ihrer Gefühle und Verhaltensweisen verlangen. In einer solchen Phase kann mütterliches Erziehungsverhalten, das durch Vertrauen, Zuwendung und Interesse an der Meinung, den Sorgen und Erfahrungen des Kindes geprägt ist, von großer Bedeutung für das Erlangen der bevorstehenden Anpassungen auf Seiten des Kindes sein.

Zusätzlich zu dem positiven Effekt auf das kindliche Problemverhalten konnte eine entwicklungsfördernde Wirkung der kindzentrierten Kommunikation der Mütter auf die positiven Persönlichkeitsmerkmale ihrer Kinder belegt werden: Insgesamt zeigten die Kinder ein positiveres Selbstbild, waren für soziale und kognitive Erfahrungen offener und wurden von ihren Müttern als selbstwirksamer eingeschätzt, wenn die Mütter sich in ihrer Kommunikation und Interaktion in höherem Maße an den Interessen, Bedürfnissen und Gefühlen ihrer Kinder orientierten. Da die entwicklungsfördernde Wirkung kindzentrierter Kommunikation in beiden Erhebungswellen zu beobachten ist, kann auf eine gewisse Robustheit des Effektes geschlossen werden. Während sich die Bedeutung kindzentrierter Kommunikation für kindliche Verhaltensprobleme vermutlich alters- und entwicklungsbedingt verändert, scheint die Entwicklung positiver Kindeigenschaften dauerhafter und universeller vom elterlichen Erziehungsstil beeinflusst zu sein.

Ähnlich positive Einflüsse einer so genannten autoritativen Erziehung (d.h. einer an Liebe, entwicklungsgemäßen Anforderungen und Interesse an der Entwicklung des Kindes orientierten Erziehung) wurden in einer früheren deutschen Studie, dem *Kinder- und Elternsurvey '93* der Universitäten Siegen und Jena, aufgedeckt (Schwarz/Silbereisen 1998). Ebenfalls auf den Einschätzungen der Kinder (10- bis 13-Jährige) basierend, fanden diese Autoren heraus, dass autoritativ erzogene Kinder höhere Selbstwirksamkeitswerte, weniger Zeichen depressiver Verstimmungen und niedrigere Delinquenzbelastung aufwiesen als nicht-autoritativ erzogene Kinder. Zudem berichteten Helmke und Kischkel (1980) aus ihrer Untersuchung mit 11- bis 15-jährigen Kindern von einem signifikanten Zusammenhang zwischen dem positiven

Sanktionsverhalten der Eltern (unterstützendes Verhalten der Eltern bei schlechten Schulleistungen des Kindes) und dem positiven Selbstkonzept ihres Kindes.

Die zweite untersuchte Erziehungsvariable, die strenge Kontrolle der Mutter, zeigte die erwartete negative Wirkung auf das kindliche Problemverhalten, jedoch in einer weniger einheitlichen Weise: Höhere Ausprägungen der Verhaltensauffälligkeiten bei Kindern mit besonders strengen Müttern konnten hinsichtlich der internalisierenden Probleme in der 2. Welle, des externalisierenden Problemverhaltens in der 3. Welle (tendenziell in der 2. Welle) und hinsichtlich der motorischen Unruhe bei der Gruppe von Kindern aus unteren Sozialschichten festgestellt werden. Diese heterogene Manifestation der negativen Wirkung von mütterlicher Strenge in unserer Untersuchung kann auf die von uns gewählte Operationalisierung der Strenge zurückgeführt werden. Andere Maße elterlicher Strenge, welche z. B. die Anwendung körperlicher Gewalt auf Seiten der Eltern beinhalten, haben einen starken Zusammenhang mit kindlichen externalisierenden Verhaltensproblemen aufgezeigt (vgl. Dodge/Pettit/Bates 1994).

Bei den von uns untersuchten positiven Persönlichkeitsmerkmalen konnte eine entwicklungshemmende Wirkung der strengen Kontrolle der Mutter lediglich hinsichtlich der kindlichen Selbstwirksamkeit in der 3. Welle festgestellt werden: Kinder, die ihre Mütter für besonders streng und autoritär hielten, wurden von ihren Müttern als weniger selbstwirksam eingeschätzt im Vergleich zu den Kindern von kaum strengen Müttern.

Von besonderem Interesse für die Prävention von Verhaltensstörungen und fehlangepassten Entwicklungspfaden sowie für die Förderung der kindlichen Resilienz sind die beobachteten Interaktionen zwischen dem mütterlichen Erziehungsverhalten und dem sozioökonomischen Status der Familie in drei Fällen. Post-hoc Analysen machten deutlich, dass autoritäre Erziehung bei Kindern aus sozioökonomisch benachteiligten Familien in der 3. Welle zu einer Verstärkung unruhigen und impulsiven Verhaltens führt. Somit könnte auch das Risiko erhöht sein, dass sich dieses abweichende Verhalten unter den gegebenen ungünstigen Familienbedingungen mit der Zeit chronifiziert. Darüber hinaus wiesen die Kinder aus diesen benachteiligten Sozialschichten in der 2. Welle ein positiveres Selbstbild auf bzw. erhielten in der 3. Welle höhere Selbstwirksamkeitswerte, wenn sich ihre Mütter in hohem Maße unterstützend verhielten. Diese zwei Ergebnisse deuten auf eine entwicklungsfördernde Wirkung der kindorientierten mütterlichen Erziehung hin, von der Kinder mit ungünstigem sozioökonomischen Background besonders zu profitieren scheinen. Somit kann das unterstützende Erziehungsverhalten der Mutter dem mit der sozioökonomischen Benachteiligung verbundenen Risiko für eine Fehlentwicklung der kindlichen Persönlichkeit entgegenwirken und die Widerstandsfähigkeit ihrer Kinder stärken.

Vor dem Hintergrund dieses risikomildernden Potentials einer unterstützenden Mutter-Kind-Kommunikation und Interaktion und auf Grund der Feststellung, dass eine kompetente elterliche Erziehung kein „naturwüchsiger" Prozess ist, sondern eine Aufgabe, die ein hohes Maß an Wissen und Fähigkeiten wie Zuwendung, Verantwortungsbewusstsein, etc. erfordert (Schneewind 2002b), erscheint es notwendig, Eltern theoriegeleitete und evidenzbasierte Maßnahmen und Programme zur Stärkung ihrer Erziehungskompetenz anzubieten (konkrete Vorschläge zum Ausbau solcher Programme sind in Schneewind 1995, 2002a, 2002b zu finden).

## Literatur

Baumrind, Diana (1971): Current patterns of parental authority. In: Developmental Psychology Monograph, 4/1, S. 1-103
Baumrind, Diana (1991): Parenting styles and adolescent development. In: Lerner, Richard M./Petersen, Ann C./Brooks-Gunn, Jeanne (Hrsg.): Encyclopaedia of adolescence (Vol. II). New York, S. 746-758
Bradley, Robert H./Corwyn, Robert F. (2002): Socioeconomic Status and Child Development. In: Annual Review of Psychology, 53, S. 371-399
Brezinka, Veronika (2003): Zur Evaluation von Präventivinterventionen für Kinder mit Verhaltensstörungen. In: Kindheit und Entwicklung, 12/2, S. 71-83
Darling, Nancy/Steinberg, Laurence (1993): Parenting style as context: An integrative model. In: Psychological Bulletin, 113, S. 487-496
Dodge, Kenneth A./Pettit, Gregory S./Bates, John (1994): Socialization Mediators of the Relation between Socioeconomic Status and Child Conduct Problems. In: Child Development, 65, S. 649-665
Dornbusch, Sanford M./Ritter, Philip L. P./Leiderman, Herbert/Roberts, Donald F./Fraleigh, Michael J. (1987): The Relation of Parenting Style to Adolescent School Performance. In: Child Development, 58, S. 1244-1257
Grossmann, Klaus E. (2000): Bindungsforschung im deutschsprachigen Raum und der Stand des bindungstheoretischen Denkens. In: Psychologie in Erziehung und Unterricht, 47, S. 221-237
Helmke, Andreas/Kischkel, Karl-Heinz (1980): Zur Wahrnehmung elterlichen Erziehungsverhaltens durch die Eltern und ihre Kinder und dessen Erklärungswert für kindliche Persönlichkeitsmerkmale. In: Lukesch, Helmut/Perrez, Meinrad/Schneewind, Klaus A. (Hrsg.): Familiäre Sozialisation und Intervention. Stuttgart, S. 81-105
Hill, Malcolm/Stafford, Anne/Seaman, Peter/Ross, Nicola/Daniel, Brigid (2007): Parenting and resilience. Joseph Rowntree Foundation Report. York

Kruse, Joachim (2001): Erziehungsstil und kindliche Entwicklung. Wechselwirkungsprozesse. In: Walper, Sabine/Pekrun, Reinhard (Hrsg.): Familie und Entwicklung. Aktuelle Perspektiven der Familienpsychologie. Göttingen, S. 63-83

Lamborn, Susie D./Mounts, Nina S./Steinberg, Laurence/Dornbusch, Sanford M. (1991): Patterns of Competence and Adjustment among Adolescents from Authoritative, Authoritarian, Indulgent, and Neglectful Families. In: Child Development, 62, S. 1049-1065

Maccoby, Eleanor E./Martin, John A. (1983): Socialization in the context of the family: Parent-child interaction. In: Hetherington, E. Mavis (Hg.): Handbook of child psychology (Vol. 4). Socialization, personality and social development. New York, S. 1-101

Otto, Luther B./Atkinson, Maxine P. (1997): Parental Involvement and Adolescent Development. In: Journal of Adolescent Research, 12, S. 68-89

Scheithauer, Herbert/Mehren, Frank/Petermann, Franz (2003): Entwicklungsorientierte Prävention von aggressiv-dissozialem Verhalten und Substanzmissbrauch. In: Kindheit und Entwicklung, 12/2, S. 84-99

Scheithauer, Herbert/Petermann, Franz/Niebank, Kay (2002): Frühkindliche Risiko- und Schutzbedingungen: Der familiäre Kontext aus entwicklungspsychopathologischer Sicht. In: Rollett, Brigitte/Werneck, Harald (Hrsg.): Klinische Entwicklungspsychologie der Familie. Göttingen, S. 69-97

Schneewind, Klaus A. (1991): Familienpsychologie. Stuttgart

Schneewind, Klaus A. (1995): Kinder und Jugendliche im Kontext der Familie: Strategien für eine entwicklungsförderliche Erziehung. In: Edelstein, Wolfgang (Hrsg.): Entwicklungskrisen kompetent meistern. Der Beitrag der Selbstwirksamkeitstheorie von Albert Bandura zum pädagogischen Handeln. Heidelberg, S. 43-51

Schneewind, Klaus A. (2002a): Freiheit in Grenzen – Wege zu einer wachstumsorientierten Erziehung. In: Krüsselberg, Hans-Günter/Reichmann, Heinz (Hrsg.): Zukunftsperspektive Familie und Wirtschaft. Vom Wert von Familie für Wirtschaft, Staat und Gesellschaft. Grafschaft, S. 213-262

Schneewind, Klaus A. (2002b): „Freiheit in Grenzen" – die zentrale Botschaft zur Stärkung elterlicher Erziehungskompetenz. In: Krüsselberg, Hans-Günter/Reichmann, Heinz (Hrsg.): Zukunftsperspektive Familie und Wirtschaft. Vom Wert von Familie für Wirtschaft, Staat und Gesellschaft. Grafschaft, S. 393-404

Schwarz, Beate/Silbereisen, Rainer K. (1998): Anteil und Bedeutung autoritativer Erziehung in verschiedenen Lebenslagen. In: Zinnecker, Jürgen/Silbereisen, Rainer K. (Hrsg.): Kindheit in Deutschland. Aktueller Survey über Kinder und ihre Eltern. Weinheim, München, S. 229-242

Schwarz, Beate/Walper, Sabine/Gödde, Mechtild/Jurasic, S. (1997): Dokumentation der Erhebungsinstrumente der 1. Hauptbefragung (überarb. Version). Berichte aus der Arbeitsgruppe „Familienentwicklung nach der Trennung" (Nr. 14/1997). Ludwig-Maximilians-Universität München

Simons, Ronald L./Lorenz, Fred O./Conger, Rand D./Wu, Chy-In (1992): Support from spouse as mediator and moderator of the disruptive influence of early economic strain on parenting. In: Child Development, 63, S. 1282-1301

Steinberg, Laurence/Lamborn, Susie D./Darling, Nancy/Mounts, Nina S. /Dornbusch, Sanford M. (1994): Over-Time Changes in Adjustment and Competence among Adolescents from Authoritative, Authoritarian, Indulgent, and Neglectful Families. In: Child Development, 65/3, S. 754-770

Teti, Douglas M./Candelaria, Margo A. (2002): Parenting Competence. In: Bornstein, Marc (Hg.): Handbook of Parenting (2nd ed.). Vol. 4: Social conditions and applied parenting. Part 2: Applied Issues in Parenting. Mahwah, S. 149-180

Webster-Stratton, Carolyn/Taylor, Ted (2001): Nipping Early Risk Factors in the Bud: Preventing Substance Abuse, Delinquency and Violence in Adolescence Through Interventions Targeted at Young Children (0-8 Years). In: Prevention Science, 2/3, S. 165-192

*Johannes Huber*
„Der Dritte im Bunde ist immer dabei..." –
Die Bedeutung des Vaters im familiären Erziehungsgeschehen

1. Forschungsstand ................................................................. 150
2. Fragestellungen ................................................................. 153
3. Stichprobe und Methode ................................................... 154
4. Erziehungsverhalten aus Kindsicht ................................... 157
   4.1 Das Zusammenspiel" von Vater und Mutter in der Erziehung: Diskrepanzen im elterlichen Erziehungsverhalten aus Kindsicht und seine Auswirkungen auf Internalisierung und Externalisierung des Kindes ....................................... 157
   4.2 Der Vater im Familiensystem aus unterschiedlichen Perspektiven und im Vergleich zur Mutter ..................... 161
   4.3 Die Kontextfaktoren des väterlichen Engagements ........ 167
5. Zusammenfassung und Diskussion ................................... 175
Literatur ................................................................................... 178

## 1. Forschungsstand

Seit ca. 20 Jahren und dem 1985 veröffentlichten Überblickswerk von Wassilios Fthenakis zur Vater-Kind-Beziehung (Fthenakis 1985) ist das vermehrte Forschungsinteresse an der Rolle und Funktion des Vaters im familiären Lebenskontext im deutschsprachigen Raum unübersehbar geworden. Insbesondere Ende der 1990er Jahre ist es noch mal deutlich angestiegen. Aufgrund der Heterogenität der sozialwissenschaftlichen Zugangsweisen und der ihr zugrunde liegenden Konzepte und Methoden kann heute nicht mehr von *der* Väterforschung gesprochen werden. Die in der nationalen und internationalen Väterforschung existierenden Modelle zur wissenschaftlichen Untersuchung des Vaters und seiner Auswirkungen auf die Familie und die Entwicklung des Kindes konzentrieren sich auf unterschiedliche Bedingungsgefüge zur Erklärung väterlichen bzw. elterlichen Erlebens und Handelns, wobei (familien-) soziologische, pädagogische sowie familien-, sozial- und entwicklungspsychologische Dimensionen berücksichtigt werden (Überblick bei Lamb 1997, Walter 2002, Matzner 2004, S. 13-38). Dementsprechend existieren unterschiedliche Operationalisierungen und Typologien zur „Messung" väterlichen Engagements, wobei quantitative wie auch qualitative Methoden Anwendung finden. Die Messebenen können sowohl das subjektive Vaterschaftserleben (z. B. Matzner 2004, Eickhorst 2005), innere Vaterbilder (z. B. Gebauer 2004) als auch Verhaltensindikatoren väterlichen Engagements umfassen (Überblick bei Fthenakis 2002), wobei letztere häufig mit sozial- und familienstrukturellen sowie psychologischen Dimensionen von Kind und Eltern statistisch in Zusammenhang gesetzt werden.

In der historischen Betrachtung der Väterforschung findet sich entsprechend auch eine Abfolge unterschiedlicher Auffassungen zum Beitrag des Vaters: vom „korrigierenden Einfluss" des Vaters auf die Mutter hin zu den „mütterlichen Qualitäten" des Vaters bis zu den „spezifischen Qualitäten" väterlichen Verhaltens (Lamb 1997, Seiffge-Krenke 2001). Im Rahmen der beobachtenden Kindheitsforschung vorverlagerte sich auch der Alterszeitpunkt der untersuchten Eltern-Kind-Interaktionen (unter besonderer Berücksichtigung des Vaters) bis in die frühe nachgeburtliche Zeit, inklusive der Erhebung der elterlichen pränatalen Vorstellungen über die „Interaktion zu Dritt" und ihrer Relation zu spezifischen Entwicklungsindizes des Kindes (vgl. von Klitzing/Bürgin 2005).

Vielen modernen Väter-Theorien ist die gereifte Auffassung gemein, dass das Erleben und Verhalten eines Vaters mit all seinen Folgen für die Familie und Entwicklung des Kindes nur unter einer ganzheitlichen, systemischen Betrachtungsweise verstanden und erklärt werden kann, die den größeren kulturell-gesellschaftlichen Kontext (z. B. Rollenerwartungen, Werte), die Familienstruktur (Kern-, Stief- oder Adoptionsfamilie, hetero- oder homosexuelle Elternschaft), die Eltern- und Paarbeziehungsqualität, psychologische Dimensionen von Mutter und Vater (Erziehungs- und Sozialisationsgeschichte, Einstellung dem/der aktuellen oder ehemaligen Partner(in) gegenüber) als auch Charakteristiken des Kindes (z. B. Temperament) mit einbezieht (vgl. Doherty/Kouneski/Erickson 1998). Das Bedingungsgefüge der einzelnen Determinanten ist keinesfalls monokausal angelegt, sondern multikausal und in wechselseitiger Abhängigkeit stehend. Bezüglich ihrer Wirkungsweise sind additive, moderierende und/oder vermittelnde Einflüsse möglich (vgl. Holden 1997). Neben dem direkten Engagement des Vaters mit dem Kind (*doing with children*) geht die moderne Väterforschung von einem erweiterten Vaterschaftskonzept aus, das neben quantitativen und qualitativen Aspekten der Vater-Kind-Interaktion auch indirektes, nicht sichtbares väterliches Engagement auf verschiedenen Ebenen mit berücksichtigt (*doing for children*) (Fthenakis 2002). Die unterschiedlichen Formen und das Ausmaß väterlichen Engagements müssen zudem in Relation zu den Beiträgen der Mutter gesetzt werden, um zu differenzierten Aussagen bezüglich der Gemeinsamkeiten und Unterschiede von Mutter und Vater inklusive ihrer Wirkungen auf das Kind zu kommen.

In der wissenschaftlichen Beschäftigung mit der Rolle und Funktion des Vaters muss man sich deren großen Veränderlichkeit vor dem Hintergrund unterschiedlicher sozialhistorischer Kontexte gegenwärtig sein: die Ausgestaltung der Rolle eines Vaters bzw. sein praktischer Umgang mit dem Kind variiert(e) deutlich in Abhängigkeit vom gegebenen historischen, kulturellen und sozialen Hintergrund (Knibiehler 1996, Schneider 1989, LaRossa 1997). Neuere empirische Untersuchungen belegen zumindest auf der Einstellungsebene den sog. „neuen Vater", der unter anderem durch ein egalitäres Geschlechtsrollenkonzept, die Selbstdefinition als „Erzieher" des Kindes (und nicht mehr nur als „Ernährer") und die prinzipielle Bereitschaft zur Ausübung von Elternzeit charakterisiert ist (Fthenakis/Minsel 2001, Zulehner/Volz 1998, Vaskovics/Rost 1999). Auf der Verhaltensebene zeichnet die Realität allerdings ein ganz anderes Bild, das über die letzten Jahre relativ konstant geblieben ist: nur ca. 2%-5% der Väter in Deutschland gingen bisher in Elternzeit und die Teilzeitquote der erwerbstätigen Männer liegt bei 4% (Rost 2006). Eine Entwicklung, die vor dem Hintergrund des 2007 in Deutschland neu eingeführten Elterngeldes, welches auch Vätern einen finanziellen Anreiz zur Ausübung der Elternzeit in Aussicht stellt, abzuwarten bleibt. Die Ergebnisse des ersten Dreivierteljahres seit Einführung des Elterngeldes belegen eine mehr als Verdreifachung der Anzahl von Vätern, die Elternzeit beanspruchen (9,6%) (BMFSFJ 2007).

Insgesamt gesehen kann von einem deutlichen Wandel bzw. einer Modernisierung der Vaterrolle gesprochen werden, welche die *aktive* Rolle des Vaters im familiären Erziehungsgeschehen (nebst seiner Ernährerrolle und als Pendant zur Doppelorientierung der Mutter) in den Vordergrund rückt. Damit stellen sich entsprechende Anforderungen an die „Beziehungsfähigkeiten" des Vaters. Binnenfamiliäre, zwischenmenschliche Austauschprozesse zwischen dem Vater und einzelnen Familienmitgliedern werden zum Forschungsgegenstand.

Eine in diesem Zusammenhang häufig genannte und empirisch belegte Hypothese ist, dass das erzieherische Engagement des Vaters einer im Vergleich zur Mutter wesentlich größeren „Vulnerabilität" unterliegt und bezüglich seiner Kontinuität und Stabilität wesentlich anfälliger gegenüber Veränderungen im Umfeld des Vaters ist (Doherty/Kouneski/Erickson 1998, S. 289). Über die Ursachen dieses auch als „binnenfamiliale Desintegration" der Väter beschriebenen Phänomens gibt es unterschiedlichste Hypothesen (Fthenakis 2002, S. 102). Ein häufig ins Feld geführter Grund ist die im Vergleich zur Mutter weniger eindeutige soziale Normierung und Reglementierung väterlichen Rollenverhaltens. Dieses erlaubt Vätern mehr Entscheidungsfreiraum bzw. hat weniger verpflichtenden Charakter (Schmidt-Denter 1991, S. 199): Wie häufig und wie intensiv ein Vater mit seinem Kind interagiert, ist weniger stark durch die Vaterrolle vorgeschrieben. Es hängt maßgeblich von anderen Faktoren ab, zu denen die äußeren Rahmenbedingungen (z. B. berufliche Situation), interpersonelle Aspekte (z. B. Partnerschaftsqualität) und individuelle Merkmale der Familienmitglieder (z. B. Temperament des Kindes) gehören. Zu dieser Hypothese gehört auch die erklärende Annahme, dass Väter im Vergleich zur Mutter weniger zwischen ihrer Rollenfunktion als Vater und der als Beziehungspartner der Frau bzw. Mutter differenzieren (Belsky/Gilstrap/Rovine 1984): im Falle einer Abnahme der Partnerschaftsqualität kommt es häufig zur Verschlechterung der Vater-Kind-Beziehung infolge eines emotionalen Rückzuges des Vaters, für den beide Rollen Teilaspekte der Lebenswelt „Familie" darstellen.

In der vorliegenden Sekundäranalyse des DJI-Kinderpanels soll die Rolle und Funktion des Vaters und seine Bedeutsamkeit für andere Familienmitglieder am Beispiel des Erziehungsgeschehens analysiert werden. Ein besonderes Augenmerk wird, vor dem Hintergrund einer systemischen Perspektive, der elterlichen Konsistenz in der Erziehung (aus Kindsicht) als potenziellem Schutzfaktor für die Persönlichkeitsentwicklung des Kindes gelten („Coparental relationship", Doherty/Kouneski/Erickson 1998). Eine funktionale und konsistente Erziehung erfordert auf Seiten der Erziehungsberechtigten ein bestimmtes Maß an Abstimmung und Koordination, um erzieherisch „an einem Strang" zu ziehen, was wiederum den Vater in seine erzieherische und zwischenelterliche Verantwortung nimmt. Hierzu werden zusätzlich einzelne dyadische Subsysteme in der Familie (Mutter-Kind, Vater-Kind, Mutter-Vater) in ihren Perspektiven verglichen. Ferner sollen diejenigen Faktoren identifiziert werden, die das väterliche Engagement fördern (oder behindern) und damit einen Beitrag zur „Erziehlichkeit" der Familie aus Sicht des Vaters leisten (Herlth 2006). Dabei werden, entgegen der häufig ausschließlichen Erwachsenenberichterstattung in der Kindheitsforschung, in besonderer Weise Vater- und Kindperspektive miteinander in Beziehung gesetzt, um Aussagen zur Relevanz der jeweiligen Einflussfaktoren aus Eltern- und Kindsicht zu erhalten. Den Berechnungen liegt theoretisch ein ökopsychosozialer Ansatz zugrunde und lehnt sich an das Modell von Doherty zum „responsible fathering" (Doherty/Kouneski/Erickson 1998) sowie an das Prozessmodell der Determinanten elterlichen Erziehungsverhaltens von Belsky (Belsky 1984) an. Die Datenanalyse konzentriert sich auf die familiäre Nahumwelt des Kindes in Form des elterlichen Erziehungshandelns, während die schulische Umwelt sowie das weitere soziale Umfeld (Nachbarschaft, Freunde) unberücksichtigt bleiben.

## 2. Fragestellungen

Ausgehend von der Hypothese, dass für eine „erfolgreiche" Erziehung *alle* am Erziehungsssystem beteiligten Familienmitglieder und damit auch der Vater notwendig sind, soll untersucht werden, welche Auswirkungen ein gelungenes, i.e. gleichgerichtetes „Zusammenspiel" von Vater und Mutter im elterlichen Erziehungsverhalten auf Internalisierung und Externalisierung des Kindes hat (Stichwort: *Coparenting*). Was passiert beim Kind, wenn sich beide Elternteile in elementaren Erziehungsdimensionen extrem stark voneinander unterscheiden? Damit in Zusammenhang steht auch die Frage, ob ein Elternteil einen kompensatorischen Erziehungseffekt bezüglich einer negativen Wirkung des anderen Elternteils auf das Kind ausüben kann.

Nach dieser triadischen Perspektive wird der Blick auf einzelne Dyaden innerhalb der Familie gerichtet:

- Wie werden die Eltern von ihren Kindern in ihren Erziehungsverhaltensweisen wahrgenommen und gibt es zentrale Unterschiede zwischen der Eltern- und Kindperspektive?

- Vor dem Hintergrund einer geschlechtsdifferenzierenden Forschungsperspektive wird analysiert, wie Mädchen und Jungen jeweils für sich ihren Vater und ihre Mutter erleben? Gibt es hier Unterschiede und welchen Einfluss hat die soziale Herkunft (Schicht) auf dieses Erleben?

Schließlich wird der Blick auf die Kontextfaktoren väterlichen Engagements geworfen: welchen Zusammenhang zeigen Arbeitszufriedenheit, Partnerschaftsqualität, Partnerschaftsstress, subjektiv erlebtes Familienklima mit dem erzieherischen Engagement des Vaters, unter besonderer Berücksichtigung seines Demoralisierungserlebens? Diese Analyse wird im Anschluss mit der Perspektive des Kindes intersubjektiv validiert, indem untersucht wird, ob das Demoralisierungserleben des Vaters einen Risikofaktor für die Entwicklung des Kindes in Form verminderter Kindzugewandtheit oder kompensatorischer Strenge darstellt.

## 3. Stichprobe und Methode

Die folgenden Berechungen wurden anhand der Daten der 3. Welle des DJI-Kinderpanels durchgeführt. Diese zu untersuchenden „Vater-Effekte" als *ein* Teil des Gesamtfamiliensystems sind, wie auch bei der Mutter, mit den dahinter liegenden Familienstrukturen (Kernfamilie, Stief- und Pflegefamilie, Alleinerziehenden-Status) und Verwandschaftsverhältnissen (biologischer versus sozialer Elternteil) konfundiert. Da die Stichprobe zum überwiegenden Teil aus Kernfamilien (940 eheliche und 37 nicht-eheliche) besteht, wurde in den folgenden Auswertungen der Fokus auf die Kernfamilien gelegt. In die folgenden Auswertungen für die 3. Welle gingen die mittels face-to-face-Interview gewonnenen *Antworten von insgesamt 977 Kindern* (487 Jungen, 486 Mädchen; 4 Kinder ohne Geschlechtsangabe) der jüngeren (527 Kinder; Alter 8 bis 9 Jahre) und älteren Kohorte (450 Kinder; Alter 11 bis 13 Jahre) ein. Zusätzlich wurden die *Angaben der leiblichen Mütter* (N=977), die wie die Kinder persönlich interviewt wurden, mit ausgewertet. Wie schon in den vorhergehenden Wellen wurden die *Väter ergänzend schriftlich befragt*: deren Antworten (leibliche Väter N=650) sollen für sich genommen und in ihrer jeweiligen Relation zu den Kinder- und Mütterangaben in diesem Artikel den inhaltlichen Schwerpunkt bilden.

Um Auskünfte über das *Erziehungsverhalten von Mutter und Vater* zu erhalten, wurden in der 3. Welle des Kinderpanels den Eltern Fragen dazu gestellt, inwieweit sie in der Kommunikation mit ihren Kindern auf deren Wünsche und Bedürfnisse eingehen, und inwieweit sie in ihrer Erziehung eine strenge Kontrolle ausüben (Schwarz u. a. 1997). Diese beiden Erziehungsdimensionen wurden für Mutter und Vater getrennt, sowie zusätzlich aus der Perspektive der Kinder jeweils getrennt für Mutter und Vater, erhoben. Aus diesen zwei Frageblöcken wurden zwei Indizes für Erziehungsstile gebildet:

- Die *Kindzentrierte Kommunikation:* 6 Items (z. B.: spreche mit meinem Kind über das, was es erlebt hat; frage Kind nach seiner Meinung bei Entscheidungen, die es betreffen; habe das Gefühl, meinem Kind wirklich vertrauen zu können – Cronbachs α (für beide Elternteile aus allen Perspektiven in der 3. Welle) = .72 bis .82).
- Die *Strenge Kontrolle:* 5 Items (z. B.: finde, Kind sollte sich Erwachsenen nicht widersetzen; bestrafe mein Kind, wenn es etwas gegen meinen Willen tut; erziehe mein Kind lieber streng als zu nachlässig; – Cronbachs α in der 3. Welle für Mutter (Eltern- und Kindsicht) α=.63 bis .68 und für Vater (Eltern- und Kindsicht) α=.72 bis .74).

Die Variablen zur *emotionalen Persönlichkeit der Kinder* wurden erneut anhand einer Skala von 30 Items erhoben. Diese Items stammen von unterschiedlichen Fragebögen, vor allem von der Child Behavior Checklist – CBCL (Achenbach/Edelbrock 1981), den Temperamentskalen von Windle/ Lerner (1986) bzw. deren Kurzversion (Schwarz/Rinker 1998) sowie der Leipziger Längsschnittstudie (Zentralinstitut für Jugendforschung seit 1986). Für die Analyse wurden die Internalisierung und Externalisierung des Kindes als in der Literatur häufig zitierte und reliable Persönlichkeitsindikatoren (von insgesamt fünf) verwendet, deren Reliabilitätskoeffizienten samt Beispielitems nachfolgend dargestellt sind. Bezüglich der Einschätzung der Persönlichkeit wurden die befragten Kinder, ganz im eigentlichen Sinne einer Kindberichterstattung, als geeignetste Informanten über ihr eigenes Erleben und Verhalten angesehen, weswegen die Indizes ausschließlich aus Kindsicht Anwendung finden.

- *Externalisierung:* 7 Items (z. B.: raufe gerne, Spaß am Ärgern anderer, werde leicht sauer, fange oft Streit an) – Cronbachs α (Kindsicht) =.71).
- *Internalisierung:* 6 Items (z. B.: bin manchmal ängstlich od. unsicher, habe Angst vor fremden Kindern – Cronbachs α (Kindsicht) =.70).

Für die Berechnungen von möglichen *Effekten der sozialen Herkunft* (Schichteffekt) wird der bereits in vorhergehenden Analysen gebildete soziale Schichtindex verwendet. „Soziale Schicht" wird dabei als ein mehrdimensionales Konstrukt verstanden, das die unmittelbare ökonomische Potenz (Einkommen als Indikator), das kulturelle Kapital (Berufsabschluss als Indikator) und das soziale Kapital (ausgeübter Beruf als Indikator) umfasst. Der ausgeübte Beruf ist ein schwacher Indikator für das soziale Kapital, da er die außerberuflichen Aktivitäten nicht erfasst; im Kinderpanel wird er dennoch als erste Annäherung verwendet, auch wenn er mit dem Einkommen und dem Berufsabschluss korreliert. Der soziale Schichtindikator wird durch Zusammenfassung dieser 3 Indikatoren gebildet, wobei für den Familienindikator im Vergleich von Vater- und Mutterindex die jeweils höhere soziale Schicht angenommen wird.

Für die *Analyse der Kontextfaktoren des väterlichen Engagements* wird die Arbeitszufriedenheit, die Partnerschaftsqualität, der in der Partnerschaft erlebte Stress sowie das subjektiv erlebte Familienklima herangezogen. Die Variable Arbeitszufriedenheit wurde in ihrer Wertigkeit umgepolt, um inhaltlich interpretierbare Zusammenhangsanalysen zu ermöglichen. Das Familienklima ist ein aus 5 Items gebildeter Index (z. B. bin gern mit meiner Familie zusammen; in unserer Familie kommt es zu Reibereien; haben viel Spaß miteinander; Cronbachs α (Vatersicht) =.67).

Der *persönliche Demoralisierungsgrad des Vaters* wird als eine das Erziehungsverhalten möglicherweise beeinflussende Größe berücksichtigt und ist ein aus 9 Items gebildeter Indikator (z. B. habe mich optimistisch gefühlt; hatte das Gefühl versagt zu haben; war unzufrieden mit mir selbst; habe mich im Vergleich zu anderen benachteiligt gefühlt; hatte das Gefühl, dass nichts so wird, wie ich es mir wünsche; Cronbachs α (Vatersicht) =.78).

Für die analysierten Zusammenhänge zwischen *elterlichen Inkonsistenzen im Erziehungsverhalten* und ihren möglichen Auswirkungen auf die Persönlichkeit des Kindes wird im Rahmen der Kinderpanel-Studie das Kind zu seiner Wahrnehmung von Vater und Mutter getrennt befragt und nicht direkt dazu interviewt, ob und in welcher Weise Vater und Mutter sich im Erziehungsverhalten unterscheiden. Auch werden die Eltern selbst nicht bezüglich der (mangelnden) gegenseitigen Abstimmung in Erziehungsfragen übereinander befragt. Deswegen wird rechnerisch ein Differenzwert in den beiden Erziehungsdimensionen „Kindzentrierte Kommunikation" und „Strenge Kontrolle" von Vater und Mutter (aus Kindsicht) ermittelt. Hierbei wird der Wert, den ein Kind in der „Kindzentrierten Kommunikation" seiner Mutter gegeben hat, vom jeweiligen Wert des Vaters subtrahiert, und in gleicher Weise für die „Strenge Kontrolle" verfahren. Für jeden einzelnen Fall werden Differenzwerte in einer eigenen Variablen gebildet, die dann einer sich anschließenden Extremgruppeneinteilung unterzogen wurden. Die Bereichseinteilung erfolgte in 3 Abschnitte: Werte innerhalb des Bereiches ‚Mittelwert plus/minus einer Standardabweichung' sowie zwei Bereiche jenseits der beiden ersten Standardabweichungen unter- bzw. oberhalb des Mittelwertes. Diese empirische Lösung einer 3-stufigen Bereichseinteilung und Extremgruppengenerierung erwies sich als pragmatisches Verfahren, da eine willkürliche Einteilung anhand der vorliegenden Häufigkeitsverteilung nicht möglich war. Damit wurden zwei dreistufige Ordinal-Variablen erzeugt, die als Konsistenzindizes des elterlichen Erziehungsverhaltens aufgefasst werden können.

## 4. Erziehungsverhalten aus Kindsicht

### 4.1 Das „Zusammenspiel" von Vater und Mutter in der Erziehung: Diskrepanzen im elterlichen Erziehungsverhalten aus Kindsicht und seine Auswirkungen auf Internalisierung und Externalisierung des Kindes

Im Folgenden wird der Zusammenhang zwischen der vom Kind wahrgenommenen Konsistenz im elterlichen Erziehungshandeln und seiner Internalisierung und Externalisierung untersucht. Wir analysieren, ob das gleichgerichtete oder sich zuwiderlaufende erzieherische Handeln von Vater und Mutter auf die Persönlichkeitsbereiche des Kindes Einfluß hat und welche möglichen Konsequenzen sich daraus ergeben. Die im Rahmen einer Extremgruppeneinteilung erfolgte Operationalisierung konsistenten Erziehungsverhaltens der Eltern weist eine inhaltliche Nähe zu dem auch als „Coparenting" in die Literatur eingegangenen Konzept auf, welches per definitinonem ein *dyadisches* Konstrukt zu den zwischen beiden Elternteilen stattfindenden Abstimmungs- und Austauschprozessen bezüglich der Erziehung des Kindes darstellt (vgl. McHale/Kuersten-Hogan/Rao 2004; Van Egeren/Hawkins 2004). Unter Verwendung der empirisch ermittelten Extremgruppeneinteilung in den zwei Erziehungsdimensionen „Kindzentrierte Kommunikation" und „Strenge Kontrolle" wird im Kinderpanel der rechnerische Versuch unter-nommen, die dyadische Perspektive zu verlassen und ein „Beziehungs-Dreieck" mit allen beteiligten Personen (Vater, Mutter, Kind) aufzuspannen bzw. die Aufmerksamkeit auf triadische Prozesse innerhalb der Familie zu lenken. Als Outcome-Variablen werden die Persönlichkeitsdimensionen Internalisierung und Externalisierung des Kindes verwendet. Für die Analyse werden zwei Mehrweg-Varianzanaly-sen jeweils mit den zwei dreistufigen Faktoren Konsistenzindex: Kindzentrierte Kommunikation und Konsistenz-index: Strenge Kontrolle gerechnet.

Bei diesen Berechnungen gehen wir von zwei Vorannahmen aus: zum einen unterstellen wir implizit, dass die aus Kindsicht ermittelten Inkonsistenzen im elterlichen Erziehungsverhalten als empirisch emittelte Entität so auch tatsächlich vom Kind wahrgenommen werden. Zum anderen wird angenommen, dass das Ausmaß elterlicher Inkonsistenz im Erziehungsverhalten einen Einfluss auf die Persönlichkeit des Kindes hat. Bei den Erziehungsverhaltendimensionen „Kindzentrierte Kommunikation" und „Strenge Kontrolle" bzw. bei den ermittelten Differenzwerten zwischen Vater und Mutter haben wir es mit Variablen zu tun, die sich in ihrer inhaltlichen Konzeption direkt auf das Kind beziehen. Eine Zusammenhangsanalyse der Konsistenz elterlichen Erziehungsverhaltens mit Persönlichkeitsbereichen des Kindes ist inhaltlich somit sehr plausibel, soll doch mit den Verhaltensdimensionen der Wärme/Kommunikation und strengen Kontrolle das Erleben und Verhalten eines Kindes durch die Eltern beeinflusst und gelenkt werden.

Betrachtet man Abbildung 1 zu den Auswirkungen elterlicher Inkonsistenz im Erziehungsverhalten auf die Internalisierungstendenzen des Kindes, so lässt sich kein signifikanter Effekt einer der beiden Konsistenzindizes feststellen. Allerdings kommt der Faktor Konsistenz: Strenge Kontrolle sehr nahe an die Überzufälligkeit heran. Dies bedeutet: Kinder, deren Eltern sich in der vom Kind wahrgenommenen Kontrolle sehr stark voneinander unterscheiden, zeigen beinahe überzufällig häufig Anzeichen von Internalisierung. Dabei handelt es sich der Graphik zufolge eindeutig um das väterliche Übermaß an strenger Kontrolle, das bei den Kindern zu einem fast signifikanten Anstieg der Internalisierungswerte führt. Die relative Zunahme der väterlichen kindzentrierten Kommunikation führt zu einem statistisch nicht signifikanten, leichten Absinken der Internalsierungswerte. Dieses im Vergleich zur Mutter relative Übermaß an väterlicher kindzentrierter Kommunikation führt in Kombination mit einem respektiven Übermaß an mütterlicher Kontrolle interessanterweise sogar zu den niedrigsten Internalisierungswerten, was für einen gewissen kompensatorischen Einfluß väterlicher Zuwendung vor dem Hintergrund hoher erzieherischer Strenge der

Mutter spricht. Auch dieser Befund ist allerdings statistisch nicht signifikant. Umgekehrt ist diese Tendenz nicht zu beobachten.

Abb. 1:  Geschätztes Randmittel von Internalisierung Kind, 3. Welle

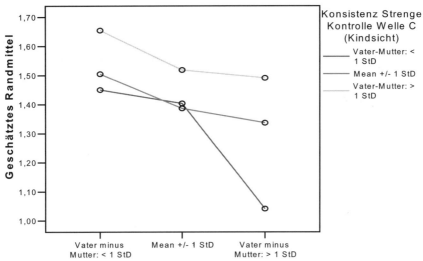

F-Wert 2,924; Sign.: .054; Etaq.: .006
Quelle: DJI, 3. Welle Kinderpanel, eigene Berechnungen

Betrachtet man die zweite Varianzanalyse in Abbildung 2 zu den Auswirkungen erzieherischer Inkonsistenzen beider Eltern auf die Externalisierungstendenzen des Kindes, so findet sich ein hoch signifikanter Effekt des Faktors „Inkonsistenz der strengen Kontrolle". Dies bedeutet, dass die zwischenelterliche Inkonsistenz in der erzieherischen Strenge zu Buche schlägt und überzufällig zu Externalisierungstendenzen beim Kind führt. Das Übermaß an väterlicher Strenge ist für den deutlichen Anstieg in dieser Persönlichkeitsvariable verantwortlich.

Abb. 2: Geschätztes Randmittel von Externalisierung Kind, 3. Welle

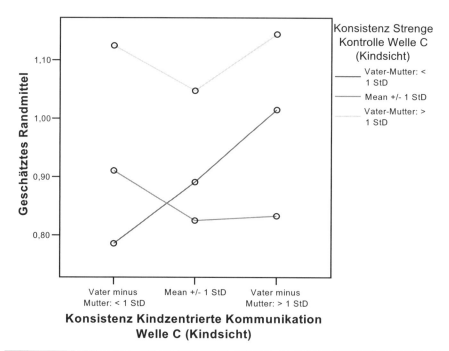

F-Wert 8,188; Sign.: < .001; Etaq.: .017
Quelle: DJI, 3. Welle Kinderpanel, eigene Berechnungen

Wenngleich sich auch kein Interaktionseffekt der beiden Inkonsistenzindizes finden lässt, so führt ein mit starker väterlicher Strenge geführter „Erziehungshaushalt", gepaart mit zusätzlich hohen Inkonsistenzen der Eltern im Bereich der kindzentrierten Kommunikation, zu den höchsten Externalisierungswerten bei den Kindern. Verschiebt sich das Mischungsverhältnis im elterlichen Erziehungshaushalt zugunsten eines relativen Übermaßes an mütterlicher Kontrolle bei gleichzeitig relativ vermehrter väterlicher kindzentrierter Kommunikation, so zeigen sich bei den Kindern ebenfalls sehr hohe Externalisierungswerte.

In die varianzanalytischen Auswertungen wurde in einem zweiten Schritt zusätzlich noch der Faktor „Geschlecht des Kindes" integriert, um mögliche Anhaltspunkte für einen geschlechtsdifferenzierenden Einfluß der elterlichen

Erziehungsinkonsistenzen auf die Internalisierung und Externalisierung der Kinder zu bekommen. Die Berechnungen ergaben allerdings keine signifikanten Hinweise für eine Interaktion dieser Art.

## 4.2 Der Vater im Familiensystem aus unterschiedlichen Perspektiven und im Vergleich zur Mutter

Das Kinderpanel berücksichtigt, entgegen vielen „Kindheitsstudien" mit ausschließlicher Erwachsenenbefragung, in besonderer Weise jede einzelne Perspektive der Triade Vater – Mutter – Kind zu allen 3 Erhebungszeitpunkten. Dadurch bietet sich die seltene Möglichkeit, die Homo- oder Heterogenität dieser drei Blickwinkel und Erlebnisweisen miteinander in Beziehung zu setzen und ihre intersubjektive Validität zu überprüfen: ist das, was ein Vater oder eine Mutter über sein/ihr Kind berichtet, eine valide Einschätzung dessen, was in dem Kind wirklich vorgeht und was es über sich selbst berichtet, oder gibt es hier beträchtliche Differenzen? Werden mögliche zwischen den Eltern festgestellte Unterschiede im Erleben der familiären Erziehungsrealität so auch von den Kindern geteilt oder erleben Kinder ihre Eltern selbst womöglich viel einheitlicher als diese sich selbst wahrnehmen? Diese und weitere Fragestellungen können durch die inhaltlich konsistente Befragung aller drei Familienmitglieder für die vorliegende Stichprobe beantwortet werden.

*Vergleich von Elternsicht und Kindsicht im Erziehungsverhalten*

Im Folgenden werden die Erziehungsdimensionen „Kindzentrierte Kommunikation" und „Strenge Kontrolle" von Mutter und Vater sowohl aus Kinder- als auch Elternsicht in ihren Mittelwerten für die 3. Welle beschrieben. Die jeweiligen Wahrnehmungsunterschiede und Zusammenhangsmaße werden auf statistische Signifikanz getestet.

Tabelle 1 sind durch Integration von insgesamt drei verschiedenen Perspektiven bezüglich zwei entgegengesetzter Erziehungsdimensionen verschiedenste Informationen zu entnehmen:
   Insgesamt betrachtet bewerten die Kinder wie auch die Eltern in der 3. Welle die elterliche Kommunikation mit dem Kind häufig als kindzentriert und in einem mittleren Maß streng.
   Die Kinder nehmen die kindzentrierte Kommunikation ihrer *beiden* Elternteile weniger positiv wahr als diese sie selbst einschätzen. Bezüglich der erzieherischen Strenge fällt ein leichter Unterschied zwischen Vater und Mutter auf: Kinder nehmen ihre Väter in der 3. Welle signifikant strenger wahr als diese sich selbst einschätzen. Die Selbst- und Fremdwahrnehmung der

mütterlichen Kontrolle unterscheidet sich ebenfalls statistisch signifikant voneinander. Bei genauerer Betrachtung der Mittelwertsdifferenzen ist der Absolutbetrag beim Vater aber deutlich höher (Differenz (absolut): 0.20 vs. 0.06).

Tab. 1: Erziehungsverhalten 3. Welle: Vergleich von Eltern- und Kindperspektive (Mittelwerte, Korrelationen)

|  | aus Kindsicht | aus Elternsicht | t-Test, abhängig | Pearsons r |
|---|---|---|---|---|
| Kindzentrierte Kommunikation der Mutter | 3,14 | 3,37 | p<.001 | .415*** |
| Kindzentrierte Kommunikation des Vaters | 2,97 | 3,14 | p<.001 | .301*** |
| Strenge Kontrolle der Mutter | 2,32 | 2,26 | p<.004 | .354*** |
| Strenge Kontrolle des Vaters | 2,37 | 2,17 | p<.001 | .249*** |

(Werte sind z. T. umgepolt: 1=nie/selten bzw. stimmt gar nicht – 4=sehr oft/immer bzw. stimmt genau)
„***" indiziert Signifikanzniveau von p<.001
Quelle: DJI, 3. Welle Kinderpanel, eigene Berechnungen

Bezüglich der Qualität der Kommunikation sind sich Eltern und Kinder einiger als bezüglich der erzieherischen Strenge, wobei insbesondere Mütter und Kinder in ihren Einschätzungen dabei ähnlicher sind als Väter und ihre Kinder.

*Vergleich von Vater und Mutter im Erziehungsverhalten aus Kindsicht und Elternsicht*

Tabelle 2 ist zu entnehmen, dass Mütter von ihren Kindern kindzentrierter erlebt werden als Väter. Die Mütter sprechen sich selbst auch bessere kindzentrierte Kommunikationsfähigkeiten zu als die Väter; Kind- und Elternperspektive stimmen hier also besser überein. Wie schon beim Vergleich der Kind- und Elternperspektive zeigen sich auch in der Gegenüberstellung der erzieherischen Strenge von Vater und Mutter Unterschiede: die Kinder nehmen in der 3. Welle ihren Vater signifikant strenger wahr als die Mutter, während sich eine entgegengesetzte Situation aus Elternperspektive findet: Mütter schätzen sich hier selbst signifikant strenger ein als die Väter!

Insgesamt betrachtet nehmen die Kinder ihre beiden Elternteile doch sehr ähnlich in ihrem Erziehungsverhalten wahr, während die Selbstwahrnehmungen der Eltern deutlich stärker voneinander abweichen.

Tab. 2: Erziehungsverhalten 3. Welle: Vergleich von Mutter- und Vaterverhalten (Mittelwerte, Korrelationen)

|  | Mutter | Vater | t-Test, abhängig | Pearsons r |
|---|---|---|---|---|
| Kindzentrierte Kommunikation aus Kindersicht | 3,14 | 2,93 | p<.001 | .732*** |
| Kindzentrierte Kommunikation aus Elternsicht | 3,38 | 3,14 | p<.001 | .279*** |
| Strenge Kontrolle aus Kindersicht | 2,32 | 2,38 | p<.001 | .708*** |
| Strenge Kontrolle aus Elternsicht | 2,22 | 2,16 | p<.016 | .320*** |

(Werte sind z. T. umgepolt: 1=nie/selten bzw. stimmt gar nicht – 4=sehr oft/immer bzw. stimmt genau)
„***" indiziert Signifikanzniveau von p<.001
Quelle: DJI, 3. Welle Kinderpanel, eigene Berechnungen

*Erziehung von Vater und Mutter aus Kindsicht in Abhängigkeit vom Geschlecht und der Schichtzugehörigkeit des Kindes*

Vor dem Hintergrund einer geschlechtsdifferenzierenden Perspektive in der Kindheits- und Erziehungsforschung ermöglicht das Kinderpanel eine Annäherung an die Frage, wie Töchter und Söhne eigentlich ihren Vater und ihre Mutter in den entgegengesetzten Erziehungsdimensionen „Kindzentrierte Kommunikation" und „Strenge Kontrolle" erleben, und zwar unter zusätzlicher Berücksichtigung der sozialen Schichtzugehörigkeit? Gibt es hier Gemeinsamkeiten oder Unterschiede zwischen Mädchen und Jungen, in den einzelnen Gesellschaftsschichten oder hängt das Erleben der elterlichen Erziehung systematisch mit dem Geschlecht des Kindes *und* seiner Schichtzugehörigkeit zusammen?

Hierzu wurden jeweils Mehrweg-Varianzanalysen mit dem zweistufigen Faktor Geschlecht des Kindes und dem fünfstufigen Faktor Schichtzugehörigkeit auf die abhängigen Variablen „Kindzentrierte Kommunikation des Vaters aus Sicht des Kindes", „Strenge Kontrolle des Vaters aus Sicht des

Kindes", "Kindzentrierte Kommunikation der Mutter aus Sicht des Kindes" und "Strenge Kontrolle der Mutter aus Sicht des Kindes" gerechnet.

Abb. 3: Geschätztes Randmittel von Kindzentrierte Kommunikation des Vaters aus Sicht des Kindes, 3. Welle

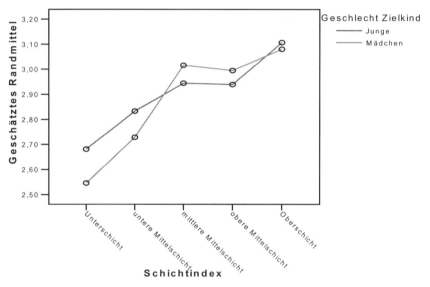

Kindzentrierte Kommunikation: F-Wert 11,305; Sign.: p<.001; Etaq: .045
Quelle. DJI, 3. Welle Kinderpanel, eigene Berechnungen

Abbildungen 3 und 4 ist zu entnehmen, dass sich für die kindzentrierte Kommunikation und die strenge Kontrolle ein eindeutiger Schichteffekt feststellen lässt, d. h. Kinder aus der Oberschicht nehmen ihre Väter signifikant zugewandter und weniger streng wahr als Kinder aus unteren Gesellschaftsschichten. Bezüglich der erzieherischen Strenge des Vaters ist auch ein Geschlechtereffekt zu beobachten ist: Jungen erleben ihre Väter signifikant strenger als Mädchen (F-Wert 8,421; Sign.: p=.004; Etaq: .009), bezüglich der kindzentrierten Kommunikation des Vaters besteht zwischen Mädchen und Jungen kein Unterschied. Es lässt sich für die Erziehungsdimensionen des Vaters auch kein Interaktionseffekt zwischen dem Geschlecht und der Schichtzugehörigkeit des Kindes feststellen.

Abb. 4: Geschätztes Randmittel von strenge Kontrolle des Vaters aus Sicht des Kindes, 3. Welle

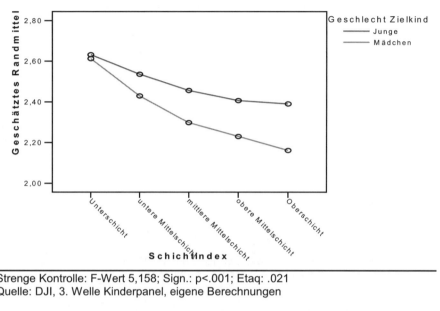

Strenge Kontrolle: F-Wert 5,158; Sign.: p<.001; Etaq: .021
Quelle: DJI, 3. Welle Kinderpanel, eigene Berechnungen

Für die kindzentrierte Kommunikation und die strenge Kontrolle der Mutter lässt sich ein eindeutiger sozialer Schichteffekt feststellen. Kinder aus der Oberschicht nehmen ihre Mütter signifikant zugewandter und weniger streng wahr als Kinder aus den unteren Gesellschaftsschichten. Im Unterschied zum Vater können wir bei der kindzentrierten Kommunikation der Mutter aus Kindsicht einen Geschlechtereffekt beobachten: Mädchen erleben ihre Mütter im Vergleich zu den Jungen signifikant zugewandter (F-Wert 4,420; Sign.: p=.036; Etaq: .005). Bei der erzieherischen Strenge der Mutter findet sich aus Kindsicht kein Geschlechtereffekt. Es lässt sich bezüglich der Erziehungsdimensionen der Mutter kein Interaktionseffekt zwischen dem Geschlecht und der Schichtzugehörigkeit des Kindes feststellen. Im Vergleich der Effektstärken von Vater und Mutter ist der beobachtete Schichteffekt auf die kindzentrierte Kommunikation bei den Vätern deutlich höher als der entsprechende Wert bei der Mutter, während hingegen die Stärke des Schichteffektes auf die strenge Kontrolle bei der Mutter größer ist.

Abb. 5: Geschätzte Randmittel von Kindzentrierte Kommunikation der Mutter aus Sicht des Kindes, 3. Welle

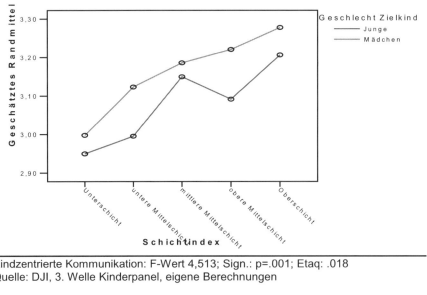

Kindzentrierte Kommunikation: F-Wert 4,513; Sign.: p=.001; Etaq: .018
Quelle: DJI, 3. Welle Kinderpanel, eigene Berechnungen

Abb. 6: Geschätztes Randmittel von strenge Kontrolle der Mutter aus Sicht des Kindes, 3. Welle

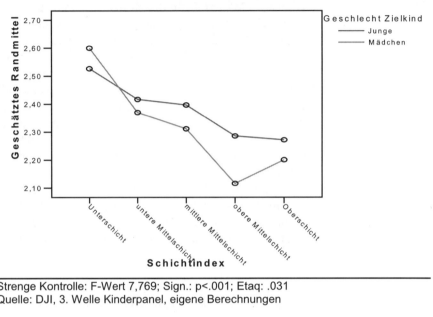

Strenge Kontrolle: F-Wert 7,769; Sign.: p<.001; Etaq: .031
Quelle: DJI, 3. Welle Kinderpanel, eigene Berechnungen

## 4.3 Die Kontextfaktoren des väterlichen Engagements

Im letzten Abschnitt wird die Ebene der verschiedenen Perspektiven elterlichen Erziehungsverhaltens verlassen und die Aufmerksamkeit auf die das väterliche Erziehungsverhalten mit beeinflussenden Kontextfaktoren gelenkt. Die Analyse der Kontextgrößen erfolgt nicht ohne Grund. Einschlägige Studien berichten wiederholt von einer im Vergleich zur Mutter erhöhten Vulnerabilität väterlichen Engagements gegenüber strukturellen, interpersonellen und individuellen Veränderungen im Umfeld des Vaters (wie Arbeitsplatzsituation, Ehequalität, Konfliktausmaß in der Familie, Temperament des Kindes etc. Doherty/Kouneski/Erickson 1998).

Es geht um die Fragestellung, ob und in welchem Ausmaß die Kontextfaktoren Arbeitszufriedenheit, Familienklima und Partnerschaftszufriedenheit bzw. Partnerschaftsstress mit dem väterlichen Erziehungsverhalten (aus Sicht des Vaters) in Zusammenhang stehen. Entsprechend einschlägiger Studien zu den Risiko- und Schutzfaktoren kompetenten Erziehungsverhaltens (Überblick z. B. Jaursch 2003, S. 54-61), die insbesondere die Persönlichkeitsvariablen der Eltern (Selbstwertgefühl, Selbstwirksamkeitsüberzeugung [locus of control], sicheres Bindungsverhalten etc.) als moderierende Faktoren des tatsächlichen Erziehungsverhaltens bestätigen, und im Einklang mit Belsky's Prozessmodell der Determinanten elterlichen Erziehungsverhaltens (Belsky 1984), soll zusätzlich der Zusammenhang der Kontextfaktoren mit dem Demoralisierungserleben des Vaters untersucht werden. Die „Demoralisierung" wird als „State"-Variable operationalisiert (Befinden der vergangenen vier Wochen) und stellt kein stabiles Persönlichkeitsmerkmal im Sinne eines „Trait" dar. Mangels der Verfügbarkeit von Persönlichkeitsvariablen der Eltern im Kinderpanel stellt dies einen Versuch zur Integration einer „persönlichkeitsnahen" Variablen dar (im Sinne einer subjektiven Neigung zur Verarbeitung äußerer Lebensumstände). Im Einzelnen wird der Zusammenhang bestimmter Lebenskontexte mit dem subjektiven Demoralisierungserleben des Vaters und die Relevanz dieses Erlebens für das tatsächliche Erziehungsverhalten des Vaters untersucht. Weiterhin werden diese aus Vatersicht ermittelten Ergebnisse mit der subjektiven Realität des Kindes verknüpft, um Hinweise darüber zu erhalten, ob die Faktoren, die das Erleben und Verhalten eines Vaters bestimmen, so auch für das Kind und sein Erleben ihre Gültigkeit besitzen.

*Die Zusammenhänge zwischen Arbeitszufriedenheit, Partnerschaftsqualität, Familienklima, Demoralisierung und Erziehungsverhalten des Vaters*

Betrachtet man in Tabelle 3 die Korrelationen, so ist aus inhaltlichen Überlegungen heraus die höchste negative signifikante Korrelation zwischen der Partnerschaftsqualität und dem erlebten Stress in der Beziehung inhaltlich plausibel. Die hohe negative Korrelation zwischen Partnerschaftsstress und Familienklima sowie die hohe positive Korrelation zwischen Partnerschaftsqualität und Familienklima deutet darauf hin, wie stark bei den untersuchten Vätern das subjektive Wohlbefinden in der Familie mit der Qualität der partnerschaftlichen Beziehung in Verbindung steht bzw. diese sich gegenseitig bedingen.

Über Ursache-Wirkungs-Verhältnisse kann bekanntermaßen aus den Korrelationskoeffizienten keine Aussage getroffen werden. Eine differenziertere Analyse der Kontexte von Familie, Ehe/Partnerschaft sowie Elternschaft erscheint dennoch bedeutsam, um die Trennschärfe insbesondere zwischen den Konzepten Elternschaft und Paarbeziehung auf der subjektiven Erlebensebene besser abbilden zu können. Die Zusammenhangsmaße erlauben einen Hinweis darauf, wie bedeutsam für die untersuchten Väter ein intaktes Familienklima als „familiäres Stimmungsbarometer" mit ihrem seelischen Wohlbefinden in Zusammenhang steht.

Tab. 3: Korrelationen (alles Vatersicht)

| | | | Partner-schafts-qualität | Partner-schafts-stress | Familien-klima | Demora-lisierung |
|---|---|---|---|---|---|---|
| Spearman-Rho | Arbeits-zufrieden-heit | Korr. (r) | ,130(**) | -,181(**) | ,186(**) | -,387(**) |
| | | Sig. (2-seitig) | ,001 | ,000 | ,000 | **,000** |
| | Partner-schafts-qualität | Korr. (r) | | -,544(**) | ,453(**) | -,248(**) |
| | | Sig. (2-seitig) | . | ,000 | ,000 | ,000 |
| | Partner-schafts-stress | Korr. (r) | | | -,501(**) | ,339(**) |
| | | Sig. (2-seitig) | | . | ,000 | ,000 |
| | Familien-klima | Korr. (r) | | | | -,389(**) |
| | | Sig. (2-seitig) | | | | **,000** |

** Die Korrelation ist auf dem 0.01 Niveau signifikant (zweiseitig).
Quelle: DJI, 3. Welle Kinderpanel, eigene Berechnungen

Ein ebenso hoher negativer Zusammenhang mit der väterlichen Demoralisierung findet sich für den familienfernen Arbeitskontext des Vaters in Form seiner subjektiven Arbeitszufriedenheit und bestätigt die hohe Relevanz auch dieses Lebensbereiches für das psychische Wohlbefinden. Die Arbeitszufriedenheit ist mit den Partnerschafts- und Familienklimavariablen gering, wenngleich auch statistisch signifikant, verbunden. Die auf theoretisch-konzeptioneller Ebene vorgesehene Trennung der Lebensbereiche Familie und Arbeit ist in der familiären Realität logischerweise nicht aufrechtzuerhalten. In gleicher Weise kann auch die Wirkungsrichtung zwischen allgemeinem Demoralisierungserleben und Arbeit, Familie und Partnerschaft vielschichtig und wechselseitig sein. So kann sich hinter der „State"-Variable Demoralisierung durchaus eine stabile persönliche Neigung zur Demoralisierung verbergen, die nachhaltigen Einfluß auf die Arbeits- und Partnerschaftszufriedenheit bzw. das Familienklima im Ganzen hat.

In der inhaltlichen Fortführung der Analysen drängt sich die Fragestellung auf, in welchem Zusammenhang diese familiären Prozessvariablen und der Arbeitskontext mit dem vom Vater wahrgenommenen Erziehungsverhalten dem Kind gegenüber stehen. Tabelle 4 gibt hierzu einen ersten Überblick (für den Lebenskontext Partnerschaft wird das subjektiv empfundene Ausmaß an Partnerschaftsstress als Variable herangezogen, da sich hier mögliche Zusammenhänge zum Erziehungsverhalten vermutlich sensibler abbilden als bei der allgemeinen Partnerschaftsqualität). Sie belegt, wie sehr die vom Vater wahrgenommene Kommunikation dem Kind gegenüber mit dem persönlich erlebten Familienklima in Zusammenhang steht. Dabei kann die Wirkungsweise inhaltlich in zweierlei Richtungen interpretiert werden: ein insgesamt im familiären Geschehen gut integrierter Vater, der sich in seiner Familie wohl fühlt, wird mit signifikant höherer Wahrscheinlichkeit auch mehr auf die Wünsche und Bedürfnisse des Kindes eingehen. Umgekehrt wird sich ein engagierter Vater, der viel mit seinem Kind interagiert und sich auf dessen Belange einlässt, auch mehr in seiner Familie aufgehoben fühlen. Interessanterweise finden wir auch einen mäßigen Zusammenhang zwischen der Demoralisierung und der kindzentrierten Kommunikation, der infolge der hohen Korrelation zwischen Familienklima und Demoralisierung allerdings nicht völlig überrascht.

Tab. 4: Korrelationen (alles Vatersicht)

| | | | Kindzentrierte Kommunikation | Strenge Kontrolle |
|---|---|---|---|---|
| Spearman-Rho | Arbeitszufriedenheit | Korrelationskoeffizient | ,162(**) | -,027 |
| | | Sig. (2-seitig) | ,000 | ,501 |
| | Partnerschaftsstress | Korrelationskoeffizient | -,195(**) | ,004 |
| | | Sig. (2-seitig) | ,000 | ,925 |
| | Familienklima | Korrelationskoeffizient | **,412(**)** | -,055 |
| | | Sig. (2-seitig) | **,000** | ,167 |
| | Demoralisierung | Korrelationskoeffizient | **-,262(**)** | ,078(*) |
| | | Sig. (2-seitig) | **,000** | ,049 |

** Die Korrelation ist auf dem 0.01 Niveau signifikant (zweiseitig).
* Die Korrelation ist auf dem 0.05 Niveau signifikant (zweiseitig).
Quelle: DJI, 3. Welle Kinderpanel, eigene Berechnungen

Die Demoralisierung eines Vaters hängt aus seiner Sicht signifikant mit seinem kindzugewandten Erziehungsverhalten zusammen, wobei hier erneut beide Wirkungsrichtungen denkbar sind: ein kindzugewandter Vater wird sich unter Umständen infolge der Interaktion mit dem Kind weniger demoralisiert fühlen (Kindeffekte bzw. Feedbackprozesse von Seiten des Kindes!).

Desgleichen kann sich eine eventuell aus anderen Gründen bedingte Demoralisierung des Vaters auch auf ein allgemeines „Zurückfahren" kindzentrierter Verhaltensweisen auswirken. Die Arbeitszufriedenheit des Vaters zeigt einen signifikant positiven, allerdings geringen Zusammenhang zur kindzentrierten Kommunikation. Das empfundene Ausmaß an partnerschaftlichem Stress steht in etwas höherem, wenngleich immer noch geringen signifikant negativen Zusammenhang zur kindzentrierten Kommunikation. Aufgrund der inneren Verschränkung der Lebenskontexte Arbeit und Partnerschaft mit Familie sind diese Befunde leicht nachvollziehbar. Interessanterweise finden wir im Bereich der erzieherischen Strenge *keine* nennenswerten Zusammenhänge mit den untersuchten Kontextvariablen; nur die Demoralisierung des Vaters korreliert in sehr geringem Ausmaß signifikant negativ mit der strengen Kontrolle.

Zusammenfassend ist festzuhalten, dass aus Sicht der Väter die Lebenskontexte Arbeit und Familie in starkem Zusammenhang zu ihrem subjektiven Wohlbefinden stehen. Die Prüfung der Wechselwirkung dieser Kontextbereiche mit dem innerfamiliären Erziehungsgeschehen zeigt, daß insbesondere dem Familienklima ein zentraler Stellenwert für die kindzugewandten Verhaltensweisen des Vaters zukommt bzw. diese aus Vatersicht nicht losgelöst vom allgemeinen familiären Wohlbefinden gedacht werden können. Die Arbeitszufriedenheit und der subjektiv empfundene Partnerschaftsstress eines Vaters stehen in geringerem Ausmaß in Zusammenhang mit dem kindzugewandten Erziehungsverhalten, und lässt auf eine größere innerliche Trennung dieser beiden Lebensbereiche von der Erziehungsfunktion auf Seiten der Väter schließen. Völlig überraschend finden sich keine signifikanten Zusammenhänge zwischen den Lebenskontexten Arbeit und Familie und der vom Vater gezeigten erzieherischen Strenge: weder führt ein vom Vater empfundenes schlechtes Familienklima zu einem Mehr an Strenge den Kindern gegenüber, noch ist z. B. eine berufliche Unzufriedenheit mit einer ebenso kompensatorischen Zunahme der erzieherischen Strenge des Vaters aufgrund der Daten zu belegen. Aufgrund der gegebenen Kovarianzen der verschiedenen Variablen zum familiären und beruflichen Lebensbereich des Vaters, die im Rahmen weiterer statistischer Analysen herausgerechnet werden könnten, sind die bisherigen Befunde allerdings auch mit Vorsicht zu interpretieren.

*Die Kontextfaktoren väterlichen Engagements aus Kindsicht:
Übereinstimmung mit der Realität der Erwachsenen?*

Im Folgenden sollen die vom Kind wahrgenommenen Erziehungsverhaltensweisen des Vaters in Relation zu den gerade untersuchten Kontextvariablen des Vaters (aus Vatersicht) gesetzt werden. Damit kann eine Antwort auf die Frage gefunden werden, ob das, was ein Vater für sein Erziehungsverhalten als maßgeblich beeinflussend erlebt (bzw. was zumindest in den Korrelationsanalysen statistisch signifikant ist), so auch für das Erleben des Kindes seine Gültigkeit besitzt, oder ob hier unter Umständen zwei unterschiedliche Realitäten am Werke sind. Ist ein vom Vater für sein kindzentriertes Erziehungsverhalten erlebtes Hindernis gleichbedeutend damit, dass dadurch auch weniger Zugewandtheit beim Kind „ankommt"? Diese intersubjektive Validierung ermöglicht die Ausschaltung möglicher statistischer Artefakte aufgrund von gemeinsamer Messquellenvarianz.

Tabelle 5 zeigt, dass die für den Vater in seiner Wahrnehmung am stärksten mit der kindzentrierten Kommunikation zusammenhängende Variable des Familienklimas aus Kindsicht ebenso ein signifikanter Einflussfaktor ist, aber in deutlich schwächerem Ausmaß. Die väterliche Demoralisierung steht nur noch zu weniger als einem Drittel der ursprünglichen Größe mit dem vom Kind wahrgenommenen kindzugewandten Erziehungsverhalten des Vaters in Zusammenhang. Der Arbeitskontext des Vaters und sein Partnerschaftsstress haben einen geringen Zusammenhang zur kindzentrierten Kommunikation aus Sicht des Kindes. Bezüglich der erzieherischen Strenge findet sich kein einziger signifikanter Korrelationskoeffizient, worin sich eine ähnliche Sichtweise wie beim Vater widerspiegelt.

Tabellen 4 und 5 lassen keinen Zweifel daran, dass Väter und Kinder bezüglich der Kontextfaktoren der väterlichen kindzentrierten Kommunikation von jeweils unterschiedlich gewichteten Einflussfaktoren ausgehen. Bemerkenswerterweise gilt dies insbesondere für die Demoralisierung des Vaters, die nicht zwangsläufig mit einer vom Kind ebenso perzipierten Abnahme an väterlicher Zuwendung einhergeht. Ein Vater kann sich also selbst als demoralisiert erleben und darunter auch seine Kindzugewandtheit „leiden sehen". Aus der Sicht der Kinder besteht dieser Zusammenhang jedoch nicht und sie erleben ihre Väter deutlich zugewandter als diese sich selbst einschätzen. Kind- und Erwachsenenwirklichkeit sind hier also sehr verschieden.

Tab. 5: Korrelationen (Vater- und Kindsicht)

| | | | Kindzentrierte Kommunikation des Vaters (Kindsicht) | Strenge Kontrolle des Vaters (Kindsicht) |
|---|---|---|---|---|
| Spearman-Rho | Arbeitszufriedenheit (Vatersicht) | Korrelationskoeffizient | ,079(*) | -,062 |
| | | Sig. (2-seitig) | ,048 | ,123 |
| | Partnerschaftsstress (Vatersicht) | Korrelationskoeffizient | -,103(**) | ,025 |
| | | Sig. (2-seitig) | ,009 | ,533 |
| | Familienklima (Vatersicht) | Korrelationskoeffizient | **,162(**)** | -,058 |
| | | Sig. (2-seitig) | **,000** | ,147 |
| | Demoralisierung (Vatersicht) | Korrelationskoeffizient | -,078(*) | ,028 |
| | | Sig. (2-seitig) | **,048** | ,476 |

\* Die Korrelation ist auf dem 0.05 Niveau signifikant (zweiseitig).
\*\* Die Korrelation ist auf dem 0.01 Niveau signifikant (zweiseitig).
Quelle: DJI, 3. Welle Kinderpanel, eigene Berechnungen

Dieser Befund ist um so bemerkenswerter vor dem Hintergrund, dass die Kinder mit der Kontakthäufigkeit zum Vater mehr als drei Mal unzufriedener sind als mit der Kontakthäufigkeit zur Mutter. Das lässt die enorme symbolische Bedeutung der Väter für ihre Kinder zum Ausdruck kommen. Die Beziehung zum Vater (und auch zur Mutter) wird in der Regel als gut bis sehr gut eingeschätzt, relativ unabhängig vom Ausmaß des tatsächlichen Kontakts.

*Einschub: Kontaktzufriedenheit und Beziehungsqualität zu Vater und Mutter aus Kindersicht*

An dieser Stelle sollen noch zwei Ergebnisse präsentiert werden, die Auskunft über die *Zufriedenheit der Kinder mit den zeitlichen Aspekten der Beziehung zum Vater und zur Mutter* sowie über die *persönliche Beziehungsqualität zu ihnen* geben. Die Kinder wurden in der 3. Welle erstmalig gefragt, wie zufrieden sie mit der Kontakthäufigkeit zum Vater und zur Mutter sind. Aus den erneut erhobenen Familiennetzwerken der Kinder können zusätzlich die subjektiven Einschätzungen der Beziehungsqualität zum Vater und zur Mutter entnommen werden.

Die Zufriedenheitsangaben der befragten Kinder mit der Kontakthäufigkeit zu ihren beiden Elternteilen ergaben: Für 33,9% der Kinder (für 36%

aller Mädchen und 32,2% aller Jungen) ist in der Beziehung zum Vater „viel zu wenig Zeit" bzw. „wenig Zeit". Dagegen ist für „nur" 10,1% der Kinder (für 9,8% aller Mädchen und 10,4% aller Jungen) „viel zu wenig Zeit" bzw. „wenig Zeit" mit der Mutter vorhanden. Die Kinder sind mit der Kontakthäufigkeit zum Vater demnach mehr als drei Mal unzufriedener als mit der Kontakthäufigkeit zur Mutter. Diese Häufigkeitsverteilungen belegen, welch enorme Bedeutung die Kinder ihren Vätern zusprechen und berechtigen zur Zuschreibung eines „Vaterhungers" auf Seiten der Kinder. Für Mädchen findet sich interessanterweise eine im prozentualen Verhältnis zur Gesamtkinderzahl noch leicht erhöhte Unzufriedenheit mit der Kontakthäufigkeit zum Vater!

Wirft man einen Blick auf die berufliche Standarddemographie der hier untersuchten Kernfamilien, so zeigt sich folgendes Bild:

93,2% der antwortenden Väter sind erwerbstätig, wovon sich 93,7% in Vollzeitbeschäftigung befinden. 68,4% der antwortenden Mütter sind erwerbstätig, davon aber 56,8% in Teilzeit, 23,1% in geringfügigen Beschäftigungsverhältnissen und nur 18,6% in Vollzeit (Restliche „Ohne Angabe"). Von den 31,6% nicht erwerbstätigen Müttern sind immerhin 81,8% Hausfrauen oder im Erziehungsurlaub (10,1% sind arbeitslos oder machen Null-Kurzarbeit; Restliche „Sonstige Gründe"). Durch die größere Anzahl von Müttern in der vorliegenden Kernfamilienstichprobe können die fehlenden Angaben der nicht antwortenden Väter nur aus den Antworten der Mütter zu ihrer beruflichen Standarddemographie geschätzt werden. Aufgrund der vorliegenden Daten kann in der Stichprobe bezüglich der Erwerbskonstellation von einer eher traditionellen Rollenaufteilung mit dem Vater als „breadwinner" der Familie und der Mutter allenfalls als Zuverdienerin ausgegangen werden. Vor diesem Hintergrund ist der von den Kindern geäußerte Kontaktmangel insbesondere zum Vater nicht verwunderlich und spiegelt vermutlich eine alltägliche Konstante im Kinderleben wider.

In Anbetracht dieser Kinderaussagen stellt sich natürlich die Frage, ob und wie sich dieser empfundene Kontaktmangel zu Vater und Mutter auf die subjektive Beziehungsqualität zum jeweiligen Elternteil auswirkt. Interessanterweise geben die Kinder, ob dieses gefühlten Mangels, im Durchschnitt sehr gute Beziehungsqualitäten zu ihren *beiden* Elternteilen an. Auf einer Skala von 1 bis 4 (mit 1: sehr gute Beziehungsqualität bis 4: sehr schlechte Beziehungsqualität) erreichen die Väter einen Durchschnittswert von 1,23 (1,21 für die Töchter und 1,24 für die Söhne), und der Durchschnittswert für die Mütter beträgt 1,19 (1,16 für die Töchter und 1,21 für die Söhne). Die Söhne geben im Vergleich zu den Töchtern also tendenziell schlechtere Beziehungsqualitäten zu beiden Elternteilen an. Nichtsdestotrotz ist festzuhalten, dass, obwohl immerhin jedes dritte Kind einen Kontaktmangel zum Vater empfindet, dies der durchschnittlichen Beziehungsqualität zu ihm keinen Abbruch tut.

## 5. Zusammenfassung und Diskussion

Der Aufsatz verfolgt das Ziel, die Bedeutsamkeit der familiären Triade Vater-Mutter-Kind innerhalb der Kernfamilienkonstellation am Beispiel des Erziehungskontextes aufzuzeigen. Dies impliziert die Notwendigkeit der Integration *aller* am Erziehungsgeschehen beteiligten Familienmitglieder und damit auch des Vaters. Hierzu wurde zuerst innerhalb eines Rechenmodells eine Drei-Personen-Konstellation „aufgespannt", indem das vom Kind erlebte Ausmaß elterlicher Konsistenz in der Erziehung in seinen Auswirkungen auf die Persönlichkeitsbereiche Internalisierung und Externalisierung des Kindes analysiert wurde. Im Anschluss daran wurde die Analyseebene von der Triade auf ausgewählte dyadische Konstellationen und Perspektiven verschoben: zentrale Gemeinsamkeiten und bedeutsame Unterschiede in der (gegenseitigen) Wahrnehmung von Vätern, Müttern und ihren Kindern konnten dabei in Bezug auf das Erziehungsverhalten aufgezeigt werden, wobei zusätzlich eine geschlechtsdifferenzierende Perspektive auf Seiten der Kinder aufrechterhalten wurde. Weiterhin wurde aus Vatersicht ein Blick auf die, sein Erziehungsverhalten mit beeinflussenden, Kontextbereiche (Beruf, Partnerschaft und Familie) geworfen und nachfolgend mit der Kindperspektive intersubjektiv validiert.

Die empirische Analyse der von Kindern erlebten elterlichen Erziehungskonsistenz unterstreicht die Bedeutsamkeit einer einheitlichen, nicht extrem voneinander abweichenden elterlichen Erziehung im Bereich der Disziplinierung und Kontrolle: unterscheiden sich Eltern in dieser Erziehungsdimension übermäßig stark voneinander, so führt dies überzufällig zu höheren Externalisierungserscheinungen bei den Kindern, die quasi „seismographisch" auf die erzieherischen Inkonsistenzen in der strengen Kontrolle reagieren. Hierbei spielt das väterliche Übermaß an erzieherischer Strenge die entscheidende Rolle. Es lassen sich auch (nicht signifikante) Anzeichen für eine Erhöhung der Internalisierung bei den Kindern finden. Dieser Befund erhält zusätzliches Gewicht, als sich deutlichere Selbst- und Fremdwahrnehmungsdiskrepanzen zwischen Eltern und Kind insbesondere im Bereich der erzieherischen Strenge des Vaters finden lassen. Ein möglicher Kompensationseffekt von Seiten der Mutter (wenn der Vater sehr streng ist) kann unseren Untersuchungen zufolge nicht bestätigt werden (vgl. Lösel u. a. 2006). Einzig die sehr niedrigen (nicht signifikanten) Internalisierungswerte bei hoher mütterlicher Kontrolle und starker kindzentrierter Kommunikation des Vaters widersprechen der Erziehungskonsistenz-Hypothese. Vor dem Hintergrund der von den Kindern als durchweg gut bis sehr gut eingeschätzten Beziehungsqualitäten zu Vater und Mutter weisen diese Ergebnisse darauf hin, dass es bei einigen der untersuchten Kernfamilien teilweise daran zu mangeln scheint, schwierige Erziehungssituationen durch klares Grenzensetzen und konsistentes Erziehungsverhalten zu bewältigen. Aufgrund der gefundenen „Vater-Effekte" in der Erziehungskonsistenz und in der Selbst-/Fremdwahrnehmungsdiskrepanz lässt sich daraus zwangsläufig die praktische Forderung nach einem vermehrten Einbezug der Väter in den familiären Erziehungsprozess ableiten. Dies setzt die Bereitschaft zur Integration des „Dritten im Bunde", allem voran der Väter selbst, voraus!

Die Wirkungsrichtung der elterlichen Inkonsistenz im Erziehungsverhalten wurde in den varianzanalytischen Auswertungen unidirektional auf die Persönlichkeit des Kindes angenommen, allerdings ist prinzipiell auch das umgekehrte Ursache-Wirkungs-Verhältnis denkbar. So kann beispielsweise ein stark externalisierendes Kind bei den Eltern, aufgrund erzieherischer Verunsicherung und Überforderung, zu elterlichen Inkonsistenzen gerade in der Kontrolle des Kindes führen. Zusätzlich handelt es sich bei der Zusammenhangsanalyse des elterlichen Erziehungsverhaltens mit der Persönlichkeit des Kindes in der 3. Welle um ein sehr kleines, querschnittlich angelegtes Zeitfenster, das durch längsschnittliche Analysen wie auch Kohortenvergleiche zu erweitern ist. Weiterhin sind zum untersuchten Alterszeitpunkt der Kinder außerfamiliäre Lernumgebungen (wie Schule und Peernetzwerke) ebenso zu berücksichtigen.

Erfreulicherweise bezeugen die untersuchten Kinder ihren beiden Elternteilen im Durchschnitt gute kommunikative Kompetenzen und nehmen sie nicht übermäßig streng wahr. Entsprechend finden sich auch gute bis sehr gute Beziehungsqualitäten aus Sicht der Kinder zu *beiden* Elternteilen. Übereinstimmungen in Selbst- und Fremdwahrnehmung der mütterlichen Erziehungsdimensionen fallen insgesamt höher aus und sind vermutlich zu einem gewissen Teil mit der in den Familien vorliegenden traditionellen Erwerbskonstellation erklärbar: die Mütter verbringen mit ihren Kindern tagsüber mehr Zeit und dementsprechend nähern sich die Beschreibungen einander an. Ein positiver Selbstbeschreibungs-„Bias" findet sich bei beiden Elternteilen und ist, wenn man die Kindperspektive ernst nimmt, ein Hinweis dafür, dass Kinder ihre Eltern generell weniger zugewandt und deutlich strenger erleben, als Eltern es selbst aus der Selbsteinschätzung annehmen. Diese Wahrnehmungsdiskrepanz darf nicht einfach als „naturwüchsige Konstante" abgetan werden, sondern ist als Impetus zur bewussten Integration der kindlichen Wahrnehmung ins elterliche erzieherische Handeln zu verstehen. Kinder werden ihre Eltern sehr wahrscheinlich immer strenger und weniger zugewandt wahrnehmen als es ihnen aus kindlichem Wunschdenken heraus lieb und recht ist. Eltern *müssen* auch eine andere Wahrnehmungsperspektive als Korrektiv zur Kindsicht einnehmen können. Allerdings müssen die gefundenen Unterschiede, insbesondere auch die Selbst- und Fremdwahrnehmungsdiskrepanzen der väterlichen Kontrolle, für die Mitberücksichtigung der kindlichen Erlebniswelt auf Seiten des elterlichen Erziehungshandelns sensibilisieren. Anlass zur Sorge bietet hier der gefundene Schichteffekt bezüglich der Kindwahrnehmung elterlichen Erziehungsverhaltens. Kinder aus „unteren" Gesellschaftsschichten erleben ihre Eltern signifikant weniger zugewandt und deutlich strenger im Vergleich zu Kindern aus „höheren" Gesellschaftsschichten. Dies unterstreicht erneut die dringende Notwendigkeit zur Unterstützung sozial benachteiligter Erziehungshaushalte.

Entgegen dem traditionellen Rollenbild des Vaters, der sich nur als „breadwinner" der Familie definiert und die außerhäusliche Erwerbstätigkeit als *die* zentrale selbstwertdefinierende Lebenssäule begreift, finden wir in unserer Untersuchung, trotz der traditionellen Erwerbkonstellationen, neben dem bestätigten Einfluss der Arbeitszufriedenheit auf das Wohlbefinden, bemerkenswert hohe korrelative Zusammenhänge zwischen dem Familienklima und der subjektiven Demoralisierungsskala der Väter. Das subjektive Wohlbefinden im System „Familie" ist für die befragten Väter also von sehr großer Bedeutsamkeit für deren „psychische Homöostase" und zeigt auch signifikante Zusammenhänge mit deren kindzugewandtem Erziehungsverhalten (aus Vatersicht). Damit lässt sich im Kinderpanel die Kontextbedingtheit väterlichen Erziehungsverhaltens zu einem gewissen Maß bestätigen. Die untersuchten kontextuellen Einflussfaktoren haben allerdings keinen Einfluss auf die erzieherische Strenge des Vaters, weswegen hier von einem anderen Bedingungsgefüge ausgegangen werden muss. Hierbei ist auch an „Kindeffekte" (wie z. B. das Temperament des Kindes) zu denken, welche die *reaktive* Komponente des elterlichen Kontrollverhaltens ins Blickfeld der Untersuchung rücken würde.

Bezüglich der zugrunde gelegten Stichprobe können wir immer nur von *einem* befragten Zielkind ausgehen, welches in Mehrkindfamilien noch andere, nicht befragte Geschwister mit eigenen Erlebnisweisen des elterlichen Erziehungshaushalts hat. Insofern bilden die Untersuchungsergebnisse nur *einen* Ausschnitt der subjektiven Kindheitsrealität in der untersuchten Familie ab. Da im Kinderpanel die Väter zu allen Wellen mittels einer *optionalen* schriftlichen Zusatzerhebung befragt wurden, ist mit der Generalisierbarkeit der Ergebnisse der 3. Welle für repräsentative Aussagen Vorsicht geboten: der Selektivitäts-Effekt lässt insbesondere die *motivierten* Väter an der Untersuchung teilnehmen, was auch für die allgemeine Panelmortalität über alle 3 Wellen zutrifft. Aufgrund der Konzentration auf (eheliche und nicht-eheliche) Kernfamilien können mit den Analysen ferner auch keine Aussagen zum väterlichen Einfluss in alternativen Familienformen (Stief-, Pflege- und Alleinerziehenden-Familien) getroffen werden.

## Literatur

Achenbach, Thomas M./Edelbrock Craig S. (1981): Behavioral Problems and competencies reported by parents of normal and disturbed children aged four through sixteen. Monographs of the Society for Research in Child Development, 46 (1, Serical No. 188)

Bayerisches Staatsministerium für Arbeit und Sozialordnung, Familie und Frauen (Hrsg.) (2006): Staatsinstitut für Familienforschung an der Universität Bamberg. In: Mühling, Tanja/Rost, Harald: Ifb-Familienreport Bayern 2006. Zur Lage der Familie in Bayern. Schwerpunkt: Väter in der Familie.

Belsky, Jay (1984): The determinants of parenting. A process model. In: Child Development, 55, S. 83-96

Belsky Jay/Gilstrap, Bonnie/Rovine, Michael (1984): The Pennsylvania Infant and Familiy Development Project, I. Stability and change in mother-infant and father-infant interaction in a family setting at one, three and nine months. In: Child Development, 55, S. 692-705

Bundesministerium für Familie, Senioren, Frauen und Jugend (BMFSFJ) (Hg.) (2007): Ein Jahr Elterngeld. Dokumentation zur Pressemitteilung der Bundesministerin am 14.12.2007

Doherty, William. J./Kouneski, Edward F./Erickson, Martha F. (1998): Responsible Fathering: An Overview and Conceptual Framework. In: Journal of Marriage and the Family, 60, S. 277-292

van Egeren, Laurie A./Hawkins, Dyane P. (2004): Coming to Terms With Coparenting: Implications of Definition and Measurement. In: Journal of Adult Development 11 (3), S. 165-178

Eickhorst, Andreas (2005): Vater-Erleben, integrative Kompetenzen und Wohlbefinden. Universität Osnabrück

Fthenakis, Wassilios E. (1985): Zur Psychologie der Vater-Kind-Beziehung. Band 1 und 2. München

Fthenakis, Wassilios E. (2002): Mehr als Geld? – Zur (Neu-) Konzeptualisierung väterlichen Engagements. In: Fthenakis, Wassilios E./Textor, Martin R. (Hrsg.): Mutterschaft, Vaterschaft. Weinheim und Basel, S. 82-109

Fthenakis, Wassilios E./Minsel, Beate (2001): Die Rolle des Vaters in der Familie. Zusammenfassung des Forschungsberichtes. Hrsg. von Bundesministerium für Familie, Senioren, Frauen und Jugend (BMFSFJ). Stuttgart

Gebauer, Karl (2004): Die Bedeutung innerer Vaterbilder für eine zugewandte väterliche Haltung. Dissertation Universität Hannover

Herlth, Alois (2006): Wann ist die Familie erziehlich? – Der Beitrag des Vaters zur Erziehlichkeit der Familie. In: Schweer, Martin K.W. (Hrsg.): Das Kindesalter. Ausgewählte pädagogisch-psychologische Aspekte. Frankfurt a. M.

Holden, George W. (1997): Parents and the Dynamics of Child Rearing. Boulder/Colorado

Jaursch, Stefanie (2003): Erinnertes und aktuelles Erziehungsverhalten von Müttern und Vätern: Intergenerationale Zusammenhänge und kontextuelle Faktoren. Dissertation Friedrich-Alexander-Universität Erlangen-Nürnberg

von Klitzing, Kai/Bürgin, Dieter (2005): Parental capacities for triadic relationships during pregnancy. Early predictors of children's behavioral and representational functioning at preschool age. In: Infant Mental Health Journal 26 (1), S. 19-39

Knibiehler, Yvonne (1996): Geschichte der Väter: eine kultur- und sozialhistorische Spurensuche. Freiburg

LaRossa, Ralph (1997): The modernization of fatherhood. A social and political history. Chicago

Lamb, Michael E. (1997): Fathers and Child Development: An Introductory Overview and Guide. In: Lamb, Michael E. (Hrsg.): The Role of the Father in Child Development. New York, S. 1-18

Lamb, Michael E. (2000): The history of research on father involvement: An overview. In: Marriage and Family Review 29, S. 23-42

Lösel, Friedrich/Beelmann, Andreas/Jaursch, Stefanie/Stemmler, Mark (2006): Soziale Kompetenz für Kinder und Familien: Ergebnisse der Erlangen-Nürnberger Entwicklungs- und Präventionsstudie. Institut für Psychologie, Universität Erlangen-Nürnberg

Matzner, Michael (2004): Vaterschaft aus der Sicht von Vätern. Wiesbaden

McHale, James P./Kuersten-Hogan, Regina/Rao, Nirmala (2004): Growing Points for Coparenting Theory and Research. In: Journal of Adult Development 11 (3), S. 221-234

Rost, Harald (2006): Väter in Familien mit partnerschaftlicher Verteilung von Erwerbs- und Familienarbeit. In: Werneck, Harald/Beham, Martina/Palz, Doris: Aktive Vaterschaft – Männer zwischen Familie und Beruf. Giessen, S. 155-166

Seiffge-Krenke, Inge (2001): Neuere Ergebnisse der Vaterforschung. Sind Väter notwendig, überflüssig oder sogar schädlich für die Entwicklung ihrer Kinder. In: Psychotherapeut 6, S. 391-397

Schmidt-Denter, Ulrich (1991): Das familiäre Bezugssystem des Kindes. In: Engfer, Anette/Minsel, Beate/Walper, Sabine (Hrsg.): Zeit für Kinder! Kinder in Familie und Gesellschaft. Weinheim, S. 197-203

Schneider, Werner (1989): Die neuen Väter – Chancen und Risiken. Zum Wandel der Vaterrolle in Familie und Gesellschaft. Augsburg

Schwarz, Beate/Rinker, Burkhard (1998): Temperament. In: Zinnecker, Jürgen/Silbereisen, Rainer K. (Hrsg.): Kindheit in Deutschland. Aktueller Survey über Kinder und ihre Eltern. 2. Auflage. Weinheim, S. 159-168

Schwarz, Beate/Walper, Sabine/Gödde, Mechthild/Jurasic, S. (1997): Dokumentation der Erhebungsinstrumente der 1. Hauptbefragung (über-arb.Version). Berichte aus der Arbeitsgruppe „Familienentwicklung nach der Trennung" 14/1997. Ludwig-Maximilians-Universität München

Vaskovics, Laszlo/Rost, Harald (1999): Väter und Erziehungsurlaub. Stuttgart

Walter, Heinz (Hrsg.) (2002): Männer als Väter. Sozialwissenschaftliche Theorie und Empirie. Gießen

Werneck, Harald/Beham, Martina/Palz, Doris (Hrsg.) (2006): Aktive Vaterschaft – Männer zwischen Familie und Beruf. Gießen

Windle, Michael/Lerner, Richard M. (1986): Reassessing the dimensions of temperamental individuality across life span: The Revised Dimensions of Temperament Survey (DOTS-R). Unpublished Manuscript. Chicago

Zentralinstitut für Jugendforschung (ZIJ) (1988): Leipziger Längsschnitt, 3. Welle 1988, ISF, Klasse 5., Leipzig

Zulehner, Paul M./Volz, Rainer (1998): Männer im Aufbruch: Wie Deutschlands Männer sich selbst und wie Frauen sie sehen. Ostfildern

*Sandra Ebner*
# Trotzdem erfolgreich?
Was prägt die Entwicklung der 10-bis 12 Jährigen mehr –
die Soziale Herkunft, die Persönlichkeit oder der Erziehungsstil
der Eltern?

1. Einleitung und Fragestellung ............................................. 182
2. Über welche Ressourcen verfügen die Kinder? ................ 184
   2.1 Kulturelle Ressourcen .................................................. 184
   2.2 Soziale Ressourcen – Quantität und Qualität von
       Freundschaftsbeziehungen ........................................... 187
3. Beschreibung der unterschiedlichen Ressourcentypen ..... 189
4. Was ist ausschlaggebend für die Zugehörigkeit zu den
   einzelnen Ressourcentypen – Herkunft, Persönlichkeit
   oder Erziehungsverhalten? ................................................ 191
   4.1 Was resultiert aus einer besseren Ressourcenausstattung? .......... 196
   4.2 Können Kinder trotz ihrer sozialen Herkunft erfolgreich
       sein? ............................................................................. 199
5. Zusammenfassung ............................................................. 202
Literatur ................................................................................. 204

## 1. Einleitung und Fragestellung

Vom Tellerwäscher zum Millionär ...? – Vertikale Mobilität gilt als Kennzeichen moderner Gesellschaften. Aber welche Voraussetzungen machen einen sozialen Aufstieg wahrscheinlicher? Um die Frage beantworten zu können, ist es sinnvoll, den Blick auf die individuelle Ressourcenausstattung von Kindern zu richten. Diese ist als Grundlage für den Kompetenzerwerb und somit auch für den zukünftigen Erfolg von großer Bedeutung. In einer immer komplexer werdenden Gesellschaft mit individuell kaum zu überschauenden Veränderungen und Entwicklungen in vielen Bereichen wie bspw. in der Arbeitswelt, in Bezug auf Geschlechterrollen oder Identitätskonzepte wird das Individuum vermehrten Anforderungen ausgesetzt. Diese Anforderungen verlangen Kompetenzen wie Kreativität, Flexibilität, Empathie etc., die nicht nur in Bildungseinrichtungen wie der Schule, sondern auch innerhalb von Freundschaftsbeziehungen oder einer aktiven Freizeitgestaltung angeeignet werden. Gerade die mittlere und späte Kindheit ist in diesem Kontext entscheidend für das Gelingen des Lebenslaufes: Das Potential, sich einen Freundeskreis aufzubauen und in ihm zu interagieren, ist Voraussetzung für zukünftige soziale Beziehungen in Partnerschaft und Familie im Erwachsenenalter und sogar ein maßgeblicher Prädiktor für den beruflichen Erfolg (Huston/Ripe 2006). Gleiches gilt für die Freizeitaktivitäten, die Kinder über ihre schulische Eingebundenheit hinaus praktizieren. Hier werden „soft skills" erworben, die einen hohen Stellenwert für den zukünftigen Erfolg haben (Grunert 2005).

Die individuelle Ressourcenausstattung der Kinder, die zu einer jeweils unterschiedlichen Partizipation an Bildungsprozessen führt, hat somit eine herausragende Bedeutung für den Kompetenzerwerb und auf die zukünftige Platzierung in der Sozialstruktur. Der vorliegende Beitrag beschäftigt sich deshalb mit folgenden Fragestellungen:

*1. Wie kann die Ressourcenausstattung von Kindern empirisch operationalisiert werden? Gibt es unterschiedliche Ressourcentypen?*

In Anlehnung an Bourdieus Kapitaltheorie lassen sich Ressourcen in ökonomische, kulturelle und soziale Ressourcen einteilen. Bourdieu kennzeichnet das Kapital als ausschlaggebende Größe gesellschaftlicher Ungleichheit. Unter ökonomischem Kapital werden alle Formen des materiellen Reichtums verstanden, unter kulturellem Kapital versteht Pierre Bourdieu den individuellen Gehalt an Bildung und Wissen eines Menschen (seine Schulbildung, seinen Kunstgeschmack etc.) und beim sozialen Kapital handelt es sich um die Gesamtheit der aktuellen und potentiellen Ressourcen, die mit der Teilhabe am Netz sozialer Beziehungen gegenseitigen Kennens und Anerkennens verbunden sind (Bourdieu 1992, S. 63). Die Gesamtheit aller Kapitalformen bestimmt die Höhe des verfügbaren Kapitalvolumens („volume de capital"), das dann maßgeblich entscheidend ist für die Positionierung in der Sozialstruktur (Bourdieu 1987, S. 195-196). In der folgenden Untersuchung werden diejenigen Variablen herangezogen, die sich unter kulturellem und sozialem Kapital subsumieren lassen. Das ökonomische Kapital findet keine Berücksichtigung, da nicht nachzuvollziehen ist, inwieweit Kinder am elterlichen Einkommen partizipieren.

*2. Wie beeinflussen soziale Herkunft, Persönlichkeitsmerkmale und Erziehungsverhalten der Eltern die Zugehörigkeit zu einzelnen Ressourcentypen?*

Vor allem der sozialen Herkunft wird eine enorme Bedeutung in Bezug auf den zukünftigen Erfolg der Kinder beigemessen (siehe z. B. PISA 2006, Ehmke/Baumert 2007, Leven/Schneekloth 2007). Merkmale der Persönlichkeit werden in sozialwissenschaftlichen Untersuchungen jedoch kaum thematisiert, da dieses Forschungsthema meist als Domäne der Psychologie betrachtet wird (Haller/Müller 2006). Persönlichkeitsmerkmale („Little Five") wie Externalisierungen, motorische Unruhe oder sozial und kognitive Aufgeschlossenheit bestimmen Handeln, Einstellungen und Emotionen auch unabhängig von der sozialen Herkunft. Individuen die sich in der gleichen sozialen Lage befinden, können die unterschiedlichsten Persönlichkeitsausprägungen aufweisen (Haller/Müller 2006). Auch die Selbstwirksamkeit kann als Persönlichkeitsmerkmal gesehen werden. Unter Selbstwirksamkeit versteht man die generalisierte Überzeugung, Handlungen selbst bestimmen und angestrebte Ziele auch bei Schwierigkeiten erreichen zu können (Gloger-Tippelt/Vetter 2005). Diese Überzeugung beeinflusst die Wahrnehmung, die Motivation und die Leistung auf vielerlei Weise.

Nicht nur die soziale Herkunft und die Persönlichkeitsmerkmale sind bedeutsam für die kindliche Entwicklung, sondern auch dem Erziehungsstil wird in diesem Zusammenhang eine bedeutende Funktion zugeschrieben. Dieser wird im Kinderpanel durch die Konstrukte strenge Kontrolle und kindzentrierte Kommunikation operationalisiert. Gerade Interaktionserfahrungen und Verhaltensweisen innerhalb der Familie sind entscheidend für die Sozialisation der Kinder. Ein verständnisvoller und Grenzen setzender Erziehungsstil fördert die emotionalen Beziehungen und geht mit positiveren Eigenschaften der Kinder wie auch einer positiveren Kompetenzentwicklung einher (vgl. Grundmann u. a. 2003).

Zusammenfassend kann festgehalten werden, dass die Verbindung der unterschiedlichen Perspektiven von sozialer Herkunft, Persönlichkeitsmerkmalen und Erziehungsstil zur Erklärung der Herausbildung unterschiedlicher Ressourcentypen beitragen können.

**Datengrundlage**

Für die Bearbeitung der Fragestellungen eignet sich besonders die vorliegende Studie. Diese versucht mit seinem interdisziplinären Forschungsansatz, die Entwicklung der Kinder in Deutschland aus ihrer Perspektive heraus nachzuzeichnen.

In den Auswertungen werden nur Kinder der älteren Kohorte der 10- bis 12-Jährigen berücksichtigt, da diese Altersgruppe im Hinblick auf den Ausbau und die Vertiefung von Gleichaltrigenbeziehungen eine erste „Abnabelung" vom Elternhaus vollzieht. Andererseits war es wichtig, den Schulerfolg der einzelnen Kinder zu erfassen. Daher wurden nur Kinder ab der Sekundarstufe, die im letzten Halbjahreszeugnis benotet wurden, betrachtet. Von den 620 Kindern der älteren Kohorte (10- bis 12 Jährigen), sind nach Angaben der Mutter 593 in der Sekundarstufe, von diesen bekamen jedoch 18 Kinder keine Schulnoten, so dass in der Stichprobe lediglich 575 Kinder verblieben.

Zur Konstruktion der verwendeten Indikatoren und Methoden siehe Alt/Quellenberg (2005).

## 2. Über welche Ressourcen verfügen die Kinder?

Um die individuelle Ressourcenausstattung empirisch fassbar zu machen, wurden in Anlehnung an Bourdieus Kapitaltheorie diejenigen Variablen aus dem Kinderpanel herangezogen, die als Indikatoren von kulturellen und sozialen Ressourcen zu sehen sind.

### 2.1 Kulturelle Ressourcen

*I. Durchschnittlicher Schulerfolg*

Der Schulerfolg bzw. der formale Kompetenzerwerb ist immer noch eines der wichtigsten Kriterien für die zukünftige Positionierung in der Berufswelt. Er dient als Zugangsberechtigung für die weitere Bildungs- und Berufsbiographie. Als sichtbarster Gradmesser für den Schulerfolg sind die Schulleistungen zu sehen.

Zur Konstruktion eines Indexes zum Schulerfolg wurde deshalb der Durchschnitt der Noten in den Fächern Deutsch, Mathematik und Sport des letzten Halbjahreszeugnisses herangezogen[1].

Abb.1: Durchschnittlicher Schulerfolg der 10- bis 12 Jährigen (in %)

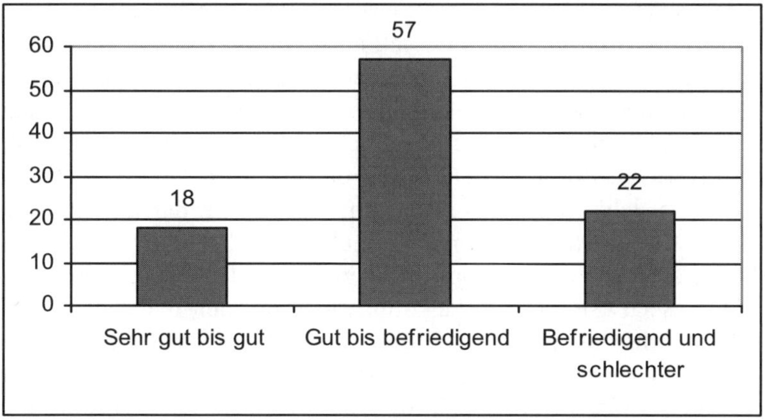

```
                        57

           18                        22
      Sehr gut bis gut  Gut bis befriedigend  Befriedigend und
                                              schlechter
```

N=575; Quelle DJI, 3. Welle, eigene Berechnungen
**Befriedigend und schlechter**: Durchschnittsnote in allen drei Fächern (Mathematik, Deutsch und Sport) >=3,0; **Gut bis befriedigend**: Durchschnittsnote in allen drei Fächern zwischen 2,0 und 3,0; **Sehr gut bis gut**: Durchschnittsnote in allen drei Fächern besser als 2,0

Nach dieser Verteilung zeigen 18% der Kinder eine sehr gute bis gute Schulleistung, mehr als die Hälfte (57%) eine zufrieden stellende und 22% eine wenig zufrieden stellende Schulleistung.

## II. Freizeitaktivitäten

Wird die Freizeit als ein Ort gesehen, in dessen Rahmen informelles Lernen stattfindet, können Freizeitaktivitäten als kulturelle Ressourcen begriffen werden. Lernen findet hier auf freiwilliger Basis, häufig unorganisiert und unabhängig von Institutionen statt. Wie bereits erwähnt fördert eine aktive Freizeitgestaltung den Erwerb spezifischer Kompetenzen wie etwa Koopera-

---

[1] Die Sportnote wurde zusätzlich zu der Mathematik- und Deutschnote mit in die Analyse aufgenommen, da der Sport einen Raum bietet in dem Kinder auch mit schlechteren strukturellen Ressourcen Erfolg haben können.

tions- und Verantwortungsbereitschaft etc. – Kompetenzen, die als „soft skills" förderlich für den späteren Berufserfolg sind (Grunert 2005, S. 17).

Im Kinderpanel wurde mit folgender Frage der Freizeitgestaltung von Kindern Rechnung getragen: *„Ich lese dir jetzt ein paar Dinge vor, die man alleine oder mit andern machen kann. Bitte sage mir jeweils, ob du das überhaupt machst und wenn ja, wie oft du das alleine, mit Freunden oder mit deinen Familienangehörigen machst".*

Für die Konstruktion des Freizeitindexes war es wichtig, dass die einzelnen Freizeitaktivitäten „oft" ausgeübt wurden[2]. Die anschließende Kategorisierung war problematisch, denn Fragestellungen ab wie vielen Freizeitaktivitäten ein Kind aktiv ist, oder ob die einzelnen Freizeitaktivitäten unterschiedlich gewichtet werden sollten, konnten durch Vergleiche mit anderen Studien und theoretischen Überlegungen nur unzureichend beantwortet werden. Daher wurden die bivariaten Zusammenhänge der einzelnen Freizeitaktivitäten mit anderen Items, welche weitere Ressourcen der Kinder darstellen können (bspw. Partizipation zu Hause und in der Schule etc.), überprüft.

Die Freizeitaktivitäten „Ausflüge machen" und „der Besuch von Kino, Theater und Museen" stellten sich als diejenigen mit den meisten positiven Zusammenhängen heraus. Die Kinder, die oft „Ausflüge machen" und oft ins „Kino, Theater oder Museum gehen", werden daher als aktiv angesehen, da diese Aktivitäten andere Bereiche ihres Alltagslebens positiv beeinflussen können. Ferner war für die Zuordnung zu einer aktiven Freizeitgestaltung entscheidend, dass mindestens die Hälfte der Freizeitaktivitäten „oft" ausgeübt wurde.

Die Kategorisierung in eine aktive, durchschnittliche und passive Freizeitgestaltung erfolgte unter Berücksichtigung der Ergebnisse einer Konfigurationsfrequenzanalyse, mittels derer Typisierungen vollzogen wurden.

---

[2] Bei allen Freizeitaktivitäten wurden über alle Antwortkategorien („mache ich alleine", „mit Freunden", „mit Geschwistern", „mit meiner Mutter", „mit meinem Vater" und „mit den Großeltern") die Antwortmöglichkeit „oft" zusammengezählt. Die Kinder die in den Antwortkategorien kein einziges Mal „oft" angaben, wurde für diese Freizeitaktivität eine 1, denjenigen, die mind. einmal od. öfters „oft" angaben, eine 2 zugewiesen.

Abb.2: Wie aktiv sind Kinder in der Freizeitgestaltung (in %)?

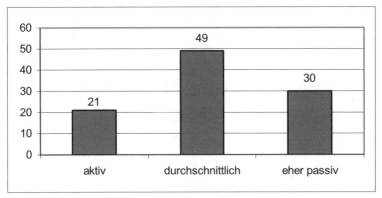

N=575; Quelle: DJI, 3.Welle Kinderpanel, eigene Berechnungen

Die Typisierung ergab folgende Ergebnisse: 21% der Kinder sind in ihrer Freizeit aktiv, etwa die Hälfte (51%) hat eher eine durchschnittliche und immerhin fast ein Drittel (30%) eine eher passive Freizeitgestaltung.

## 2.2 Soziale Ressourcen – Quantität und Qualität von Freundschaftsbeziehungen

Gleichaltrigenbeziehungen gewinnen ab der mittleren Kindheit immer mehr an Bedeutung. Die Integration in Gleichaltrigenbeziehungen liefert einen wesentlichen Beitrag zur Entwicklung und Identitätsbildung bei Kindern (Oerter/Montada 1998). Durch die Kommunikation mit Gleichaltrigen wird die kognitive und soziale Entwicklung der Kinder in einer anderen Weise stimuliert als bei der Kommunikation mit Erwachsenen (Youniss 1994). Denn anders als bei Interaktionen mit Erwachsenen müssen Kinder lernen, gleichrangige Beziehungen innerhalb des Freundeskreises selbst zu regulieren, sich mit Argumenten auseinander zu setzen und sich Strategien der Konfliktlösung zu erarbeiten etc.. Freundschaft wird in diesem Zusammenhang als Leistung des Kindes verstanden, die als Indikator für soziale Kompetenz[3] betrachtet werden kann (Traub 2005). Zugleich stellen enge Freundschaften einen wichtigen Kontext dar, in dessen Rahmen soziale Kompetenzen geschult werden.

Freundschaftsbeziehungen als Ressource, die zu einem Kompetenzzuwachs führen kann, werden empirisch oft durch die Quantität und Qualität der

---

[3] Soziale Kompetenz „is defined as effeciveness in interaction. Effectiveness is broadly conceptualized as the outcome of a system of behaviors, organized to meet short- and long-term develomental needs, both in the self and in others" (Rose-Krasnor 1997, S. 119).

sozialen Beziehungen eines Individuums operationalisiert. Die Quantität wurde im Kinderpanel durch die Frage nach der Anzahl der guten Freunde erfasst. Die Qualität der jeweiligen Freundschaften wurde nicht direkt erhoben. Es finden sich jedoch Indikatoren, die einen Hinweis auf die Qualität von Freundschaften geben können, wie eine positive Ärgerregulation unter Freunden[4], die sich unter dem Begriff „erklären und sich zurücknehmen" beschreiben lässt und der interpersonalen Kompetenz in Form der „Kontaktaufnahme"[5].

Wie schon erwähnt sind die Eingliederung in Gleichaltrigengruppen und Freundschaften einzugehen, wichtige Entwicklungsaufgaben der mittleren Kindheit (Havighurst 1972). Dabei ist vor allem das Herstellen von Kontakten zu anderen Kindern und deren Weiterentwicklung zu Freundschaften von Bedeutung. Kinder, denen die Kontaktaufnahme zu anderen Kindern eher leicht fällt, nennen signifikant mehr gute Freunde als Kinder, die mit dem Kennen lernen Schwierigkeiten haben[6]. Bezüglich des angemessenen Verhaltens in Streitsituationen verhält es sich ähnlich. Je besser Kinder ihren Ärger regulieren, desto größer die Anzahl guter Freunde[7]. Gerade die Bewältigung akuter Konfliktsituationen im Freundeskreis ist als Ressource für die Zukunft im Sinne des Erwerbs sozialer Kompetenz zu verstehen, da Kinder diese Strategie in späteren beruflichen und privaten Zusammenhängen einsetzen können. Deshalb ist es gerechtfertigt, die Kontaktaufnahme wie auch die positive Ärgerregulation als Indikatoren zur Beschreibung der Qualität von Freundschaftsbeziehungen in die Analyse mit einzubeziehen.[8]

An dieser Stelle wird deutlich, dass sich Ressourcen und Kompetenzen theoretisch wie auch empirisch oft nur schwer trennen lassen. Einmal erworbene Kompetenzen wie bspw. eine positive Ärgerregulation können als Ressourcen betrachtet werden, die wiederum einen weiteren Kompetenzzuwachs erleichtern.

---

[4] Zur Konstruktion siehe von Salisch/Pfeiffer (1998) und von Salisch In: Alt (Hrsg.) (2005) Bd.2
[5] Beispielitem: „Stell dir vor, du hast ein Kind neu kennen gelernt und würdest dich gerne mit ihm anfreunden. Wie gut oder schlecht bist du darin, ...bspw. es zu fragen, ob ihr etwas zusammen machen wollt?"
[6] Korrelationskoeffizient r= 0,170*** (Spearman)
[7] Korrelationskoeffizient r= 0,141*** (Spearman)
[8] Methodisch ließen sich die Konstrukte „Anzahl guter Freunde", „positive Ärgerregulation" und „Kontaktaufnahme" nicht unter einen Index subsumieren, daher gehen sie getrennt in die weitere Analyse ein.

## 3. Beschreibung der unterschiedlichen Ressourcentypen

Mit den Ressourcentypen werden Merkmale und Lebensverhältnisse von Kindern beschrieben, die von großer Bedeutung für ihre jetzigen wie auch zukünftigen Chancen sind. Es ist anzunehmen, dass die Ressourcen mitbestimmend für die Aneignung von gesellschaftlich als erstrebenswert geltenden Zielen (wie Bildung, Karriere, Wohlstand usw.) sind.

Zur Konstruktion der Ressourcentypen wurden die Indices „durchschnittlicher Schulerfolg", „Freizeitgestaltung", „Anzahl guter Freunde"[9], „erklären und sich zurücknehmen" und „Kontaktaufnahme" zuerst einer Korrespondenzanalyse unterzogen, bei der zusammengehörende Merkmale dicht beieinander angeordnet werden, wodurch sich Cluster erkennen lassen. Anschließend erfolgte die Typisierung mittels einer Konfigurations- Frequenzanalyse. Die Ergebnisse der Korrespondenzanalyse lassen sich wie folgt beschreiben: eine aktive Freizeitgestaltung geht eher mit einer gut bis befriedigenden Schulleistung, einer großen Anzahl guter Freunde, einer guten Kontaktaufnahme und einer kompetenten Ärgerregulation einher. Eine sehr gute Schulleistung geht eher mit einer durchschnittlichen Freizeitgestaltung und einer mittleren Anzahl guter Freunde einher.

Die Konfigurationsfrequenzanalyse führte zur nachfolgenden Typisierung:

***„Der Verlierer" (Typ 1 unterdurchschnittliche Ressourcenausstattung)***
Kinder vom Typ 1 sind in ihrer Freizeitgestaltung eher passiv, zeigen schlechte Schulleistungen, haben wenige oder keine guten Freunde und es fällt ihnen schwer neue Kontakte zu schließen.

---

[9] Insgesamt bestand die Möglichkeit zwölf gute Freunde zu nennen. Acht Kinder gaben an 12 gute Freunde zu haben und etwa 10% (59 Kinder) gaben an, keinen einzigen guten Freund zu besitzen. Durchschnittlich verfügen die Kinder über vier gute Freunde. Die Kategorisierung der Anzahl der guten Freunde erfolgte anhand inhaltlicher Überlegungen. Es wurden die Kinder zusammengefasst die keinen oder nur bis zu zwei guter Freunde angaben (etwa 17%). Der Verlust eines Freundes könnte schwerer zu verkraften sein als bei einer größeren Anzahl guter Freunde. Über einen durchschnittlichen Freundeskreis (zwei bis fünf gute Freunde) verfügen etwa 55% und über einen sehr großen Freundeskreis (ab sechs gute Freunde) etwa 28% der Kinder.

*„Der Unauffällige" (Typ 2 durchschnittliche Ressourcenausstattung)*
Dieser Typ verfügt über eine durchschnittliche Ressourcenausstattung. Die Kinder haben eine mittelmäßige Schulleistung, in der Freizeitgestaltung sind sie durchschnittlich aktiv und sie haben zwischen 2-5 guter Freunde.

*„Der aktive Netzwerker" (Typ 3 Freizeitpotential)*
Kinder vom Typ 3 sind in ihrer Freizeit und ihrem Freundeskreis sehr aktiv. Ihre Schulleistungen sind durchschnittlich/mittelmäßig. Sie verfügen jedoch über ein hohes Sozialkapital, da sie einerseits einen großen Freundeskreis haben und andererseits es ihnen leichter fällt, Kontakte zu knüpfen und sich in Konfliktsituationen angemessen zu verhalten.

*„Der Streber" (Typ 4 Bildungspotential)*
Kinder vom Typ 4 sind in der Freizeitgestaltung nicht so aktiv. Sie haben überdurchschnittlich gute Schulleistungen, aber das Sozialkapital ist nicht so hoch wie bei Typ 3, was sich vor allem in der kleineren Anzahl an Freundinnen und Freunden zeigt.

Abb. 3: Ressourcentypen (in %)

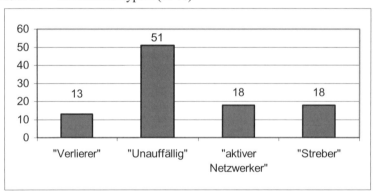

N=575; Quelle DJI, 3.Welle Kinderpanel, eigene Berechnungen

Nach dieser Verteilung haben 13% der Kinder eine unterdurchschnittliche und etwa die Hälfte eine durchschnittliche Ressourcenausstattung. Etwa 18% der Kinder sind in ihrer Freizeit sehr aktiv und haben einen großen Freundeskreis. 18% der Kinder sind in der Schule sehr erfolgreich.

## 4. Was ist ausschlaggebend für die Zugehörigkeit zu den einzelnen Ressourcentypen – Herkunft, Persönlichkeit oder Erziehungsverhalten?

Im Folgenden steht die Frage im Vordergrund, welche Faktoren einen Einfluss auf die Zugehörigkeit zu den unterschiedlichen Ressourcentypen haben. Viele Studien messen hier dem sozialen Status viel Bedeutung bei (bspw. PISA 2006, Ehmke/Baumert 2007, Leven/Schneekloth 2007). Dieser beeinflusse nach wie vor den Erfolg der Kinder im Bildungssystem, wie auch ihre soziale und emotionale Entwicklung. Jedoch wird der Ruf in den Sozialwissenschaften lauter, auch Instrumente zur Erfassung von Persönlichkeitsmerkmalen in Surveys zu berücksichtigen (Haller/Müller 2006). Wie anfangs bereits erwähnt, wird das Kinderpanel diesem Anspruch gerecht. Aber nicht nur die soziale Herkunft und Persönlichkeitsmerkmale sind für die kindliche Entwicklung bedeutsam. Auch dem Erziehungsstil wird diesbezüglich eine große Erklärungskraft zugeschrieben. So weisen Conger und Donellan (2007) darauf hin, dass der Einfluss der sozialen Herkunft zum großen Teil auf den Erziehungsstil der Eltern zurückzuführen ist. Zum Beispiel wenden Eltern mit einem niedrigeren sozialen Status einen eher autoritären Erziehungsstil an. Außerdem weisen sie ihre Kinder weniger auf die Konsequenzen ihres Handelns hin. Diese Erziehungspraktiken gehen mit einer geringeren sozialen und emotionalen Kompetenzentwicklung der Kinder einher (Conger/Donellan 2007).

Um die Einflussfaktoren für die Zugehörigkeit zu den Ressourcentypen empirisch fassbar zu machen, wurde eine multinominale logistische Regression durchgeführt. Als Referenzkategorie wird der Typ „Verlierer" gewählt. Die anderen drei Typen „Unauffällig", „aktiver Netzwerker" und „Streber" werden gegen diese Referenzkategorie geprüft. Mit dem Ergebnis dieser Regression lassen sich Aussagen darüber machen, inwieweit sich der Typ „Verlierer" von den anderen Typen unterscheidet, welche besonderen Merkmale diesen Typ kennzeichnen und welche Faktoren sich wie stark auf die Ressourcenausstattung der Kinder auswirken.

Als unabhängige Variablen gehen in die Modellberechnung in Modell 1 der Schichtindex und in Modell 2 zusätzlich die Selbstwirksamkeit ein. Basierend auf den Ergebnissen einer Chaid-Analyse[10] schien es sinnvoll die Selbstwirksamkeit getrennt von den Persönlichkeitsmerkmalen zu berücksichtigen. In Modell 3 fließen die Persönlichkeitsmerkmale: Internalisierungen, Externalisierungen, soziale und kognitive Aufgeschlossenheit und Motorische Unruhe ein[11]. Abschließend werden bezüglich des Erziehungsverhaltens, die kindzentrierte Kommunikation des Vaters und der Mutter und die strenge Kontrolle der Mutter und des Vaters als Kovariate mit aufgenommen[12].

Im Modell 1 zeigt sich, dass es wahrscheinlicher ist, dass Kinder aus der Oberschicht gegenüber Kindern aus der Unterschicht über eine bessere Ressourcenausstattung – beim Typ „Streber" eine 5-fach höhere Chance und beim Typ „aktiver Netzwerker" eine 2,5-fach höhere Chance – verfügen. Die berufliche Stellung und die ökonomische Lage der Eltern, aber auch ihr Bildungsstand beeinflussen, wie auch die PISA-Studien zeigen, vor allem die schulische Leistung der Kinder. Durch den Schichtindex alleine können 6% der Varianz erklärt werden. Wird aber, wie in Modell 2, die Selbstwirksamkeit hinzugenommen, erhöht sich der Anteil an erklärter Varianz auf 12%. Interessant ist, dass sich unter Berücksichtigung der Selbstwirksamkeit der Schichteffekt über alle Ressourcentypen, vor allem beim Typ „Streber", minimiert.

---

[10] Mit Hilfe eines Answer trees wurden die stärksten diskriminierenden Faktoren hierarchisch dargestellt. Folgende Ergebnisse lassen sich festhalten: die Selbstwirksamkeit ist ein höher diskriminierender Faktor als die Schicht, die restlichen Variablen blieben in der Analyse unberücksichtigt, da Chaid nur diejenigen Merkmale darstellt, die zum einen Signifikanz aufweisen zum anderen die stärksten Effekte auf die Ressourcentypen aufweisen.

[11] *Internalisierung* Beispielitems: manchmal ängstlich, manchmal traurig, manchmal schüchtern; *Externalisierung* Beispielitems: Spaß am Ärgern Anderer, werde leicht sauer, fange oft Streit an; *Motorische Unruhe* Beispielitems: Bin zappelig, kann nicht lange stillsitzen, handle oft ohne nachzudenken; *Positives Selbstbild* Beispielitems: Finde mich OK, stolz auf das Geschaffte, meist gut gelaunt, probiere gerne Neues; *Soziale und Kognitive Aufgeschlossenheit* Beispielitems: Merke wenn es Freunden schlecht geht, habe viele Ideen, begreife schnell *Selbstwirksamkeit* des Kindes Beispielitems: meinem Kind gelingt die Lösung schwieriger Probleme, kommt mit überraschenden Ereignissen zurecht, kann in seine Fähigkeiten vertrauen

[12] *Kindzentrierte Kommunikation der Mutter bzw. des Vaters aus Kindersicht* Beispielitem: Wie oft spricht deine Mutter bzw. dein Vater… mit dir über das, was du tust oder erlebt hast; *Strenge Kontrolle der Mutter bzw. des Vaters aus Kindersicht* Beispielitems: Deine Mutter bzw. dein Vater sagt… dass du dich Erwachsenen nicht widersetzen sollst, …dass sie bzw. er immer recht hat.

Tab. 1: Regressionsmodell: Einflussfaktoren auf die Ressourcentypen

| | Modell 1[a] | | | Modell 2[a] | | |
|---|---|---|---|---|---|---|
| | Unauffällig | Aktiver Netw | Streber | Unauffällig | Aktiver Netw. | Streber |
| | Exp (B) | Exp (B) | Exp (B) | Exp (B) | Exp (B) | Exp (B) |
| **Schicht** | | | | | | |
| Oberschicht/ obere Mittelschicht | 2,53** | 3,59*** | 5,86*** | 2,18* | 3,12** | 4,92*** |
| Mittelschicht | 2,60** | 3,15** | 3,45** | 2,99*** | 3,60*** | 4,03*** |
| Unterschicht/ untere Mittelschicht | 0[b] | 0 | 0 | 0 | 0 | 0 |
| **Selbstwirksamkeit (Mutter)** | | | | | | |
| trifft voll und ganz zu | | | | 10,44*** | 5,06* | 17,63*** |
| trifft eher zu | | | | 4,33*** | 4,20*** | 8,39*** |
| Trifft überhaupt nicht/eher nicht zu | | | | 0[b] | 0 | 0 |
| Konstanter Term (B) | 0,81 | -0,46 | -0,67 | -0,33 | -1,50 | -2,38 |
| Nagelkerke | | | 0,06 | | | 0,12 |

a: Referenzkategorie: unterdurchschnittliche Ressourcenausstattung
b: dieser Parameter ist redundant und wird daher auf Null gesetzt
Signifikanzniveaus: ***:p<=.001; **:p<=.010; *:p<=.050
Quelle DJI, 3.Welle Kinderpanel, eigene Berechnungen

Kinder die sich etwas zutrauen, können demnach unabhängig von der Schicht in der Schule erfolgreich sein. Bei Kindern mit einer sehr hohen Selbstwirksamkeit ist es bspw. 17mal wahrscheinlicher, dass sie dem Typ „Streber" zugehören als bei Kindern mit einer niedrigen Selbstwirksamkeit.

Werden die Persönlichkeitsmerkmale Internalisierungen, Externalisierungen, sozial und kognitive Aufgeschlossenheit und Motorische Unruhe in die Analyse mit einbezogen (Modell 3), nimmt der Einfluss der Schicht weiter ab. Aber auch die Selbstwirksamkeit verliert an Bedeutung, bleibt jedoch stärkster Effekt. Vor allem die soziale und kognitive Aufgeschlossenheit liefert einen wesentlichen Erklärungsbeitrag. Es ist wahrscheinlicher, dass Kinder, die aufgeschlossen und empathisch sowie kreativ sind und eine rasche Auffassungsgabe haben, eher über einen größeren Freundeskreis verfügen und in ihrer Freizeit aktiv sind. Gleiches gilt für den Typ „Unauffällig" und den Typ „Streber". Die Kinder des Typus „Streber" sind gleichzeitig auch weniger schüchtern und ängstlich (weniger internalisiert) und werden weniger schnell sauer und streiten sich nicht so oft, im Vergleich zu dem Typ „Verlierer" (weniger externalisiert). In Modell 3 ist die erklärte Varianz mit 20% schon zufrieden stellend.

Tab. 2: Regressionsmodell: Einflussfaktoren auf die Ressourcentypen

| | Modell 3[a] Unauffällige Exp (B) | Aktiver Netzw. Exp (B) | Streber Exp (B) |
|---|---|---|---|
| **Schicht** | | | |
| Oberschicht/obere Mittelschicht | 1,82 | 2,55* | 3,70*** |
| Mittelschicht | 2,53** | 3,07** | 3,26** |
| Unterschicht/ untere Mittelschicht | 0[b] | 0 | 0 |
| **Selbstwirksamkeit (Mutter)** | | | |
| trifft voll und ganz zu | 6,78** | 3,07 | 10,76** |
| trifft eher zu | 3,45*** | 3,18** | 6,23*** |
| Trifft überhaupt nicht /eher nicht zu | 0[b] | 0 | 0 |
| **Persönlichkeitsmerkmale** | | | |
| **Internalisierung (Kind)** | | | |
| nein | 3,10 | 4,56 | 0,96 |
| Eher nein | 1,68 | 2,02* | 2,05* |
| eher ja/ja | 0[b] | 0 | 0 |
| **Externalisierung (Kind)** | | | |
| nein | 0,82 | 0,64 | 2,56 |
| Eher nein | 1,76 | 2,44 | 3,70* |
| eher ja/ja | 0[b] | 0 | 0 |
| **Sozial und kognitive Aufgeschlossenheit** | | | |
| Ja | 2,61** | 3,83*** | 2,60* |
| Eher ja/ eher nein | 0[b] | 0 | 0 |
| **Motorische Unruhe** | | | |
| nein | 0,63 | 0,88 | 0,54 |
| Eher nein | 0,66 | 0,52 | 0,58 |
| Eher ja | 0,62 | 0,68 | 0,61 |
| ja | 0[b] | 0 | 0 |
| **Konstanter Term (B)** | -0,58 | -2,18 | -3,23 |
| **Nagelkerke** | | | 0,20 |

a: Referenzkategorie: unterdurchschnittliche Ressourcenausstattung
b: dieser Parameter ist redundant und wird daher auf Null gesetzt
Signifikanzniveaus: ***:p<=.001; **:p<=.010; *:p<=.050
Quelle DJI, 3.Welle Kinderpanel, eigene Berechnungen

Durch die Aufnahme des Erziehungsverhaltens in Form der kindzentrierten Kommunikation und der strengen Kontrolle konnte lediglich 3% an Varianz zusätzlich erklärt werden. Diese 3% sind hauptsächlich auf den Effekt der kindzentrierten Kommunikation der Mutter zurückzuführen[13]. Der geringe Zuwachs resultiert zum einen aus dem Zusammenhang von sozialer Herkunft und Erziehungsverhalten der Eltern. So verwenden Eltern aus der Mittelschicht im Vergleich zu Eltern aus der Unterschicht ein reicheres Vokabular um ihre Kinder kognitiv zu stimulieren und sie erziehen ihre Kinder weniger autoritär (Conger/Donnellan 2007). Zum anderen ist jedoch zu berücksichtigen, dass sich auch Temperamentsmerkmale d.h. frühe Manifestationen von Persönlichkeitsmerkmalen der Kinder auf den Erziehungsstil der Eltern auswirken. Sind die Kinder pflegeleicht, weil sie sozial und kognitiv aufgeschlossen sowie prosozial sind, erleichtern sie damit den Erziehungsalltag ihren Eltern beträchtlich, im Gegensatz zu Kindern mit gesteigerter motorischer Unruhe[14] (vgl. Kruse 2000).

Zusammenfassend lässt sich festhalten, dass die Herkunft der Kinder d.h. ihre Schichtzugehörigkeit eine bedeutsame Einflussgröße auf den Erfolg der Kinder im Bildungssystem wie auch in anderen Bereichen ist. Auch durch den Perspektivenwechsel auf die Ressourcen der Kinder lässt sich dieser Befund nachweisen. Darüber hinaus zeigt sich jedoch, dass die Persönlichkeitsmerkmale eine ebenso wichtige Rolle spielen. Nicht nur in Hinblick auf die Selbstwirksamkeit, die nur in der Mutterperspektive vorliegt, sondern auch in Bezug auf die „Little Five" (sozial und kognitive Aufgeschlossenheit, Internalisierungen etc.) aus der Kinderperspektive zeigt sich die große Bedeutung der Persönlichkeit als Erklärungskraft für die Ressourcenausstattung und somit für das Entwicklungspotential der Kinder. Ferner lässt sich diese große Bedeutung nicht nur in formellen Bildungsorten wie der Schule konstatieren, sondern auch im Bereich des informellen Lernens. Geht man davon aus, dass Freizeit sowie die Eingliederung in Freundschaftsbeziehungen und somit dem Erwerb sozialer Kompetenz mit dem Älterwerden der Kinder an Bedeutung gewinnen, dann, so zeigen die Analysen, verlieren die Schichteffekte an Bedeutung, wenn man sie in Bezug zu den Persönlichkeitsmerkmalen setzt.

---

[13] Wird nur das Erziehungsverhalten in die Analyse miteinbezogen werden knapp 6% an Varianz erklärt. Die Hälfte an Erklärungskraft wird somit in Modell 3 durch Schicht und Persönlichkeitsmerkmale abgedeckt.
[14] Bivariate Korellationen: sozial und kognitive Aufgeschlossenheit und kindzentrierte Kommunikation der Mutter r=0,21*** / strenge Kontrolle der Mutter r=- 0,04 n.s.; Motorische Unruhe und kindzentrierte Kommunikation der Mutter r=- 0,29*** / strenge Kontrolle der Mutter r=0,11 **.

## 4.1 Was resultiert aus einer besseren Ressourcenausstattung?

Gibt es einen Zusammenhang zwischen individueller Ressourcenausstattung und anderen Bereichen des kindlichen Alltags? Fühlen sich Kinder mit einer guten Ressourcenausstattung in Schule, Familie und Freundschaftsbeziehungen wohler? Das Wohlbefinden gewinnt in Hinblick auf die Beurteilung des Gesundheitszustandes an Bedeutung. Laut der Definition von Gesundheit der WHO sind die körperliche Verfassung (körperliche Gesundheit), das psychische Befinden (psychische Gesundheit), soziale Beziehungen (soziale Gesundheit) und die Fähigkeit, den Anforderungen des Alltags gerecht zu werden Komponenten des Gesundheitszustandes (Ravens-Sieberer/Thomas/ Erhart 2003). Das Wohlbefinden in Schule, Familie und Freundeskreis ist demnach als ein Indikator der sozialen Gesundheit zu sehen. Es dient der Prävention sowohl körperlicher als auch psychischer Krankheiten und ist so mitentscheidend für den zukünftigen Erfolg der Kinder. Was fördert aber das Wohlbefinden in Schule, Familie und Freundeskreis? Personalen, familiären und sozialen Ressourcen kommen diesbezüglich eine wichtige Funktion bei. Im Folgenden sollen daher exemplarisch die Zusammenhänge von individueller Ressourcenausstattung und schulischem Wohlbefinden sowie Freundschaftsklima näher betrachtet werden.[15]

*Schulisches Wohlbefinden und individuelle Ressourcenausstattung*

Da die Kinder einen Großteil ihrer Zeit in der Schule verbringen, kann das Wohlbefinden in der Schule als Komponente sozialer Gesundheit dargestellt werden. Sorgen aufgrund schlechter Noten oder hohem schulischen Druck haben einen großen Einfluss auf die Lebensqualität der Kinder (Ravens-Sieberer/Thomas/Erhart 2003).

---

[15] Kausale Aussagen, d.h. ob ein höheres Wohlbefinden zu einer besseren Ressourcenausstattung, oder umgekehrt, dass eine bessere Ressourcenausstattung zu einem höheren Wohlbefinden führt, lassen sich in dieser Analyse nicht treffen. Im Folgenden werden lediglich die *Zusammenhänge* zwischen individueller Ressourcenausstattung und dem Wohlbefinden beschrieben.

Trotzdem erfolgreich? 197

Abb. 4: Schulisches Wohlbefinden und individuelle Ressourcenausstattung

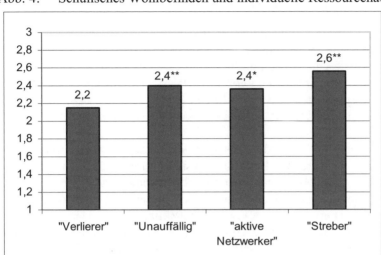

Quelle DJI, 3. Welle Kinderpanel, eigene Berechnungen
N: „Verlierer" N=76; „Unauffällig" N=288; „aktive Netzwerker" N=101; „Streber" N=105.
Kategorien Schulisches Wohlbefinden: 1=negatives Wohlbefinden; 3=hohes Wohlbefinden.
Signifikanzniveaus: signifikanter Unterschied der Mittelwerte „Verlierer" und „Unauffällig" sowie „Streber" (**:p<=.01); signifikanter Unterschied der Mittelwerte „Verlierer" und „aktive Netzwerker" (*: p<=.05)

Die Skala zum schulischen Wohlbefinden im Kinderpanel umfasst vier Items. Die Kinder wurden bspw. gefragt, ob sie gerne zur Schule gehen und ob sie sich in der Klasse wohl fühlen[16]. Die Kinder beurteilen ihr Wohlbefinden in der Regel positiv.

Vor allem Kinder die dem Typ „Streber" zugehörig sind, fühlen sich in der Schule wohler. Dieser Zusammenhang lässt sich dadurch erklären, dass der Typ „Streber" mit einer guten schulischen Leistung einhergeht. Kinder die gute Noten haben, fühlen sich tendenziell wohler in der Schule[17]. Ob das Wohlbefinden nun aber den Schulerfolg beeinflusst oder umgekehrt, kann in dieser Analyse nicht aufgezeigt werden.

---

[16] zur genauen Konstruktion der Skala siehe Gisdakis (2007)
[17] Korrelationskoeffizient r=0.14*** (Cramer V).

*Freundschaftsklima und individuelle Ressourcenausstattung*

Wie bereits erwähnt, gewinnt der Freundeskreis ab der mittleren Kindheit mehr und mehr an Bedeutung. Peers helfen bei Problembewältigungen und geben emotionale Unterstützung. Sie beeinflussen die allgemeine Lebensqualität ungemein. Kinder, die sich von ihren Peers nicht akzeptiert fühlen oder mangelnde Beziehungen zu Gleichaltrigen haben, sind anfälliger für psychische Störungen wie Ängste oder Depressionen (Ravens-Sieberer/Thomas/Erhart 2003).

Zur Erfassung des Freundschaftsklima fanden sich im Kinderpanel sechs Items. Die Kinder wurden z. B. gefragt ob sie im Moment Probleme mit ihren Freund/innen haben, ob Freund/innen manchmal gemein zu ihnen sind und ob sie lieber andere Freund/innen hätten. Nach dieser Skala haben etwa zwei Drittel der Kinder ein sehr gutes Freundschaftsklima.

Bei der Betrachtung der Zusammenhänge zwischen Freundschaftsklima und individueller Ressourcenausstattung zeigen sich hoch signifikante Unterschiede. Kinder mit einer besseren Ressourcenausstattung fühlen sich in ihrem Freundeskreis wohler und akzeptierter als Kinder mit einer schlechten Ressourcenausstattung. Dieses Ergebnis ist zum Teil darauf zurückzuführen, dass vor allem der Typ „aktive Netzwerker" mit einer hohen Anzahl guter Freunde einhergeht. Interessanterweise berichten Kinder, die dem Typ „Streber" angehören, trotz geringerer Anzahl guter Freunde auch über ein sehr gutes Freundschaftsklima. Dieser Befund legt nahe, dass es bei Freundschaftsbeziehungen nicht unbedingt auf die Quantität sondern vielmehr auf die Qualität ankommt (Schneekloth/Leven 2007, Herzberg 2001).

Trotzdem erfolgreich? 199

Abb. 5: Freundschaftsklima und individuelle Ressourcenausstattung

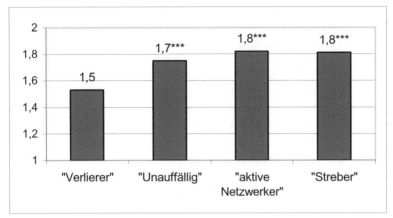

Quelle DJI, 3. Welle Kinderpanel, eigene Berechnungen
N: „Verlierer" N=76; „Unauffällig" N=274; „aktive Netzwerker" N=101; „Streber" N=105.
Kategorien Freundschaftsklima: 1=eher gutes bis schlechtes Freundschaftsklima; 2=sehr gutes Freundschaftsklima.
Signifikanzniveaus: hoch signifikanter Unterschied der Mittelwerte „Verlierer" und „Unauffällig", „aktive Netzwerker" sowie „Streber" (***:p<=.001)

Zusammenfassend lässt sich festhalten: Kinder mit einer schlechteren Ressourcenausstattung fühlen sich in Schule und Freundeskreis nicht so wohl wie Kinder mit einer besseren Ressourcenausstattung. Sie sind demnach nicht nur aufgrund ihres Potentials, sich Kompetenzen anzueignen, benachteiligt, sie fühlen sich auch in ihrer Alltagswelt nicht ganz so wohl wie Kinder mit einer höheren Ressourcenausstattung. Unter Umständen wirkt sich dieses geringere Wohlbefinden auf ihre körperliche und psychische Gesundheit aus[18].

### 4.2 Können Kinder trotz ihrer sozialen Herkunft erfolgreich sein?

In der Resilienzforschung spielen personale Ressourcen wie bspw. Kohärenzsinn und die allgemeine Selbstwirksamkeitserwartung, familiäre Ressourcen insbesondere das Familienklima sowie das Erziehungsverhalten und soziale Ressourcen, wie die von Gleichaltrigen und Erwachsenen erfahrene oder verfügbare Unterstützung, eine wichtige Rolle in der Prävention psychischer Störungen (Erhart u. a. 2007). Trotz teilweise „widriger" Bedingungen können Kinder und Jugendliche demnach gesund bleiben, wenn sie über angemessene Ressourcen verfügen. Vor diesem Hintergrund ist es interessant,

---

[18] bivariate Korrelationen: schulisches Wohlbefinden und körperliches Wohlbefinden aus Muttersicht r=0,16***. Freundschaftsklima und körperliches Wohlbefinden r=n.s.

inwieweit sich eine Form von Resilienz auch in anderen Lebensbereichen zeigt. Gerade bei der Fokussierung auf das Individuum stellt sich die Frage, welche Faktoren oder welches Potential Kinder mitbringen, um trotz ihrer sozialen Herkunft erfolgreich zu sein.

Wie zuvor beschrieben, besteht ein deutlicher Zusammenhang zwischen Schicht und Ressourcenausstattung. Kinder aus unteren sozialen Schichten verfügen über eine eher geringere Ressourcenausstattung und sind somit in ihren späteren Erfolgsaussichten eher benachteiligt. Dennoch gelingt es einigen Kindern aus der Unterschicht in die Typen „aktive Netzwerker" (14%) und „Streber" (12%), die Typen also, mit einer besseren Ressourcenausstattung, „aufzusteigen" (siehe Abbildung 6).

Abb. 6: Kinder aus der Unterschicht/unteren Mittelschicht und Ressourcenausstattung

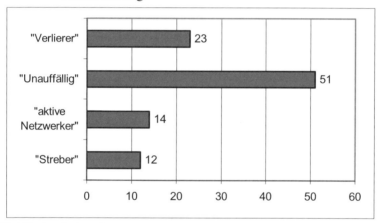

N=180; Quelle DJI, 3. Welle Kinderpanel, eigene Berechnungen

Im Folgenden soll vor diesem Hintergrund der Frage nachgegangen werden, wie sich Kinder innerhalb der Unterschicht bezüglich der Ressourcen unterscheiden und auf welche Faktoren diese Unterschiede zurückzuführen sind?

Wie zuvor beschrieben, sind nicht nur die soziale Herkunft, sondern auch Persönlichkeitsmerkmale („Little Five") und die Selbstwirksamkeit, bedeutend für die Zuordnung zu den Ressourcentypen. Um zu einem differenzierten Ergebnis zu gelangen, wurden Kinder aus der Unterschicht mit einer unterdurchschnittlichen Ressourcenausstattung „Verlierer" mit Kindern aus der Unterschicht, die dem Typ „aktive Netzwerker" und „Streber" angehören, in Bezug auf die Persönlichkeitsmerkmale „Little Five" und der Selbstwirksamkeit miteinander verglichen.

Abb. 7: Mittelwertvergleiche: Persönlichkeitsmerkmale der Kinder mit einer unterdurchschnittlichen Ressourcenausstattung („Verlierer") im Vergleich zu Kindern dem Typus „Streber" und „aktive Netzwerker" entsprechend

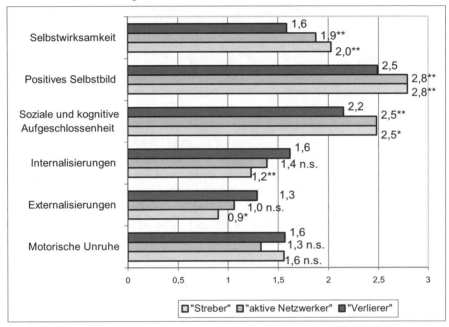

Quelle DJI, 3. Welle Kinderpanel, eigene Berechnungen
„Streber": N=62, „aktive Netzwerker": N=67
Signifkanzniveaus: n.s.: nicht signifikant; *: p<=.05 ; **:p<=.01
**Selbstwirksamkeit**: 0=trifft überhaupt nicht zu; 3=trifft voll und ganz zu; **Positives Selbstbild**: 0=nein; 3=ja; **Soziale und kognitive Aufgeschlossenheit**: 0=nein; 3=ja; **Internalisierungen:** 0=nein; 3=ja; **Externalisierungen**: 0=nein; 3=ja; **Motorische Unruhe:** 0=nein; 3=ja;
→ für Mittelwertvergleiche wurden die nicht kategorisierten Konstrukte verwendet

Die Mittelwertvergleiche weisen in dieselbe Richtung wie die multinominale logistische Regression: nicht nur die Schicht determiniert die individuelle Ressourcenausstattung, sondern auch Persönlichkeitsmerkmale. Ihnen kommt ein von der Schicht unabhängiger Einfluss zu. Kinder aus unteren Schichten mit einer unterdurchschnittlichen Ressourcenausstattung trauen sich, im Vergleich zu Kindern mit einer besseren Ressourcenausstattung der gleichen Schicht zugehörig, weniger zu, selbst zu bestimmen oder angestrebte Ziele auch bei Schwierigkeiten erreichen zu können. Auch in Bezug auf das positive Selbstbild und die sozial und kognitive Aufgeschlossenheit schneiden diese Kinder schlechter ab. Kinder, die dem Typ „aktive Netzwerker" und

„Streber" zugehören, sind demnach empathischer, neugieriger, haben eine bessere Auffassungsgabe und sind mit sich selbst zufriedener.

Keine prägnanten Unterschiede zeigen sich bei einem eher externalisierten oder internalisierten Verhalten. Tendenziell sind Kinder mit einer unterdurchschnittlichen Ressourcenausstattung eher ängstlicher, manchmal trauriger und alleine, sie werden öfters sauer und streiten sich eher.

Bei diesen Ergebnissen wird die große Bedeutung der Persönlichkeit für die Erklärung der Zugehörigkeit zu den unterschiedlichen Ressourcentypen und somit für die zukünftigen Erfolgsaussichten deutlich. Denn trotz ihrer sozialen Herkunft können Kinder mit einer starken Persönlichkeit „erfolgreich" sein. Die Persönlichkeit ist zwar genetisch bedingt, lässt sich jedoch durch die Umwelt verändern oder verfestigen. Gerade in Bezug auf die Selbstwirksamkeit spielt das Elternhaus, der Freundeskreis aber auch die Schule eine bedeutende Rolle. Kommt das Kind aus einem stabilen Elternhaus und/oder hat einen Freundeskreis in dem es Unterstützung und Aufmerksamkeit findet, ist die Wahrscheinlichkeit höher, positive Persönlichkeitseigenschaften auszubilden, die sich wiederum förderlich auf die Ressourcenausstattung auswirken und somit für die zukünftige Platzierung in der Sozialstruktur von großer Bedeutung sind.

## 5. Zusammenfassung

Wie die Ergebnisse zeigen, lassen sich unterschiedliche Ressourcentypen ausmachen. In Hinblick auf die Analysen sind vor allem der Typ „aktive Netzwerker" und der Typ „Streber" von Bedeutung, da diese Typen mit einer besseren Ressourcenausstattung einhergehen. Diese Ressourcenausstattungen sind von großer Bedeutung für den Erwerb von Kompetenzen und somit wichtig für eine erfolgreiche Platzierung in der Sozialstruktur. Mit der Einstufung in die Ressourcentypen kann jedoch keine eindeutige Prognose über die spätere tatsächliche Platzicrung der Kinder gegeben werden. Die Typen beschreiben lediglich die tendenziell zu erwartenden Chancen sowie die zukünftigen Perspektiven, die nicht unwesentlich von den jeweiligen Ressourcen abhängen.

Werden die Ressourcentypen auf ihre möglichen Einflussgrößen hin überprüft, so zeigt sich, dass vor allem Kinder aus einem Elternhaus der oberen Schichten in der Schule erfolgreich sind. In ihren Familien spielt Bildung üblicherweise eine besondere und große Rolle. Wird der Blick darüber hinaus auch auf informelle Bildungsorte wie z. B. der Freizeit und den Freundeskreis gerichtet, so belegen die Befunde aus dem Kinderpanel, wird der Schichteffekt mehr und mehr durch die Persönlichkeit der älter werdenden Kinder überlagert. Vor allem der Selbstwirksamkeit kommt diesbezüglich eine wichtige Rolle zu. Die Selbstwirksamkeit steht in Zusammenhang mit bereits vergangenen Erfahrungen, beeinflusst aber auch zukünftige. Kinder mit einer hochgeneralisierten Wirksamkeitserfahrung sind in den unterschiedlichsten Lebenssituationen erfolgreicher als solche, die nur über begrenzte Erfahrungen der Selbstwirksamkeit verfügen. Aber auch die „Little Five" haben einen großen Einfluss auf die Entwicklung der Kinder. Kinder, die z. B. sozial und kognitiv aufgeschlossen sind, verfügen über eine bessere Ressourcenausstattung, als Kinder die weniger empathisch sind. In Hinblick auf das Erziehungsverhalten ist vor allem die kindzentrierte Kommunikation der Mutter bedeutend. Bekommen Kinder in ihrem Elternhaus genügend Aufmerksamkeit und Zuwendung, begünstigt dies ihre Entwicklung.

Werden im speziellen die Kinder aus der Unterschicht betrachtet, bestätigen sich diese Befunde. Die soziale Herkunft bleibt bedeutend, ist jedoch für Kinder mit einer höheren Selbstwirksamkeit und/oder einer positiven Persönlichkeitsstruktur „durchlässig". Diesen Kindern fällt es leichter, sich Ressourcen anzueignen, die zu einem Kompetenzzuwachs führen.

Fühlen sich Kinder mit einer besseren Ressourcenausstattung in einzelnen Bereichen ihres Alltagslebens wohler? Bei der Betrachtung der Zusammenhänge zwischen der individuellen Ressourcenausstattung und dem Wohlbefinden der Kinder in Schule und Freundeskreis zeigt sich, dass Kinder mit einer guten Ressourcenausstattung sich insgesamt wohler fühlen als Kinder mit einer eher schlechten Ressourcenausstattung. Diese Kinder sind demnach doppelt benachteiligt. Zum einen haben sie schlechtere Ausgangsbedingungen um sich Kompetenzen anzueignen, zum anderen fühlen sie sich in ihrer Alltagswelt tendenziell nicht ganz so wohl wie Kinder mit einer besseren Ressourcenausstattung.

Zusammenfassend lässt sich konstatieren: Die Berücksichtigung von Indikatoren der Persönlichkeit liefern einen enormen Erklärungsbeitrag für die Zugehörigkeit zu den unterschiedlichen Ressourcentypen und somit für das jetzige Wohlbefinden, wie auch für die zukünftigen Erfolgsaussichten. In sozialwissenschaftlichen Studien sollten daher, zusätzlich zu den Indikatoren der sozialen Herkunft, auch Merkmale der Persönlichkeit Berücksichtigung finden, um das Aufwachsen von Kindern, deren Potential und Entwicklung, besser beschreiben zu können.

Vom Tellerwäscher zum Millionär…? Diese Möglichkeit kann bestehen, so zeigen die Analysen, wenn Kinder positive Persönlichkeitsmerkmale aufweisen und/oder familiär bedingte Benachteiligungen ausgeglichen werden.

Dies kann zum einen durch institutionelle Angebote für die Kinder wie z. B. Horte, Ganztagesschulen oder freizeitorientierter Jugendhilfe-Angebote erfolgen. Zum anderen sollte für benachteiligte Familien eine sozio-emotionale Unterstützung im Rahmen von bspw. Beratung, Familienhilfe oder einer sozialpädagogischen Einzelfallhilfe bereitgestellt werden.

## Literatur

Alt, Christian (Hrsg.) (2005): Kinderleben – Aufwachsen zwischen Familie, Freunden und Institutionen. Band 1: Aufwachsen in Familien. München

Alt, Christian (Hrsg.) (2005): Kinderleben – Aufwachsen zwischen Familie, Freunden und Institutionen. Band 2: Aufwachsen zwischen Freunden und Institutionen. München

Alt, Christian (Hrsg.) (2007): Kinderleben – Start in die Grundschule. Band 3: Ergebnisse aus der zweiten Welle. München

Alt, Christian/Quellenberg, Holger (2005): Daten, Design und Konstrukte. Grundlagen des Kinderpanels. In: Alt, Christian (Hrsg.): Kinderleben – Aufwachsen zwischen Familie, Freunden und Institutionen. Band 1: Aufwachsen in Familien. Wiesbaden, S. 277-303

Bourdieu, Pierre (1987): Die feinen Unterschiede. Kritik der gesellschaftlichen Urteilskraft. Frankfurt a. M.

Bourdieu, Pierre (1992): Die verborgenen Mechanismen der Macht. Hamburg

Conger, Rand D./Donnellan, M. Brent (2007): An Interactionist Perspective on the Socioeconomic Context of Human Development. In: Annual Review of Psychologie, 58, S. 175-199

Ehmke, Timo/Baumert Jürgen (2007): Soziale Herkunft und Kompetenzerwerb: Vergleiche zwischen PISA 2000, 2003 und 2006. In: PISA' 06. Die Ergebnisse der dritten internationalen Vergleichsstudie. Münster, S. 309-335

Erhart, Michael/Hölling, Heike /Bettge, Susanne/Ravens-Sieberer, Ulrike/ Schlack, Robert (2007): Der Kinder- und Jugendgesundheitssurvey (KiGGS): Risiken und Ressourcen für die psychische Entwicklung von Kindern und Jugendlichen. In: Bundesgesundheitsblatt – Gesundheitsforschung – Gesundheitsschutz 50, 5/6, S. 800-809

Gisdakis, Bettina (2007): Oh, wie wohl ist mir in der Schule.... Schulisches Wohlbefinden – Veränderungen und Einflussfaktoren im Laufe der Grundschulzeit. In: Alt, Christian (Hrsg.): Kinderleben – Start in die Grundschule. Band 3: Ergebnisse aus der zweiten Welle. München, S. 107-136

Gloger-Tippelt, Gabriele/Vetter, Jürgen (2005): Ein kleiner Unterschied. Geschlechtstypische schulische Entwicklung aus der Sicht von Müttern und ihren 8- bis 9-jährigen Söhnen. In: Alt, Christian (Hrsg.): Kinderleben – Aufwachsen zwischen Familie, Freunden und Institutionen. Wiesbaden, Bd. 2, S. 231-256

Grunert, Cathleen (2005): Kompetenzerwerb von Kindern und Jugendlichen in außerunterrichtlichen Sozialisationsfeldern. In: Sachverständigenkommission Zwölfter Kinder- und Jugendbericht (Hrsg.): Kompetenzerwerb von Kindern und Jugendlichen im Schulalter. München, S. 9- 94

Grundmann, Matthias/Groh-Samberg, Olaf/Bittlingmayer, Uwe H./Bauer, Ullrich (2003): Milieuspezifische Bildungsstrategien in Familie und Gleichaltrigengruppe. In: Zeitschrift für Erziehungswissenschaft, 6. Jg., Heft 1, S. 25-45

Haller, Max/Müller Bernadette (2006): Merkmale der Persönlichkeit und Identität in Bevölkerungsumfragen. Ansätze zu ihrer Operationalisierung und Verortung als Erklärungsvariable für Lebenszufriedenheit. In: ZUMA- Nachrichten, 59, S. 9-42

Havighurst, Robert J. (1972): Developmental tasks and education. New York

Herzberg, Irene (2001): Kleine Singles. Lebenswelten von Schulkindern, die ihre Freizeit häufig allein verbringen. Weinheim und München

Hurrelmann, Klaus/Klocke, Andreas/Melzer, Wolfgang/Ravens-Sieberer, Ulrike (Hrsg.) (2003): Jugendgesundheitssurvey. Internationale Vergleichsstudie im Auftrag der Weltgesundheitsorganisation WHO. Weinheim und München

Huston, Aletha C./Ripke, Marika N. (2006): Experiences in Middle Childhood and Children's Development. In: Huston, Aletha C./Ripke, Marika N. (Hrsg.): Developmental Contexts in Middle Childhood. Bridges to Adolescence and Adulthood. Cambridge, S. 409- 434.

Kruse, Joachim (2000): Erziehungsstil und kindliche Entwicklung: Wechselwirkungsprozesse im Längsschnitt. In: Walper, Sabine/Pekrun, R. (Hrsg.): Familie und Entwicklung: Perspektiven der Familienpsychologie. Göttingen

Leven, Ingo/Schneekloth, Ulrich (2007): Die Schule – frühe Vergabe von Lebenschancen. In: Hurrelmann, Klaus/Andresen, Sabine/TNS Infratest Sozialforschung (Hrsg.): Kinder in Deutschland 2007. 1. World Vision Kinderstudie. Frankfurt a. M. S. 111-143

Oerter, Rolf/Montada, Leo (1998): Entwicklungspsychologie. Weinheim

PISA-Konsortium Deutschland (2006): PISA 2003 Untersuchungen zur Kompetenzentwicklung im Verlauf eines Schuljahres. Zusammenfassung. Münster

Ravens-Sieberer, Ulrike/Thomas, Christiane/Erhart, Michael (2003): Körperliche, psychische und soziale Gesundheit von Jugendlichen. In: Hurrelmann, Klaus/Klocke, Andreas/Melzer, Wolfgeng/Ravens-Sieberer, Ulrike (Hrsg.): Jugendgesundheitssurvey: Internationale Vergleichsstudie im Auftrag der Weltgesundheitsorganisation WHO. Weinheim, S. 19-99

Rose-Krasnor, Linda (1997): The nature of social competence. A theoretical review. In: Social Development 6, S. 111-135

Salisch, Maria von/Pfeiffer, Iris (1998): Ärgerregulation in Freundschaften von Schulkindern – Entwicklung eines Fragebogens. In: Diagnostica, 44, S. 41-53

Schneekloth, Ulrich/Leven, Ingo (2007): Die Gleichaltrigen: Gemeinsame und getrennte Welten. In: Hurrelmann, Klaus/Andresen, Sabine/TNS Infratest Sozialforschung (Hrsg.): Kinder in Deutschland 2007. 1. World Vision Kinderstudie. Frankfurt a. M., S. 143-165

Traub, Angelika (2005): Ein Freund, ein guter Freund... Die Gleichaltrigenbeziehungen der 8- bis 9-Jährigen. In: Alt, Christian (Hrsg.): Kinderleben – Aufwachsen zwischen Familie, Freunden und Institutionen. Wiesbaden, Bd.2, S. 23-63

Youniss, James (1994): Soziale Konstruktion und psychische Entwicklung. Frankfurt a. M.

*H. Gerhard Beisenherz*
# Dauerhafte Armut und Schulleistung
Befindlichkeiten von Kindern im Übergang von der Grundschule in den Sekundarbereich

Einleitung ..................................................................................... 208
1. Armutsforschung zwischen Kausalanalyse und Evaluation ................................................................................. 208
    1.1   Im Fokus: Armut und Bildung ................................................ 208
    1.2   Tendenzen der Forschung zur Kinderarmut in Deutschland ....... 211
    1.3   Zur analytischen Isolierung der Auswirkung materieller Armut auf Kinder ............................................ 213
2. Wirkung von Armut auf Grundschulkinder: Subjektive und objektive Faktoren ................................................................. 216
    2.1   Univariate Abhängigkeit von Wohlbefinden und Schulnoten von Faktoren der Lebenslage ............................................ 216
    2.2   Bivariate Zusammenhangsanalyse zwischen externen Faktoren und Entwicklungsdimensionen ............... 217
    2.3   Multifaktorielle Varianzanalyse zum Einfluss von ökonomischem, kulturellem und sozialem Kapital auf Befindlichkeit und Performanz der Kinder .......................... 225
    2.4   Extremgruppen Vergleich: kumulierter Deprivation versus Privilegierung .................................................................. 231

Literatur ....................................................................................... 235

# Einleitung

Die Aufmerksamkeit für Kinder in den westlichen Wohlfahrtsstaaten war in den vergangenen zwanzig Jahren zunehmend von folgenden Entwicklungstendenzen bestimmt: Kinder wurden als eigenständige Subjekte betrachtet (vgl. UN 1989), eine Akzeleration der Entwicklung von Kindern mit der Folge der Verkürzung der Kindheit, zunehmende Kinderarmutsrate und steigende Besorgnis für deren Ausweitung (Beisenherz 2002). Verstärkt seit etwa Mitte der neunziger Jahre, rückt die frühe Kindheit als Phase der grundlegenden Gehirnentwicklung mit dem vermutlich höchsten Grenznutzen für Bildungsinvestitionen in den Fokus der bildungspolitischen Auseinandersetzung[1], die ihrerseits im Schatten eines globalisierten Bildungswettbewerbs stattfindet (Knudsen/Heckman u. a. 2006). Überlagert werden diese Entwicklungen von dem Problem, wie Kleinkinder zu betreuen sind, wenn das traditionelle Betreuungsmilieu, die in Nachbarschaftskontexte eingebettete Mehrkinderfamilie, ebenso erodiert wie die Betreuungszeit der ehemals als natürlich geltende Hauptbetreuerin, der Mutter, in der Konkurrenz mit der sich ausweitenden mütterlichen Lohnarbeitszeit schrumpft (Mistry 2003, Hill/ Waldfogel u. a. 2005).

## 1. Armutsforschung zwischen Kausalanalyse und Evaluation

### 1.1 Im Fokus: Armut und Bildung

Im Geflecht der Debatten, die sich vor diesem Hintergrund um das Kind entsponnen haben, hat in den letzten Jahren eine deutliche Verlagerung stattgefunden. Themen, die am neu errungenen Subjektstatus des Kindes anknüpfen, haben ebenso wie die Frage von „Ende der Kindheit" die Prominenz aus den späten 1980er und den 1990er Jahren verloren (Beisenherz 2005). Die Debatte über die Entwicklung und das Heranwachsen von Kindern verschiebt ihren Fokus von der Ebene der Systemvergleiche und der Systemlegitimation auf diejenige der Reproduktion von Humankapital im globalen Wettbewerb

---

[1] dazu etwa für die USA White House 2001.

(Heckman u. a. 2004): Welche gesamtwirtschaftlichen Kosten verursacht die Vernachlässigung der (Aus)bildung der Kinder? Welche Maßnahmen sind zu ergreifen, um das Humankapital voll zu entfalten? Insbesondere stellt sich das Problem, inwieweit der nachteilige Einfluss eines Aufwachsens in Armut auf Lernen und Entwicklung dieser Kinder gesellschaftliche Folgekosten verursacht, deren Vermeidung eine frühe, präventive Reaktion erfordert.

Materielle Armut wird in diesem Zusammenhang meist definiert als Einkommensarmut, gemessen mit statistisch ermittelten Einkommensgrenzen oder einer administrativ definierten ‚poverty line'. Armut als Auslöser von Entwicklungsdefiziten wird zudem weitgehend berücksichtigt als länger anhaltende Armut, z. T. werden aber auch die unmittelbaren Begleiterscheinungen einer aktuellen und nicht schon länger anhaltenden Armut untersucht, wie dies jedenfalls bisher im wesentlichen in deutschsprachigen Untersuchungen der Fall ist (Holz u. a. 2005). Die Entwicklungsfolgen werden dann z. T. auf ganz unterschiedlichen Gebieten analysiert. Verbreitet sind Untersuchungen zu den Ausprägungen diverser Faktoren in der sozialen, emotionalen, physischen oder auch kulturellen Dimension. Teilweise geht es auch um Fragen, wie oder ob Auswirkungen in verschiedenen Dimensionen miteinander in Wechselwirkungen stehen.

Daten über die wachsende soziale Ungleichheit innerhalb der einzelnen Nationalstaaten – bei Abschwächung der internationalen Ungleichheit – weltweit (Jäntti 2005), verstärken dieses Interesse an dem Ausmaß der sozialen Dynamik: Wie vererblich sind soziale Positionen und Bildungserfolg? Wie durchlässig – für Auf- oder Abstieg – sind die Bildungsinstitutionen und die Mechanismen der Berufszuweisung? Bedingt die wachsende soziale Polarisierung (DIW 2007) einen steigenden volkswirtschaftlichen Verlust durch nicht ausgeschöpfte Bildungsreserven? (Mayer 2002, Holzer 2007, Barnett 2006).

Dabei zeigt sich das folgende Paradox: In allen westlichen Industriestaaten ist nach dem Zweiten Weltkrieg eine deutliche Ausweitung der Schulausbildung und der Universitätsabschlüsse eingetreten. Eine weitere inzwischen weitgehend empirisch gesicherte Tatsache ist die in den letzten dreißig bis vierzig Jahren ansteigende ökonomische Ungleichheit in den Ländern mit marktwirtschaftlichem Kapitalismus. Es stellt sich angesichts der engen Verbindung zwischen Armut und niedriger Bildung, die in fast allen Armutsstudien gefunden wird, die Frage, wie Anhebung des Bildungsniveaus einerseits und zunehmende ökonomische Ungleichheit zu einander in Beziehung stehen. Von diesem Zusammenhang dürfte nicht zuletzt abhängen, ob sich Armut langfristig durch gezielte Bekämpfung von Bildungsarmut bekämpfen lässt.

Susan E. Mayer (2002) ist dieser Frage an Hand der Daten des PSID für die Zeit von 1970 bis 1990 in den USA nachgegangen. Mayers Analyse bestätigt für die USA die zunehmende ökonomische Ungleichheit in diesem Zeitraum ebenso wie den wachsenden Anteil der höheren schulischen und akademischen Abschlüsse an den jeweiligen Jahrgängen der Schul- bzw. Collegeabschlüsse. Die Simultanität der beiden scheinbar widersprüchlichen Tendenzen erklärt sich dadurch, dass vor allem die oberen Einkommensschichten ihren Anteil an den Collegeabschlüssen deutlich überproportional steigern konnten. Der allgemeine Anstieg der formalen Bildung geht somit wesentlich auf eine weitere Bildungspolarisierung in diesem Zeitraum zurück. Bildung ist zwar heute kein Garant mehr für gehobene Einkommen, aber ohne Formalqualifikation wird der Ausstieg aus der Armut kaum noch möglich. Da die Schulnoten schon in der Grundschule für die weiteren Schullaufbahnentscheidungen wichtig und in der Sekundarstufe für den Verbleib dort wichtig sind, nimmt die Bedeutung der Noten in zentralen Schulfächern für die spätere soziale Positionierung der Individuen ersichtlich zu. Daher resumiert S. Mayer: „This suggests that it is important to find ways to reduce the potentially harmfull effects of inequality on low-income children" (ibd. S. 31).

Mit dieser Zielsetzung hat sich international die Forschung zur Kinderarmut im letzten Jahrzehnt zunehmend auf zwei Fragenkomplexe konzentriert: Zum einen versucht man mittels empirischer Daten, i.d.R. aus Längsschnittstudien, das Ausmaß der Auswirkungen von Armut im Kindesalter auf die Entwicklung der Kinder, z. T. bis in das Erwachsenenalter hinein, empirisch zu eruieren.[2] Zum anderen ist man bestrebt, die Auswirkungen von Förderprogrammen unter ökonomischen Gesichtspunkten zu evaluieren.[3] Bei den Evaluationsstudien steht im Hintergrund die Vermutung, dass unter den Armutsfolgen bei Kindern die Volkswirtschaft insgesamt zukünftigen Schaden erleidet (Heckman u. a. 2004). So schätzen z. B. Holzer u. a. (2007), dass durch die diversen Folgen von Kinderarmut die zukünftige Wirtschaftskraft der USA etwa um 4% des GDP reduziert wird. Mit solchen Befunden soll die Bereitschaft zu präventiven Investitionen im Kleinkinderbereich gefördert werden, und diese selbst werden dann durch Evaluation möglichst auf effektive Methoden ausgerichtet. Im Zeichen des in den 1990er Jahren sprunghaft gestiegenen Interesses an der Frühförderung von Kleinkindern, das wesentlich durch die Verbreitung von neueren Resultaten der Hirnforschung genährt wurde, konzentriert sich die Suche nach Wirkungen von Armut zunehmend auf die Entwicklung in der frühen und mittleren Kindheit. Von besonderem

---

[2] vgl. Überblick bei Blow u. a. 2005, Walper 1999, Korenman/Miller/Sjaastad 1994 Berger u. a. 2005.
[3] z.B. Ludwig/Sawhill 2007 zum Head Start Program in den USA

Interesse sind Untersuchungen zur Wirkung der Armut bei Kleinkindern. Daher hat sich im letzten Jahrzehnt die Einstellung durchgesetzt, dass besonders die Förderung armer Kinder im Kleinkindalter langfristig positive Effekte bewirken kann (dazu Knudsen/Heckmann u. a. 2006).

## 1.2 Tendenzen der Forschung zur Kinderarmut in Deutschland

Auch in der deutschen Kindheitsforschung lässt sich eine Verlagerung des Interesses hin zu den langfristigen Folgen früher Versäumnisse bei der Förderung von Kleinkindern feststellen (Dazu z. B. BMFSFJ 2004). In der Armutsforschung steht aber bisher immer noch die Skandalisierung der Tatsache der Kinderarmut an sich im Vordergrund. Diese gründet primär auf dem Nachweis steigender Kinderarmutszahlen und nachteiliger Folgen für die aktuelle Lebenslage der von Armut betroffenen Kinder. Noch um die Jahrhundertwende standen die wissenschaftlichen Veröffentlichungen zur Kinderarmut daher im Zeichen des Bemühens, die öffentliche Aufmerksamkeit überhaupt auf das Phänomen zu lenken und systematische Ursachen sowie deskriptive Situationsbeschreibungen der Lebenslage ‚Armut' andererseits zu liefern (z.B. Butterwegge 2000). In der politikwissenschaftlichen Debatte stehen neuerdings die für Kinder besonders nachteiligen Folgen der Hartz-IV Reformen im Vordergrund und im Zusammenhang damit die deutlich zu niedrigen Regelsätze des Sozialgeldes für Kleinkinder (Roth 2006, Becker 2006). Hinsichtlich der Daten über das Ausmaß der Kinderarmut und den internationalen Vergleich liegen Veröffentlichungen der UNICEF vor, die sich bezüglich Deutschlands wesentlich auf die Daten des SOEP stützen (Corak u. a. 2006).

Die Erkenntnisse über Zusammenhänge zwischen Aufwachsen in Armut und Folgen für die Kinder speisen sich dagegen wesentlich aus einer Vielzahl qualitativer Untersuchungen und Erhebungen, die in den letzten beiden Jahrzehnten durchgeführt wurden. Dabei konzentrieren sich qualitative Untersuchungen häufig auf das Erleben der Armutslage sowie den Umgang der Kinder damit.[4] Quantitative Untersuchungen bleiben unter methodischen Gesichtspunkten meist hinter den statistisch zu stellenden Anforderungen zurück. In der Untersuchung von Butterwegge u. a. (ders. 2005), in der ein Vergleich von Bildungsübergängen und Wohlbefinden von Kindern in Ost- und Westdeutschland durchgeführt wurde, wurden insgesamt 130 Kinder in Erfurt und 179 Kinder in Köln befragt. Der Armutspopulation – zudem mit einem Schicht-Indikator operationalisiert – gehören in Erfurt nur 20 und in

---

[4] vgl. etwa Zander 2005 mit Konzentration auf die Bewältigungsstrategien der Kinder im zweiten Teil; Chassé/Zander/Rasch 2003; Becher 2005

Köln 57 Kinder an. Eine solche Untersuchung liefert zwar interessante Aufschlüsse über Lebenslagen, bleibt aber ungesichert in der Reliabilität der Resultate. Wenn die Autoren feststellen (ibd. S. 213), dass das Wohlbefinden stark mit der Schicht sinkt, so ist dies nach anderen Daten differenzierungsbedürftig (Beisenherz 2007).

Die politische, öffentliche Diskussion in Deutschland über Armutsfolgen bei Kindern stützt sich z.Z. wesentlich auf die Veröffentlichungen aus der AWO-Studie, die auf der Auswertung von Daten beruht, die einmal über ca. 900 Kindern im Alter von 5-6 Jahren in AWO-Kindergärten im Jahre 1999 bei den ErzieherInnen erhoben wurden (Hock/Holz/Wüstendörfer 2000). Von ca. 500 dieser Kinder wurden dann 2003/2004 – am Ende der 4. Grundschulklasse – erneut Daten erhoben. Diesmal wurden die Kinder selbst und die Eltern befragt. Im Jahre 2001 wurde zudem mit ca. 30 Eltern und Kindern eine qualitativ orientierte Zwischenuntersuchung durchgeführt (Holz/Skoluda 2003). Zu den drei Erhebungszeitpunkten wurden unterschiedliche Instrumentarien eingesetzt und unterschiedliche Informanten zu den Kindern befragt. Die Studie ist daher keine Längsschnittstudie. Die Autoren stufen die Untersuchung selbst auch als Langzeitstudie ein. Trotz einer Fülle von anregenden Befunden kann hier aus methodischen Gründen nicht von einer statistisch zuverlässigen Untersuchung über die Auswirkungen von Armut auf Kinder ausgegangen werden. Die Untersuchungen der AWO Studiengruppe weisen aber durch ihre Verknüpfung von qualitativen Fallstudien mit quantitativen Befunden eine Fülle von Informationen über die Lage armer Kinder in Deutschland auf, die für praktisches Handeln nutzbar gemacht werden können (Holz u. a. 2005).

Langfristfolgen des Aufwachsens in Armut zeigen sich in den vielfältig durchgeführten Leistungskontrollen zum Bildungswesen. In Deutschland haben insbesondere die Untersuchungen über die Leistungen des Schulsystems dazu beigetragen, die soziale Selektivität des Schulsystems wieder bewusst zu machen. TIMMS, PISA, IGLU, LOGO oder auch KESS4 und KESS5 zeigen durchgängig, dass der Schulerfolg von der sozialen Schicht der Eltern abhängt.

Die erhebliche soziale Selektivität beim Übergang von der Grundschule in die Sekundarstufe I wurde immer wieder festgestellt. Dabei ist insbesondere die Frage untersucht worden, ob es stärker primäre oder sekundäre Faktoren sind, die die soziale Selektivität in der Praxis begründen. In ihrer Analyse von Übertritten am Ende der Grundschulzeit mit den Daten des SOEP unterscheiden z. B. Becker und Lauterbach zwischen primären und sekundären Selektionseffekten. Primär ist eine Selektion im Schulsystem, die mit der Leistung der Kinder zusammenhängt, sekundär eine solche, die unabhängig davon aus der sozialen Stellung der Eltern abgeleitet wird. Diese Untersuchung zeigt, dass Zusammenhänge zwischen materieller Armut und Bildungschancen nur in regionalem Kontext und unter Beachtung kultureller und historischer Differenzen bestimmt werden können, da sie in Ost- und Westdeutschland unterschiedliche Zusammenhänge finden (Becker/Lauterbach 2003).

Dass sich auch primäre Differenzen im Schulsystem fortsetzen, zeigt sich z. B. in KESS 7: sowohl in der Mathematik-Schulleistung als auch im Leseverständnis, gemessen bei Schülern der 7. Jahrgangsstufe mittels spezifischer Leistungstests, zeigt sich eine deutliche Abhängigkeit vom höchsten erreichten Schulabschluss der Eltern. Diese Unterschiede zeigen sich auch, wenn statt des Bildungsabschlusses nach dem Sozialstatus, gemessen mit der Berufskategorisierung nach EGP [5] unterschieden wird.

Die PISA Studien zeigen dagegen für die 15-jährigen Schüler eine stark von der Sozialschicht – wieder nach EGP gemessen – abhängige Differenz in der besuchten Schulart. So zeigt sich, dass nur 10% der Kinder von un- oder angelernten Arbeitern das Gymnasium besuchen aber ca. 52% der Kinder aus der oberen Dienstleistungsklasse (Freiberufler, akademische Professionelle etc.). Deuten diese Zahlen zunächst darauf hin, dass die ökonomische Situation im Haushalt die Bildungskarriere der Kinder deutlich beeinflusst, so problematisieren andere Autoren einen direkten Zusammenhang zwischen dem Bildungserfolg der Kinder und der materiellen Lage des Haushalts und verweisen auf die Rolle intermediärer Faktoren. Die soziale Selektivität des Bildungssystems setzt sich im tertiären Sektor fort und verstärkt sich noch. So zeigte z. B. die letzte Erhebung des deutschen Studentenwerks, dass die Chancen des Hochschulbesuchs von Kindern aus der niedrigsten Einkommensgruppierung der Untersuchung ca. sechsmal niedriger sind als die der Kinder von Beamten und Besserverdienern (BMBF 2007).

Diese und ähnliche Untersuchungen zeigen deutliche Abhängigkeiten der Bildungschancen von der sozialen und wirtschaftlichen Lage der Eltern, können aber die Frage nicht klären, welche Elemente der sozialen Lage letztlich den entscheidenden Einfluss auf die Bildungsentwicklung ausüben.

### 1.3 Zur analytischen Isolierung der Auswirkung materieller Armut auf Kinder

Eine zentrale Rolle als Ausgangspunkt für die entwicklungsorientierte und die interventionsbezogene Perspektive spielen somit Arbeiten, die auf einer breiten Datenbasis statistisch versucht haben, den Einfluss von reiner Einkom-

---

[5] Index nach Erikson/Goldthorpe/Portocarero. Vgl. zum Ganzen etwa Baumert u. a. 2006

mensarmut auf bestimmte ‚outcomes' der kindlichen Entwicklung zu isolieren.[6] Die so gefundenen Effekte stellten sich in einigen Untersuchungen jedoch als nicht besonders stark heraus (Überblick bei Blow u. a. 2005). So kam z. B. S. Mayer (1997) in ihrer viel beachteten Analyse zu dem Resultat, das die reine Einkommensarmut der Väter statistisch nur einen relativ geringen Anteil der Varianz im späteren Einkommen der Söhne erklärt. Auch andere Untersuchungen, die wegen der hohen Fallzahlen systematisch die Abhängigkeit von weiteren Faktoren wie Bildung, Stellung im Beruf, Familienstruktur oder ethnischer Hintergrund kontrollieren können, kommen zu dem Resultat, dass bei Kontrolle mit solchen Faktoren der Einfluss der reinen Einkommensarmut auf späteres Einkommen relativ gering ist. Dies gilt auch im Hinblick auf Schulerfolg, auf kognitive Leistungen oder das Sozialverhalten (z. B. Blow u. a. 2005). Andererseits zeigen sich bei bivariaten Verteilungen deutliche Abhängigkeiten, sei es von der Armutslage, der Bildung oder der sozialen Schicht. Der enge statistische Zusammenhang von Einkommensarmut mit niedriger Bildung, fehlendem Berufsabschluss, Familienstand (Alleinerziehende) und ethnischer Herkunft ist ebenfalls hinreichend nachgewiesen. Auch für die empirische Erforschung von Armutsfolgen gilt somit: Selbst wenn definiert und operationalisiert ist, was unter Armut verstanden wird, ist es nicht trivial, den direkten Einfluss der materiellen Armut selbst auf die kindliche Entwicklung zu separieren von demjenigen anderer Faktoren wie der Bildung der Eltern, deren Berufsausbildung bzw. -ausübung, der Nachbarschaft oder dem ethnischen Hintergrund der Familie.[7]

Verschiedene statistische Probleme erschweren in quantitativen Untersuchungen die exakte Isolation eines Armutseffektes auf die Entwicklung der Kinder von anderen möglichen Einflussfaktoren. Sie sind zu beachten, wenn man die unterschiedlichen Resultate der Forschung über Armutswirkungen auf die Entwicklung von Kindern einschätzen will. Armut korreliert sehr deutlich mit allen verursachenden und durch sie wieder verursachten oder verstärkten Faktoren, die sämtlich ihrerseits die kindliche Entwicklung beeinflussen. So ist wegen der möglichen versteckten und nicht erfassten Variablen das Problem der Konfundierung (Nachtigall 2000) ebenso virulent, wie die mögliche bewusste Reaktion auf Armutslagen das Problem der Endogenität akut macht (Duncan/Magnuson/Ludwig 2004). Darüber hinaus liegen z.T. starke Kollinearität zwischen einzelnen Variablen wie etwa Bildung und Einkommen vor (Blow u. a. 2004). Daher stellt sich die Frage, wie sinnvoll überhaupt der Versuch ist, den komplexen Gesamtzusammenhang einer Ar-

---

[6] vgl. etwa den kurzen Überblick in Morris u. a. 2004
[7] zu dem methodischen Problemen vgl. etwa Blow u. a. 2004

# Dauerhafte Armut und Schulleistung 215

mutslage statistisch zu desaggregieren, um dann einen reinen Einkommenseffekt zu analysieren.[8]

Armut setzt sich letztlich gegenüber allen moderierenden und kompensierenden Umständen durch ihre Dauer und die Kumulation von simultanen Deprivationen durch. Zu diesen Deprivationen gehört ein breites Spektrum von Faktoren, angefangen vom niedrigen Anregungsniveau in der Wohnung und Wohnumgebung, über geringe Förderung durch die Eltern oder Geschwister, fehlende Teilnahmemöglichkeiten an Treffen und Aktivitäten Gleichaltriger, mangelnde Erfahrung sozialer Unterstützung durch andere Erwachsene und Freunde, bis hin zu einer unsicheren und hoch belasteten Wohnumgebung, fehlende vorschulische, schulische und außerschulische Bildungserfahrung und Lernanregungen. Aber auch die Belastung durch persönliche, psychische oder gesundheitliche Probleme der Eltern oder im Familienkreis oder auch eine eigene ungünstige gesundheitliche oder psychische Konstellation bis hin zu elementarer Mangelerfahrung im Bereich von Ernährung und Kleidung machen Armut als Kumulationsphänomen aus.[9]

Wie nicht zuletzt im Kontext von Überlegungen über eine Modernisierung der Armutsperspektive durch den Übergang zu einer Exklusionsperspektive schon mehrfach vorgeschlagen wurde[10], dürfte es so sein, dass sich langfristige Wirkungen des Aufwachsens unter Armutsbedingungen zuverlässig nur identifizieren lassen, wenn spezifische Entwicklungsdimensionen mit spezifischen Kumulationen von Benachteiligungen in Zusammenhang gebracht werden können, wenn hierbei zugleich Faktoren auf der Ebene der Persönlichkeit der Kinder und Eltern (Gesundheit, psychische Robustheit, Resilienz) kontrolliert und wenn schließlich dabei die unterstützenden Angebote aus dem wohlfahrtsstaatlichen Mix mit berücksichtigt werden. Damit wird deutlich, dass es wegen der stark ausgeprägten Multikausalität von Einkommensarmut einerseits und der Folgenvielfalt materieller Armut andererseits methodisch schwierig ist, materielle Armut als Einflussfaktor zu isolieren und getrennt zu bestimmen. Da Armut als eine komplexe Lebenslage mit vielen unterschiedlichen Deprivationen auf vielfältige Weise auf Kinder negativ einwirken kann, wäre es in Hinsicht auf sozialpolitische Maßnahmen bedeutsam, wichtige Einzelfaktoren zu identifizieren, an denen Unterstützungsmaßnahmen ansetzen können. An Stelle einer nachträglichen ex ante Evaluierung gewinnt man so Anhaltspunkte dafür, wo Programme am wirksamsten anset-

---

[8] vgl. die gelungene Darstellungen des komplexen Gesamtzusammenhangs von Armutslagen bei Bourdieu u. a. 1997
[9] vgl. anschaulich zu dem Gesamtkomplex fehlender Förderung und Entwicklungsanregung Becher 2005
[10] dazu ausführlich etwa Beisenherz 2002, S. 193-236.

zen könnten. Mit diesem Interesse wurde die Analyse von Daten des DJI-Kinderpanels durchgeführt, die im Folgenden vorgestellt wird.

## 2. Wirkung von Armut auf Grundschulkinder: Subjektive und objektive Faktoren

### 2.1 Univariate Abhängigkeit von Wohlbefinden und Schulnoten von Faktoren der Lebenslage

Angesichts der offenen Fragen zu Zusammenhängen zwischen subjektiven und objektiven Faktoren bei der Entwicklung von Kindern unter Bedingungen familialer Armut untersuchen wir mit Daten des Kinderpanels, wie sich das ökonomische und das soziale Kapital des Kindes während der Grundschulzeit auf die Bildung des kulturellen Kapitals und auf seine subjektive Befindlichkeit auswirken. Zusätzlich wurde die Persönlichkeitsstruktur des Kindes – sein persönliches Kapital – als unabhängige Variable einbezogen.

Wir untersuchen im Einzelnen den Einfluss von strukturellen und persönlichen Faktoren auf die Entwicklung des subjektiven Wohlbefindens als zentrales Element der subjektiven Erfahrung einerseits und auf die Leistungsentwicklung in der schulischen Dimension andererseits. Das Wohlbefinden haben wir über einen Indikator operationalisiert, der die Befindlichkeit in fünf zentralen Lebensbereichen der Kinder berücksichtigt (Beisenherz 2005). Als Leistungsindikatoren wählen wir die Schulnoten, die die Kinder aus dem letzten Halbjahreszeugnis für die Fächer Rechnen/Mathematik und Deutsch angeben. Damit können wir die unterschiedliche Reaktion auf strukturelle Unterschiede in der Lebenssituation, insbesondere die eventuellen Folgen von Dauerarmut, in diesen zwei Dimensionen vergleichen. Ziel ist es, zu klären, ob im Bereich der subjektiven Adaptionsmechanismen an die jeweilige Lebenslage andere oder gleichgerichtete Auswirkungen festzustellen sind wie im Bereich objektivierbarer Kompetenzentwicklung.

Das ökonomische Kapital wird über die ökonomische Lage der Familie durch eine Skala auf Basis des bereinigten Äquivalenzeinkommens mit sieben Stufen erfasst, von denen die unteren der üblichen Einteilung in strenge Armut (< 40% des Medians des bereinigten Äquivalenzeinkommens (MBE)), Armut (< 50% MBE), Armutsgefährdung (< 60% MBE) und Prekariat (<75% MBE) entsprechen. Stufe 7 entspricht den Bessergestellten mit einem Einkommen über 125% vom MBE. Daneben haben wir einen Indikator gebildet, der zum Ausdruck bringt, wie oft sich das Kind in den Jahren vor der dritten

Erhebung in wirtschaftlich prekären Lebensumständen befand, also in einem Haushalt mit bereinigtem Einkommen unter 75% des MBE lebte. Neben den drei Erhebungszeitpunkten in Abständen von 1,5 Jahren verwenden wir noch die Information aus der Erstbefragung, ob sich im Jahr vor der Befragung die Situation wirtschaftlich verbessert, verschlechtert oder nicht geändert hat. So haben wir Angaben über einen Zeitraum von ca. vier Jahren. Zusätzlich haben wir noch eine Variable berücksichtigt, die zum Ausdruck bringt, ob die Familie bereit ist, Geld für die kulturelle Entwicklung des Kindes einzusetzen. Unter verschiedenen verfügbaren Indikatoren erwies sich die Variable „Kind erhält Musikunterricht" als bester Indikator für diesen kindbezogenen Aspekt der ökonomischen Lage des Kindes.

Das verfügbare Sozialkapital des Kindes operationalisieren wir mittels zweier Komponenten: Das innerfamiliale soziale Kapital und das Sozialkapital in der altersgleichen Kindergruppe. Als Indikator für das familiale Sozialkapital ziehen wir die beiden Konstrukte ‚Familienklima' und ‚Kindorientierung' der Interaktion mit der Mutter heran, die beide aus den Angaben der Kinder selbst gebildet wurden. Zusätzlich wurde noch das Familienklima ermittelt und Rechnungen wurden alternativ mit dem vom Kind und von der Mutter gekennzeichneten Familienklima gerechnet (s. u.). Als Indikatoren für das Sozialkapital unter Gleichaltrigen wurden die Zahl der angegebenen Freunde und der Indikator über die Unterstützung durch Freunde benutzt.

Schließlich wurden noch als Ausdruck der kindlichen Persönlichkeit die Faktoren aus den Persönlichkeitstests verwendet, die mit den Testresultaten der Kinder selbst gewonnen wurden. Da sich bei bivariaten Rechnungen zeigte, dass von den fünf von uns erfassten Dimensionen der Persönlichkeit allenfalls zwei überhaupt einen Effekt in Bezug auf Wohlbefinden bzw. Schulnoten machten, beschränken wir uns für unsere weitere Darstellung auf diese beiden Dimensionen, die in nachweisbarem Zusammenhang mit externen Faktoren der Lebenswelt der Kinder stehen. Es handelt sich um die Faktoren ‚Externalisierung' und ‚Motorische Unruhe'.

## 2.2 Bivariate Zusammenhangsanalyse zwischen externen Faktoren und Entwicklungsdimensionen

Wir haben die Zusammenhänge zwischen den abhängigen Variablen und den unabhängigen Variablen bivariat mit Kreuztabellen untersucht. Neben der Signifikanz im Chi-Quadrat Test haben wir den Residualwert der einzelnen Zellen herangezogen, der ein Maß für die Abweichung zwischen erwarteter und gefundener Zellenhäufigkeit ist. Ein Wert größer/gleich zwei signalisiert eine signifikante Abweichung in der jeweiligen Zelle. Wir finden die folgenden Einflüsse auf die abhängigen Variablen:

*a) Abhängigkeit von der aktuellen wirtschaftlichen Lage:*

Für das aktuelle Wohlbefinden finden wir keinen Zusammenhang, der signifikant wäre. Allein bei den besser gestellten Kindern zeigt sich eine knapp signifikante Überrepräsentation (res=1.9) in der Gruppe mit hohem Wohlbefinden. Bei den Schulnoten sieht das Bild anders aus. Sowohl die Deutsch- als auch die Mathenote ist bei den ärmeren Kindern (unter 60%) in den Zellen mit schlechten Noten (4 und schlechter) überrepräsentiert, wogegen die besser gestellten Kinder (über dem Durchschnitt) hier deutlich unterrepräsentiert sind, dafür deutlich überproportional häufig bessere Noten (sehr gut) angeben. Sehr ausgeprägt ist die Unterrepräsentanz der besser gestellten Kinder bei schlechten Mathematiknoten (res=-2,7; Chi-Quadrat für die Tabelle <.000).

*b) Dauerhaft prekäre Lebensumstände:*

Das Wohlbefinden hängt signifikant davon ab, ob die Lebensverhältnisse durch andauernd prekäre Verhältnisse geprägt sind. (Chi-Quadrat=.034). Es gibt aber keine Zelle, in der das Residuum größer als 1.5 ist. Allerdings ist bei denjenigen, die nie in prekären Verhältnissen lebten, ein linearer Zusammenhang in den Residuen feststellbar: In der Gruppe der Kinder, die sich unwohl fühlen, sind sie deutlich (res=-1.6) unter- in der, die sich sehr wohl fühlt, überrepräsentiert (res=1.6). Während weder transitorisches noch anhaltendes Prekariat das Wohlbefinden deutlich beeinflusst, wirkt sich die ständige Abwesenheit prekärer Lebensverhältnisse doch förderlich für das Wohlbefinden aus. Deutliche Einflüsse sehen wir bei den Noten (p<.000). Insbesondere die beiden Extremgruppen erweisen sich im Residuumwert als deutlich abweichend: Dauerhaftes Prekariat bedeutet erhöhte Wahrscheinlichkeit schlechter Deutschnoten. Ständige Abwesenheit prekärer Lebensumstände bedeutet erhöhte Wahrscheinlichkeit sehr guter Noten (res=2,8 bzw. 3,3). Bei der Mathematiknote zeigt sich ein ähnliches Bild. Auffällig ist, dass ein bloß transitorisches Prekariat keine merklichen Abweichungen von der Durchschnittsverteilung nach sich zieht, freilich auch nicht gerade förderlich ist. Weiter ist hier bemerkenswert, dass es vor allem die Wahrscheinlichkeit für schlechte Noten in Mathematik ist, die durch Dauerprekariat bzw. ständige Abwesenheit desselben beeinflusst wird (res=+3.0 bzw. -3.0). Damit spricht der bivariate Test für die Hypothese, dass vor allem dauerhafte Armut die schulischen Leistungen beeinträchtigt.

*c) Häufigkeit der Armut:*

Alternativ zur Dauer des Prekariats haben wir die Häufigkeit der Armutsphasen (<50% MBE) als Variable herangezogen (null bis vier mal), um den Einfluss von Armut auf Leistung und Befindlichkeit zu untersuchen. Erneut zeigt sich kein signifikanter Einfluss auf das Wohlbefinden in der Kreuztabelle. Auch einzelne Zellen zeigen keinen Residuumwert über 2. Nur in der Gruppe ohne jede Armutserfahrung in den letzten vier Jahren zeigt sich (res=+1,6) eine schwache Tendenz zu weniger Unwohlsein und mehr ‚Sehr wohl Fühlen'. Schlechte Deutschnoten sind dagegen wieder überproportional bei häufig armen Kindern zu finden (zweimal und mehr; MBE res=2.2) und unterproportional (res=-2.9) bei den Kindern ohne jede Armutserfahrung ($p<.000$). Für die Mathematiknote gilt Ähnliches. Hier fällt wieder auf, dass das Fehlen jeder Armutsphase das Fehlen sehr schlechter Mathematiknoten begünstigt (res=-3.0), wogegen bei sehr häufiger Armut schlechte Noten überproportional häufig auftreten (res=+ 2.8).

*d) Ausgaben für Bildung:*

Als Indikator für die Bereitschaft, finanzielle Ressourcen für die Bildung des Kindes einzusetzen, haben wir wegen der Unzuverlässigkeit und hohen Ausfälle bei den Angaben zu den jährlichen Ausgaben für Vereine oder Bildungsaktivitäten des Kindes die Angabe zum Besuch des Kindes von Musikgruppen oder -schulen außerhalb der Schule herangezogen. Wir haben dabei unterstellt, dass hierfür regelmäßige Ausgaben sowie Anschaffungskosten anfallen, die über den sonstigen laufenden Ausgaben für Spiel und Unterhaltung bei den Kindern liegen. Sie sind zudem relativ geschlechtsunabhängig. Tatsächlich erweist sich diese Angabe als ein aussagekräftiger Indikator. Der häufige Besuch von Musikgruppen oder Instrumentalunterricht trägt zwar nicht zur Befindlichkeit des Kindes bei – weder positiv noch negativ. Er erweist sich jedoch als hoch signifikant hinsichtlich der Schulnoten. Kinder, die sehr häufig Musikgruppen besuchen, sind überproportional sehr gut in Deutsch und Mathe (res=3.7 und 3.9) und wenig bei den sehr schlechten Schülern zu finden (res=-2.4 bzw. -2.5).

*e) Belastungen durch Probleme:*

Aus den Angaben der Mutter zu aktuellen Problemen in der Familie haben wir einen Summenscoreindikator gebildet. Die primär psychisch bedingten Verhaltensprobleme wurden nicht einbezogen. Dieser Indikator über Belastungen in der Familie hängt hoch signifikant mit dem Wohlbefinden zusammen. Kinder aus unbelasteten Familien fühlen sich überproportional sehr wohl und unterproportional unwohl (res=+3,2 bzw. -3,7; $p<.000$). Kinder aus sehr stark belasteten fühlen sich weit überproportional unwohl (res=+3,3). Dagegen findet sich kein signifikanter Einfluss der Problembelastung auf die schulische Leistung des Kindes. Obwohl in unserem Belastungsindikator die finanziellen Probleme eingeschlossen sind, reflektiert er mehr die subjektive Wahrnehmung der Mutter von familialen Problemen als die objektive materielle Situation. Dementsprechend ist es nicht verwunderlich, dass das Zusammenhangsmuster hier nicht dem der Einkommensfaktoren entspricht. Da die Problembelastung als situative Größe zum Zeitpunkt der dritten Befragung erfasst wird, bestätigt der Befund die Einschätzung, dass es sich beim Wohlbefinden um eine situative Adaptionsleistung handelt, wogegen die Kompetenzentwicklung ein kontinuierlicher und kumulativer Prozess in Abhängigkeit von dauerhaften objektiven Rahmenbedingungen ist.

*f) Das Familienklima:*

Das bei der Problembelastung gefundene Muster findet sich noch deutlicher bei dem Zusammenhang mit dem Familienklima. Ermittelt man das Familienklima über die Angaben der Mutter, so zeigt sich eine deutliche Abhängigkeit der Befindlichkeit des Kindes mit dem Familienklima. Schlechtes Familienklima verstärkt Unwohlsein erheblich, während gutes Familienklima das sehr gute Befinden stark fördert. ($p<.000$; Residuen sehr hoch vgl. Tabelle 1). Betrachtet man dagegen den Zusammenhang mit den Schulnoten (Deutsch oder Mathematik), so findet man weder signifikante Kontingenztabellen ($p>.30$) noch erhebliche Residuen in einzelnen Zellen. Allein bei der Note für Mathematik zeigt sich ein leichter Zusammenhang zwischen schlechten Mathematiknoten und schlechtem Familienklima (res=1.6).

Noch klarer tritt der Zusammenhang mit dem Wohlbefinden hervor, wenn man die Beurteilung des Familienklimas durch das Kind selbst heranzieht. Dann zeigt sich der hoch signifikante Zusammenhang mit extrem hohen Residuen (Werte bis zu 11,6), wie er in Tabelle 1 abzulesen ist.

Anders als bei den Mutter-Angaben zeigt sich auch ein Zusammenhang mit der Schulleistung. Kinder die ein schlechtes Familienklima empfinden, haben deutlich seltener sehr gute Noten in Deutsch, solche mit sehr gutem Familienklima seltener schlechte Noten. Die Abhängigkeit zeigt sich aber nur in diesen beiden extremen Gruppen (res=-2.3 bzw. -2.5). Interessanter Weise ist die Mathematiknote aber auch von dem durch die Kinder berichteten Familienklima unabhängig. Dieser Unterschied zwischen den beiden Fächern reflektiert evtl. eine unterschiedliche Basis der Notenfindung durch die Lehrer, besonders die stärkere subjektive Färbung der Deutschnote, und ein höheres ‚parental engagement', das zugleich als besseres Familienklima erfahren wird. Höheres ‚parental engagement' könnte somit ein wichtiger Schlüssel für die Verbesserung schulischer Leistungen in der Grundschule sein.

Tab. 1: Wohlbefinden in Abhängigkeit vom Familienklima

| Familienklima (Kind) | Wohlbefinden (3. Welle) | | | Gesamtzahl |
|---|---|---|---|---|
| | unwohl | wohl | sehr wohl | |
| Anzahl "schlecht" | 166 | 50 | 7 | 223 |
| % von "schlecht" | 74,40% | 22,40% | 3,10% | 100,00% |
| Standardisierte Residuen | 11,6 | -1,8 | -8,7 | |
| Anzahl "mittel" | 189 | 189 | 172 | 550 |
| % von "mittel" | 34,40% | 34,40% | 31,30% | 100,00% |
| Standardisierte Residuen | 1,3 | 2,3 | -3,2 | |
| Anzahl "gut" | 38 | 126 | 322 | 486 |
| % von "gut" | 7,80% | 25,90% | 66,30% | 100,00% |
| Standardisierte Residuen | -9,2 | -1,3 | 9,2 | |
| Gesamt Anzahl | 393 | 365 | 501 | 1259 |
| % von Gesamt | 31,20% | 29,00% | 39,80% | 100,00% |

Quelle: DJI Kinderpanel, 3. Welle (eigene Berechung)

*g) Die Kindorientierung der Mutter:*

Der aus den Angaben des Kindes zur Frage, wie die Mutter auf das Kind eingeht, gebildete Indikator „Kindorientierung" weist tendenziell die gleiche Abhängigkeit auf, wie das Familienklima. Einen Zusammenhang mit den Schulnoten gibt es nicht einmal in den extremen Randzellen. Der Einfluss auf das Wohlbefinden ist dagegen sehr ausgeprägt. Eine sehr starke Kindorientierung schlägt sich in deutlich seltenem Unwohlsein und dafür in stark überproportionalem sehr gutem Wohlbefinden nieder (res= -3.0,+ 3.3).

*h) Die Anzahl der Freunde:*

Die Anzahl der Freunde ist ein Indikator für soziales Kapital, das sich das Kind selbst im Laufe seiner Entwicklung bildet, freilich nicht ohne auch dabei von den Rahmenbedingungen abzuhängen, die durch die Eltern vermittelt werden. Wir unterscheiden Kinder mit keinem, mit nur einem oder zwei, mit drei bis fünf und solche mit sechs und mehr Freunden. Die Zusammenhangsanalyse zeigt, dass die Zahl der Freunde das Wohlbefinden erheblich beeinflusst (p<.000). Vor allem Kinder mit nur einem oder zwei Freunden fühlen sich sehr oft unwohl (res=3.3) und solche mit vielen Freunden (mehr als fünf) besonders häufig wohl (res=- 2.5). Auffällig ist, dass der negative Einfluss auf das Wohlbefinden niedriger ist, wenn das Kind gar keinen Freund nennt (res=2,2) als bei nur wenigen Freunden. Das könnte eine Bestätigung dafür sein, dass es unter den kleinen Singles viele gibt, die Kontakte zu anderen

Kindern nicht unbedingt vermissen (Herzberg 2001). Andererseits zeigt sich keinerlei Zusammenhang zwischen der Zahl der Freunde und den Schulnoten in Deutsch und Mathematik. Die soziale Einbettung in die Gleichaltrigen Gruppe und die Schulleistung sind nicht korreliert.

*i) Anzahl der ‚guten Freunde':*

Noch deutlicher ist der Einfluss auf das Wohlbefinden, wenn wir im Sinne der ‚social-capital-theory' nach der Zahl der guten Freunde unterscheiden, von denen die Kinder Hilfe und Unterstützung erwarten können. Dann zeigt sich, dass Kinder mit vier und mehr ‚supporting friends' besonders selten Unwohlsein berichten (p<.000; res=- 4.4(!)). Aber auch bei diesem Faktor findet sich wieder kein Einfluss auf die Schulleistung. Mit einer Ausnahme: Kinder ohne jeden ‚guten Freund' sind häufig in der Gruppe mit schlechten Deutschnoten vertreten (res=2,6). Dies könnte ein Indiz dafür sein, dass die Sprachentwicklung durch das Fehlen engerer Freundschaften im Grundschulalter retardiert bleibt. Bei der Mathematiknote zeigt sich kein solcher Zusammenhang. Dieser Befund sollte Konsequenzen für die Sprachförderung im Kindergarten und der Vorschule haben: Programme zur Sprachförderung sollten darauf abzielen, den Kontakt zu gleichaltrigen Kindern ebenso wie die sprachliche Auseinandersetzung des Kindes mit Gleichaltrigen zu fördern.

*j) Das Bildungsniveau im Haushalt:*

Als Indikator für die familiale Bildungsumwelt des Kindes wählen wir das höchste erreichte Bildungsniveau der Mutter. Die einzige beachtliche Wechselwirkung beim Wohlbefinden besteht darin, dass bei höchstem Bildungsniveau der Mütter die Kinder deutlich seltener Unwohlfühlen berichten (res= -2,1). Ansonsten hängt das Wohlbefinden nicht vom Bildungsniveau ab. Wenig überraschend dürfte dagegen sein, dass das Bildungsniveau der Mutter die Schulnoten beeinflusst. Erstaunlich jedoch, dass dies nur bei dem höchsten Bildungsniveau (Hochschulabschluss) der Fall ist. In diesen Fällen sind sowohl die Mathematik- als auch die Deutschnoten häufiger sehr gut und deutlich seltener im schlechten Bereich (Note 4-6) (res=2,8 bzw. -2,7 bei Mathematik). Es zeigt sich aber kein linearer Zusammenhang mit der Bildung, sondern eine Schwelle beim Übergang zur Hochschulbildung. Erst bei einem solchen Bildungsabschluss der Mutter wirkt sich Bildung der Mutter förderlich auf die Schulnoten des Kindes aus. Weitere Untersuchungen müssten hier klären, wovon dieser Effekt abhängt.

*k) Die Familienstruktur:*
Es ist seit langem umstritten, wie sich die Familienstruktur auf Wohlbefinden und Kompetenzentwicklung des Kindes auswirkt. Wir haben die Angaben zur Familienstruktur zusammen gefasst und vergleichen die Kernfamilie (Vater, Mutter, Kind) mit Alleinerziehenden und den anderen Familienformen (Stieffamilien und sonstige). Hier zeigt sich ein differenziertes Bild: Das Befinden ist weitgehend unabhängig von der Familienform. Lediglich bei Stieffamilien sinkt die Wahrscheinlichkeit für hohes Wohlbefinden leicht (res=-1.9). Auf die Schulleistungen wirkt die Familienform deutlich zurück: Bei Stieffamilien sind sehr gute Deutschnoten eher selten (res=-2,1) und bei Alleinerziehenden sind sehr gute Deutschnoten eher selten und schlechte Noten überhäufig vertreten (res=-2.1 bzw. +2.4). Alleinerziehen hängt also noch stärker mit Leistungsschwächen in der Schule zusammen als Aufwachsen in Stieffamilien, freilich nur in den Extremnoten für Deutsch. Anders bei der Mathe-Note: Hier zeigen Kinder Alleinerziehender keine abweichende Notenverteilung, dagegen sind Kinder aus Stieffamilien deutlich häufiger schlecht und seltener sehr gut (res=2,9 bzw. -2,0). Eine Erklärung für diese Differenzierung liegt nicht unmittelbar auf der Hand und bedarf weiterer Analysen.

*l) Motorische Unruhe des Kindes:*
Neben den ökonomischen und sozialen Faktoren des Umfeldes haben wir die persönliche Eigenart des Kindes über zwei Variablen aus dem Satz der Persönlichkeitsdimensionen berücksichtigt, von denen sich bei bivariaten Rechnungen ein Zusammenhang mit Wohlbefinden und Schulleistung gezeigt hatte. Bei Kindern mit sehr niedriger Ausprägung dieses Faktors findet sich eine erhöhte Wahrscheinlichkeit sehr hohen Wohlbefindens und niedrige für Unwohlseins (res=-3,2 bzw. +4,2). Bei nur schwacher Ausprägung zeigt sich dagegen kein Zusammenhang. Ist die motorische Unruhe hoch, so verhält es sich umgekehrt (res=+2,8 bzw. -1,9). Der Zusammenhang verschwindet aber wieder bei sehr starker motorischer Unruhe. Der Einfluss ist also nicht linear gerichtet, wenn auch deutlich signifikant. Bei den Noten findet sich dagegen kein Zusammenhang. Nur die Deutschnote der Kinder ohne motorische Unruhe ist etwas häufiger sehr gut und seltener schlecht (res=2,0 bzw. -2,1). Angesichts der Bedeutung der Disziplin für den Schulunterricht muss dieses Resultat überraschen.

*m) Externalisierung beim Kind:*
Die zweite Variable zur Persönlichkeit des Kindes, die mit der Aggressivität zusammenhängt und als bedeutsam für die kindliche Entwicklung angesehen wird, ist die Externalisierung. Generell ist bekannt, dass starke Externalisie-

rung wegen der negativen sozialen Bewertung viele Nachteile für Kinder mit sich bringt. Wir betrachten wegen der hohen sozialen Unerwünschtheit der Items für die Externalisierung die Angaben „eher ja" als Bekräftigung der Variable und recodieren daher auf drei Werte: nein, teils-teils und ja. Dann ergibt sich folgender Zusammenhang zwischen Externalisierung und Wohlbefinden und Schulleistung: Das Wohlbefinden hängt im Chi-Quadrat-Test hoch signifikant mit der Externalisierung zusammen (vgl. Tabelle 2) und korreliert auch im linearen Test hoch signifikant: Externalisierung beeinträchtigt Wohlbefinden erheblich. Umgekehrt gilt, dass niedrige Externalisierung das Wohlbefinden steigert.

Tab. 2: Wohlbefinden in Abhängigkeit von Externalisierung des Kindes (3. Welle)

| Externalisierung des Kindes (gruppiert) | Wohlbefinden (3. Welle) | | | Gesamt |
|---|---|---|---|---|
| | unwohl | wohl | sehr wohl | |
| Anzahl "Keine" | 42,00 | 81,00 | 188,00 | 311,00 |
| % von Externalisierung Kind "Keine" | 13,50 | 26,05 | 60,45 | 100,00 |
| Standardisierte Residuen | -5,60 | -0,95 | 5,76 | |
| Anzahl "teils-teils" | 249,00 | 230,00 | 272,00 | 751,00 |
| % von Externalisierung Kind "teils-teils" | 33,16 | 30,63 | 36,22 | 100,00 |
| Standardisierte Residuen | 0,94 | 0,86 | -1,57 | |
| Anzahl "ja" | 102,00 | 53,00 | 41,00 | 196,00 |
| % von Externalisierung Kind "ja" | 52,04 | 27,04 | 20,92 | 100,00 |
| Standardisierte Residuen | 5,21 | -0,49 | -4,19 | |
| Anzahl (Gesamt) | 393,00 | 364,00 | 501,00 | 1258,00 |
| % von Externalisierung Kind | 31,24 | 28,93 | 39,83 | 100,00 |

Quelle: DJI Kinderpanel 2002-2005. 3.Welle, eigene Berechnung

Dagegen ist der Einfluss auf die Schulnoten deutlich geringer und beschränkt sich auf die Extremgruppen: Geringe Externalisierung fördert die Wahrscheinlichkeit für sehr gute Deutschnoten und für sehr gute Mathematiknoten (res=2,7 und 2,1), andererseits erhöht hohe Externalisierung die Chance auf schlechte Deutsch- und Mathematiknoten (res=2.8 bzw. 1.9). Der Effekt auf die Mathematiknote ist wieder relativ gering. Wie schon bei der motorischen Unruhe ist vor allem der Effekt auf die Deutschnote merklich, was hier mit deren höherer Lehrersubjektivität zusammenhängen könnte. Die quasi gegenteilige Persönlichkeitsdimension, die Internalisierung, weist dagegen überhaupt keine Zusammenhänge mit Befindlichkeit oder Schulnote auf. Nur die kleine Gruppe derjenigen mit niedrigster Internalisierung, die sich zugleich unwohl fühlen, ist deutlich unterproportional besetzt.

*n) Sozial-kognitive Aufgeschlossenheit:*

Das Selbstbild begreifen wir als eine abhängige Persönlichkeitsdimension, die durch Faktoren wie die Schulleistung selbst beeinflusst wird. Wir haben sie daher nicht als mögliche unabhängige Variable betrachtet. Dagegen dürfte die sozial-kognitive Aufgeschlossenheit gegenüber Befindlichkeit und Schulleistung unabhängig und ein beeinflussender Faktor sein. Die Kontingenztabelle zeigt eine deutliche Abhängigkeit der Befindlichkeit von diesem Faktor. Auffällig ist hier, dass nur eine starke Ausprägung dieser Eigenschaft das Wohlbefinden steigert (res=-5,6 [unwohl] und res=6,0 [sehr wohl]), wogegen schon eine nur schwache (res=4.0 [unwohl] bzw. -4,7 [sehr wohl]) und auch eine fehlende Ausprägung stark negativen Einfluss hat. Dagegen besteht kein Zusammenhang mit den beiden Schulnoten. Dies ist ein überraschendes Resultat, da Schulleistungen allgemein als Ausdruck kognitiver Performanz gelten.

## 2.3 Multifaktorielle Varianzanalyse zum Einfluss von ökonomischem, kulturellem und sozialem Kapital auf Befindlichkeit und Performanz der Kinder

Wir haben mit dem SPSS-Programm UNIANOVA eine Reihe von unterschiedlichen Variablenkombinationen in der univariaten, multifaktoriellen Varianzanalyse durchgeprüft und die Parameterschätzer analysiert, um den unabhängigen und relativen Einfluss der einzelnen Faktoren abzuschätzen und vergleichen zu können. Dabei zeigte sich das folgende Bild:

- Die oben eingeführten Faktoren und Variablen können Anteile der Varianz in den Schulnoten des gesamten Samples nur relativ schwach (ca. 14% bis 18% der Varianz) erklären, was angesichts der Komplexität der Gründe für Schul-Performanz dennoch als erheblich angesehen werden muss. Die Varianzaufklärung durch die einzelnen Faktoren hängt stark davon ab, in welcher Reihenfolge diese in die Analyse eingeführt werden. Unabhängig von der Reihenfolge der Faktoren im Modell geben die Parameterschätzungen Auskunft über Signifikanz der Varianzaufklärung durch die jeweiligen Faktoren. Wegen der Kollinearität der einzelnen Faktoren ist die Parameterschätzung und Signifikanzberechnung freilich unzuverlässig, so dass die Interpretation mit Vorbehalten versehen werden muss.
- Der Anteil der erklärten Varianz ist ca. 20% höher, wenn man nicht die Gesamtheit der Kinder zu Grunde legt, sondern die unteren Mittelschicht-

kinder aus dem Sample heraus nimmt, das sind die Kinder, deren Haushalt zwischen der Prekaritätsgrenze und dem Median der Einkommensverteilung liegt. Das bestätigt den Eindruck aus den bivariaten Analysen zu den einzelnen Faktoren, dass sich deutliche Effekte hauptsächlich zwischen den Extremgruppen zeigen. In der unteren Mittelschicht, so muss man daher zusammenfassend sagen, dürfte sowohl die Befindlichkeit als auch die Schulnoten so heterogen bedingt sein, dass einzelne Faktoren zur Lebenslage oder zur Persönlichkeit des Kindes wegen der starken Wechselwirkungen nur wenig Varianz erklären können.

- Für weitere Analysen haben wir daher dann nur noch zwei Gruppen von Kindern zu Grunde gelegt: Solche Kinder, die in den letzten vier Jahren vor der dritten Befragung kein einziges mal in prekären wirtschaftlichen Bedingungen und solche, die zu allen drei Befragungszeitpunkten in prekären Verhältnissen gelebt haben. Wir haben dann Modelle mit verschiedenen Parameterkombinationen aus dem obigen Faktorensatz geprüft und die Relevanz der einzelnen Faktoren an Hand der Parameterschätzer beurteilt.

*a) Der Einfluss auf die Schulnoten*

Die Erklärung der Varianz in der Deutsch- und Mathematiknote mit den Faktoren: Dauer des Prekariats, Belastungsdruck im Haushalt, Familienklima, Familienart, Besuch von Musikunterricht und Geschlecht sowie den Kovariaten motorische Unruhe, aktuelle Einkommenslage und Zahl der unterstützenden Freunde bringt von den jeweils ausgesuchten unterschiedlichen Faktorenkombinationen den größten Anteil aufgeklärter Varianz. Wegen der hohen Korrelation zwischen aktueller Einkommenslage und Dauer der Armut haben wir getrennt geprüft, welche der beiden Variablen den deutlicheren Einfluss hat. Neben der Dauer des Prekariats bringt die aktuelle Einkommenslage keine weitere Modellverbesserung. Umgekehrt gilt das nicht. Wir haben daher im endgültigen Modell die aktuelle Armut nicht aufgenommen.

Das Modell ist sowohl für die Deutsch- wie für die Mathematiknote hoch signifikant ($p<.000$). Für die Deutschnote erhalten wir R-Quadrat=.163 und für die in Mathematik R-Quadrat=0.139. Die Modellvariablen und die Verteilung auf die Kategorien sind in Tabelle 3 wiedergegeben.

Tab. 3: Modellfaktoren für die multifaktorielle univariate Analyse

| Modell-Faktoren | | Wertelabel | N |
|---|---|---|---|
| Prekariatsdauer | 1,00 | dauerhaft | 226 |
| | 2,00 | nie | 288 |
| Familienklima (Kindersicht) | 1,00 | schlecht | 77 |
| | 2,00 | eher gut | 235 |
| | 3,00 | sehr gut | 202 |
| Belastungen im Haushalt | 1,00 | unbelastet | 179 |
| | 2,00 | schwach belastet | 94 |
| | 3,00 | belastet | 99 |
| | 4,00 | stark belastet | 85 |
| | 5,00 | sehr stark belastet | 57 |
| Musikschule oder Chor: Freizeit | 1 | Oft | 143 |
| | 2 | Nicht so oft | 39 |
| | 3 | Nie | 332 |
| Geschlecht Kind 1 | 1 | Junge | 263 |
| | 2 | Mädchen | 251 |
| Art der Familie | 1,00 | Kernfamilie | 422 |
| | 2,00 | Stieffamilie | 62 |
| | 3,00 | Alleinerziehende | 30 |

Modellfaktoren (ohne Kovariate)
Quelle: DJI-Kinderpanel, 3. Welle, eigene Berechnungen

Die Werte der Parameterschätzung und die Tests der Zwischensubjekteffekte für die abhängige Variable Deutschnote zeigen das folgende Bild: Signifikant sind in der Varianzschätzung die Prekariatsdauer, die motorische Unruhe, die Teilnahme am Musik/Instrumentalunterricht, das Familieklima und das Geschlecht. Den deutlichsten Anteil erklärter Varianz liefert die Dauer des Prekariats, wenn man diesen Faktor als ersten in die Analyse einführt. Die Parameterschätzer für das Modell weisen dagegen nur noch folgende Faktoren bzw. Kovariate als signifikant aus: Die Dauer des Prekariats (p<.000), die motorische Unruhe (p<.037), die Häufigkeit von Musik/Instrumentalunterricht (p<.000), das Familienklima (p<.002) und das Geschlecht (p<.007). Die Größe der Parameter zeigt, dass ein merklicher Einfluss auf die Note in dem Modell nur vom Familienklima (B=.366), dem Geschlecht (B=.171), der Teilnahme an einem Musikunterricht (B=-.384) und der Dauer des Prekariats (B=.329) ausgeht, ein mittlerer Einfluss noch von der motorischen Unruhe (B=.104).

Ein schlechtes Familienklima senkt gegenüber einem guten die Deutschnote (Durchschnitt 2,45, Standardabweichung .895), um .366 ab[11]. Ein dauerhaftes Prekariat führt im Vergleich zu einem Aufwachsen ohne jede Phase in prekären finanziellen Umständen zu einer Absenkung der Deutschnote um .329. Schlechtes Familienklima, anhaltende Armutserfahrung und Fehlen einer musikalische Förderung tragen jeweils in etwa gleichem Umfang zur Verschlechterung der Deutschnote bei. Die Jungen sind schlechter als die Mädchen, und auch motorische Unruhe senkt die Note. Definitiv keinen Einfluss üben dagegen die häusliche Belastung, die Familienform und die Anzahl der guten Freunde aus.

Bei der Note in Mathematik sieht das Bild nur wenig anders aus. Der Durchschnitt liegt bei 2.41 (Standardabweichung .949). Insgesamt ist die erklärte Varianz niedriger, der Einfluss der materiellen Lebenslage geringer und neben dem Geschlecht sind nur noch die motorische Unruhe und der Umstand, dass häufig Musikunterricht besucht wird, signifikant. Das Familienklima hat keinen signifikanten Effekt. In Mathematik sind die Jungen besser und das Fehlen prekärer Erfahrung wirkt sich ebenfalls in Richtung besserer Noten aus, wenn auch die Notendifferenz zwischen beiden Gruppen niedriger ist als in Deutsch (B=. 264). Deutlich wirkt sich dagegen die Familienform aus: Kinder aus Stieffamilien weisen mit B=+0,324 gegenüber solchen von Alleinerziehenden deutlich schlechtere Noten auf, wogegen zwischen Kindern von Alleinerziehenden und Kernfamilien kein Unterschied besteht. Wegen der sehr ungleichen Fallzahlen bei den unterschiedlichen Familienformen ist die Abweichung freilich trotz der Größe des B-Wertes nicht signifikant.

Am deutlichsten wirkt sich die häufige Teilnahme am Musikunterricht auf die Mathe-Note aus B=-0,383 (p<.001). Da kaum davon auszugehen ist, dass Eltern im Regelfall ihre Kinder schon im Grundschulalter deshalb Musikstunden ermöglichen, weil sich diese als besonders musikalisch erwiesen haben, sondern darin eher eine ausgeprägte Bildungsorientierung der Eltern zum Ausdruck kommt, sehen wir diesen Einflussfaktor als Dimension des elterlichen Erziehungsverhaltens und nicht als Ausdruck von spezifischen Begabungen des Kindes an. Investitionen in Musik und Instrumentalunterricht amortisieren sich besonders in verbesserten Mathematiknoten – vom direkten Effekt der Musikbeherrschung einmal abgesehen.

Der entscheidende Unterschied zur Note in Deutsch ist eine etwas geringere Abhängigkeit der Note von den materiellen Lebensbedingungen, eine auffällige Unabhängigkeit vom Familienklima und eine deutliche Abhängigkeit von der Bereitschaft zu Bildungsinvestitionen in die musikalische Aus-

---

[11] Absenkung der Note heißt natürlich in Ziffern ausgedrückt ein Anstieg.

bildung. Eine genauere Untersuchung mit höheren Fallzahlen wäre wünschenswert, um den sich zeigenden Unterschied bei den Stieffamilien zu überprüfen.

Keine wesentliche Verbesserung des Modells ergibt sich überraschender Weise für die Noten, wenn man das Bildungsniveau der Familie, erfasst durch den höchsten Bildungsabschluss der Mutter, in das Modell einbezieht. Die aufgeklärte Varianz erhöht sich nur gering, obwohl die Varianzaufklärung der Noten durch die Bildung sowohl für Deutsch als auch für Mathematik schwach signifikant ist. Wir vermuten daher, dass sich höhere Bildung überwiegend über die anderen Modellparameter auf die Noten auswirkt, insbesondere über die Dauer des Prekariats.

*b) Der Einfluss auf das Wohlbefinden*

Für das Wohlbefinden ist das Modell deutlich erklärungskräftiger. Bei Einschluss der Bildungsvariable erklärt das Modell einen deutlich höheren Varianzanteil (R-Quadrat=0,428). Unabhängig von der Reihenfolge, in der die einzelnen Faktoren eingeführt werden, haben die Faktoren Familienklima, Zahl der guten Freunde, Belastung im Haushalt und motorische Unruhe den größten Anteil an der aufgeklärten Varianz. Die Parameterschätzung weist unter den Faktoren für das Familienklima den größten Effekt auf: Kinder, die über ein schlechtes Familienklima berichten, haben im Durchschnitt einen um 3,3 schlechteren Wert auf der Wohlbefindensskala als die Referenzgruppe der Kinder mit (sehr) gutem Familienklima (Der Indikator ist ein Summenskore: Mittelwerte: 10,5; Skala von 8,0 [hohes Wohlbefinden] bis 15,0 [sehr geringes Wohlbefinden] mit starker Linkslastigkeit [55% zwischen 8,0 und 10,0; Schiefe .6] Standardabweichung 2.1). Dieser Effekt ist also sehr ausgeprägt und beträgt ca. 1,5 Standardabweichungen. Selbst die Kinder mit mittlerem Familienklima geben ein Wohlbefinden an, das um 1.34 Punkte schlechter ist als in der Referenzgruppe. Hoch signifikant ist noch die Abhängigkeit vom Problemdruck im Haushalt. Die Skala reicht hier von 1 bis 5. Sehr stark belastete Haushalte heben das Unwohlsein gegenüber unbelasteten Haushalten um fast einen Punkt auf der Wohlbefindensskala. Auch die beiden Kovariaten motorische Unruhe und Zahl der guten Freunde wirken sich hoch signifikant aus. Bei hoher motorischer Unruhe (Skala 0 bis drei, Mittelwert 1,4; Standardabw.=.8) liegt der Wert für das Wohlbefinden um .3 über dem bei keiner motorischer Unruhe und bei vielen Freunden (sieben und mehr) ergibt sich eine Absenkung um ca. .7 gegenüber dem Wohlbefinden ohne jeden Freund.

Schließen wir weitere Faktoren in das Modell ein, so erweist sich nur die Bildung der Mutter noch als schwach signifikant mit geringem Einfluss auf den Wert des Wohlbefindens (Anhebung des Unwohlseins um .3 Punkte für

Kinder aus bildungsarmen Haushalten). Insgesamt zeigt sich, dass die materiellen Lebensumstände und der Sozialstatus kaum Einfluss auf das Wohlbefinden haben. Dieses hängt dagegen stark von Faktoren ab, die wir dem Sozialkapital der Familie oder des Kindes selbst zuschreiben. Auch zeigt sich, dass sich Jungen signifikant weniger wohl fühlen. Der Unterschied ist aber mit 0,2 auf der Wohlbefindensskala nicht wirklich beachtlich und z. B. geringer als der Einfluss durch die Art der Familie, der nicht signifikant ist.

*c) Vergleich der Auswirkungen auf Wohlbefinden und Performanz*

Die univariate mehrfaktorielle Varianzanalyse mit dem allgemeinen linearen Modell weist somit auf folgende Zusammenhänge hin: Die in den bivariaten Analysen aufgetretenen Zusammenhänge relativieren sich z. T., wenn man multifaktoriell nach Zusammenhängen sucht. Erhalten bleibt das deutlich unterschiedliche Einflussmuster beim subjektiven Wohlbefinden einerseits und den Schulnoten andererseits. Auch zwischen den beiden Fächern Mathematik und Deutsch zeigen sich deutliche Differenzen in der Abhängigkeit von externen Faktoren. Die materielle Lebenslage hat auf die Noten einen deutlichen und signifikanten Einfluss, und zwar stärker bei der Deutschnote als bei der Mathematik. Allerdings ist dieser Einfluss nach diesen Rechnungen – wenn man zur Beurteilung die Modellparameter heranzieht – stärker bei der Dauer prekärer Lebensverhältnisse und schwächer bei der aktuellen Armutslage ausgeprägt. Achtet man auf die Anteile der erklärten Varianz, so ist ebenfalls die Dauer der Armut der Faktor, der den größeren Varianzanteil erklärt. Zu beachten ist hier die hohe Kollinearität zwischen Dauer und aktueller Armut.

Deutlichen Einfluss auf die Noten, besonders auf die Mathematiknote, hat die Bereitschaft zur Bildungsinvestition (Teilnahme an Musikstunden). Die persönliche Eigenschaft des Kindes ‚motorische Unruhe' beeinflusst – in Abweichung zu den bifaktoriellen Berechnungen – ebenfalls hoch signifikant und durchaus merklich beide Noten. Wir deuten dies als Hinweis darauf, dass Schulnoten auch davon beeinflusst werden, wie gut das Verhalten des Kindes den disziplinarischen Anforderungen der Schule angepasst ist. Faktoren des Sozialkapitals – insbesondere das Familienklima – machen dagegen nur bei der Deutschnote einen Effekt, nicht bei der Mathematik. Die Zahl der guten Freunde und die Belastungssituation im Haushalt treten bei den Noten als Wirkungsvariablen nicht in Erscheinung.

Umgekehrt ist das Wohlbefinden kaum von der materiellen Lebenslage abhängig. Hier stehen die Faktoren des Sozialkapitals als Einflussvariable deutlich im Vordergrund. Die Familienform zählt nicht zu diesen Faktoren. Sie erweist sich durchgängig als wenig determinierende Variable –, ebenso wie das Bildungsniveau einen erstaunlich niedrigen Einfluss hat. Bestimmend sind das Familienklima, der Problemdruck, die Zahl der Freunde und die Persönlichkeit des Kindes. Damit bestätigt sich das schon nach den ersten beiden Wellen gefundene Resultat, dass Auswirkungen der materiellen Lebensbedingungen nicht auf allen Ebenen der kindlichen Entwicklung anzutreffen sind. Vielmehr muss deutlich unterschieden werden zwischen der subjektiven Anpassungsdimension an die äußeren Lebensbedingungen, die den Kinder häufig trotz schlechter Kontexte erstaunlich gut gelingt, und der Kompetenzentwicklung in gesellschaftlich verobjektivierten und gemessenen Leistungsdimensionen, für die die äußeren Kontexte einen prägenden Rahmen bilden.

### 2.4 Extremgruppen Vergleich: kumulierter Deprivation versus Privilegierung

*a) Die Bildung von Extremgruppen mit niedriger und hoher Kapitalausstattung*

Die statistischen Voraussetzungen für eine Analyse mittels univariater, multifaktorieller Regression sind auch in unserem Datensatz nicht immer voll erfüllt, so dass bei der Interpretation der Resultate Zurückhaltung angebracht ist. Insbesondere ist für die meisten Faktoren und Kovariaten nicht von einem durchgängigen linearen Zusammenhang mit den abhängigen Variablen auszugehen. So wirkt sich z. B. die wirtschaftliche Situation erst bei strenger Armut auf das Wohlbefinden negativ aus und nicht kontinuierlich; die Abhängigkeit setzt also erst bei Überschreiten oder Unterschreiten von Schwellenwerten ein. Zudem liegen hohe Kollinearität vor, z. B. zwischen Bildungsniveau und Einkommen oder Dauer der Armut und aktueller Armut. Um zumindest im Bereich der Extremgruppen zuverlässige Angaben machen zu können, welche Faktoren und Variablen den entscheidenden Einfluss auf Noten und Wohlbefinden haben, wurden zur Kontrolle der multifaktoriellen Regression im Weiteren Randgruppen gebildet, die bezüglich materieller Situation und Sozialkapital besonders gut bzw. besonders schlecht gestellt sind. Für diese wurden dann die Mittelwerte der Noten und des Wohlbefindens mit dem T-Test verglichen.

Die Gruppenbildung erfolgte mit Hilfe einer Faktorenanalyse über sämtliche Faktoren und Kovariate, die auch für die Varianzanalysen genutzt worden waren. Den nominalen Faktor Familienart haben wir bei der Faktorenanalyse in dichotomisierter Form mit der Unterscheidung ‚Kernfamilie' ‚Keine Kernfamilie' berücksichtigt. An Stelle des Faktors ‚Dauer des Prekariats' haben wir die Häufigkeit der Phasen in Armut (null- bis viermal) eingesetzt.

Die Faktorenanalyse ergibt drei Faktoren, die zusammen 50% der Varianz aufklären. Diese drei Faktoren lassen sich interpretieren als ‚ökonomisches Kapital', ‚soziales Kapital' und ‚Stress Belastung'.[12] Auf dem ökonomischen Kapital laden in absoluten Werten sehr hoch die aktuelle Einkommenssituation und die Häufigkeit der Armutssituation, und mit Ladungen unter .50 aber immer noch relativ am stärksten auf diesem Faktor die Bildung der Mutter und die Bildungsinvestition in Musikunterricht (vgl. Tabelle 4).[13]

Tab. 4: Faktorenladung für ökonomisches und soziales Kapital sowie Stressbelastung

| Rotierte Komponentenmatrix(a) | | | |
|---|---|---|---|
| | Ökonomisches Kapital | Sozialkapital | Stressbelastung |
| Bildungsniveau d. Mutter | -0,437 | 0,140 | 0,166 |
| Art der Familie (Mutter-Angabe) | 0,405 | 0,178 | 0,520 |
| Äquivalenzeinkommen | -0,885 | 0,027 | -0,065 |
| Armutshäufigkeit | 0,849 | 0,003 | 0,045 |
| Anzahl unterstützende Peers | -0,023 | 0,665 | 0,142 |
| Motorische Unruhe Kind | 0,087 | -0,246 | 0,595 |
| Musikschule oder Chor in der Freizeit | 0,376 | -0,050 | 0,090 |
| Belastungen im Haushalt | -0,129 | -0,045 | 0,713 |
| Familienklima (Kindersicht) | -0,046 | 0,665 | -0,207 |
| Kindorientierung | -0,099 | 0,653 | -0,127 |

Extraktionsmethode: Hauptkomponentenanalyse.
Rotationsmethode: Varimax mit Kaiser-Normalisierung. Die Rotation ist in 5 Iterationen konvergiert.
Quelle: DJI-Kinderpanel, 3. Welle, eigene Berechnungen

Der zweite Faktor lädt hoch auf der Anzahl der guten Freunde sowie auf dem Familienklima, also auf den Faktoren, die wir als Dimensionen des Sozialkapitals des Kindes betrachten. Wir haben noch die Variable ‚Kindorientierung' einbezogen, diese lädt ebenfalls mit .65 auf dem Faktor Sozialkapital. Der dritte Faktor repräsentiert die Stress-Belastung des Kindes. Auf diesem lädt hoch die motorische Unruhe des Kindes, die Problembelastung des Haushalts

---

[12] Man könnte diesen Faktor bzw. sein Negatives als ‚Resilienz-Kapital' bezeichnen, ein Kapital, das die persönliche psychologische Ausstattung widerspiegelt.
[13] Werte nur wenig kleiner als .5 werden hier dann noch zur Interpretation herangezogen, wenn sie inhaltlich die Hauptfaktoren sinnvoll ergänzen. Negative Werte bedeuten eine gegenläufig zu den positiven Faktoren verlaufene Skala der Dimension.

und die Art der Familie. Die Familienart wirkt in der Weise, dass mit einer Nicht-Kernfamilie (Stieffamilie, Alleinerziehende oder Sonstige Familienformen) höhere Stresswerte einher gehen.

*b) Mittelwertdifferenzen bei den Schulnoten*

Im Weiteren wurden die folgenden Extremgruppen hinsichtlich der Mittelwerte der beiden Schulnoten in Deutsch und Mathematik sowie der nicht recodierten Wohlbefindensskala verglichen: Es wurden jeweils die obersten und die untersten 25% aus der Verteilung der drei Faktoren ausgewählt. Der Vergleich der Mittelwerte der drei abhängigen Variablen zeigt beim ökonomischen Kapital und beim Stress-Faktor deutlich ausgeprägte und hoch signifikante Unterschiede in der Schulleistung. Am stärksten ausgeprägt ist sie mit .6 bei der Deutschnote für die Randgruppen nach ökonomischem Kapital. Die Mathematiknote unterscheidet sich weder signifikant noch merklich zwischen den Gruppen mit hohem Unterschied im Sozialkapital. In der Deutschnote gibt es eine signifikante aber deutlich niedrigere Differenz. Bildet man Extremgruppen, bei denen jeweils zwei der Extremlagen kumulieren, also z. B. unteres Quartil bei sozialem Kapital und in der Stressbelastung und vergleicht diese doppelt benachteiligten Kinder, so kumuliert die Benachteiligung bei den Noten nur dann, wenn das ökonomische Kapital und die Stressfreiheit gemeinsam besonders hoch bzw. besonders niedrig sind. Dann unterscheiden sich die Notenmittelwerte in Deutsch um 0,9 und in Mathematik sogar um 1,1 Notenpunkte. Bei den beiden Kumulationen mit dem Faktor ‚Sozialkapital' finden wir dagegen keine Verstärkung bei der Notendifferenz. Daher können wir darauf schließen, dass es die beiden Faktoren ‚ökonomische Kapital' und ‚Stress-Belastung' sind, die als unabhängige Faktoren die Noten beeinflussen. Das Sozialkapital spielt keine merkliche Rolle. Allenfalls hat es einen geringen Einfluss auf die Deutschnote. Das wäre insofern plausibel, als sich im Umgang mit den guten Freunden auch die Sprachkompetenz entwickeln dürfte.

*c) Soziales Kapital und Wohlbefinden*

Die entsprechenden Vergleiche der Mittelwerte des Wohlbefindens in den beiden Extremgruppen bei den drei Faktoren weist dagegen auf eine anders gelagerte Abhängigkeit hin. Zwar sind auch hier alle drei Randgruppenvergleiche im T-Test signifikant. Die Unterschiede sind beim Faktor ‚ökonomisches Kapital' (Differenz=0,485 bei einem Mittelwert von 10,2 bzw. 10,7 und SS=1,85 bzw. 2,23) nicht sehr ausgeprägt. Deutlicher ist die Differenz beim Faktor ‚Stress in der Familie' (Differenz=1,5 bei Mittelwerten von 9,72 bzw. 11,2). Noch deutlicher wurden die Unterschiede beim Faktor ‚Sozialkapital'.

Hier ist die Differenz zwischen den Mittelwerten (12,04 und 9,37) mit 2,68 deutlich ausgeprägt und zudem größer als die Standardabweichungen beider Gruppen (2,08 bzw. 1,519).

Indem die Schnittmenge von jeweils zwei der benachteiligten bzw. bevorzugten Randgruppen gebildet wird, kann die mögliche Kumulation von Benachteiligungen untersucht werden. Es zeigt sich, dass es insbesondere zu Effekten auf das Wohlbefinden kommt, wenn niedriges Sozialkapital und hoher Stress in der Familie zusammentreffen. Niedriges ökonomisches Kapital spielt dabei keine Rolle. Damit bestätigt sich die Einschätzung aus der Varianzanalyse, dass Armut bzw. Mangel des ökonomischen Kapitals die subjektive Befindlichkeit wenig beeinflusst, deutliche Auswirkungen aber auf die Noten gegen Ende der Grundschulzeit oder kurz danach hat. Das situative Wohlbefinden hängt dagegen von Faktoren ab, die wir als Elemente des kindlichen Sozialkapitals ansehen.

Zu beachten ist dabei, dass das mit dem Indikator ‚Familienklima' gemessene Familienklima eine Dimension des noten-neutralen Sozialkapitals ist und nicht zum Faktor „Stressbelastung" gehört, der von den Dimensionen allgemeiner Problemdruck, motorische Unruhe des Kindes und der Familienart aufgespannt wird. Allein eine Verbesserung des Familienklimas wird daher den Druck von Armut auf die Schulnoten kaum auffangen können. Vielmehr muss dazu der Problemstress abgebaut werden. Dieser ergibt sich in der Faktorenanalyse als unabhängiger Faktor neben dem ökonomischen und dem sozialen Kapital. Da der Problemdruck über subjektiv empfundene Problemlagen erfasst wird, könnte dieser Faktor ein Spiegelbild von Resilienzfaktoren der Mutter sein und damit Ausdruck deren Persönlichkeit. Weitere Analysen der Abhängigkeit von Kompetenzentwicklung bei Kindern sollten versuchen, diesen Faktor als unabhängige Größe neben den anderen Kapitalformen zu erfassen, nicht aber als eine Art Kompensation zum ökonomischen Kapital. In einer genetischen Perspektive wäre es sinnvoll zu fragen, inwieweit die den Stress konstituierenden Faktoren nicht selbst wieder Resultat einer länger anhaltenden Entwicklung unter ökonomischem Mangel sind oder ob die Reaktionen auf Stressfaktoren davon unabhängige Persönlichkeitsdimensionen sind (Zur möglichen Wirkung von Armut auf die Persönlichkeit der Kinder vgl. auch Alt/Beisenherz 2007). Die Analyse dieser Frage soll in weiteren Arbeiten verfolgt werden.

## Literatur

Alt, Christian/Beisenherz, H. Gerhard (2007): Armut und Persönlichkeit. Anmerkungen zu Zusammenhängen zwischen Lebenslage und Persönlichkeitsfaktoren von Kindern. In: Jugend und Politik. (Hrsg.) Deutscher Bundesjugendring, Heft 1, S. 10-14

Barnett W. Steven/Clive R. Belfield (2006): Early Childhood Development and Social Mobility. In: VOL. 16 / NO. 2 / FALL 2006 future of children

Baumert, Jürgen/Stanat, Petra/Watermann, Rainer (Hrsg.) (2006): Herkunftsbedingte Disparitäten im Bildungswesen: Differenzielle Bildungsprozesse und Probleme der Verteilungsgerechtigkeit. Vertiefende Analysen im Rahmen von PISA 2000. Wiesbaden

Becher, Ursel (2005):> ... die im Dunkeln sieht man nicht! < Armut und Benachteiligung von Kindern und Jugendlichen in Hamburg

Becker, Irene (2006): Armut in Deutschland Bevölkerungsgruppen unterhalb der ALG-II Grenze. Arbeitspapier des Projekts „Soziale Gerechtigkeit" Nr. 3. Universität Frankfurt

Becker Irene/Hauser, Richard (2004): Verteilung der Einkommen 1999-2003. Bericht zur Studie im Auftrag des Bundesministeriums für Gesundheit und Soziale Sicherung. Frankfurt a. M.

Beisenherz, H. Gerhard (2002): Kinderarmut in der Wohlfahrtsgesellschaft. Das Kainsmal der Globalisierung. Opladen, S. 396

Beisenherz, H. Gerhard (2005): Sozialberichterstattung über Kinder – Ein Spagat zwischen dem autonomen Kind und gesellschaftlichen Erwartungen? In: Ronald Lutz (Hg.): Kinderberichte und Kinderpolitik, PFV. Oldenburg, S. 15-36

Beisenherz, H. Gerhard (2007): Wohlbefinden und Schulleistung von Kindern armer Familien.: Auswirkungen der Dauer der Armut auf Grundschulkinder. In: Alt, Christian (Hrsg.): Kinderleben – Aufwachsen zwischen Familie, Freunden und Institutionen. Band 3. Wiesbaden, S. 189-210

Berger, Lawrence M./Paxson, Christina/Waldfogel, Jane (2005): Income and child development. Center for Research on Child Wellbeing. Working Paper # 05-16-FF. Princeton NJ

Blow, Laura/Goodman, Alissa/Kaplan, Greg /Walker, Ian/Windmeijer, Frank (2005): How Important is Income in Determining Children's Outcomes? – A Methodology Review of Econometric Approaches

Blow, Laura/Goodman, Alissa/Walker, Ian/Windmeijer, Frank: Parental Background and Child Outcomes: How Much Does Money Matter and What Else Matters? Institute for Fiscal Studies and University of Warwick. Research Report RR660

Bourdieu, Pierre u. a. (1997): Das Elend der Welt. Konstanz

Bundesministerium für Bildung und Forschung (BMBF) (2007): Die wirtschaftliche und soziale Lage der Studierenden in der Bundesrepublik Deutschland 2006.

Bundesministerium für Familie, Senioren, Frauen und Jugend (BMFSFJ) (Hrsg.) (2004): Auf den Anfang kommt es an: Perspektiven für eine Neuorientierung frühkindlicher Bildung. Berlin

Butterwegge, Christoph (Hg.) (2000): Kinderarmut in Deutschland. Ursachen, Erscheinungsformen und Gegenmaßnahmen. Frankfurt/ N.Y.

Butterwegge, Christoph/Klundt, Michael/Zeng Matthias (2005): Kinderarmut in Ost- und Westdeutschland. Wiesbaden

Chassé, Karl August/Zander, Margeritha/Rasch, Konstanz (2003): Meine Familie ist arm. Wie Kinder im Grundschulalter Armut erleben und bewältigen. Opladen

Corak, Miles/Fertig, Michael/Tamm, Marcus (2006): A Portrait of Child Poverty in Germany. RWI: Discussion Papers No. 26

Deutsches Institut der Wirtschaft (DIW) (2007): Wochenbericht 13, S. 5

Duncan, Greg J./Magnuson Katherine A./Ludwig, Jens (2004): The Endogeneity Problem in Developmental Studies. In: Research in human development, 1(1&2), S. 59-80

Erikson, Robert/Goldthorpe, John h./Portocarero, Lucianne (1979): Intergenerational Class Mobility in Industrial Societies. Oxford

Heckman, James J./Masterov Dimitriy V. (2004): The Productivity Argument for Investing inYoung Children. Working Paper 5, http://jenni.uchicago.edu/Invest/

Herzberg, Irene (2001): Kleine Singles. Lebenswelten von Schulkindern, die ihre Freizeit häufig allein verbringen. Weinheim/München

Hill, Jennifer L./Waldfogel, Jane/Brooks-Gunn, Jeanne/Han, Wen-Jui (2005): Maternal Employment and Child Development: A Fresh Look Using Newer Methods. In: Developmental Psychology 2005, Vol. 41, No. 6, S. 833-850

Hock, Beate/Holz, Gerda/Wüstendörfer, Werner (2000): Frühe Folgen – langfristige Konsequenzen? Armut und Benachteiligung im Vorschulalter. Frankfurt a. M.

Holz, Gerda/Skoluda, Susanne (2003): Armut in frühen Grundschulalter.

Holz, Gerda/Phulmann, Andreas (2005): Alles schon entschieden? Wege und Lebenssituationen armer und nicht-armer Kinder zwischen Kindergarten und weiterführender Schule. Frankfurt a. M.

Holzer, Harry J. (2007): The Economic Costs of Poverty in the United States: Subsequent Effects of Children Growing Up Poor National Poverty Center Working Paper Series #07

Jäntti, Markus/Sandström, Susanna (2005): Trends in income inequality: A critical examination of the evidence in WIID21. World Institute for Development Economics Research. http://www.wider.unu.edu/WIID

Knudsen, Eric I./Heckman, James J./Cameron, Judy L./Shonkoff, Jack P. (2006): Economic, neurobiological, and behavioral perspectives on building America's future workforce doi:10.1073/pnas.0600888103 PNAS 2006;103;10155-10162; originally published online Jun 26, 2006;

Korenman, Sanders/Miller, Jane E./Sjaastad, John E. (1994): Long-Term Poverty and Child Development in the United States: Results from the NLSY Institute for Research on Poverty. IPR Discussion Paper no. 1044-94

Ludwig, Jens/Sawhill, Isabel (2007): Success by Ten. Intervening Early, Often, and Effectively in the Education of Young Children. The Brookings Institution

Mayer, Susan E. (1997): „What Money Can't Buy: Family Income and Children's Life Chances". Cambridge

Mayer, Susan E. (2002): The Influence of Parental Income on Children's Outcomes. Wellington

Mistry, Rashmita S. (2003): Maternal employment, family processes, and early childhood adjustment for children living in poverty. Chicago

Morris, Pamela/Duncan, Greg J./Rodrigues, Christopher (2004): Does Money Really Matter? Estimating Impacts of Family Income on Children's Achievement with Data from Random-Assignment Experiments.

Nachtigall, Christof/Suhl, Ute/Steyer, Rolf (2000): Einführung in die Konfundierungsanalyse. In: methevalreport 2(1)

Roth, Rainer (2006): Hartz IV – Regelsätze für Kinder erheblich gesenkt. http://www.labournet.de/diskussion/arbeit/realpolitik/hilfe/sgb2neuroth.html

UN-United Nations (1989): Charta on Children's Rights. New York

Walper, Sabine (1999): Auswirkungen von Armut auf die Entwicklung von Kindern. Expertise zum 10. Kinder und Jugendbericht. In: Lepenies, Annette u. a. (Hrsg.): Kindliche Entwicklungspotentiale. Normalität, Abweichung und ihre Ursachen. München

White house sumit: http://www.whitehouse.gov/firstlady/initiatives/education/ earlychildhood.html

*Ludwig Stecher/Sabine Maschke*
## Schule, wie sie von Eltern und Kindern gesehen wird
Eine Längsschnittanalyse von der Grundschule in die ersten Jahre der Sekundarstufe

Einleitung .................................................................. 240
1. Der Übergang in die Sekundarstufe I ............................ 242
2. Die Daten ............................................................ 243
3. Die Schule – ein Dauerthema .................................... 243
4. Zusammenfassung .................................................. 255
Literatur ................................................................... 257

# Einleitung

Moderne Gesellschaften beschrieb Husén (1974) zu Beginn der 1970er Jahre als *lernende Gesellschaften*. Beziehen wir einige der Indikatoren, auf die sich Huséns These stützt, auf die deutsche Gesellschaft, so zeigt sich, dass auch auf diese das Etikett *lernend* passt. Unzweifelhaft hat die Bildungsexpansion spätestens seit den 1960er Jahren zu einem rasanten Anstieg des allgemeinen Bildungsniveaus der Bevölkerung geführt. Lag der Anteil der SchulabgängerInnen mit Hochschulreife[1] bei den 18- bis 21-Jährigen 1960/61 noch bei etwa 6%, stieg dieser Anteil bis zum Jahr 2002/03 auf knapp 40% an (Bundesministerium für Bildung und Forschung 2005, S. 88). Aber nicht nur das schulische Lernen dehnte sich aus. Gleichzeitig stieg auch die Beteiligung der Bevölkerung an Bildungsmaßnahmen im non-formalen Sektor. Während in der Mitte der 1960er Jahre etwa 1,7 Millionen TeilnehmerInnen Bildungsveranstaltungen der Volkshochschule besuchten, liegt diese Zahl für 2003 bei 6,8 Millionen (ebd., S. 314). Ein weiteres Merkmal der lernenden Gesellschaft ist, dass sie Lebenschancen auf der Basis des Lern- und Bildungserfolgs der Gesellschaftsmitglieder verteilt. Die Arbeitslosenquote bei Personen mit Hochschulabschluss liegt 2002 bei 3% in den alten Bundesländern und bei knapp 6% in den neuen. Bei Personen ohne berufliche Ausbildung beträgt dieser Prozentsatz in den alten Bundesländern etwa 20%, in den neuen Bundesländern knapp 50% (ebd., S. 415). Und auch die historisch gesehen deutlich gestiegene Verschulung der Kindheits- und Jugendphase (vgl. Ulich 1991, S. 376f) gehört zu den Indizien der lernenden Gesellschaft. So stieg beispielsweise das durchschnittliche Eintrittsalter in die berufliche (Erst-)Ausbildung in den letzten 30 Jahren von 16,6 Jahren (1970) auf 19 Jahre (in 2000; Wahler 2004, S. 15). Zweifelsohne gehört die Schule und damit – auf der Ebene des konkreten Handlungsvollzugs – das schulische Lernen zu einer der ‚Kernbeschäftigungen' heutiger Kinder und Jugendlicher (Ferchhoff 1999, S. 183-194; Zinnecker 1991).

Die Prämissen der lernenden Gesellschaft finden ihr Pendant auch in den Einstellungen, Überzeugungen und (Zukunfts-)Perspektiven der Heranwachsenden. Fragt man sie beispielsweise, wie wichtig ein guter Schulabschluss für das spätere Leben ist, findet sich – ähnlich wie dies für die Erwachsenengeneration gilt – kaum einer, der dessen Bedeutung ernsthaft bestreiten wollte

---

[1] Abgänger mit Hochschul- oder Fachhochschulreife aus allgemein bildenden sowie beruflichen Schulen.

(Stecher 2003). Schule und Bildungserwerb gehören heutzutage zu den zentralen Entwicklungsaufgaben für Heranwachsende (Fend 2001). Die Schule ist aber nicht nur eine Aufgabe für die Schülerinnen und Schüler, sondern auch für die Eltern. Der Lern- und Bildungsanspruch der modernen Gesellschaft erfasst die Familie als Ganzes (Zinnecker 1994). Dies schlägt sich unter anderem darin nieder, dass sich ein wesentlicher Teil der familialen Kommunikation um das Thema Lernen und Schule dreht. So zeigt zum Beispiel Fend (1998, S. 104f), dass der Bereich Schule in der frühen Jugendphase, im Vergleich zu anderen Bereichen wie etwa Freizeitverhalten, Zukunftspläne oder persönliche Probleme, in den Familien am häufigsten thematisiert wird. Ein Drittel der in der Studie von Fend befragten 13- bis 15-Jährigen berichtet von täglichen Gesprächen mit den Eltern über die Schule (ebd.). Allerdings zeigt sich gleichzeitig, dass die Schule keinesfalls *das* zentrale Thema für Auseinandersetzungen in der Familie bildet. Häufiger kommt es zu Dissens über den Kleidungsstil, darüber, was gekauft wird oder über die Wahl der „richtigen" Freunde – und weniger darüber, was in der Schule geleistet sollte (ebd., S. 110).

Auch in den Analysen zur 1. und 2. Erhebungswelle des Kinderpanels des Deutschen Jugendinstituts haben wir für die Grundschulzeit grundsätzlich dafür Bestätigung gefunden, dass das Thema Schule auf der einen Seite zu den zentralen Gesprächsthemen in der Familie gehört, andererseits ein ernsthaftes Konfliktpotenzial zwischen den Kindern und ihren Eltern in Bezug auf das Thema Schule (zumindest in Bezug auf die Schulleistungen) nur in wenigen Fällen zu konstatieren ist (Stecher 2005, 2006). Im folgenden Beitrag werden wir uns anhand der Daten der 3. Erhebungswelle des Kinderpanels erneut mit dieser Thematik beschäftigen und der Frage nachgehen, ob sich dieser grundlegende Befund für die auf die Grundschulzeit folgenden ersten Jahre in der Sekundarstufe ebenso bestätigen lässt, oder sich mit dem Übergang in die Sekundarstufe zunehmend konflikthafte Muster der familialen Kommunikation mit Blick auf die Schule zeigen. Im Besonderen nehmen wir dabei Bezug auf die Befunde aus der 1. Erhebungswelle (Stecher 2005). In einem zweiten Schritt werden wir uns daran anschließend mit der Frage beschäftigen, ob sich jenseits der allgemeinen Entwicklung, die sich auf der Ebene aller Familien zeigt, Familien mit davon abweichenden Entwicklungsverläufen identifizieren lassen – und mit welchen Merkmalen diese Abweichungen einhergehen.

## 1. Der Übergang in die Sekundarstufe I

Dem Übergang von der Grundschule in die Sekundarstufe kommt in der Bildungsforschung eine besondere Bedeutung zu. Erstmals findet im Zuge dieses Übergangs eine Selektion der Schülerinnen und Schüler entsprechend der drei Hauptstränge weiterführender Schulen – Hauptschule, Realschule und Gymnasium – statt. Wenngleich sich zeigt, dass im Laufe der individuellen Bildungsbiografie eine nicht unerhebliche Zahl von (jungen) Erwachsenen ihren Schulabschluss nach Ablauf der regulären Schulzeit aufbessert (Fend 2006, S. 274; Avenarius u. a. 2003, S. 176ff), sind mit der Zuweisung zu einer der drei Schularten in der Sekundarstufe I für die überwiegende Mehrheit der Heranwachsenden (nach wie vor) die Weichen für den weiteren Erfolg im Bildungssystem gestellt.

Die Zeit des Übergangs ist mit Veränderungen in den Einstellungen der Schule und dem Lernen gegenüber verbunden. So berichten Büchner und Koch (2001, S. 48) auf der Basis einer Längsschnittstudie davon, dass die Schulfreude der Kinder von der 4. zur 6. Jahrgangsstufe hin deutlich abnimmt. Hinzu kommt, dass sich die Schülerinnen und Schüler in der Sekundarstufe mit erhöhten Leistungsanforderungen konfrontiert sehen. „Während in der Grundschule rund 8% angeben, dass sie im Unterricht nicht mitkommen [...] steigt dieser Wert in der Sekundarstufe auf rund 15%. Gleichzeitig sinkt der Anteil der Schüler, die sagen, dass sie im Unterricht gut mitkommen, von rund 70% in der Grundschule auf rund 55% in der weiterführenden Schule." (Büchner/Koch 2001, S. 49) Zusätzlich ergibt sich in vielen Fällen ein steigender täglicher Zeitumfang, der beispielsweise für die Hausaufgaben aufzuwenden ist. Insgesamt lässt sich der Studie von Büchner und Koch entnehmen, dass für einen beträchtlichen Teil von Schülerinnen und Schülern der Übergang in die Sekundarstufe wesentliche Veränderungen mit sich bringt und sich das Bild von Schule bei den Kindern verändert. Festzuhalten ist, dass sich Schul- und Leistungsängste dabei nicht wesentlich verändern. Der Übergang und die mit ihm zusammenhängenden Veränderungen werden zwar deutlich wahrgenommen, führen jedoch nur in Einzelfällen zu (chronischen) Überforderungen und psychosomatischen Stresssymptomen (ebd., S. 54f).

## 2. Die Daten

Im Folgenden beziehen wir uns auf den Längsschnittdatensatz des DJI-Kinderpanels 1. bis 3. Welle. Da im Blickpunkt des Beitrags der Übergang von der Primar- in die Sekundarstufe steht, wurden für die Analysen von den Kindern, für die vollständige Angaben zur besuchten Klassenstufe über alle drei Wellen vorliegen, diejenigen ausgewählt, die entsprechend der modalen Übergangsverläufe im DJI-Kinderpanel folgende Jahrgangsstufen besuchten: Jahrgangsstufe 2 (in der 1. Welle), 3 (2. Welle) und 5 (3. Welle), oder Jahrgangsstufe 3, 4 und 6. Hinzu kommen 27 Schülerinnen und Schüler, die während der Grundschulzeit eine Klasse wiederholt haben.[2] Zudem wurde berücksichtigt, ob die Befragten selbst darüber berichteten (nach der 2. Welle), die Schule nach der 4. Klasse gewechselt zu haben (Streichung der Kinder aus Bundesländern mit 6-jähriger Grundschule aus der Stichprobe). Diese Übergangsverläufe finden sich bei 122 bzw. 351 der Kinder (plus 27 Klassenwiederholer). Insgesamt stützen sich die Analysen in diesem Beitrag auf die Angaben von 500 SchülerInnen, für die jedoch nicht in jedem Fall vollständige Elterndaten vorliegen. Um Ausfallverzerrungen zwischen der 1. und 3. Erhebungswelle zu minimieren, wurden die Daten des Kinderpanels im Längsschnitt auf der Basis der Ausgangsstichprobe gewichtet. Näheres zum Datensatz und zu den methodischen Hintergründen des DJI-Kinderpanels siehe Alt in diesem Band.

## 3. Die Schule – ein Dauerthema

In einem ersten Analyseschritt zeigen die Daten, dass das Thema „Schule" (Zeugnisse, Noten etc.) in den Familien zwischen der 1. und 3. Befragungswelle keinesfalls an Prominenz verliert. Die weit überwiegende Mehrheit der Eltern interessiert sich – in der Wahrnehmung ihrer Kinder – in hohem Maße für schulische Belange, seien dies Noten oder Zeugnisse. Dazu gehört ebenso

---

[2] 10 dieser SchülerInnen sind in der 3. Erhebungswelle des Kinderpanels noch in der 4. Jahrgangsstufe. Da sie aber regulär bereits in der Sekundarstufe sein müssten, wurden sie in der Stichprobe belassen – wie auch die anderen Klassenwiederholer – um die hier verwendete Stichprobe nicht in Richtung unproblematischer Übergangsverläufe zu verzerren.

die regelmäßige Kommunikation in der Familie darüber, wie es den Kindern in der Schule geht. Dies gilt sowohl für die Gruppe der jüngeren Befragten, die im Laufe des Panelzeitraums die Klassenstufen 2, 3 und 5 durchlaufen, als auch für die ältere Gruppe, die parallel die Jahrgänge 3, 4 und 6 durchlaufen haben. Lediglich die Tatsache, dass die Eltern die Zeugnisse ernst nehmen, nimmt nach dem Übergang in die Sekundarstufe (in Tabelle 1 die grau unterlegten Spalten) etwas ab – wenn auch nur in geringem Maß.

Tab. 1: Schulaufmerksamkeit der Eltern und Zufriedenheit der Eltern mit den Noten ihrer Kinder (Anteil der Kinder, die zu den jeweiligen Fragen „Ja" angeben)

|  | Jüngere Gruppe besuchte Jahrgänge ... | | | Ältere Gruppe besuchte Jahrgänge ... | | | Klassenwiederholung in der Grundschule (3. W.) |
|---|---|---|---|---|---|---|---|
|  | 2 (1.W.) | 3 (2.W.) | 5 (3.W.) | 3 (1. W.) | 4 (2. W.) | 6 (3. W.) |  |
| 1) Fragen dich deine Eltern regelmäßig, wie es in der Schule gewesen ist? | 88% | 94% | 93% | 89% | 93% | 91% | 93% |
| 2) Achten deine Eltern auf die Schulnoten und Beurteilungen, die du nach Hause bringst? | 96% | 98% | 96% | 97% | 98% | 95% | 85% |
| 3) Nehmen deine Eltern deine Zeugnisse sehr ernst? | 83% | 86% | 79% | 83% | 82% | 79% | 89% |
| 4) Meine Eltern sind mit den Schulleistungen zufrieden | 95% | 94% | 84% | 95% | 96% | 86% | 74% |

Anmerkung: Längsschnittgewichtete Daten. Anteile berechnet ohne „Weiß nicht"-Angaben. Die geringfügigen Unterschiede zu den Zahlen in Stecher (2006) ergeben sich auf Grund der 3-Wellen-Längsschnittgewichtung.
Quelle: DJI-Kinderpanel 1.-3. Welle

Über die Tatsache hinaus, dass in den Familien das Thema Schule über die Jahre und über den Übergang in die Sekundarstufe hin unverändert virulent bleibt, zeigt Tabelle 1, dass in den meisten Familien die Kinder davon ausgehen, dass die Eltern mit ihren Schulleistungen insgesamt zufrieden sind. Wie für die 1. und 2. Erhebungswelle gilt auch für die 3. Befragung, dass die Wahrnehmung der Kinder dabei in der Regel mit der der Eltern in hohem Maß übereinstimmt. 86% der Kinder stimmen in ihren Angaben mit denen der Mütter[3] überein (82% darin, dass die Eltern zufrieden sind, 4% darin, dass die Eltern unzufrieden sind). In 6% der Fälle geben die Kinder etwas anderes an als die Mütter, wobei es jeweils zu gleichen Teilen vorkommt, dass die Kinder meinen, die Eltern wären unzufrieden, während sie dies ‚in Wirklichkeit' nicht sind bzw. umgekehrt. Die Daten zeigen damit insgesamt kaum eine nennenswerte Abweichung zu den Ergebnissen der 1. und 2. Erhebungswelle. Damit verdeutlicht auch die 3. Welle des Kinderpanels, dass die Schule ein wichtiges Thema in der Familie ist – auch nach dem Übergang in die Sekundarstufe. Jedoch ist in den meisten Familien nicht davon auszugehen, dass die Schule ein tief gehendes Konfliktfeld darstellt – zumindest dann nicht, wenn als zentraler Indikator die Zufriedenheit der Eltern mit den Schulleistungen herangezogen wird.

Tabelle 1 enthält darüber hinaus die Angaben – von wenigen (N=27) – SchülerInnen und Schülern, die während der Grundschulzeit eine Klassenstufe wiederholt haben (Angaben nur zur 3. Erhebungswelle). Wenngleich sich hier gewisse Abweichungen zu den anderen Familien zeigen – etwa darin, dass die Eltern etwas weniger mit den Schulleistungen der Kinder zufrieden sind als andere Eltern –, sind diese Abweichungen im statistischen Sinne nicht überzufällig. Auffallend ist jedoch, dass die SchülerInnen, die bereits ein Jahr wiederholen mussten, bei den meisten Fragen hinsichtlich der elterlichen Schulaufmerksamkeit und deren Zufriedenheit mit den Schulleistungen, tendenziell häufiger als andere Gleichaltrige angeben, dass sie dazu keine Angaben machen können, weil sie es nicht wissen. Ein Befund der – obwohl er sich ebenfalls nicht statistisch durchgehend absichern lässt (lediglich hinsichtlich des Achtens der Eltern auf die Noten der Kinder; $p<.01$) – darauf hindeutet, dass in diesen Familien die Kommunikation über schulische Belange weniger intensiv als in anderen Familien geführt wird. Dies führt dazu, dass die Kinder über die Einschätzungen ihrer Eltern weniger Bescheid wissen.

Um die Kommunikation in der Familie bezüglich des Themas Schule näher zu beschreiben, sind wir in der 1. Erhebungswelle der Frage nachgegan-

---

[3] Da die Mütter- und die Väterangaben hoch miteinander korrelieren, beziehen wir uns im Folgenden nur auf die Mütterangaben.

gen, wie gut die Eltern über das alltägliche Erleben der Schule seitens der Kinder Bescheid wissen – oder, mit anderen Worten, wie eng und intensiv die Eltern in das Schulleben der Kinder (kommunikativ) eingebunden sind. Als einen Indikator verwendeten wir dabei den Prozentsatz der Mütter und Väter, die angeben, *nicht* über die aktuellen Schulleistungen der Kinder in einzelnen Schulfächern Bescheid zu wissen. Dabei zeigt sich (auch) für die 3. Erhebungswelle (die Schülerinnen und Schüler sind nun alle in der 5. bzw. 6. Jahrgangsstufe der Sekundarstufe), dass es bezogen auf die Hauptbereiche, Lesen, Rechtschreibung und Mathematik kaum Eltern gibt, die sagen, dass sie nicht wüssten, wie gut ihr Kind hierin ist. Auf der Basis dieses allgemeinen Befundes lässt sich eindeutig festhalten, dass Aussagen von Eltern, dass sie nicht über die Schulleistungen ihrer Kinder informiert sind, in jedem Fall als bedenklich hinsichtlich der Familienkommunikationssituation eingestuft werden müssen.

Die Qualität und Intensität der Kommunikation in der Familie mit Bezug auf die Schulleistungen lassen sich auch daran ablesen, inwieweit die Einschätzungen der Eltern und der Kinder hinsichtlich der Schulleistungen in einzelnen Bereichen übereinstimmen, oder einander entgegen laufen. Dabei gehen wir davon aus, dass die *Übereinstimmung* zwischen Eltern und Kindern – wie gerichtet diese auch sei (siehe Tabelle 2) – ein Indiz dafür ist, dass die schulischen Leistungen der Kinder Gegenstand regelmäßiger gemeinsamer Gespräche sind und sich in diesen Gesprächen eine gemeinsame Überzeugung über den Leistungsstand des Kindes sowohl beim Kind selbst als auch bei den Eltern herauskristallisiert. In diesem Sinn bewerten wir nicht, ob das Kind schlechte oder gute Schulleistungen als solche hat, sondern aus kommunikationsbezogener Perspektive, ob über das Thema (fächerspezifische) Schulleistungen in der Familie eine genügend intensive Auseinandersetzung stattfindet, die zu einer ‚gemeinsamen Position' hinsichtlich der schulischen Leistungen des Kindes führt. Damit können wir die Übereinstimmung zwischen den Eltern und den Kindern als ein Indiz dafür nehmen, wie gut die Eltern überhaupt über die schulischen Belange ihrer Kinder informiert sind.

Tab. 2: Übereinstimmung der Einschätzung der Schulleistungen in einzelnen Schulfächern durch die Kinder und ihre Mütter (in %, in Klammern die Angaben für die 1. Welle)

|  | Mutter und Kind schätzen die Leistung *positiv* ein | Mutter und Kind schätzen die Leistung *negativ* ein | Die Mutter schätzt die Leistung *positiv* ein, das Kind *negativ* | Die Mutter schätzt die Leistung *negativ* ein, das Kind *positiv* |
|---|---|---|---|---|
| Rechnen/Mathematik | 72 | 13 | 6 | 9 |
|  | *85 (86)* |  | *15 (14)* |  |
| Rechtschreiben | 57 | 22 | 5 | 17 |
|  | *79 (76)* |  | *22 (23)* |  |
| Lesen | 81 | 6 | 6 | 8 |
|  | *87 (87)* |  | *14 (13)* |  |
| Sport | 82 | 7 | 4 | 7 |
|  | *90 (90)* |  | *10 (9)* |  |
| Musik | 80 | 7 | 6 | 7 |
|  | *87 (87)* |  | *13 (13)* |  |
| Zeichnen/Kunst | 74 | 12 | 7 | 8 |
|  | *86 (84)* |  | *15 (16)* |  |
| Heimat- und Sachkunde | 75 | 5 | 8 | 11 |
|  | *80 (87)* |  | *19 (13)* |  |
| 1. Fremdsprache | 72 | 9 | 6 | 13 |
|  | *81 (-)* |  | *19 (-)* |  |
| Biologie/ Naturwissenschaften | 84 | 4 | 5 | 7 |
|  | *88 (-)* |  | *12 (-)* |  |

Anmerkungen: Die Einschätzungen der Mütter und Kinder wurden aus einer jeweils vierstufigen Skala (sehr gut, gut, nicht so gut, überhaupt nicht gut) dichotomisiert. Ohne die Kinder, die die entsprechenden Fächer – nach eigenen Angaben, oder den Angaben der Mutter – nicht haben.
Quelle: DJI-Kinderpanel 3. Welle und Stecher (2005, S. 189). Abweichungen von 100% ergeben sich durch Rundung. [4]

---

[4] Ein solches Verfahren ist grundsätzlich nicht unproblematisch, da Unterschiede in der Bewertung zwischen den Müttern und Kindern dabei unterschiedlich gewichtet werden. Sagt die Mutter *sehr gut* (Zahlenwert: 1), das Kind *gut* (2) – eine Differenz von einer Skaleneinheit –, wird dies als Übereinstimmung gewertet. Antwortet die

Tabelle 2 zeigt (in Klammern sind die Zahlen aus der 1. Erhebungswelle hinzugefügt), dass in den weit überwiegenden Fällen die Einschätzungen der Mütter und der Kinder übereinstimmen – in der Regel so, dass sich Mütter und Kind ‚einig' sind, dass die Schulleistungen (des Kindes) in den jeweiligen Fächern insgesamt (sehr) gut sind. Lediglich hinsichtlich der Rechtschreibung gibt es eine nicht unerhebliche Zahl von Familien (22%), bei denen sowohl die Mutter als auch das Kind die Leistungen als nicht (so) gut einschätzen. Hier findet sich auch eine große Gruppe von Familien (22%) – ähnlich wie in Bezug auf Heimat- und Sachkunde (19%) und mit Abstufung in Bezug auf die erste Fremdsprache (19%) –, bei der die Einschätzungen von Müttern und Kindern voneinander abweichen. Dabei kommt es mit Blick auf das Rechtschreiben – wie auch auf die erste Fremdsprache – deutlich häufiger vor, dass sich das Kind in seiner Leistung besser einschätzt als dies die Mutter tut. Für die Abweichungen der Leistungseinschätzung des Rechtschreibens hat Stecher (2005, S. 190) darauf hingewiesen, dass beispielsweise die Noten im Fach Deutsch in der Grundschule eine höhere Varianz aufweisen als etwa die Noten im Fach Sport. Diese Varianz, so die dort formulierte Vermutung, schlägt sich auch in der Varianz der Einschätzungen in der Familie nieder. Ohne dies im Folgenden weiter überprüfen zu können, ist in der Zusammenschau der Ergebnisse aus Tabelle 2 festzuhalten, dass bei der Untersuchung schulbezogener Kommunikationsprozesse in der Familie schulfachspezifische Differenzierungen alles in allem eine nur geringe Rolle spielen.

Tabelle 2 zeigt, dass unter der Voraussetzung, dass die Übereinstimmung der Mütter und der Kinder als ein Indiz für eine gelingende Kommunikation gelten kann, sich beim Übergang von der Primar- in die Sekundarstufe die Kommunikation zwischen Eltern und Kindern nicht verschlechtert, sondern nach wie vor sehr eng bleibt.

Wie Tabelle 3 zeigt, haben sich die Daten zwischen der ersten Erhebungswelle (in Klammern) und der dritten nicht verändert. Auch für die ersten Jahre der Sekundarstufe (5. und 6. Jahrgangsstufe) gilt, dass die Mütter außerordentlich gut über das Schulerleben ihrer Kinder informiert sind. Dies wird dadurch unterstrichen, dass es nur in Einzelfällen vorkommt, dass sie von sich selbst sagen, dass sie hinsichtlich der genannten Aspekte des Schullebens nicht informiert wären (sehr geringe Zahl von Weiß-nicht-Antworten). Auch hier müssen wir konstatieren, dass in Familien, in denen die Mütter von sich sagen, dass sie über das Schulerleben ihrer Kinder nicht Bescheid wis-

---

Mutter *gut* (2) und das Kind *nicht so gut* (3), wird dies als Nicht-Übereinstimmung gewertet, obwohl auch nur eine Skaleneinheit zwischen den Antworten zwischen der Mutter und dem Kind liegt. Insofern geht das hier gewählte Vorgehen von einem qualitativen Sprung zwischen *gut* und *nicht so gut* aus.

sen, eine – auf der Basis der hier vorgelegten Befunde – problematische Kommunikation vorliegt.

Analog zu unserem Vorgehen bei den Auswertungen der 1. Erhebungswelle wollen wir uns in diesem Abschnitt mit der Frage nach den schulischen Problemen der Kinder, nach ihren Ängsten und gegebenenfalls durch die Schule verursachten psychosomatischen Beschwerden auseinander setzen. Wie in der 1. Welle werden wir uns dabei auf die Aussagen der Mütter stützen. Die bisherigen Befunde haben ja gezeigt, dass die Mütter eine außerordentlich zuverlässige Quelle sind, wenn es darum geht, das schulische Erleben der Kinder zu beschreiben und zu bewerten.

Tab. 3: Einschätzung einzelner Aspekte des Schullebens durch die Kinder und ihre Mütter; Übereinstimmung zwischen Müttern und Kindern (Angaben in %, in Klammern die Angaben für die 1. Welle)

| Fragetext Mütterfragebogen<br>*kursiv Kinderfragebogen* | Mutter: ja<br>Kind: ja[1] | Mutter: nein<br>Kind: nein | Mutter: ja<br>Kind: nein | Mutter: nein<br>Kind ja |
|---|---|---|---|---|
| Mein Kind geht gerne in die Schule.<br>*Ich bin gerne in der Schule.* | 83 (84) | 3 (4) | 11 (9) | 3 (3) |
| Mein Kind versteht sich gut mit seinen/ihren Klassenkameraden.<br>*In meiner Klassengemeinschaft fühle ich mich wohl.* | 95 (93) | 1 (1) | 3 (4) | 1 (2) |
| Kommt mit dem jetzigen Lehrer oder der Lehrerin gut aus.<br>*Unsere Lehrer und Lehrerinnen sind nett.* | 93 (91) | 1 (2) | 4 (4) | 3 (2) |
| Mein Kind kommt im Unterricht gut mit.<br>*Habe oft Probleme, im Unterricht mitzukommen.* | 9 (16) | 2 (3) | 86 (78) | 2 (3) |

Anmerkungen: 1) Dichotomisierung der Antwortalternativen bei den Müttern: JA = „Trifft voll und ganz zu" und „Trifft eher zu", NEIN = „Trifft eher nicht zu" und „Trifft überhaupt nicht zu"; bei den Kindern: JA = „Ja" und „Eher ja", NEIN = „Eher nein" und „Nein".
Quelle: DJI-Kinderpanel 3. Welle und Stecher (2005, S. 192). Abweichungen von 100% ergeben sich durch Rundung.

In Tabelle 4 sind zwischen den aktuellen Daten und den Daten der ersten Erhebungswelle (in Klammern) keine allzu großen Veränderungen in Bezug auf die Zellenbesetzungen der ersten beiden Spalten zu verzeichnen – also dem

Anteil der Zutreffend-Antworten. Verschiebungen haben aber zwischen den beiden Kategorien stattgefunden, die sich auf die Abstufung zwischen den Nicht-Zutreffend-Antworten beziehen. So geben in der 3. Welle 67% der Mütter an, dass es überhaupt nicht zutrifft, dass das Kind „sehr aufgeregt ist, wenn es im Unterricht drankommt", in der 1. Welle – als alle Befragten noch die Grundschule besuchten – betrug dieser Anteil nur 32%. Dies könnte dahingehend interpretiert werden, dass sich im Laufe der Schuljahre bei den Kindern ein gewisser Gewöhnungseffekt an die unterrichtlichen Anforderungen einstellt und sich ein zunehmend selbstbewusster Umgang herausbildet. Andererseits zeigen die Daten in Spalte 4 und 5, dass die Antworten der Mütter, dass es überhaupt nicht zutreffe, dass das Kind sich sorgt, Angst vor Lehrerinnen und Lehrern hat und vor „Tests oder Arbeiten über Kopf- und Bauchschmerzen" klagt, deutlich zurückgeht. Dieser Befund soll nicht überbewertet werden; der Tendenz nach verweist er aber auf einen zunehmenden Leistungsbezug im schulischen Erleben der Kinder und eine sich verändernde Sichtweise auf die Lehrkräfte. Die Tendenzen in Tabelle 4 gelten – wie hier nicht dargestellte Auswertungen zeigen – im Übrigen auch hinsichtlich der gegenwärtig in der Sekundarstufe besuchten Schulart. Lediglich GymnasiastInnen werden vom Unterricht signifikant weniger in ‚Aufregung' versetzt als die SchülerInnen anderer Schularten.

Tab. 4: Manche Kinder haben in der Schule Probleme. Inwieweit treffen die folgenden Aussagen auf ihr Kind zu? (Angaben der Mütter in %, in Klammern die Angaben für die 1. Welle)

| Mein Kind ... | 1 = Trifft voll und ganz zu | 2 = Trifft eher zu | 3 = Trifft eher nicht zu | 4 = Trifft überhaupt nicht zu | Weiß ich nicht |
|---|---|---|---|---|---|
| ... ist sehr aufgeregt, wenn es im Unterricht drankommt | 0 (6) | 2 (15) | 30 (37) | 67 (32) | 0 (10) |
| ... macht sich Sorgen darüber, wie er/sie am nächsten Tag in der Schule abschneiden wird | 5 (6) | 17 (16) | 42 (32) | 34 (45) | 1 (1) |
| ... hat Angst vor der Lehrerin oder vor dem Lehrer | 0 (1) | 2 (3) | 30 (17) | 67 (78) | 0 (1) |
| ... klagt vor Tests oder Arbeiten über Kopf- und Bauchschmerzen | 3 (2) | 10 (7) | 24 (16) | 62 (74) | 0 (1) |

Quelle: DJI-Kinderpanel 3.Welle und Stecher (2005, S. 193). Abweichungen von 100% ergeben sich durch Rundung.

Fassen wir die bisherigen Befunde zusammen, wird deutlich, dass sich gegenüber der ersten Befragung im Rahmen des Kinderpanels (als die Kinder mehrheitlich in der 2. und 3. Jahrgangsstufe waren) und der letzten Befragung (die Kinder sind nun mehrheitlich in der 5. bzw. 6. Jahrgangsstufe) nur wenige Veränderungen ergeben haben. Das grundsätzliche Ergebnis, dass zwar die Schule zu den zentralen Themen in der Familie gehört, allerdings nur in einer Minderheit von Familien dieses Thema zu einem ernsthaften Konfliktpotenzial zu werden droht, bleibt bestehen. Hierzu gehört, dass die Eltern nach wie vor mit den Schulleistungen der Kinder im Großen und Ganzen sehr zufrieden sind. Ebenso bleibt der Befund bestehen, dass Einschätzungen der Mütter und der Kinder bezüglich des schulischen Erlebens in der weit überwiegenden Mehrheit der Familien übereinstimmen. Ausgehend von der Vorstellung, dass eine solche Übereinstimmung nur durch ein gewisses Maß an gemeinsamer Kommunikation über das Thema Schule und der Frage, wie es den Kindern in der Schule geht, erreichbar ist, hatten wir dies als einen Indikator dafür gesehen, dass in den meisten Familien eine enge Kommunikation hinsichtlich des Alltagsbereiches Schule stattfindet. Aus den Daten, die einen repräsentativen Querschnitt der Familien in Deutschland abbilden, haben wir die Schlussfolgerung gezogen, dass die Tatsache, dass Eltern *nicht* über die schulischen Belange ihres Kindes informiert sind (und dies selbst zum Ausdruck bringen), als ein aus pädagogischer Sicht durchaus problematischer Umstand gesehen werden muss.

Wir wissen damit, dass sich insgesamt gesehen – auf der Basis der bislang beschriebenen Ergebnisse – für die Mehrzahl der Kinder und ihrer Eltern/Mütter keine wesentlichen Veränderungen ergeben. Im folgenden Abschnitt gehen wir zur Fragestellung über, ob sich (dennoch) Familien hinsichtlich des *Verlaufs* und der *Entwicklung* in Bezug auf die Schule als Familienthema unterscheiden lassen. Wir werden uns dabei auf die Entwicklung der elterlichen Zufriedenheit mit den Schulnoten des Kindes beschränken. Wir gehen davon aus, dass gerade dieser Aspekt ein zentrales Problem- und Konfliktfeld zwischen den Eltern und den Kindern mit Blick auf die Schule darstellen kann. Die Schulleistungen sind die sichtbarsten Gradmesser für den schulischen Erfolg oder Misserfolg der Kinder und bieten den Eltern dadurch einen wichtigen Orientierungsrahmen. Je unzufriedener die Eltern in dieser Hinsicht sind, desto eher ist – so unsere Annahme – davon auszugehen, dass die Schule ein gewisses Konfliktpotenzial in der Familie entfaltet.

Während wir insgesamt gesehen haben, dass sich auf der Ebene der Durchschnittswerte keine wesentlichen Verschiebungen hinsichtlich der elterlichen Zufriedenheit zeigen – und die Eltern wie dargestellt im Allgemeinen (sehr) zufrieden mit den Schulleistungen ihrer Kinder sind, lassen die im folgenden Abschnitt referierten Befunde erkennen, dass es unterhalb des ‚allgemeinen Durchschnitts' durchaus differenzielle Entwicklungen in einigen Familien gibt. Für die Auswertungen haben wir das Verfahren der Clusteranalyse ausgewählt. Auf der Basis dieses Verfahrens wurden die Familien hinsichtlich der elterlichen Zufriedenheit mit den Schulleistungen der Kinder bezogen auf die Angaben der 1., 2. und 3. Erhebungswelle in unterschiedliche (Entwicklungs-) Gruppen aufgeteilt (siehe Tabelle 5).

Tab. 5: Clusterzentren (Mittelwerte) der vier Familiengruppen

|  | Cluster | | | |
| --- | --- | --- | --- | --- |
|  | 1 | 2 | 3 | 4 |
|  | N=274 | N=119 | N=65 | N=34 |
| Angaben der Mutter zu ... | (56%) | (24%) | (13%) | (7%) |
| Zufriedenheit mit Schulleistungen von Zielkind, *1. Welle* | 1,32 | 1,39 | 2,10 | 2,60 |
| Zufriedenheit mit Schulleistungen von Zielkind, *2. Welle* | 1,52 | 1,20 | 1,41 | 2,81 |
| Zufriedenheit mit Schulleistungen von Zielkind, *3. Welle* | 1,46 | 2,27 | 1,01 | 2,06 |

Anmerkung: „Wie zufrieden sind Sie insgesamt mit den schulischen Leistungen Ihres Kindes?" Als Antwortvorgaben waren vorgesehen: 1=sehr zufrieden, 2=eher zufrieden, 3=eher unzufrieden und 4=sehr unzufrieden. Ein niedriger Itemmittelwert zeigt also eine hohe Zufriedenheit der Eltern mit den Schulleistungen ihres Kindes an, ein hoher Itemmittelwert dagegen eine niedrige Zufriedenheit.
Quelle: DJI-Kinderpanel 1.-3. Welle

Es zeigt sich, dass sich vier Gruppen voneinander unterscheiden lassen. Die weitaus größte Gruppe von Familien (N=274, dies entspricht 56% aller Familien) machen diejenigen aus, in denen sich – wie wir das für den Gesamtdurchschnitt aller Familien zeigten – die Zufriedenheit der Eltern mit den Schulleistungen der Kinder in den drei Untersuchungsjahren nicht wesentlich verändert hat und auf einem sehr positiven Niveau verbleibt. Daneben zeigt sich eine zweite – mit 24% nicht unbedeutende – Gruppe von Familien (Cluster 2, N=119), bei denen zwischen der 2. und 3. Erhebungswelle geradezu ein Einbruch in der elterlichen Zufriedenheit eintritt. Der Mittelwert in der Zufriedenheit steigt von 1,39 in der 1. Welle auf 2,27 in der zweiten Welle an (ein *hoher* Wert zeigt eine *niedrige* Zufriedenheit an, siehe die Anmerkung zu Tabelle 5). In diesem Zeitraum haben (fast) alle befragten Kinder im DJI-Kinderpanel, auf die sich die vorliegenden Auswertungen beziehen, den Übergang von der Primar- in die Sekundarstufe vollzogen. In den Familien des Clusters 2 ist dieser Übergang offensichtlich mit einem starken Absinken der elterlichen Zufriedenheit verbunden. Ganz anderes in der dritten Gruppe. Die Eltern (Mütter) dieser Gruppe sind in der Anfangsphase der Grundschule (während der 1. Erhebungswelle besuchen die Kinder die 2. oder 3. Klasse) mit ihren Kindern im Vergleich zu den ersten beiden Gruppen relativ unzufrieden. Im Laufe der ersten Grundschuljahre und vor allem nach dem Übergang in die Sekundarstufe sind diese Eltern aber zunehmend zufrieden mit den Schulleistungen ihrer Kinder. Ein Mittelwert von 1,01 für die 3. Erhebungswelle in dieser Gruppe heißt, dass nahezu alle Eltern dieses Clusters angeben, *sehr* zufrieden mit ihrem Kind zu sein. Auch die Eltern der vierten – zahlenmäßig kleinsten – Familiengruppe sind im Laufe der Schuljahre mit ihren Kindern zunehmend zufrieden, was deren Schulleistungen anbelangt. Die Entwicklung vollzieht sich im Vergleich zur dritten Gruppe allerdings auf einem deutlich niedrigeren Niveau. In dieser Gruppe stellt – im Gegensatz zur zweiten Gruppe – der Übergang in die Sekundarstufe einen in dieser Hinsicht positiven Prozess dar. Während die Zufriedenheit dieser Eltern mit ihren Kindern am Ende der Grundschulzeit (zum Zeitpunkt der 2. Erhebungswelle) am niedrigsten im Vergleich zu allen anderen Familien ausfällt, entspannt sich die Situation zu Beginn der Sekundarstufe in diesen Familien zusehend. Insgesamt ist in Tabelle 5 zu sehen, dass zwar die Mehrheit der Familien dem Muster entspricht, das wir für den Durchschnitt aller befragten Familien zeichneten, dass sich aber auch Familien finden, in denen das Thema Schule – hier bezogen auf den zentralen Bereich der Schulleistungen – eine andere Entwicklung nimmt; sei diese positiv oder negativ.

Im nächsten Schritt wollen wir die Familien – soweit dies die Fallzahlen (vor allem des vierten Clusters) zulassen – dahingehend untersuchen, ob die Zugehörigkeit zu einem der Entwicklungscluster mit ausgewählten (schulbezogenen) Merkmalen der Kinder korrespondiert.

Zunächst einmal ist es notwendig, beim Übergang von der Primar- in die Sekundarstufe zu analysieren, in welche *Schulart* die Schülerinnen und Schüler übertreten. Dabei zeigen sich für zwei der vier Cluster auffällige Profile. 60% der Kinder, bei denen sich die Zufriedenheit der Eltern mit den Schulleistungen des Kindes mit dem Übergang in die Sekundarstufe deutlich verschlechtert (Cluster 2), besuchen das Gymnasium, während praktisch keines der Kinder die Hauptschule besucht. Hingegen ist Cluster 4, bei dem es nach dem Übergang in die Sekundarstufe zu einer gewissen Erholung in Bezug auf die elterliche Zufriedenheit kommt, von Hauptschülerinnen und Hauptschülern dominiert. 52% aller SchülerInnen dieses Familienclusters besuchen die Hauptschule. Als Hintergrund für die abnehmende Zufriedenheit auf der Seite der Eltern der GymnasiastInnen und die sich verbessernde Zufriedenheit auf der Seite der Eltern der HauptschülerInnen können wir Bezugsgruppeneffekte vermuten wie sie etwa auch Büchner und Koch (2001, S. 56) beschreiben. Erstmals seit der Grundschulzeit müssen die Eltern von Gymnasiastinnen und Gymnasiasten die Schulleistungen mit anderen Kindern vergleichen, die als Gruppe im Durchschnitt höhere Leistungen erbringen als dies für die Referenzgruppe in der Grundschule der Fall war. Andererseits kann gerade die Leistungshomogenisierung, die mit dem Übergang in die Sekundarstufe einhergeht, für die Eltern von Hauptschülerinnen und Hauptschülern zu einem gewissen Entspannungseffekt führen. Unsere Zahlen deuten auf solche Bezugsgruppeneffekte hin – die allerdings nicht auf der Ebene der Kinder, sondern in diesem Fall auf der Ebene der Eltern wirken – und unterstreichen damit die Befunde von Büchner und Koch (ebd.).

Tab. 6: Die vier Familien-Entwicklungs-Cluster und ausgewählte (schulbezogene) Kindermerkmale

| Angaben der Mutter zu ... | Cluster | | | | Durchschnitt |
|---|---|---|---|---|---|
| | 1 N=274 (56%) | 2 N=119 (24%) | 3 N=65 (13%) | 4 N=34 (7%) | |
| Anteil Gymnasiasten | 47% | 60% | 47% | 4% | 48% |
| Anteil Hauptschüler | 9% | 2% | 8% | 52% | 10% |
| Anteil Mädchen | 49% | 45% | 49% | 54% | 49% |
| Durchschnittsnote 2. Welle | 2,37 | 2,22 | 2,40 | 3,44 | 2,41 |
| Durchschnittsnote 3. Welle | 2,55 | 2,87 | 2,59 | 3,20 | 2,68 |

Anmerkung: Die Zahlen für das Cluster 4 sind auf Grund der geringen Fallzahl kursiv gesetzt. Durchschnittsnote = Mittelwert Deutsch und Mathematik.
Quelle: DJI-Kinderpanel 1.-3. Welle

Wie Tabelle 6 zeigt, unterscheiden sich die vier Cluster nicht mit Blick auf das *Geschlecht* der befragten Kinder.

Die Entwicklung hinsichtlich der *Durchschnittsnoten* (berechnet als Mittelwert aus den Noten in Deutsch und Mathematik) zeigt, dass der elterlichen Zufriedenheit auch eine entsprechende ‚reale' Entwicklung bei den Schulnoten der Kinder – die aus unserer Sicht die entscheidende Grundlage für die elterliche Zufriedenheit mit den Schulleistungen bilden – entspricht. Während allgemein die Schulnoten sich vom Übergang in die Sekundarstufe – entspricht hier dem Zeitraum von der 2. zur 3. Erhebungswelle – verschlechtern, zeigt sich dies besonders im Cluster 2. In diesem Cluster verschlechtern sich die Durchschnittsnoten stärker als dies in den anderen Clustern der Fall ist. In diesem Cluster hatte sich auch die Zufriedenheit der Eltern von der 2. zur 3. Welle deutlich verschlechtert. In Cluster 4 hingegen zeigt sich nicht nur in Bezug auf die elterliche Zufriedenheit ein gewisser Erholungsprozess, sondern auch hinsichtlich der durchschnittlichen Schulnoten. Entgegen der allgemeinen Entwicklung verbessern sich diese sogar beim Übergang in die Sekundarstufe (die, wie wir sahen, für die meisten in dieser Familiengruppe in die Hauptschule führt).

## 4. Zusammenfassung

Der vorliegende Beitrag geht der Frage nach, ob sich das Thema Schule und dessen kommunikative Bearbeitung in den Familien im Verlauf der Grundschulzeit im Übergang zur Sekundarstufe verändern. Während die Mehrheit der befragten Kinder zum Zeitpunkt der 1. und 2. Erhebung noch die Grundschule besucht, sind sie (fast) alle zum Zeitpunkt der 3. Erhebung des DJI-Kinderpanels bereits in die Sekundarstufe übergetreten. Die Daten zeigen, dass sich dabei im Verlaufe des gesamten Untersuchungsfensters kaum Veränderungen in den zentralen Befunden ergeben: Für fast alle Eltern stellt die Schule ein Kernthema der alltäglichen Kommunikation mit ihren Kindern dar. Sie fragen ihre Kinder regelmäßig wie es ihnen in der Schule geht und nehmen die Zeugnisse und Noten der Kinder ernst. In den meisten Familien ist die Schule damit eines der wesentlichen Familienthemen. Jedoch kann man auf der Basis der hier präsentierten Auswertungen sagen, dass das Thema im Allgemeinen nicht zum Familienproblem wird: Die Eltern sind im Großen und Ganzen mit den Schulleistungen – als einem zentralen Indikator für mögliche Spannungen zwischen Eltern und Kindern in Bezug auf die Schule – ihrer Kinder zufrieden und die Kinder nehmen dies ihrerseits auch so wahr. Darüber hinaus sind die Eltern gut darüber informiert, wie ihre Kinder den Schulalltag erleben, wie sie mit den Lehrerinnen und Lehrern auskommen und ob die Kinder im Unterricht gut mitkommen. Damit lassen sich die Befunde auch in Bezug auf den Übergang von der Grundschule in die Sekundarstufe auf den kurzen Nenner bringen: Schule als Familienthema ja, als Familienproblem selten.

Diesen Befund, auf der Basis aller untersuchten Familien (das heißt anhand der Durchschnittswerte über alle Familien), haben wir weiter differenziert. Untersucht wurde, ob es Familiengruppen gibt, die von diesem allgemeinen Bild abweichen: Zwar zeigen die meisten Eltern kaum Veränderungen in ihrer Zufriedenheit im Verlauf des Übergangs von der Primar- in die Sekundarstufe, bei einigen Familien hingegen werden andere Verläufe sichtbar. In einer Gruppe von Familien – die immerhin ein knappes Viertel aller Familien ausmacht – nahm die Zufriedenheit der Eltern mit dem Übergang stark ab. Vornehmlich handelt es sich dabei um Eltern von Gymnasiastinnen und Gymnasiasten. Gegenüberstellen lässt sich dieser eine (kleine) Gruppe von Eltern, die mit den Leistungen ihrer Kinder in der Schule zunehmend zufriedener werden – vor allem nach dem Übergang in die Sekundarstufe. Hier finden wir viele Eltern von Hauptschülerinnen und Hauptschülern. Diese Befunde werten wir auf der Basis von Bezugsgruppeneffekten, wie sie zum Beispiel Büchner und Koch (2001) in einer vergleichbaren Studie zum Übergang von der Grundschule in die weiterführende Schule beschreiben. Die Eltern der GymnasiastInnen müssen ihre Kinder mit einer leistungsbezogen homogeneren Gruppe auf höherem Niveau vergleichen als dies in der Grundschule der Fall war. Dies kann zu einer gewissen Relativierung der bislang von den Eltern angenommenen Leistungsfähigkeit ihrer Kinder führen. Derselbe Effekt homogener Leistungsgruppen führt bei Eltern von Hauptschülern dabei gerade im Gegenteil möglicherweise zu einer Reduzierung der Erwartungshaltung an die Kinder – zumindest soweit sie auf einem Vergleich zu den Klassenkameraden gründet – und damit auch zu einer höheren Zufriedenheit der Eltern. Als Pendant auf der Seite der ‚realen' Leistungen der Kinder zeigt sich, dass die Kinder, deren Eltern mit den Schulleistungen zunehmend unzufrieden sind, tatsächlich auch zunehmend schlechter werdende Noten aufweisen, während sich die Noten der Kinder, bei denen sich die Zufriedenheit der Eltern erhöht, mit dem Übergang zwischen den beiden Schulstufen verbessern. Damit belegen die Daten, wie sich die schulischen (Lern-)Erfahrungen der Kinder – in diesem Fall ausgedrückt durch die Noten – auf die kommunikative Basis in der Familie auswirken. Ein Zusammenhang, dem wir in weiteren Publikationen noch tiefer gehend nachgehen werden.

## Literatur

Avenarius, Hermann/Ditton, Hartmut/Döbert, Hans/Klemm, Klaus/Klieme, Eckhard/Rürup, Matthias/Tenorth, Heinz-Elmar/Weishaupt, Horst/Weiß, Manfred (2003): Bildungsbericht für Deutschland – Erste Befunde. Opladen

Büchner, Peter/Koch, Katja (2001): Von der Grundschule in die Sekundarstufe. Der Übergang aus Kinder- und Elternsicht. Opladen

Bundesministerium für Bildung und Forschung (Hrsg.) (2005): Grund- und Strukturdaten BRD 2005. Bonn/Berlin

Fend, Helmut (1998): Eltern und Freunde. Soziale Entwicklung im Jugendalter. Bern

Fend, Helmut (2001): Entwicklungspsychologie des Jugendalters. Opladen

Fend, Helmut (2006): Neue Theorie der Schule. Wiesbaden

Ferchhoff, Wilfried (1999): Jugend an der Wende vom 20. zum 21. Jahrhundert. 2. Auflage, Opladen

Husén, Thorsten (1974): The Learning Society. London

Stecher, Ludwig (2003): Jugend als Bildungsmoratorium - die Sicht der Jugendlichen. In: Reinders, Heinz/Wild, Elke (Hrsg.): Jugendzeit – Time Out? Zur Ausgestaltung des Jugendalters als Moratorium. Opladen, 201-217

Stecher, Ludwig (2005): Schule als Familienproblem? Wie Eltern und Kinder die Grundschule sehen. In: Alt, Christian (Hrsg.): Kinderleben – Aufwachsen zwischen Familie, Freunden und Institutionen, Band 2: Aufwachsen zwischen Freunden und Institutionen. Wiesbaden, S. 183-197

Stecher, Ludwig (2006): Schulleistungen als Familienthema. Grundschülerinnen und Grundschüler in deutschen Familien und in Migrantenfamilien im Vergleich. In: Diskurs Kindheits- und Jugendforschung, S. 217-228

Ulich, Klaus (1991): Schulische Sozialisation. In: Hurrelmann, Klaus/Ulich, Dieter (Hrsg.): Neues Handbuch der Sozialisationsforschung. 4. Auflage, Weinheim/Basel, S. 377-398

Wahler, Peter (2004): Jugendphase als Zeit des Lernens. In: Wahler, Peter/Tully, Claus J./Preiß, Christine (Hrsg.): Jugendliche in neuen Lernwelten. Wiesbaden, S. 11-35

Zinnecker, Jürgen (1991): Untersuchungen zum Wandel von Jugend in Europa. In: Melzer, Wolfgang u. a.: Osteuropäische Jugend im Wandel. Weinheim/München, S. 121-136

Zinnecker, Jürgen (1994): Projekt Bildungsmoratorium. Zielsetzung und Untersuchungsdesign. Siegen

*Sibylle Schneider*
# Was bringen die Kinder von Zuhause in die Schule mit?
Der Übergang von der Grundschule in die Sekundarstufe I aus Sicht der Kinder und Eltern im Rückblick

1. Der Übergang von der Primar- in die Sekundarstufe: Forschungsstand ................................................................. 260
2. Struktur- und Prozessmerkmale sozialer Ungleichheiten .. 261
3. Grundschulempfehlungen, Bildungsaspirationen der Kinder und der Übertritt in die Sekundarstufe I im Vergleich ................................................................. 264
   3.1 Forschungsfragen ................................................................. 264
   3.2 Datenbasis und Analysestichprobe ................................................................. 265
   3.3 Indikatoren in den Analysen ................................................................. 267
   3.4 Analysestrategien ................................................................. 273
   3.5 Forschungsbefunde ................................................................. 273
4. Diskussion und Ausblick ................................................................. 288
Literatur ................................................................. 289

## 1. Der Übergang von der Primar- in die Sekundarstufe: Forschungsstand

In Bezug auf Bildungsungleichheiten sind nicht nur Bildungsergebnisse und Zertifikate, sondern auch ganz spezifisch die Bildungsübergänge wie der Übergang von der Grundschule in die Sekundarstufe zu fokussieren (Mare 1980, vgl. zum Forschungsstand dazu Maaz u. a. 2006). Bildungsübergänge stellen wichtige „Gelenkstellen" für Bildungs-karrieren dar (Baumert/Watermann/Schümer 2003). Hier finden Selektions-prozesse statt. Solche Prozesse gewinnen aufgrund der Tatsache, dass im deutschen Schulwesen eine hohe Übereinstimmung zwischen der besuchten Schulform und dem erzielten Abschluss besteht, an Bedeutung.

Vor dem Hintergrund der Transformationsprozesse in den neuen Bundesländern der BRD und der Theorie des kulturellen Kapitals von Bourdieu haben Merkens u. a. (1997) Mitte der 1990er Jahre die Einflüsse des Elternhauses auf die Schulwahl am Übergang von der Grundschule in die Sekundarstufe I in Berlin und Brandenburg längsschnittlich untersucht und kommen zu dem Ergebnis, dass für eine Mehrheit der Eltern am Ende der Grundschule (sechsstufige Grundschule) gilt, dass ihre Bildungsaspirationen bzw. Schulwahlen sich größtenteils in den Grundschulempfehlungen widerspiegeln. Es gibt zwei Elterngruppen, die von der Mehrheit abweichen. Das sind erstens Eltern, die sich vor allem an ihre früheren Bildungsaspirationen (in der 4. Klasse) und an ihrem sozialen Status orientieren. Zweitens lässt sich eine Gruppe von Eltern finden, die sich im Laufe der Zeit an die Grundschulempfehlungen anpassen, so dass nur noch Leistungsmerkmale (Noten, Einschätzung der Leistungsfähigkeit des Kindes) bei ihren Entscheidungen im Vordergrund stehen.

Im Hinblick auf die Unterscheidung zwischen primären (erworbene Kompetenzen in Abhängigkeit der sozialen Herkunft) und sekundären (Einflüsse auf den Bildungsentscheidungsprozess) Herkunftseffekten in Anlehnung an Boudon (1974) vergleichen Ditton, Krüsken und Schauenberg (2005) die Grundschulempfehlungen mit den Bildungsaspirationen der Eltern am Ende der 3. Klasse in einer regionalen Stichprobe. Sie ermitteln, dass die Bildungsaspirationen der Eltern, die Leistungen der Kinder, sowie die Empfehlungen der Grundschule mit der sozialen Herkunft zusammenhängen. Außerdem stellen sie fest, dass die elterlichen Bildungsaspirationen die Lehrerempfehlungen weit übertreffen, die sekundären die primären Herkunftseffekte verstärken und die Bildungsaspirationen der Eltern sozial selektiver sind als die Grundschulempfehlungen. Ferner erzielt das Bildungsniveau der Eltern höhere Effekte auf die Bildungserwartungen als ihr sozioökonomischer Status. Dagegen orientieren sich die Lehrkräfte bei ihren Empfehlungen in erster Linie an den Noten. Ähnliche Zusammenhänge konnte Ditton (1989) bereits in einer früheren Untersuchung ermitteln. Später haben Ditton und Krüsken (2006) den Verlauf des Übertrittprozesses beginnend mit den Aspirationen der Eltern, den Grundschulempfehlungen und Schülerwünschen in der 3. Klasse über die Empfehlungen der Schule in der 4. Klasse bis zu den tatsächlichen Schulanmeldungen untersucht. Auch wenn die Analyse der Kriterien des Entscheidungsprozesses (Leistungen und Noten) auf einen primären Herkunftseffekt schließen lassen, so kommen die sekundären Herkunftseffekte vor allem am tatsächlichen Übertritt zum Tragen. Liegen die Bildungsaspirationen der Eltern und die Grundschulempfehlungen in der 3. Klasse noch weit auseinander, so die beiden Autoren, so finden in der 4. Klasse Korrekturen in den Empfehlungen nach unten und oben vor allem im mittleren Bereich (Realschule) statt. Von einer „Umschichtung" auf die Hauptschule (S. 368) sind vor allem Kinder aus der Arbeiterschicht betroffen. Diese Ergebnisse verdeutlichen, dass es Familien aus der Oberschicht teilweise auch denen aus der Mittelschicht im Vergleich zur Arbeiterschicht besser gelingt, ihre Bildungsaspirationen umzusetzen.

## 2. Struktur- und Prozessmerkmale sozialer Ungleichheiten

In Bezug auf Schulleistungen stellt Helmke (2003) fest, dass für die familialen Bedingungsfaktoren schulischer Leistungen immer ein ähnliches Muster zu finden ist: Je bildungsnäher die Eltern der jeweiligen Schüler einer Klasse im Durchschnitt sind, desto günstiger ist die Schulleistung. Die soziale Zusammensetzung einer Schulklasse hängt mit dem Niveau und der Heterogenität der Vorkenntnisse der Schüler zusammen, die ihrerseits den Lernfortschritt am besten erklären können. Die soziale Schicht hat als distaler Faktor von Schulleistungen an sich keinen direkten Erklärungswert, von Bedeutung sind die dahinter liegenden eigentlichen Wirkfaktoren, dazu gehören Merkmale wie die Bildungsnähe, der kognitive Anregungsgehalt im Elternhaus, die elterlichen Standards und Erwartungen, der Ehrgeiz der Eltern für den Erfolg ihrer Kinder (Aspirationen), die Qualität ihres sprachlichen Vorbilds, ihre leistungsbezogenen Erklärungen und Sanktionen sowie ihr Engagement für die Schulleistungen ihres Kindes.

In der Tradition des ökologischen Paradigmas von Bronfenbrenner haben Ryan und Adams (1995) analog zu Helmke (2003) ein heuristisches Bezugsrahmenmodell familialer Bedingungen schulischer Entwicklung entworfen, in dem sie zwischen sechs ineinander geschachtelter Ebenen unterscheiden: Merkmale des Kindes, schulbezogene Eltern-Kind-Interaktionen, Eltern-Kind-Interaktionen im Allgemeinen, familiale Beziehungen/Interaktionen, Merkmale der Eltern; exogene, soziale/kulturelle und biologische Variablen.

Im Hinblick auf die Verknüpfung und Wirkeffekte dieser Ebenen erklären Ryan und Adams (1995), dass Ebenen, die näher am Konstrukt der schulischen Entwicklung liegen, einen größeren Effekt darauf haben als solche, die entfernter liegen. Die einzelnen Ebenen können die Entwicklung von Kindern in der Schule auf drei verschiedenen Wegen beeinflussen:

1. Distale familiale Merkmale können durch proximale familiale Merkmale indirekt wirken.
2. Distale Merkmale können die schulische Entwicklung auch direkt beeinflussen.
3. Merkmale einer Ebene können die Wirkweise einer anderen Ebene moderieren.

Im Hinblick auf Struktur- und Prozessmerkmale sozialer Ungleichheiten gehen Sacker, Schoon und Bartley (2002) in ihren Analysen der Daten der britischen NCDS-Längsschnittstudie (The 1958 National Child Development Study) von der Hypothese aus, dass soziale Disparitäten in der Teilhabe von Ressourcen (Bildung und psychosoziale Anpassung), die für die Entwicklung eines Kindes maßgeblich sind, während der frühen Adoleszenz stagnieren, d.h. nicht weiter zunehmen. Alternativ dazu nehmen sie an, dass Ungleichheiten über die Kindheit hinaus von Bedeutung sind. Zur Prüfung dieser Annahmen ermitteln sie das Ausmaß sozialer Ungleichheiten im Alter von sieben, elf und sechzehn Jahren, d.h. an den entscheidenden Bildungsübergängen. In Anlehnung an die Theorie von Bronfenbrenner postulieren sie dazu zwei Modelle hinsichtlich der Effekte der sozialen und physikalischen Umwelt auf den Bildungserfolg und die psychosoziale Entwicklung der Schüler: ein Modell davon beinhaltet ausschließlich distale Merkmale (SES), das andere dagegen proximale Merkmale (materielle Deprivation, Komposition der Schule, elterliches Schulinvolvement und Aspirationen). Zentrales Ergebnis ist, dass ein kontextuelles, systemisches Modell, das proximale Merkmale berücksichtigt, eine vollständigere Erklärung sozialer Ungleichheiten im Bildungserfolg und in der psychosozialen Entwicklung liefert als ein Modell, das lediglich auf der Schätzung von Schichteffekten beruht. Die Autoren belegen diese Einschätzung damit, dass in ihren Analysen der Effekt der sozialen Herkunft auf den Bildungserfolg der Schüler im Alter von sieben bis elf

Jahren zunimmt, später sich aber nicht weiter verändert. Dagegen gewinnen die proximalen Indikatoren der sozialen Herkunft im Laufe der Entwicklung, d.h. auch in der Adoleszenz, je nach Merkmal an Bedeutung.

In Bezug auf die Effekte der sozialen Herkunft (SES) auf die Ontogenese der menschlichen Entwicklung und die Sozialisation gehen auch Conger und Donnellan (2007) entsprechend ihren Vorstellungen zur Modellierung der Einflüsse sozioökonomischer Faktoren (Einkommen, Beruf und Bildung wechselseitig nicht austauschbar) von einer lebenslangen Interaktion zwischen Umwelt und Person in Abhängigkeit der Elternrolle aus. Die Familie übernimmt darin die Funktion einer „Schaltzentrale". Ausgangspunkt ihres integrativen Ansatzes sind die beiden klassischen Modelle der sozialen Kausalität und der sozialen Selektion. Das Modell der sozialen Kausalität basiert im Wesentlichen auf dem Familien-Stress-Modell, das ausgehend von der ökonomischen Komponente des SES besagt, dass elterliche Probleme (emotional oder verhaltensmäßig), interparentale Konflikte oder wenig gegenseitige Unterstützung als intervenierende Faktoren vor dem Hintergrund ökonomischer Härten zu Mängel in der Erziehung der Kinder führen. Kinder sind dadurch dem Risiko einer mangelhaften psychosozialen Anpassung (kognitive Fähigkeiten, sozialen Kompetenzen, Schulerfolg, Bindung an die Eltern etc.) und der Zunahme von Internalisierungen (Ängstlichkeit, Depression) und Externalisierungen (aggressives, antisoziales Verhalten) ausgesetzt. Die zweite Säule des Modells der sozialen Kausalität fußt auf familialen Investitionen, denn ökonomische Ressourcen, Bildungsressourcen oder solche aufgrund der beruflichen Stellung tragen zum Wohle des Kindes bei. Im Gegensatz dazu nimmt das Modell der sozialen Selektion an, dass interindividuelle Persönlichkeits- und Kompetenzunterschiede bestehen, die zu einer Akkumulation sozialer Vorteile führen und von den Eltern vermittelt werden. Der Zusammenhang zwischen SES und kindlicher Entwicklung wird infolge der Kontrolle der Persönlichkeitsmerkmalen und Kompetenzen minimiert.

Die Ausführungen in diesem Gliederungsabschnitt insbesondere diejenigen bei Conger und Donnellan (2007) ermöglichen einen Brückenschlag zu den empirischen Analysen in diesem Beitrag. Dem Leser wird deutlich, dass die Ungleichheitsforschung hier spezifisch im Bildungsbereich neben der sozialen Herkunft auch verstärkt den Fokus auf die Individuen inklusive ihrer Persönlichkeitsstruktur sowie auf die familialen Prozessaspekte als Resultate sozioökonomischer Lebenslagen im Zusammenspiel mit interindividuellen Unterschieden richten sollte, will man adäquate Erklärungsmodelle sozialer Ungleichheiten in der Kindheitsforschung anstreben.

Auch in der soziologischen Surveyforschung ist man gegenwärtig darum bemüht, Indikatoren der Persönlichkeitsstruktur in Befragungen zur Erhöhung der Vorhersagegüte empirischer Modelle zu integrieren, was allerdings bisher noch mit methodischen Anfangsschwierigkeiten verbunden ist (vgl. Schumann 2005 zur Politikforschung, Werteforschung; Haller/Müller 2006 zur Lebenszufriedenheitsforschung).

## 3. Grundschulempfehlungen, Bildungsaspirationen der Kinder und der Übertritt in die Sekundarstufe I im Vergleich

### 3.1 Forschungsfragen

Ausgangspunkt der Untersuchungen in diesem Beitrag ist der Zusammenhang zwischen der sozialen Herkunft der Schülerinnen und Schüler und dem Übergang von der Grundschule in die Sekundarstufe I im DJI-Kinderpanel aus Sicht der Eltern und Kinder im Rückblick. Beide Perspektiven wurden in dieser Panel-Studie retrospektiv erhoben. Verglichen werden die Grundschulempfehlungen und Bildungsaspirationen der Kinder mit dem tatsächlichen Übertritt in einen für die Sekundarstufe in der BRD typischen Schulzweig (Hauptschule, Realschule, Gymnasium), wozu die relativen Chancen der Kinder geschätzt wurden. So zeigt die Studie von Ditton/Krüsken (2006), dass den Grundschulempfehlungen im Entscheidungsprozess um die richtige Schulwahl am Ende der Grundschule eine bedeutende Funktion zukommt, weshalb sie als Kriterium gewählt wurden. Ein zentrales Anliegen des DJI-Kinderpanels ist u. a. die Berücksichtigung der Perspektive der Kinder in der Forschung. Kinder sind keine passiven Empfänger, sondern aktive Gestalter ihrer eigenen Lebenswelten (zur Zielsetzung des DJI-Kinderpanels vgl. Alt 2005). Das bedeutet für die hier untersuchte Fragestellung im Bildungssektor: Welche Bildungswünsche verfolgen die Kinder dieser Stichprobe und welche persönlichen Ressourcen der Kinder tragen dazu bei, ihre Bildungswünsche zu verwirklichen.

In den meisten Studien in der empirischen Bildungsforschung zu dieser Thematik wird auf die Bedeutung der sozialen Herkunft verwiesen, selten bzw. nie werden neben den leistungsbezogenen Merkmalen (z. B. motivationale Faktoren, kognitive Grundfähigkeiten) individuelle Kindmerkmale wie beispielsweise die Persönlichkeitsstruktur miteinbezogen, obwohl längst bekannt ist und häufig davon gesprochen wird, dass das Verhalten insbesondere die sozialen Kompetenzen des Kindes einen entscheidenden Einfluss auf den Schulerfolg haben (vgl. Oswald/Krappmann 2004). Gleiches gilt auch für die Prozessmerkmale der sozialen Herkunft bzw. für die familialen Bedingungen schulischer Leistungen. Die zentrale Fragestellung in der folgenden Untersuchung lautet: Können abgesehen der Schichtzugehörigkeit die Persönlichkeitsmerkmale der Kinder oder der Erziehungsstil der Eltern als Indikator familialer Prozesse einen eigenständigen Erklärungswert zur Vorhersage des Schulerfolgs hier spezifisch des Übertritts an eine weiterführende Sekundarschule liefern? Welche Effekte haben diese Merkmalsbereiche auf die Grundschulempfehlungen, Bildungswünsche der Kinder oder auf die Übertrittsentscheidung?

In Anlehnung an die theoretischen Ausführungen bei Conger und Donnellan (2007) und an das ökologische Paradigma von Bronfenbrenner wird im Hinblick auf die Modellierung und Wirkpfade der sozialen Herkunft das Modell der sozialen Kausalität dem Modell der sozialen Selektion gegenübergestellt. Es wird davon ausgegangen, wenn sich das Modell der sozialen Selektion bewahrheitet, so müssten sich die Schichteffekte minimieren. Im Gegensatz dazu bleiben sie entsprechend der Wirkpfade im Modell der sozialen Kausalität unverändert, wenn die Persönlichkeitsstruktur der Kinder und der Erziehungsstil der Eltern mitberücksichtigt werden.

### 3.2 Datenbasis und Analysestichprobe

Zur Prüfung der forschungsleitenden Annahmen wurde aus der 3. Welle des DJI-Kinderpanels – einer Kohorten-Längsschnittstudie – , eine Teilstichprobe ausgewählt (zum Design, zur Anlage, zu den Konstrukten und Skalen des DJI-Kinderpanels vgl. Alt 2005, Alt/Quellenberg 2005, zur Datenerhebung Haunberger 2005).

Die Einschulung der jüngeren Kohorte fand zwischen der 1. und 2. Welle, der Übertritt der älteren Kohorte in die Sekundarstufe zwischen der 2. und 3. Welle statt. Für die Forschungsfrage hier ist insofern nur die ältere Kohorte von Relevanz. Damit stehen noch 613 Mütter bzw. alleinerziehende Väter, 351 Väter und 613 Kinder für die Analysen potenziell zur Verfügung. Das heißt, dass die Stichprobe im Laufe des Projekts deutlich geschrumpft ist.

Ein Kind wurde in die Analysestichprobe aufgenommen, wenn verschiedene Kriterien erfüllt waren: Erstens sollte das Zielkind zum Zeitpunkt 3. Welle einen für die Sekundarstufe gängigen Schultyp (Angaben der Mütter/alleinerziehenden Väter) besuchen. Berücksichtigt wurden folgende Schultypen: Hauptschule, Realschule, Gymnasium, Gesamtschule, Haupt- und Realschule und erweiterte Realschule, Mittel-, Regel-, Sekundar- oder Regionalschule. Zweitens sollte das Zielkind zum Zeitpunkt 2. Welle die 3. oder 4. Grundschulklasse (Angaben der Kinder) besucht haben. Damit konnte sichergestellt werden, dass die Kinder in der 2. Welle tatsächlich noch in der Primarstufe, in der 3. Welle hingegen in der Sekundarstufe waren. Beide Auswahlkriterien sind notwendig aufgrund der Tatsache, dass es sich bei dem Kinderpanel um eine überregionale Stichprobe handelt, so dass je nach Bundesland mit einer vier- oder sechsstufigen Grundschule oder auch mit einer unterschiedlichen Schulform (z. B. Gesamtschule nur in einigen Bundesländern vorhanden) und Übertrittsregelungen zu rechnen war. Entsprechend sind im Datensatz der 2. Welle Fünftklässler aus weiterführenden Schulen, anders dagegen aber auch Fünftklässler aus Primarschulen in der 3. Welle zu finden.

Tab. 1: Beschreibung der Analysestichprobe: Charakteristische Merkmale absolut und in % (in Klammer)

| | Analysestichprobe N=504 | | |
|---|---|---|---|
| **Geschlecht** | Mädchen 262 (52,0%) | Jungen 240 (47,6%) | Unbekannt 2 (0,4%) |
| **Klassenstufe** (Angaben der Kinder) | **2. Welle** Drei: 137 (27,2%) **3. Welle** Fünf: 144 (28,6%) Sieben: 1 (0,2%) | Vier: 367 (72,8%) Sechs: 358 (71,0%) K.A.: 1 (0,2%) | |
| **Altersrange** (Jahr, Monate) | **2. Welle** 9,8 – 11,3 | unbekannt N=2 | **3. Welle** 9,9 – 12,9 unbekannt N=2 |
| **Soziale Herkunft** | Unterschicht Untere Mittelschicht Mittlere Mittelschicht Obere Mittelschicht Oberschicht | 40 (7,9%) 115 (22,8%) 163 (32,3%) 111 (22,0%) 75 (14,9%) | |

Quelle: DJI-Kinderpanel; 1., 2. und 3. Welle; eigene Berechnungen

Die Analysestichprobe besteht somit aus 504 Fällen, davon 484 Schüler in einer Regelgrundschule, 3 in einer Förder- bzw. Sonderschule, 11 in einer Grundschule mit einem besonderen pädagogischen Konzept und weitere 4 Schüler, die in einer sonstigen für die Primarstufe typischen Schulform vor dem Übertritt in die Sekundarstufe unterrichtet wurden (Angaben der Mütter/alleinerziehender Väter in der 1. Welle). Von zwei Schülern sind dazu allerdings keine validen Angaben verfügbar. Einige Schüler haben zwischen der 1. und 2. Welle die Schule gewechselt, die meisten sind aber auf der Regelgrundschule geblieben, in der sie eingeschult wurden, ein Schüler konnte von einer Förder- bzw. Sonderschule in eine Regelschule wechseln (Vergleich der Angaben der Mütter/alleinerziehender Väter in der 1. und 2. Welle).

Die Analysestichprobe besteht ausschließlich aus Kindern der älteren Kohorte, die sowie ihre Mütter/alleinerziehende Väter an allen drei Erhebungswellen teilgenommen haben. In Tabelle 1 sind Verteilungen einiger charakteristischer Merkmale der Analysestichprobe auf deskriptivem Niveau dargestellt.

### 3.3 Indikatoren in den Analysen

Die Grundschulempfehlungen und Bildungsaspirationen der Kinder im Rückblick sowie der tatsächliche Übertritt in einen für die Sekundarstufe typischen Schulzweig sind die Kriterien der folgenden Untersuchungen.

Die Übertrittsempfehlungen der Grundschule wurden in der 3. Welle bei den Müttern bzw. alleinerziehenden Vätern retrospektiv erhoben. Die Eltern sollten angeben, welche Schulart die Grundschullehrkraft empfohlen hatte.[1] Aufgrund der Möglichkeit der Mehrfachnennung wurde in den Analysen jeweils nur der von der Lehrkraft am höchsten empfohlene Schultyp berücksichtigt. Unterschieden wird zwischen Hauptschulempfehlung, Empfehlung für das mittlere Schulwesen (Realschule, Gesamtschule, Haupt- und Realschule, erweiterte Realschule etc.) und Gymnasialempfehlung. Die Empfehlungen für andere Schultypen (Förderschulen, Sonderschulen, Waldorfschulen etc.) wurden nicht einbezogen. Aus dem Elterninterview wurde ebenso der Schultyp bzw. Schulzweig, den die Schülerin oder der Schüler nach der Grundschule tatsächlich besucht, als Indikator für die Übertrittsentscheidung entnommen. Auch hierzu wurden ausschließlich die gängigen Schulzweige berücksichtigt.[2] Die Bildungswünsche bzw. Aspirationen der Kinder wurden

---

[1] Frageformulierung: Bei den folgenden Fragen geht es darum, wie (Zielkind) in die neue Schule gekommen ist. Denken Sie bitte mal an die Zeit zurück, als (Zielkind) noch in der vierten Klasse der Grundschule war. Wenn es eine Grundschul- bzw. Lehrerempfehlung gab, welche Schulart empfahl der Lehrer damals für (Zielkind)? Die Eltern konnten neben der Kategorie „es gab keine Grundschul-/Lehrerempfehlung" zwischen folgenden Schultypen wählen: Hauptschule; Realschule; Gymnasium; Gesamtschule; Haupt- und Realschule; erweiterte Realschule, Mittel-, Regel-, Sekundar- oder Regionalschule; Schule mit besonderem pädagogischen Konzept (z. B. Montessori, Waldorf); Förderschule, Sonderschule, Sprachheilschule; sonstige Schule und weiß nicht. Die Eltern konnten mehrere Schultypen benennen.

[2] Differenziert wird zwischen Hauptschule, mittleres Schulwesen (Realschule; Gesamtschule; Haupt- und Realschule; erweiterte Realschule, Mittel-, Regel-, Sekundar- oder Regionalschule) und Gymnasium.

im Kinderinterview erfasst. Retrospektiv wurde danach gefragt, welche Schule das Kind nach der Primarstufe gerne besucht hätte.[3]

In die Analysen wurden Indikatoren der sozialen Herkunft sowie Kindmerkmale und Merkmale des Erziehungsverhaltens der Eltern aus unterschiedlichen Wellen aufgenommen. In Bezug auf die beiden zuletzt genannten Aspekte handelt es sich im Wesentlichen um Angaben aus der 2. Welle. Dies sind Einschätzungen zum Zeitpunkt 3. oder 4. Klasse, also mittel- oder unmittelbar vor dem Übertritt, denn nur diese sind für die Grundschulempfehlungen, Bildungswünsche der Kinder oder den tatsächlichen Übertritt relevant.

Bei den später folgenden Regressionsanalysen wird stets auf das gleiche oder ein ähnliches Set an Vorhersagevariablen (soziale Herkunft, Persönlichkeit des Kindes, Erziehungspraktiken der Eltern) zur Erklärung der Kriterienbereiche zurückgegriffen. Dazu zählt in erster Linie die soziale Herkunft des Kindes (Schichtindex kombiniert aus Haushaltseinkommen, Bildungsniveau und Berufstätigkeit der Eltern vgl. Alt/Quellenberg 2005).

Kindmerkmale werden mit folgenden Persönlichkeitsfaktoren des Kindes aus der Perspektive der Kinder und der der Mütter/alleinerziehender Väter abgebildet (Itemanzahl und Fragetext)[4]:

- Externalisierung mit 7 Items (ich raufe gern/ich habe Spaß, andere zu ärgern/ich falle gelegentlich anderen auf die Nerven/ich werde leicht sauer/ich fange oft mit jemand Streit an/ich bin oft wütend auf andere/ich bin oft launisch)
- Internalisierung mit 6 Items (ich bin manchmal ängstlich/ich bin manchmal traurig/ich fühle mich manchmal allein/ich fühle mich manchmal unsicher/ich bin schüchtern/ich habe manchmal Angst vor fremden Kindern)
- Motorische Unruhe mit 3 Items (ich bin zappelig/ich kann nicht lange stillsitzen/ich handle oft, ohne nachzudenken)

---

[3] Hauptschule sowie Förderschule, Sonderschule, Sprachheilschule wurden zu niedriger Bildungsaspiration des Kindes, Realschule, Gesamtschule und erweiterte Realschule, Mittel-, Regel-, Sekundar- oder Regionalschule zu mittlerer Bildungsaspiration und Gymnasium zu hoher Bildungsaspiration des Kindes zusammengefügt.

[4] Die Skala positives Selbstbild wurde weggelassen, denn es ergaben sich hierfür keine nennenswerten Zusammenhänge. Die Persönlichkeitseigenschaften des Kindes wurden bei den Eltern analog erfasst. Die Itembatterie wurde mit „Ihr Kind......" eingeleitet. Darauf folgten die verschiedenen Beschreibungsdimensionen z. B. „rauft gerne". Die Antwortkategorien im Mutterinterview lauteten trifft voll und ganz zu, trifft eher zu, trifft eher nicht zu, trifft überhaupt nicht zu, die im Kinderinterview ja, eher ja, eher nein und nein.

- Sozial-kognitive Aufgeschlossenheit mit 5 Items (ich merke, wenn es meinem Freund oder meiner Freundin schlecht geht/ich habe viele Ideen/ich lerne gerne neue Kinder kennen/ich kann mir gut vorstellen, wie sich andere Kinder fühlen/ich begreife schnell)
- Selbstwirksamkeit mit 11 Items (z. B. wenn sich Widerstände auftun, findet mein Kind Mittel und Wege, um sich durchzusetzen)[5]

Die Selbstwirksamkeitserwartungen des Kindes wurden lediglich bei den Müttern/alleinerziehenden Vätern erhoben, was aus entwicklungspsychologischen Erwägungen auch sinnvoll erscheint (zur Konstruktion der Itembatterie der Persönlichkeitsskalen, zu den Hintergründen, Quellen und zur Güte der im Kinderpanel erfassten Persönlichkeitseigenschaften vgl. Alt/Quellenberg 2005 sowie Gloger-Tippelt/Vetter 2005).

In Tabelle 2 sind die Reliabilitäten (Cronbach's Alpha) der Persönlichkeitsdimensionen des Kindes in der Analysestichprobe nach Datenquelle (Kind und Mutter/alleinerziehende Väter) aufgelistet. Die Werte verdeutlichen, dass die Reliabilitäten insgesamt mit gut bis zufriedenstellend bewertet werden können, ausgenommen der Skala sozial-kognitive Aufgeschlossenheit. Deren Zuverlässigkeiten liegen im Grenzbereich und sind gerade noch akzeptabel. Die Daten der Mütter (bzw. alleinerziehender Väter) sind durchwegs reliabler als die der Kinder. In den Analysen zu den Grundschulempfehlungen und dem Übertritt werden jeweils diese Kindmerkmale aus der Perspektive der Mütter berücksichtigt, denn die Sichtweise Erwachsener ist in diesen Entscheidungsprozessen maßgeblich. Bei den Bildungsaspirationen der Kinder wird davon ausgegangen, dass die Kindsicht in erster Linie wirksam ist (Ausnahme: Selbstwirksamkeitserwartungen des Kindes, wofür nur die Perspektive der Eltern vorliegt). Explorative Regressionsanalysen zu Beginn der Untersuchungen konnten diese Vermutung im Wesentlichen bestätigen.

---

[5] Die Selbstwirksamkeit des Kindes wurde mit 11 Items erfasst: wenn sich Widerstände auftun, findet mein Kind Mittel und Wege, um sich durchzusetzen/Die Lösung schwieriger Probleme gelingt meinem Kind immer, wenn es sich darum bemüht/Es bereitet meinem Kind keine Schwierigkeiten, eigene Absichten und Ziele zu verwirklichen/In unerwarteten Situationen weiß mein Kind immer, wie es sich verhalten soll/Auch bei überraschenden Ereignissen kommt mein Kind gut mit diesen zurecht/Schwierigkeiten sieht mein Kind gelassen entgegen, weil es den eigenen Fähigkeiten immer vertrauen kann/Mein Kind weiß: Was auch immer passiert, es wird schon klarkommen/Für jedes Problem kann mein Kind eine Lösung finden/Wenn eine neue Sache auf mein Kind zukommt, weiß es, wie es damit umgehen kann/Wenn ein Problem auf mein Kind zukommt, hat es meist mehrere Ideen, wie man es lösen kann/Wenn ein Problem auftaucht, kann mein Kind es aus eigener Kraft meistern

Tab. 2: Skalen zur Persönlichkeit des Kindes und zu den Erziehungspraktiken der Eltern: Reliabilitäten (Cronbach's α) in der Analysestichprobe

| Skala | Datenquelle | Anzahl Items | Alpha Welle 2 |
|---|---|---|---|
| **Persönlichkeit des Kindes** | | | |
| Internalisierung | Kind | 6 | 0,67 |
|  | Mutter | 6 | 0,74 |
| Externalisierung | Kind | 7 | 0,70 |
|  | Mutter | 7 | 0,81 |
| Motorische Unruhe | Kind | 3 | 0,61 |
|  | Mutter | 3 | 0,79 |
| Sozial-kognitive Aufgeschlossenheit | Kind | 5 | 0,47 |
|  | Mutter | 5 | 0,57 |
| Selbstwirksamkeit | Mutter | 10 | 0,86 |
| **Erziehungsverhalten der Eltern** | | | |
| Kindzentrierte Kommunikation der Mutter | Kind | 6 | 0,69 |
| Kindzentrierte Kommunikation des Vaters | Kind | 6 | 0,80 |
| Strenge Kontrolle der Mutter | Kind | 5 | 0,62 |
| Strenge Kontrolle des Vaters | Kind | 5 | 0,70 |

Quelle: DJI-Kinderpanel, 2. Welle; eigene Berechnungen, Polung: Itemintensität aufsteigend

Neben den Persönlichkeitseigenschaften der Kinder stellen auch die Erziehungspraktiken der Eltern zentrale Prädiktoren im Erklärungsmodell dar. Dazu wurden zwei Indikatoren aus dem Kinderinterview ausgewählt: das ist erstens die kindzentrierte Kommunikation der Mutter und des Vaters aus Kindsicht als Indikator für ein positives „parenting" (Erziehungsstil), zweitens die strenge Kontrolle der Mutter und des Vaters als Indikator für ein negatives „parenting". Beide Merkmalsbereiche wurden aus Sicht der Mutter und des Kindes erfasst. In den späteren Analysen wird jedoch nur die Kindperspektive berücksichtigt, denn es wird davon ausgegangen, dass die Interpretationen des elterlichen Verhaltens des Kindes für sein Verhalten entscheidend sind.[6] In Tabelle 2 sind auch für diese Konstrukte die Reliabilitäten in

---

[6] Die Konstrukte kindzentrierte Kommunikation und strenge Kontrolle wurden mit folgenden Items operationalisiert:

der Analysestichprobe nach Datenquelle aufgeführt. Sie können als zufriedenstellend eingestuft werden. Ein interessanter Befund ist, dass die Skalen zu den Vätern eine höhere Reliabilität aufweisen als die der Mütter.

Neben diesen zentralen Prädiktorensets werden in den jeweiligen Analysen auch verschiedene Kontrollvariablen aufgenommen, um die Stabilität der Effekte der sozialen Herkunft, der Persönlichkeitsmerkmale der Kinder oder der Indikatoren des Erziehungsverhaltens der Eltern zu prüfen. Wenn möglich werden Moderatoren aus anderen Domänen berücksichtigt. Folgende Variablen wurden dafür ausgewählt: Geschlecht und kulturelle Herkunft (Migrationshintergrund) des Kindes, Vorschulische Bildung (Kindergartenbesuch), Schulverlauf in der Grundschule (Klassenwiederholung), Regionale Herkunft (Stadt/Land) und Schulpolitik (Reformorientierung des jeweiligen Bundeslandes). Um Stadt-Land-Unterschiede am ersten Bildungsübergang abzubilden, wurde auf den Urbanitätsindex (Einwohner pro Quadratkilometer) im Kinderpanel zurückgegriffen (vgl. Alt/Quellenberg 2005). Diese Moderatorvariablen wurden für die Analysen dichotomisiert.

---

Kindzentrierte Kommunikation der Mutter/des Vaters (Quelle: angelehnt an die Supportive Parenting Scale von Simons u. a. 1992): Wie oft spricht Deine Mutter/Dein Vater mit dir über das, was du tust oder erlebt hast?/Wie oft spricht sie/er mit dir über Dinge, die dich ärgern oder belasten?/Wie oft fragt Deine Mutter/Dein Vater dich nach deiner Meinung, bevor sie/er etwas entscheidet, was dich betrifft?/Wie oft gibt sie/er dir das Gefühl, dass sie/er dir wirklich vertraut?/Wie oft fragt Deine Mutter/Dein Vater dich nach deiner Meinung, bevor sie/er über Familienangelegenheiten entscheidet, die dich betreffen?/Wie oft zeigt sie/er dir, dass sie/er dich wirklich lieb hat?
Strenge Kontrolle der Mutter/des Vaters (Walper/Schwarz 2002): Deine Mutter/Dein Vater sagt, dass du dich Erwachsenen nicht widersetzen sollst/Sie/Er meint, dass sie/er immer recht hat und dass du ihr/ihm nicht widersprechen sollst/Deine Mutter/Dein Vater bestraft dich, wenn du etwas gegen ihren/seinen Willen tust/Sie/Er ist sehr streng/Sie/Er lässt sich nicht von ihren Regeln und Verboten abbringen.
Die Items zur kindzentrierten Kommunikation konnten die Kinder mit nie/selten, manchmal, häufig oder sehr oft/immer beantworten, die zur strengen Kontrolle mit stimmt genau, stimmt eher, stimmt eher nicht oder stimmt gar nicht.

Tab. 3: Kontrollvariablen in den Analysen, dichotomisiert, deskriptive Analysen, absolut und (prozentual)

**Analysestichprobe N=504**

**Kulturelle Herkunft:**
**Migrationshintergrund** — ja: 85 (16,9%) — nein: 418 (82,9%) — unbekannt: 1 (0,2%)

**Regionale Herkunft**
- Ländliche Region: geringe Verdichtung (bis 300 Einwohner pro qkm) — 160 (31,7%)
- Städtische Region: mittlere / starke Verdichtung (301-1200 bzw. über 1200 Einwohner pro qkm) — 344 (68,3%)

**Vorschulische Bildung:**
**Kindergartenbesuch** — ja: 486 (96,4%) — nein: 14 (2,8%) — unbekannt: 4 (0,8%)

**Schulverlauf in der Grundschule:**
**Klassenwiederholung** — ja: 10 (2,0%) — nein: 488 (96,8%) — unbekannt: 6 (1,2%)

**Bundesland nach Ganztagsschulen**
- hohe Versorgungsquote: Schüleranteil in Ganztagsschulen (bis 15%) — 244 (48,4%)
- niedrige Versorgungsquote: Schüleranteil in Ganztagsschulen (15% und mehr) — 260 (51,6%)

Quelle: DJI-Kinderpanel; 1., 2. und 3. Welle; eigene Berechnungen

Institutionelle Effekte am ersten Bildungsübergang wurden mit der Reformorientierung eines Bundeslandes in der Schulpolitik anhand des Ausbaus der Ganztagsschulen operationalisiert. Auf der Basis der Kreiskennziffern konnten auch die Bundesländer, in denen die befragten Familien beheimatet sind, rekonstruiert werden. Die Bundesländer wurden je nach Schüleranteilen in Ganztagsschulen auf der Grundlage der neuesten Statistiken des STEG-Projekts am Deutschen Jugendinstitut e.V. gruppiert (dichotom). Die Dichotomisierung entspricht im Wesentlichen einem Mediansplitt. Wobei Bundesländer mit einem Schüleranteil von 15% und mehr in Ganztagsschulen zur Ländergruppe mit einer hohen Versorgungsquote und Bundesländer darunter zur Ländergruppe mit einer niedrigen Versorgungsquote zusammengefasst wurden. In der oben stehenden Tabelle (siehe Tabelle 3) sind die absoluten und prozentualen Verteilungen der Kontrollvariablen in der Stichprobe aufgelistet. Die Informationen zur Klassenwiederholung wurden aus dem

Mutterinterview in der 2. Welle, die zum Kindergartenbesuch aus demselben in der 1. Welle entnommen.

### 3.4 Analysestrategien

Neben deskriptiven Analysen wurden auch lineare Regressionen zwischen einerseits den Persönlichkeitsmerkmalen der Kinder und den Erziehungspraktiken der Eltern (Kriterien) und andererseits der sozialen Herkunft der Schüler (Schichtzugehörigkeit als Prädiktor) durchgeführt, um zu prüfen, inwieweit Persönlichkeit und Erziehung mit der sozialen Herkunft zusammenhängen. Von zentralem Interesse ist die Frage, durch welches Prädiktorenset (soziale Herkunft, Persönlichkeit des Kindes oder Erziehungsverhalten der Eltern) die Kriterienbereiche Grundschulempfehlungen, Bildungsaspirationen der Kinder und der besuchte Schultyp in der Sekundarstufe I (Übertrittentscheidung) am besten determiniert und vorhergesagt werden. Im Gegensatz zu anderen Studien, deren Ergebnisse entweder auf binären logistischen Regressionen im Hinblick auf den Vergleich zweier Bildungsgänge oder multinominalen Regressionen mit üblicherweise der Realschule als Referenzkategorie beruhen, wurde hier die Analysestrategie der ordinalen logistischen Regression gewählt. Dieser Schritt wird damit begründet, dass die Schultypen Hauptschule, Realschule und Gymnasium eine Rangfolge bilden (unterschiedliche Anzahl an Schuljahren) und somit ordinales Messniveau erreichen, was bei diesem Auswertungsverfahren berücksichtigt wird. Im Gegensatz zur binären logistischen Regression, die von einer Dichotomisierung im Kriterium ausgeht, stehen bei der ordinalen logistischen Regression durch die Abstufungen im Kriterium detailliertere Informationen zur Verfügung. Die verschiedenen Schulaufbahnen können somit in ihrer Gesamtheit betrachtet werden. Informationen gehen dabei nicht verloren. Im Vergleich zur multinominalen logistischen Regression ermöglicht die ordinale logistische Regression eine einfachere Interpretation der Ergebnisse, weil die gerichteten Beziehungen durch einen einzigen Regressionskoeffizienten modelliert werden (vgl. Andreß/Hagenaars/Kühnel 1997). Es wurden jeweils vier Modelle schrittweise berechnet. In das erste Modell wurde nur der Schichtindex aufgenommen. In das zweite Modell gehen zusätzlich die Persönlichkeitsmerkmale des Kindes und in das dritte auch die Indikatoren des Erziehungsstils der Eltern ein. Im letzten Modell werden die Kontrollvariablen hinzugezogen.

### 3.5 Forschungsbefunde

Beginnend mit deskriptiven Ergebnissen werden nachfolgend die Befunde linearer sowie ordinaler logistischer Regressionen vorgestellt, um zu klären, welche Einflussfaktoren die Grundschulempfehlungen, Bildungswünsche der Kinder oder den Übertritt in eine Hauptschule, Realschule oder an ein Gymnasium am besten erklären und vorhersagen können.

Die prozentualen Anteile in den Kriterienbereichen (Grundschulempfehlungen, Bildungswünsche der Kinder, Übertritt) nach Schultyp (siehe Abbildung 1) verdeutlichen, dass die Empfehlungen der Grundschule (höchste Nennung), die Bildungswünsche der Kinder und der besuchte Schultyp in der Sekundarstufe nicht wesentlich voneinander abweichen.

Abb. 1: Grundschulempfehlungen (N=473), besuchter Schultyp in der Sekundarstufe (N=504) und Bildungswünsche der Kinder (N=476) in %

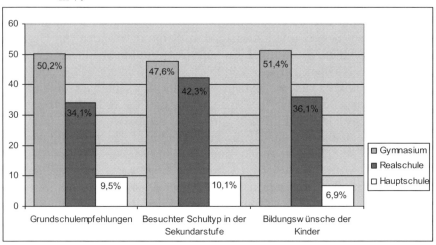

Quelle: DJI-Kinderpanel, 3. Welle; eigene Berechnungen

Die Hälfte der Kinder im Kinderpanel hat eine Gymnasialempfehlung (50,2%) erhalten, etwas weniger (47,6%) besuchen tatsächlich ein Gymnasium und etwas mehr Kinder (51,4%) haben retrospektiv angegeben, dass sie gerne auf ein Gymnasium gehen würden. Größere Abweichungen bzw. andere Gewichtungen ergeben sich für die Realschule: Eine Realschulempfehlung liegt bei 34,1% der Fälle vor. 36,1% der Kinder haben bei der Frage nach ihren Bildungsaspirationen mit Realschule geantwortet, aber 42,3% der Kinder besuchen tatsächlich diese Schulform. In Bezug auf die Hauptschule ist ermittelt worden, dass die Lehrkräfte bei 9,5% der Kinder am höchsten eine Hauptschulempfehlung ausgesprochen haben, dagegen haben nur 6,9% der Kinder diesen Schultyp am Ende ihrer Grundschulzeit favorisiert und 10,1% der Kinder sind tatsächlich auf einer Hauptschule.

Die Tatsache, dass im Gegensatz zu anderen Untersuchungen (vgl. z. B. Ditton/Krüsken/Schauenburg 2005, Ditton/Krüsken 2006) der Schultyp Hauptschule in den Kriterienbereichen unterrepräsentiert ist, kann damit erklärt werden, dass nur wenige Kinder in der hier untersuchten Stichprobe einen Migrationshintergrund besitzen, und dass aufgrund selektiver Stichprobenausfälle über die drei Wellen des Kinderpanels hinweg Familien mit einem höheren sozioökonomischen Status überrepräsentiert sind. Wie eingangs bereits angesprochen spiegeln sich Ungleichheiten in der Bildungsteilhabe nach sozialer Herkunft in den Übertrittschancen für das Gymnasium und die Realschule wider (vgl. z. B. Schimpl-Neimanns 2000), ethnische Disparitäten in der Bildungsbeteiligung zeichnen sich dagegen entlang der Dimension Realschule-Hauptschule ab (vgl. z. B. Steinbach/Nauck 2004, Diefenbach 2004). Eine andere Erklärungsmöglichkeit beruht mehr auf methodischen Aspekten. Bei der Frage nach der Grundschulempfehlung war die Möglichkeit der Mehrfachantwort gegeben. Berücksichtigt wurde in den Analysen die höchste Empfehlung der Lehrkraft.

Tab. 4: Rangkorrelationen (Spearman-Rho) zwischen den Grundschulempfehlungen (N=473), Bildungswünschen der Kinder (N=476) und dem besuchten Schultyp in der Sekundarstufe (N=504)

| | Grundschulempfehlungen | Bildungswünsche der Kinder | Besuchter Schultyp in der Sekundarstufe |
|---|---|---|---|
| Grundschulempfehlungen | 1,000 N=473 | | |
| Bildungswünsche der Kinder | 0,641*** N=452 | 1,000 N=476 | |
| Besuchter Schultyp in der Sekundarstufe | 0,720*** N=473 | 0,858*** N=476 | 1,000 N=504 |

Anmerkungen: +p<0.10 * p<0.05 ** p<0.01 *** p<0.001, Signifikanzen 2-seitig
Quelle: DJI-Kinderpanel, 3. Welle, eigene Berechnungen

Ein Blick auf die Zusammenhänge zwischen den Kriterien (vgl. Tabelle 4) lässt erkennen, dass die retrospektiv erhobenen Bildungswünsche der Kinder und der besuchte Schultyp in der Sekundarstufe sehr hoch miteinander korrelieren. Dies erweckt den Eindruck, dass sich die Kinder bei der Beantwortung der Frage nach ihren Aspirationen offenbar an dem gegenwärtig besuchten Schultyp orientiert haben, was bedeutet, dass ihre Antworten einem „Bias" in Richtung einer Rechtfertigung a posteriori unterliegen. Ein kausaler Rückschluss ist hierzu allerdings nicht möglich. Ebenso besteht auch ein hoher Zusammenhang zwischen den Grundschulempfehlungen und dem besuchten

Schultyp, ein etwas schwächerer dagegen zwischen den Grundschulempfehlungen und den Bildungswünschen der Kinder.

Die Mütter bzw. die alleinerziehenden Väter wurden rückblickend nach der Wichtigkeit bestimmter Gründe für ihre Schulwahlentscheidung gefragt (Frage: Wenn Sie noch einmal zurückdenken, was war Ihnen wichtig bei der Entscheidung, *Zielkind* auf ein/e *Schultyp* nennen zu schicken?). Die Befragten konnten mit sehr wichtig, wichtig, weniger wichtig, nicht wichtig oder weiß nicht antworten. 52,8% der Mütter haben bei der Frage „Dass *Zielkind* später mal alle beruflichen Möglichkeiten offenstehen" und 51,6% davon bei der Frage „Der Wunsch von *Zielkind*, auf diese Schule zu gehen" mit sehr wichtig geantwortet. Für 46,4% der Eltern waren die Noten bzw. Schulleistungen, für 26,6% das Urteil des Lehrers/der Lehrerin sehr wichtig. Dass das Kind in der Schule nicht überfordert wird, war für 32,9% der Eltern ein sehr wichtiger Grund; dass das Kind später ein gutes Einkommen hat, hielten 31,3% der befragten Eltern für einen sehr wichtigen Grund. Weniger bedeutend waren Gründe wie Nähe der Schule zur Wohnung, finanzielle Belastungen, Unterstützung bei den Hausaufgaben, Freunde aus der Grundschulzeit oder der besuchte Schultyp der Geschwister. Diese Ergebnisse zeigen, dass die Bildungsaspirationen und Entwicklungschancen des Kindes die ausschlaggebenden Gründe für die Schulwahlentscheidung der Eltern waren.

Im Kinderinterview wurde nach den Trägern der Schulwahlentscheidung gefragt.[7] In Abbildung 2 ist zu den einzelnen Entscheidungsträgern jeweils die Häufigkeit der Antwortkategorie „sehr" prozentual dargestellt. Es ist zu erkennen, dass in der Wahrnehmung der Kinder sie selbst (71,1%) und ihre Mütter (68,1%) die wesentlichen Entscheidungsträger bei der Schulauswahl waren. Nur die Hälfte der Kinder (50,8%) hat angegeben, dass ihre Väter bei der Entscheidung sehr stark mitgewirkt haben, und etwas mehr als ein Drittel (34,3%) hat auch ihre Klassenlehrer/innen als sehr wichtige Entscheidungsträger genannt.

---

[7] Fragetext: Ich nenne dir verschiedene Personen und du sagst mir bitte zu jeder, wie sehr sie mitentscheiden konnte, auf welche Schule du nach der vierten Klasse tatsächlich gegangen bist. Zunächst zu dir: Wie sehr konntest du selbst entscheiden, auf welche Schulart du nach der vierten Klasse kommst? Den Kindern standen die Antwortalternativen sehr, ein wenig, eher nicht, überhaupt nicht, weiß nicht, trifft nicht zu zur Verfügung.

Was bringen die Kinder von Zuhause in die Schule mit?

Abb. 2: Mitentscheidungsrecht bei der Schulauswahl nach der 4. Klasse in der Wahrnehmung der Kinder (N=481), Antwortkategorie „sehr" in %

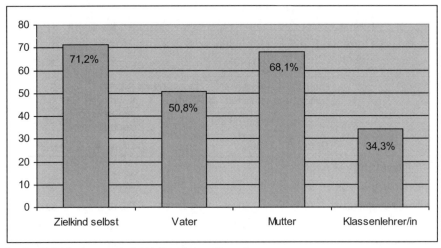

Quelle: DJI-Kinderpanel, 3. Welle; eigene Berechnungen

Im Hinblick auf das empirische Modell dieser Untersuchung war für die weiteren Analysen von Interesse, inwieweit die Persönlichkeitsmerkmale der Kinder oder die Indikatoren des Erziehungsstils der Eltern mit ihrer sozialen Herkunft zusammenhängen oder relativ unabhängig davon sind. Zur Klärung dieser Frage wurden verschiedene lineare Regressionsanalysen durchgeführt (siehe Tabellen 5 bis 8). Prädiktor in den Analysen ist jeweils die soziale Schicht (mit Unterschicht als Referenzkategorie), Kriterien sind die Persönlichkeitsmerkmale der Kinder sowie die Indikatoren des Erziehungsstils der Eltern jeweils aus Mutter- oder Kindsicht. Auch wenn die Varianzaufklärungen nur gering sind, so lassen die einzelnen Signifikanzen der Effektstärken auf Unterschiede in der Persönlichkeitsstruktur der Kinder und in den Erziehungspraktiken der Eltern nach Schichtzugehörigkeit schließen, die nachfolgend berichtet werden.

Aus der Perspektive der Mütter (vgl. Tabelle 5) sind Kinder aus Familien mit einem hohen sozioökonomischen Status (obere Mittelschicht und Oberschicht) signifikant weniger introvertiert, neigen auch seltener zu Externalisierungen (mittlere Mittelschicht und Oberschicht), verhalten sich aber tendenziell sozial-kognitiv aufgeschlossener (beinahe signifikant) und besitzen höhere Selbstwirksamkeitserwartungen (Oberschicht) als Kinder aus der Unterschicht. Sehr bedeutende Unterschiede zwischen Kindern mit einer gehobenen sozialen Herkunft (Oberschicht, obere und mittlere Mittelschicht) und Kindern aus der Unterschicht bestehen vor allem in der motorischen Unruhe. Das heißt, introvertierte, extravertierte und motorisch unruhige Kinder kommen überwiegend aus unteren Sozialschichten.

Tab. 5: Lineare Regressionen zwischen sozialer Herkunft (Prädiktor, Dummies) und Persönlichkeitsmerkmalen des Kindes aus Muttersicht, 2. Welle (Kriterium)

|  | Internalisierung | Externalisierung | Motorische Unruhe | Sozialkognitive Aufgeschlossenheit | Selbstwirksamkeit |
|---|---|---|---|---|---|
|  | Beta | Beta | Beta | Beta | Beta |
| *Schichtindex Ref. Unterschicht* |  |  |  |  |  |
| Untere Mittelschicht | -0,087 | -0,047 | -0,059 | -0,030 | 0,075 |
| Mittlere Mittelschicht | -0,125 | -0,203* | -0,213** | 0,049 | 0,097 |
| Obere Mittelschicht | -0,187* | -0,144 | -0,215** | 0,076 | 0,065 |
| Oberschicht | -0,197** | -0,221** | -0,275*** | 0,124 | 0,170* |
| Konstante b | 1,417*** | 1,191*** | 1,200*** | 2,320*** | 1,857*** |
| Varianzen | 3,177* | 5,973** | 17,263*** | 1,443 | 1,227 |
| $R^2$ | 2,4% | 3,6% | 5,3% | 1,8% | 1,5% |

Anmerkungen: * $p<0.05$ ** $p<0.01$ *** $p<0.001$
Quelle: DJI-Kinderpanel, 2. und 3. Welle, eigene Berechnungen

Wie beschreiben die Kinder sich selbst? Aus Kindsicht liegt keine so deutliche Schichtspezifik der Persönlichkeitsmerkmale des Kindes wie für die Perspektive der Mütter berichtet vor (vgl. Tabelle 6). Aber auch hier ist festzustellen, dass Kinder aus der Oberschicht im Vergleich zu Kindern aus der Unterschicht weniger introvertiert, extravertiert oder motorisch unruhig sind. Erhebliche Unterschiede sind zwischen Kindern aus Familien mit einem gehobenen sozioökonomischen Status (Oberschicht, obere und mittlere Mittelschicht) und solchen aus den unteren Sozialschichten bzgl. der sozialkognitiven Aufgeschlossenheit zu ermitteln. Diese Befundlage kann damit erklärt werden, dass Kinder in dieser Altersstufe sich selbst noch relativ selbstwertdienlich beschreiben, es könnte aber auch daran liegen, dass die Angaben der Kinder bei dieser Skala valider sind als die der Mütter, dagegen die Einschätzungen der Mütter bei den anderen Persönlichkeitsskalen eine höhere Validität besitzen als die der Kinder. Eine abschließende Bewertung dieses Problems ist hier nicht möglich. Allerdings sind die Alpha-Werte der Skala sozial-kognitive Aufgeschlossenheit im Mutter- und Kindinterview

Was bringen die Kinder von Zuhause in die Schule mit? 279

nicht besonders hoch, die Angaben der Kinder weisen eine geringe Reliabilität auf (vgl. Tabelle 2).

Tab. 6: Lineare Regressionen zwischen sozialer Herkunft (Prädiktor, Dummies) und Persönlichkeitsmerkmalen des Kindes aus Kindessicht, 2. Welle (Kriterium)

|  | Internalisierung | Externalisierung | Motorische Unruhe | Sozial-kognitive Aufgeschlossenheit |
|---|---|---|---|---|
|  | Beta | Beta | Beta | Beta |
| *Schichtindex Ref. Unterschicht* | | | | |
| Untere Mittelschicht | -0,059 | -0,040 | -0,037 | 0,106 |
| Mittlere Mittelschicht | -0,012 | -0,142 | -0,118 | 0,235** |
| Obere Mittelschicht | -0,007 | -0,088 | -0,125 | 0,184* |
| Oberschicht | -0,198** | -0,154* | -0,168* | 0,167* |
| Konstante b | 1,542*** | 1,093*** | 1,525*** | 2,280*** |
| Varianzen | 6,797** | 2,645 | 6,363 | 1,933* |
| $R^2$ | 3,5% | 1,6% | 1,9% | 2,2% |

Anmerkungen: * p<0.05 **p<0.01 ***p<0.001
Quelle: DJI-Kinderpanel, 2. und 3. Welle, eigene Berechnungen

Für die Einflüsse der sozialen Herkunft auf die Erziehungspraktiken der Eltern aus der Perspektive des Kindes ergeben sich folgende Zusammenhänge (vgl. Tabelle 7): Keine schichtspezifischen Effekte sind für die kindzentrierte Kommunikation der Mutter, allerdings bedeutende Schichteffekte für die kindzentrierte Kommunikation des Vaters festzustellen. Die mittlere und obere Mittelschicht sowie die Oberschicht unterscheiden sich diesbezüglich signifikant von der Unterschicht. Väter mit einem gehobenen sozioökonomischen Status zeichnet ein positives „parenting" aus. Diese Feststellung unterstreicht die Forderung, dass die Väterforschung bzw. die Analyse der differentiellen Effekte von Müttern und Vätern stärker, als es bisher der Fall ist, in das Blickfeld der Erziehungs- und Bildungsforschung rücken sollte. Ein signifikant negativer Effekt der strengen Kontrolle der Mutter und ein beinahe signifikanter negativer Effekt der strengen Kontrolle des Vaters sind für die Oberschicht zu konstatieren. Offenbar zeigen Eltern aus dieser Gesellschaftsschicht im Vergleich zu denen aus der Unterschicht seltener strenge Kontrolle.

Tab. 7: Lineare Regressionen zwischen sozialer Herkunft (Prädiktor, Dummies) und Erziehungspraktiken der Eltern aus Kindessicht, 2. Welle (Kriterium)

|  | Kindzentrierte Kommunikation der Mutter | Kindzentrierte Kommunikation des Vaters | Strenge Kontrolle der Mutter | Strenge Kontrolle des Vaters |
|---|---|---|---|---|
|  | Beta | Beta | Beta | Beta |
| *Schichtindex Ref. Unterschicht* | | | | |
| Untere Mittelschicht | 0,050 | 0,067 | -0,039 | -0,037 |
| Mittlere Mittelschicht | 0,074 | 0,184* | -0,047 | -0,025 |
| Obere Mittelschicht | 0,093 | 0,194* | -0,070 | -0,100 |
| Oberschicht | 0,094 | 0,210** | -0,153* | -0,123 |
| Konstante b | 3,031*** | 2,633*** | 2,371*** | 2,400*** |
| Varianzen | 0,628 | 5,337** | 2,430 | 2,674 |
| $R^2$ | 0,5% | 2,9% | 1,5% | 1,4% |

Anmerkungen: * p<0.05 **p<0.01 ***p<0.001
Quelle: DJI-Kinderpanel, 2. und 3. Welle, eigene Berechnungen

Die Ergebnisse linearer Regressionen zwischen sozialer Herkunft und elterlichem Erziehungsstil aus der Perspektive der Mütter oder alleinerziehender Väter bestätigen die oben beschriebenen Befunde insoweit, als die kindzentrierte Kommunikation ein Oberschichten- und die strenge Kontrolle ein Unterschichtenphänomen ist (vgl. Tabelle 8).

Welche Faktoren können nun die Grundschulempfehlungen, die Bildungswünsche der Kinder oder die Schulwahl am besten erklären? Ist es ausschließlich die soziale Herkunft oder spielen auch die Persönlichkeitsmerkmale der Kinder oder die Erziehungspraktiken der Eltern eine gewisse Rolle? Zur Beantwortung dieser Fragen werden im Folgenden die Ergebnisse ordinaler logistischer Regressionen dargestellt. Es wurden jeweils vier Modelle beginnend mit der sozialen Herkunft als einzigem Prädiktor (Schichtindex) berechnet (Modell 1). Daran anschließend wurden schrittweise die Persönlichkeitsmerkmale der Kinder (Modell 2), im Weiteren die Indikatoren des Erziehungsstils der Eltern (Modell 3) und abschließend die Kontrollvariablen (Modell 4) hinzugefügt. Zu berücksichtigen ist bei der Interpretation der Ergebnisse, dass die Kriterien jeweils in absteigender Rangfolge kodiert wurden. Das heißt, die Hauptschule wurde als Referenzkategorie (Wert drei) gewählt, dem Gymnasium wurde der Wert eins und der Realschule der Wert zwei zugewiesen. Der Schichtindex wurde dummy-kodiert mit Unterschicht als Referenzkategorie. Die Indikatoren der Persönlichkeitsstruktur des Kindes und des Erziehungsstils haben metrisches Niveau. Die Kontrollvariablen gehen dichotomisiert in die Berechnungen ein. In allen Ergebnistabellen (vgl. Tabelle 9 bis 11) sind die Lageschätzer für das Gymnasium durchwegs signifikant, die für die Realschule aber nur in Modell 1. Eine mögliche Erklärung dafür ist, dass Bildungsungleichheiten nach sozialer Herkunft vor allem in der Gymnasialempfehlung zum Ausdruck kommen und bei der Entscheidung zwischen Haupt- oder Realschule womöglich eine höhere Flexibilität besteht bzw. verschiedene Gesichtspunkte im Entscheidungsprozess hierfür eine Rolle spielen.

Tab. 8: Lineare Regressionen zwischen sozialer Herkunft (Prädiktor, Dummies) und Erziehungspraktiken der Eltern aus Muttersicht, 2. Welle (Kriterium)

|  | Kindzentrierte Kommunikation der Mutter | Strenge Kontrolle der Mutter |
|---|---|---|
|  | Beta | Beta |
| *Schichtindex Ref. Unterschicht* | | |
| Untere Mittelschicht | 0,006 | -0,078 |
| Mittlere Mittelschicht | 0,144 | -0,161 |
| Obere Mittelschicht | 0,120 | -0,113 |
| Oberschicht | 0,205** | -0,208** |
| Konstante b | 3,252*** | 2,424*** |
| Varianzen | 3,208** | 3,425* |
| $R^2$ | 3,5% | 2,3% |

Anmerkungen: * p<0.05 **p<0.01 ***p<0.001
Quelle: DJI-Kinderpanel, 2. und 3. Welle, eigene Berechnungen

In Bezug auf die Übertrittsempfehlungen der Grundschule (vgl. Tabelle 9) ist festzustellen, dass sie gemessen an den Varianzaufklärungen vor allem durch die soziale Herkunft der Schüler (20%), aber auch durch die Persönlichkeitsmerkmale der Kinder (11,2%) determiniert sind. Weniger bedeutsam sind die Indikatoren des elterlichen Erziehungsstils (0,8%) und die Kontrollvariablen in ihrer Gesamtheit (2,1%). Ein Blick auf die einzelnen Effektstärken – Lageschätzer mit einem negativen Vorzeichen aufgrund der absteigenden Rangfolge – lässt interessante Befunde erkennen. Berichtet werden aus Platzgründen an dieser Stelle nur die signifikanten Effekte: Die Wahrscheinlichkeit für eine Gymnasial- oder Realschulempfehlung ist für Kinder aus der Oberschicht mehr als dreimal höher, für Kinder aus der oberen Mittelschicht über eineinhalb mal und für Kinder aus der mittleren Mittelschicht beinahe 1,4-mal höher im Vergleich zu Kindern aus der Unterschicht (Referenz

Hauptschulempfehlung). Diese Chancenverhältnisse sind über alle Modelle hinweg hoch signifikant und verändern sich nicht wesentlich. Ein geringfügig abnehmender Trend ist bei der Oberschicht und oberen Mittelschicht, eine aufsteigende Tendenz bei der mittleren Mittelschicht dagegen zu konstatieren. Keine bedeutsamen Unterschiede in den Chancenverhältnissen für eine Realschul- oder Gymnasialempfehlung ergeben sich zwischen unterer Mittelschicht und Unterschicht.

Von den Persönlichkeitsmerkmalen der Kinder hat die Eigenschaft motorische Unruhe signifikant negative Effekte auf die Empfehlungen der Lehrkräfte (vgl. Tabelle 2 Modell 2). Die Effektstärken dieser Persönlichkeitsdimension sind über die Modelle hinweg hoch signifikant und bleiben im Wesentlichen stabil, eine leicht abnehmende Tendenz ist festzustellen. Auch Introversion (Modell 2) bewirkt einen signifikant negativen Effekt auf die Übertrittsempfehlungen für weiterführende Schulen. Bei Kindern, die schüchtern und weniger offen sind, halbieren sich beinahe diese Chancen. Allerdings sind die Effektstärken dieses Persönlichkeitsfaktors in Modell 3 und 4 nicht mehr statistisch bedeutsam. Im Gegensatz zu introvertiertem Verhalten sind die Effekte der motorischen Unruhe gravierender. Ein höherer Wert auf dieser Skala bewirkt eine Minderung der Wahrscheinlichkeit für eine Gymnasial- oder Realschulempfehlung um ca. 0,7 im Durchschnitt. Positive Effekte auf die Grundschulempfehlungen zeitigt die sozial-kognitive Aufgeschlossenheit der Schüler. Ein höherer Skalenpunkt führt hier durchschnittlich zu einer beinahe 0,9-mal höheren Chance für eine Realschul- oder Gymnasialempfehlung als ein um einen Punkt niedrigerer Skalenwert (Modell 2). Auch bei dieser Skala verringern sich etwas die Effektstärken in den weiteren Modellen, bleiben aber signifikant.

Zu den Einflüssen der Indikatoren des Erziehungsstils der Eltern auf die Grundschulempfehlungen zeigen die Ergebnisse, dass nur für die kindzentrierte Kommunikation der Mutter in Modell 3 ein signifikant positiver Effekt auf die Grundschulempfehlungen nachzuweisen ist (Tabelle 9). Die ermittelte Effektstärke hierzu besagt, dass eine so geartete Kommunikation zwischen Mutter und Kind eine Erhöhung der Wahrscheinlichkeit für eine Realschul- oder Gymnasialempfehlung um den Faktor von ca. 0,5 nach sich zieht. Alle anderen Indikatoren des elterlichen Erziehungsstils erweisen sich als nicht bedeutend. Im Hinblick auf die Kontrollvariablen ist nur ein signifikanter Effekt bei der Variablen Bundesland nach Ganztagsschule festzustellen. Demnach ist die Chance für eine Realschul- oder Gymnasialempfehlung bei Schülern aus reformwilligen Bundesländern um den Faktor von beinahe 0,5 höher als bei Schülern aus Bundesländern, die das Modell Ganztagsschule weniger favorisieren.

Tab. 9: Schichtindex, Persönlichkeit des Kindes, Erziehungsverhalten der Eltern, Grundschulempfehlungen (Hauptschulempfehlung als Referenz) und Kontrollvariablen; logistischer Regressionen

| | Modell 1 Schätzer | Modell 2 Schätzer | Modell 3 Schätzer | Modell 4 Schätzer |
|---|---|---|---|---|
| *Gymnasium (Schwelle)* | -1,15** | -2,37* | -3,35** | -3,05* |
| *Realschule (Schwelle)* | 1,15** | 0,19 | -0,72 | -0,36 |
| *Schichtindex Ref. Unterschicht* | | | | |
| Oberschicht | -3,29*** | -2,95*** | -3,06*** | -3,08*** |
| Obere Mittelschicht | -1,61*** | -1,39*** | -1,56*** | -1,49** |
| Mittlere Mittelschicht | -1,40*** | -1,31** | -1,53*** | -1,51*** |
| Untere Mittelschicht | -0,30 | -0,34 | -0,55 | -0,57 |
| *Persönlichkeit des Kindes (Muttersicht)* | | | | |
| Internalisierung | | 0,43* | 0,42 | 0,40 |
| Externalisierung | | -0,30 | -0,36 | -0,36 |
| Motorische Unruhe | | 0,76*** | 0,70*** | 0,66*** |
| Sozial-kognitive Aufgeschlossenheit | | -0,89** | -0,69* | -0,72* |
| Selbstwirksamkeit | | -0,22 | -0,34 | -0,44 |
| *Erziehungspraktiken der Eltern (Kindsicht)* | | | | |
| Kindzentrierte Kommunikation der Mutter | | | -0,56* | -0,52 |
| Kindzentrierte Kommunikation des Vaters | | | 0,16 | 0,11 |
| Strenge Kontrolle der Mutter | | | 0,00 | -0,05 |
| Strenge Kontrolle des Vaters | | | 0,16 | 0,20 |
| *Kontrollvariablen* | | | | |
| Migrationshintergrund (Ref. kein MH) | | | | 0,42 |
| Geschlecht (Ref. Jungen) | | | | -0,23 |
| Stadt-Land (Ref. Stadt) | | | | 0,10 |
| Kindergartenbesuch (Ref. nein) | | | | 0,93 |
| Klassenwiederholung (Ref. nein) | | | | 0,02 |
| Bundesländer nach Ganztagsschule (Ref. B.-länder mit wenig Schülern in Ganztagsschulen) | | | | -0,47* |
| Chi² | 87,48*** | 143,84*** | 137,59*** | 144,14*** |
| Nagelkerkes R² | 20,0% | 31,2% | 32,0% | 34,1% |
| N | 473 | 470 | 438 | 427 |

Anmerkungen: * p<0.05 **p<0.01 ***p<0.001
Quelle: DJI-Kinderpanel, 2. und 3. Welle, eigene Berechnungen

Welche der untersuchten Faktoren sind nun ausschlaggebend dafür, welcher Schultyp in der Sekundarstufe I tatsächlich besucht wird? Die Determinationskoeffizienten in Tabelle 10 (siehe unten) lassen erkennen, dass dies in erster Linie durch den sozialen Hintergrund der Schüler bestimmt wird (23,7%), aber auch die Persönlichkeitsmerkmale der Schüler schlagen sich mit 9,1% zu Buche (vgl. Tabelle 10). Im Unterschied zu den Grundschulempfehlungen sind hier die Einflüsse der Erziehungspraktiken der Eltern von höherer Relevanz (4%). Die Kontrollvariablen können zusammen 3% der Varianzen aufklären. Die einzelnen Herkunftseffekte bzw. die Chancenverhältnisse zwischen den Schichten sind ähnlich gelagert wie bei den Grundschulempfehlungen, jedoch sind die Effektstärken durchwegs höher, auch im Vergleich zu den Bildungswünschen der Kinder.

An zweiter Stelle in der Bedeutung für den Übertritt rangieren die Persönlichkeitsmerkmale der Kinder, allen voran die motorische Unruhe, die die Chancen eines Realschul- oder Gymnasialbesuchs mehr als halbiert (vgl. Tabelle 10 Modell 2). Das bedeutet, je unruhiger ein Schüler ist, desto geringer ist die Wahrscheinlichkeit des Übertritts an eine weiterführende Schule. Es handelt sich dabei wiederum um hoch signifikante und weitgehend stabile Effekte für dieses Persönlichkeitsmerkmal (vgl. Modelle 2 bis 4 in Tabelle 10). Als ein zentraler positiver Einflussfaktor auf den Übertritt an eine weiterführende Schule erweist sich der Resilienzfaktor Selbstwirksamkeit des Kindes. Die Effektstärken dieses Persönlichkeitsmerkmals sind in allen Modellen (vgl. Modelle 2 bis 4 in Tabelle 10) hoch signifikant und im Vergleich zu denen der anderen Persönlichkeitsdimensionen bei dieser oder anderen Analysen (vgl. Ergebnisse in Tabellen 9 und 11) mitunter am höchsten. Interessanterweise nehmen die Effekte bei Berücksichtigung der elterlichen Erziehungspraktiken und Kontrollvariablen noch zu. So besagt beispielsweise der Wert in Modell 4 (Tabelle 10), dass bei Schülern mit einer hohen Selbstwirksamkeit sich die Übertrittschancen an eine höhere Schule mehr als verdoppeln. Das bedeutet, erhöht sich der Wert auf der Skala um einen Punkt, liegen diese Chancen bei mehr als dem Doppelten. Introversion bewirkt lediglich in Modell 2 (vgl. Tabelle 10) eine bedeutsame Minderung der Übertrittschancen um den Faktor 0,4. In den übrigen Modellen hat dieses Merkmal ansonsten keine statistisch bedeutsamen Auswirkungen am ersten Bildungsübergang.

Tab. 10: Schichtindex, Persönlichkeit des Kindes, Erziehungsverhalten der Eltern, besuchter Schultyp in der Sekundarstufe (Hauptschule als Referenz) und Kontrollvariablen logistischer Regressionen

| | Modell 1 Schätzer | Modell 2 Schätzer | Modell 3 Schätzer | Modell 4 Schätzer |
|---|---|---|---|---|
| *Gymnasium (Schwelle)* | -1,77*** | -2,85** | -4,99*** | -5,30*** |
| *Realschule (Schwelle)* | 0,87** | 0,04 | -1,90 | -2,12 |
| *Schichtindex Ref. Unterschicht* | | | | |
| Oberschicht | -3,76*** | -3,48*** | -3,77*** | -3,76*** |
| Obere Mittelschicht | -2,04*** | -1,81*** | -1,95*** | -1,86*** |
| Mittlere Mittelschicht | -1,67*** | -1,52*** | -1,69*** | -1,65*** |
| Untere Mittelschicht | -0,66 | -0,61 | -0,69 | -0,67 |
| *Persönlichkeit des Kindes (Kindsicht)* | | | | |
| Internalisierung | | 0,42* | 0,39 | 0,35 |
| Externalisierung | | -0,24 | -0,37 | -0,39 |
| Motorische Unruhe | | 0,60*** | 0,58** | 0,60** |
| Sozial-kognitive Aufgeschlossenheit | | -0,32 | -0,18 | -0,09 |
| Selbstwirksamkeit | | -0,77** | -0,92** | -1,12** |
| *Erziehungspraktiken der Eltern (Kindsicht)* | | | | |
| Kindzentrierte Kommunikation der Mutter | | | -0,97*** | -0,95** |
| Kindzentrierte Kommunikation des Vaters | | | 0,35 | 0,34 |
| Strenge Kontrolle der Mutter | | | -0,11 | -0,21 |
| Strenge Kontrolle des Vaters | | | 0,18 | 0,25 |
| *Kontrollvariablen* | | | | |
| Migrationshintergrund (Ref. kein MH) | | | | 0,24 |
| Geschlecht (Ref. Jungen) | | | | -0,21 |
| Stadt-Land (Ref. Stadt) | | | | 0,38 |
| Kindergartenbesuch (Ref. nein) | | | | 0,08 |
| Klassenwiederholung (Ref.nein) | | | | 0,05 |
| Bundesländer nach Ganztagsschule (Ref. BL mit wenig Schülern in Ganztagsschulen) | | | | -0,51* |
| Chi² | 113,24*** | 163,48*** | 175,81*** | 187,61*** |
| Nagelkerkes R² | 23,7% | 32,8% | 37,0% | 40,0% |
| N | 504 | 501 | 468 | 455 |

Anmerkungen: * p<0.05 **p<0.01 ***p<0.001
Quelle: DJI-Kinderpanel, 2. und 3. Welle, eigene Berechnungen

Insgesamt betrachtet verdeutlichen die bisher berichteten Ergebnisse zu den Übertrittschancen, dass gemessen an den Determinationskoeffizienten und Effektstärken von einem etwas stärkeren Gewicht der sozialen Herkunft des Schülers im Vergleich zu den Persönlichkeitsmerkmalen auszugehen ist. Dies ist als ein Beleg für den sekundären Herkunftseffekt bei Bildungsentscheidungen zu werten.

Im Gegensatz zu den Grundschulempfehlungen spielen die elterlichen Erziehungspraktiken am ersten Bildungsübergang eine wichtigere Rolle. Insbesondere die kindzentrierte Kommunikation der Mutter verdoppelt beinahe die Übertrittschancen an eine weiterführende Schule signifikant (vgl. Modell 3 und 4 in Tabelle 10). Außerdem verdeutlichen die Ergebnisse zu den Kontrollvariablen (Modell 4 in Tabelle 10), dass für Kinder aus Bundesländern, die um einen Ausbau des Ganztagsschul-Konzepts bemüht sind, die Wahrscheinlichkeit des Übertritts an eine Realschule oder ein Gymnasium signifikant höher ist (um den Faktor 0,5) als für Kinder aus Bundesländern, die weniger reformorientiert sind. Das bedeutet, dass der institutionelle Effekt sich nicht nur in den Lehrerempfehlungen niederschlägt, sondern auch am tatsächlichen Übertritt.

Die Ergebnisse der Analysen zu den Bildungswünschen der Kinder unterscheiden sich nicht wesentlich von den bisher berichteten Befunden (vgl. Tabelle 110). Der Determinationskoeffizient der sozialen Herkunft liegt hier bei 21%, der des Merkmalbereichs Persönlichkeit des Kindes bei 7,4%. Die Erziehungspraktiken der Eltern können zusammen 2,5% und die Kontrollvariablen 3% der Varianzen aufklären (vgl. Tabelle 11). Damit erwecken diese Werte den Eindruck, dass für die Bildungswünsche der Kinder im Vergleich zu dem Übertritt der soziale Hintergrund oder die eigene Persönlichkeitsstruktur weniger wichtig sind. Im Gegensatz zu den Grundschulempfehlungen ist die Herkunft hier bedeutender, die Persönlichkeitsstruktur jedoch weniger entscheidend. Global gesehen sind die Herkunftseffekte bei den Bildungswünschen der Kinder ähnlich gelagert wie bei den Analysen zu den Grundschulempfehlungen und dem tatsächlichen Übertritt (vgl. Modelle 1 bis 4 in Tabellen 9 bis 11). Ein differenzierter Blick auf die Ergebnisse lässt erkennen, dass sie bei den Oberschichtkindern und denen aus der oberen Mittelschicht im Schnitt höher sind als bei den Empfehlungen, bei Kindern aus der mittleren Mittelschicht liegen sie dagegen darunter. Das heißt, dass vor allem Kinder aus den oberen Sozialschichten eine weiterführende Schule besuchen möchten.

Tab. 11: Schichtindex, Persönlichkeit des Kindes, Erziehungsverhalten der Eltern, Bildungsaspirationen der Kinder (Kriterien, Hauptschule als Referenz) und Kontrollvariablen; logistischer Regressionen

|  | Modell 1 Schätzer | Modell 2 Schätzer | Modell 3 Schätzer | Modell 4 Schätzer |
|---|---|---|---|---|
| *Gymnasium (Schwelle)* | -1,15*** | -4,07*** | -5,95*** | -6,67*** |
| *Realschule (Schwelle)* | 1,48*** | -1,23 | -2,99** | -3,70** |
| *Schichtindex Ref. Unterschicht* | | | | |
| Oberschicht | -3,53*** | -3,28*** | -3,32*** | -3,44*** |
| Obere Mittelschicht | -1,69*** | -1,50*** | -1,53*** | -1,60*** |
| Mittlere Mittelschicht | -1,35*** | -1,17** | -1,18** | -1,22** |
| Untere Mittelschicht | -0,38 | -0,24 | -0,11 | -0,18 |
| *Persönlichkeit des Kindes (Kindsicht)* | | | | |
| Internalisierung | | 0,30 | 0,31 | 0,29 |
| Externalisierung | | -0,19 | -0,21 | -0,20 |
| Motorische Unruhe | | 0,17 | 0,08 | 0,14 |
| Sozial-kognitive Aufgeschlossenheit | | -0,68** | -0,70** | -0,71** |
| Selbstwirksamkeit | | -0,97*** | -0,96*** | -1,06*** |
| *Erziehungspraktiken der Eltern (Kindsicht)* | | | | |
| Kindzentrierte Kommunikation der Mutter | | | -0,57* | -0,57* |
| Kindzentrierte Kommunikation des Vaters | | | 0,10 | 0,07 |
| Strenge Kontrolle der Mutter | | | -0,22 | -0,35 |
| Strenge Kontrolle des Vaters | | | 0,11 | 0,19 |
| *Kontrollvariablen* | | | | |
| Migrationshintergrund (Ref. kein MH) | | | | 0,00 |
| Geschlecht (Ref. Jungen) | | | | -0,45* |
| Stadt-Land (Ref. Stadt) | | | | 0,22 |
| Kindergartenbesuch (Ref. nein) | | | | 0,04 |
| Klassenwiederholung (Ref. nein) | | | | -0,94 |
| Bundesländer nach Ganztagsschule (Ref. BL mit wenig Schülern in Ganztagsschulen) | | | | -0,41 |
| Chi² | 91,20*** | 126,79*** | 130,11*** | 141,18*** |
| Nagelkerkes R² | 21,0% | 28,4% | 30,9% | 33,9% |
| N | 476 | 472 | 441 | 429 |

Anmerkungen: * p<0.05 **p<0.01 ***p<0.001
Quelle: DJI-Kinderpanel, 2. und 3. Welle, eigene Berechnungen

Von den Persönlichkeitsmerkmalen übt die Selbstwirksamkeit einen hoch signifikanten Einfluss auf die Schulwünsche der Kinder aus, aber auch die sozial-kognitive Aufgeschlossenheit ist entscheidend (vgl. Modelle 2 bis 4 in Tabelle 11). Die Wahrscheinlichkeit dafür, dass ein Schüler eine weiterführende Schule besuchen möchte, ist bei Kindern mit einem hohen Selbstwirksamkeitsempfinden beinahe doppelt so hoch wie bei Kindern mit einer geringen Selbstwirksamkeit. Ein höherer Punkt auf der Skala bewirkt eine Verdoppelung dieser Wahrscheinlichkeit (vgl. Modell 4). Für die Skala sozial-kognitive Aufgeschlossenheit konnte dagegen ein etwas geringerer Faktor von ca. 0,7 ermittelt werden (vgl. Modelle 2 bis 4 in Tabelle 11).

Ein positiver Effekt für die Bildungswünsche der Kinder mit einer Höhe von ca. 0,6 ist auch für die kindzentrierte Kommunikation der Mutter festzustellen (Modelle 3 und 4 in Tabelle 11). Außerdem zeigen zuletzt die Ergebnisse der Kontrollvariablen, dass Mädchen höhere Bildungsaspirationen hegen als Jungen (Wahrscheinlichkeit dafür um den Faktor 0,4 höher vgl. Modell 4 in Tabelle 11). Insgesamt betrachtet ist zu konstatieren, dass die berichteten Effekte der Analysen der Bildungswünsche der Kinder sowie des Übertritts in eine weiterführende Schule über die Modelle hinweg relativ stabil sind.

## 4. Diskussion und Ausblick

Nicht die soziale Herkunft allein ist ausschlagend für Bildungskarrieren, sondern es stellte sich heraus, dass auch Kinder über Möglichkeiten und Ressourcen verfügen, um ihren Schulerfolg positiv zu beeinflussen. Dies wird für den Übertritt in die Sekundarstufe I belegt. An dieser Selektionsschwelle spielen in den jeweiligen Entscheidungsprozessen, seien es die der Eltern, der Lehrkräfte oder in den Bildungswünschen der Kinder, die Potentiale eine entscheidende Rolle.

Um dennoch die Relativität der sozialen Herkunft aufzuzeigen, wurden Indikatoren aus unterschiedlichen Merkmalsebenen (Persönlichkeitsstruktur des Kindes und Erziehungsstil der Eltern) ausgewählt. Im Hinblick auf die Wirkpfade der sozialen Herkunft (SES) wurden zwei Modelle, das der sozialen Selektion und das der sozialen Kausalität angenommen. Soweit die empirischen Analysen hier eine Prüfung der Annahmen dieser Modelle zulassen, kann davon ausgegangen werden, dass das Modell der sozialen Kausalität sich gegenüber dem Modell der sozialen Selektion durchsetzt, was hinreichende Konsequenzen nach sich zieht in der Richtung, dass in Bezug auf die Erklärung von Herkunftseffekten Umweltfaktoren eine größere Bedeutung beizumessen ist als bisher angenommen. Die Schichteffekte bleiben bei allen Analysen, sei es bei den Grundschulempfehlungen, dem tatsächlichen Übertritt in eine weiterführende Schule in der Sekundarstufe I oder den Bildungswünschen der Kinder, weitgehend erhalten. Effekte der Persönlichkeitsstruktur der Kinder und des Erziehungsstils der Eltern kommen hinzu. So haben introvertierte, motorisch unruhige und zum Teil auch extravertierte Kinder geringere Chancen, eine weiterführende Schule nach der Grundschule zu besuchen, als sozial-kognitiv aufgeschlossene Kinder oder Kinder mit hohen Selbstwirksamkeitserwartungen. Günstig wirkt sich auch ein positiver Erziehungsstil (kindzentrierte Kommunikation der Eltern) auf die Chancen der Kinder aus. Die hier berichteten Ergebnisse zeigen außerdem, dass die untersuchten Ebenen (Schicht, Persönlichkeit und Erziehung) in Abhängigkeit voneinander zu sehen sind.

Damit verdeutlichen diese Befunde, dass ein kontextuelles Modell, das die Wirkfaktoren der sozialen Herkunft modelliert bzw. die soziale Herkunft „herunterbricht", eine bessere Vorhersage sozialer Ungleichheiten ermöglicht als ein Modell, das lediglich die Schätzung von Schichteffekten beinhaltet. Diese Forschungsergebnisse implizieren auch, dass Kinder durchaus in der Lage sind, ihren Schulerfolg aktiv mit zu gestalten. Zur Förderung der Kinder aus benachteiligten Familien bedarf es deshalb an Interventionen, die nicht nur an den Kompetenzen, sondern vor allem an den familialen Prozessen oder an den persönlichen Ressourcen eines Individuums ansetzen.

## Literatur

Alt, Christian (2005): Das Kinderpanel. Einführung. In: Alt, Christian (Hrsg.): Kinderleben – Aufwachsen zwischen Familie, Freunden und Institutionen. Band 1: Aufwachsen in Familien. Wiesbaden, S. 7-22

Alt, Christian/Quellenberg, Holger (2005): Daten, Design und Konstrukte. Grundlagen des DJI-Kinderpanels. In: Alt, Christian (Hrsg.): Kinderleben – Aufwachsen zwischen Familie, Freunden und Institutionen. Band 1: Aufwachsen in Familien. Wiesbaden, S. 277-303

Andreß, Hans-Jürgen/Hagenaars, Jacques A./Kühnel, Steffen (1997): Analyse von Tabellen und kategorialen Daten. Log-lineare Modelle, latente Klassenanalyse, logistische Regression und GSK-Ansatz. Berlin

Baumert, Jürgen/Watermann, Rainer/Schümer, Gundel (2003): Disparitäten der Bildungsbeteiligung und des Kompetenzerwerbs. Ein institutionelles und individuelles Mediationsmodell. In: Zeitschrift für Erziehungswissenschaft, 6. Jg., H. 1, S. 46-71

Boudon, Raymond (1974): Education, Opportunity, and Social Inequality. Changing Prospects in Western Society. New York

Conger, Rand D./Donnellan, M. Brent (2007): An Interactionist Perspective on the Socioeconomic Context of Human Development. In: Annual Review of Psychology, 58. Jg., S. 175-199

Diefenbach, Heike (2004): Ethnische Segmentation im deutschen Schulsystem – Eine Zustandsbeschreibung und einige Erklärungen für den Zustand. In: Forschungsinstitut Arbeit, Bildung, Partizipation e.V. (FIAB) an der Ruhr-Universität Bochum (Hrsg.): Bildung als Bürgerrecht oder Bildung als Ware (Band 21/22 des Jahrbuchs Arbeit, Bildung, Kultur). Recklinghausen, S. 225-255

Ditton, Hartmut (1989): Determinanten für elterliche Bildungsaspirationen und für Bildungsempfehlungen des Lehrers. In: Empirische Pädagogik, 3. Jg., H. 3, S. 215-231

Ditton, Hartmut/Krüsken, Jan (2006): Der Übergang von der Grundschule in die Sekundarstufe I. In: Zeitschrift für Erziehungswissenschaften, 9. Jg., H. 3, S. 348-372

Ditton, Hartmut/Krüsken, Jan/Schauenberg, Magdalena (2005): Bildungsungleichheit – der Beitrag von Familie und Schule. In: Zeitschrift für Erziehungswissenschaften, 8. Jg., H. 2, S. 285-304

Gloger-Tippelt, Gabriele/Vetter, Jürgen (2005): Ein kleiner Unterschied. Geschlechtsspezifische schulische Entwicklung aus Sicht von Müttern und ihren 8- bis 9-jährigen Töchtern und Söhnen. In: Alt, Christian (Hrsg.): Kinderleben – Aufwachsen zwischen Familie, Freunden und Institutionen. Band 2: Aufwachsen zwischen Freunden und Institutionen. Wiesbaden S. 231-256

Haller, Max/Müller, Bernadette (2006): Merkmale der Persönlichkeit und Identität in Bevölkerungsumfragen. Ansätze zur ihrer Operationalisierung und Verortung für Lebenszufriedenheit. In: ZUMA-Nachrichten 59, 30. Jg., S. 9-41

Haunberger, Sigrid (2005): Interviewer und Befragte im Kinderpanel. Interviewdauer und Panelbereitschaft. In: Alt, Christian (Hrsg.): Kinderleben – Aufwachsen zwischen Familie, Freunden und Institutionen. Band 2: Aufwachsen zwischen Freunden und Institutionen. Wiesbaden, S. 285-316

Helmke, Andreas (2003): Unterrichtsqualität erfassen, bewerten, verbessern. Seelze

Maaz, Kai/Hausen, Cornelia/McElvany, Nele/Baumert, Jürgen (2006): Stich-wort: Übergänge im Bildungssystem. Theoretische Konzepte und ihre Anwendung in der empirischen Forschung beim Übergang in die Sekundarstufe. In: Zeitschrift für Erziehungswissenschaft, 9. Jg., H. 3, S. 299-327

Mare, Robert D. (1980): Social Background and School Continuation Decisions. In: Journal of the American Statistical Association, 75(370), S. 295-305

Merkens, Hans/Wessel, Anne/Dohle, Karen/Classen, Gabriele (1997): Einflüsse des Elternhauses auf die Schulwahl der Kinder in Berlin und Brandenburg. In: Zeitschrift für Pädagogik, 37. Beiheft, S. 255-276

Oswald, Hans/Krappmann, Lothar (2004): Soziale Ungleichheit in der Schulklasse und Schulerfolg – Eine Untersuchung in dritten und fünften Klassen Berliner Grundschulen. In: Zeitschrift für Erziehungswissenschaft, 7. Jg., H. 4, S. 479-496

Ryan, Bruce A./Adams, Gerald R. (1995): The Family-School Relationships Model. In: Ryan, Bruce A./Adams, Gerald R./Gullotta, Thomas P./Weissberg, Roger P./Hampton, Robert L. (Hrsg.): The Family-School Connections. Theory, Research, and Practice. Issues in Children's and Families' Lives. Thousand Oaks, S. 3-28

Sacker, Amanda/Schoon, Ingrid/Bartley, Mel (2002): Social inequality in educational achievement and psychological adjustment throughout childhood: magnitude and mechanisms. In: Social Science & Medicine, 55. Jg., S. 863-880

Schimpl-Neimanns, Bernhard (2000): Soziale Herkunft und Bildungsbeteiligung. In: Kölner Zeitschrift für Soziologie und Sozialpsychologie, 52. Jg., H. 4, S. 636-669

Schumann, Siegfried (2005): Persönlichkeit. Eine vergessene Größe der empirischen Sozialforschung. Wiesbaden

Simons, Ronald L./Lorenz, Fred O./Conger, Rand D./Wu, Chy-In (1992): Support from spouse as mediator and moderator of the disruptive influence of early economic strain on parenting. In: Child Development, 63. Jg., S. 1282-1301

Steinbach, Anja/Nauck, Bernhard (2004): Intergenerationale Transmission von kulturellem Kapital in Migrantenfamilien. In: Zeitschrift für Erziehungswissenschaft, 7. Jg., H. 1, S. 20-32

Walper, Sabine/Schwarz, Beate (2002): Risiken und Chancen für die Entwicklung von Kindern aus Trennungs- und Stieffamilien. In: Walper, Sabine/Schwarz, Beate (Hrsg.): Was wird aus den Kindern? Weinheim, S. 7-22

*Sigrid Haunberger/Markus Teubner*
# Bildungswünsche von Eltern und Kindern im Vergleich
Eine empirische Analyse anhand der drei Wellen des DJI-Kinderpanels

1. Einleitung .................................................................. 294
2. Theoretische Ansätze und Forschungsstand ..................... 295
    2.1 Theoretische Ansätze zur Erklärung
        von Bildungsentscheidungen ...................................... 295
    2.2 Stand der empirischen Forschung zu
        Bildungsentscheidungen ............................................ 297
    2.3 Hypothesen und Fragestellungen ............................... 299
3. Empirische Analysen ................................................... 300
    3.1 Datengrundlage ....................................................... 300
    3.2 Verwendete Variablen ............................................. 301
4. Ausgewählte empirische Ergebnisse ............................... 304
    4.1 Explorative Analysen .............................................. 304
    4.2 Multivariate Analysen ............................................. 308
5. Schlussfolgerungen und Diskussion ................................ 311

Literatur .......................................................................... 313

## 1. Einleitung

In der Bundesrepublik Deutschland treten gegenwärtig jedes Jahr knapp 800.000 Viertklässler in die Sekundarstufe I über (Statistisches Bundesamt 2007, S. 95). Bereits im Vorfeld quälten sich die meisten Eltern mit der Frage, ob und wenn ja, auf welche weiterführende Schule sie ihr Kind schicken wollen. Viele Kinder äußern den Wunsch nach einer bestimmten weiterführenden Schule, um bspw. mit ihren besten Freunden zusammenzubleiben. Dabei stellt sich die Frage, wie gewichtig kindliche Argumente bei dieser Entscheidung sind und, ob Schulentscheidungen nicht grundsätzlich Elternsache sind, da sich Viertklässler schließlich nur schwer vorstellen können, was sie auf der weiterführenden Schule erwartet. Oftmals sind die betroffenen Eltern mit der Entscheidungssituation gegen Ende der Grundschulzeit überfordert. Noch dazu strukturiert das deutsche Bildungssystem die Bildungslaufbahn von Kindern über die erste Bildungsentscheidung schon zu einem sehr frühen Zeitpunkt; dabei können einmal gewählte Bildungswege nicht beliebig modifiziert werden und sind an institutionell vorgesehene Übergangspunkte gebunden (Blossfeld 1988; Henz 1997). In einer gewissen Weise sind Schulwahlentscheidungen damit immer auch Statusvorentscheidungen (Hansen/Rösner/Weißbach 1986). Einerseits wollen Eltern „das Beste für ihr Kind", andererseits soll es mit allen Mitteln für den rauen Arbeitsmarkt fit gemacht werden. Gerade im Zuge der Bildungsexpansion wird immer deutlicher, dass Bildungsabschlüsse den zentralen Stellenwert für die Lebenschancen von Individuen erreicht haben (Geißler 1987, S. 79).

Trotz dieser Entwicklung besteht empirische Evidenz, dass herkunftsspezifische Bildungsmuster fortbestehen (Böttcher 1991; Hansen/Rolff 1990; Köhler 1992; Meulemann 1992; Rodax 1995). Kinder aus sozial benachteiligten Schichten besuchen nach wie vor eher die Hauptschule (Köhler 1992, S. 23ff). Der Zugang zu weiterführenden Schulen ist immer noch mit einer erheblichen sozialen Selektivität verbunden (Becker 2004; Müller/Pollak 2004).

Unseres Erachtens wurde der Einfluss des Bildungswunsches der Kinder auf die Schulwahlentscheidung in empirischen Studien bisher zu wenig berücksichtigt. In den folgenden Analysen sollen daher die Hintergrundfaktoren für das Entscheidungsverhalten der Eltern und ihrer Kinder im DJI-Kinderpanel explizit untersucht werden. Dazu gehören v. a. die Bildungsaspiration der Eltern, der Bildungswunsch der Kinder und die tatsächliche Schulsituation zu Beginn der Sekundarstufe I.

## 2. Theoretische Ansätze und Forschungsstand

### 2.1 Theoretische Ansätze zur Erklärung von Bildungsentscheidungen

Individuelle Bildungslaufbahnen werden als Resultate sequentieller Entscheidungsprozesse mit wiederkehrenden und häufig institutionell verankerten Übergangspunkten verstanden (Boudon 1974; Breen/Goldthorpe 1997; Mare 1980). Da Bildungsentscheidungen an institutionell festgelegte Übergangspunkte gebunden sind, können sie nicht zu beliebigen Zeitpunkten getroffen oder revidiert werden. Die Folgen der Bildungsentscheidung werden erst langfristig sichtbar, weshalb diese stets unter einer gewissen Unsicherheit gefällt wird; das Ausmaß der Unsicherheit variiert mit der Menge der zur Verfügung stehenden Informationen.[1] Spätere Korrekturen von Fehlentscheidungen – außerhalb der institutionell vorgegebenen Wege – sind mit zusätzlichen Investitionen verbunden und kostenintensiver als der direkte Weg (Breen/Goldthorpe 1997, S. 278; Henz 1997).

Bildungsentscheidungen sind mehr als Individualentscheidungen, es handelt sich um Familienentscheidungen.[2] Dabei kann davon ausgegangen werden, dass mit zunehmendem Alter des Kindes die elterliche Einflussnahme auf die jeweils zu treffende Entscheidung abnimmt (Erikson/Jonsson 1996, S. 54). Dies bedeutet, dass gerade am ersten schulischen Übergangspunkt die

---

[1] Eltern streben für ihre Kinder eine Schullaufbahn an, die diesen einen günstigen Start in das Berufsleben eröffnen soll. Eltern können aber heute nur schwer vorhersehen, wie die Bedingungen im Beschäftigungssystem sein werden, wenn ihre Kinder die Schulausbildung abgeschlossen haben. Diese Unsicherheit kann sich durch verschiedene Faktoren zeigen: hinsichtlich der Bildungserträge, der Kosten verschiedener Bildungswege und der Realisierungswahrscheinlichkeiten unterschiedlicher Bildungsabschlüsse. Die langfristige Zeitperspektive erschwert die elterliche Laufbahnentscheidung zusätzlich (Kristen 1999).
[2] Neben der Familie nimmt die Schule in unterschiedlich starkem Maße Einfluss auf den Entscheidungsprozess. Dies geschieht in erster Linie über Leistungsbeurteilungen und aus ihnen resultierenden Übergangsempfehlungen der Lehrkräfte, die bedeutsame Grundlagen für die Kalkulation der Familie darstellen (Wiese 1982). In einigen Bundesländern haben die Übertrittsempfehlungen tatsächlich empfehlenden Charakter. Die Entscheidung wird von den Eltern getroffen und muss nicht in Übereinstimmung mit der Übertrittsempfehlung der Schule stehen. In anderen Bundesländern determiniert die Empfehlung der Schule die Übertrittsmöglichkeiten des Kindes in die Sekundarstufe I.

Entscheidung in hohem Maße von den Eltern bestimmt wird. In den seltensten Fällen haben jüngere Kinder die Kontrolle über familiäre Ressourcen und sind damit Hauptentscheidungsträger (Blossfeld/Shavit 1993, S. 9).

Im theoretischen Rahmen von Boudon (1974) sind Bildungsentscheidungen das Resultat der Abwägung von Kosten und Nutzen verschiedener Bildungsalternativen. Eltern aus verschiedenen Schichten streben unterschiedliche Bildungsziele für ihre Kinder an, da die Überwindung der sozialen Distanz zur Erreichung genau desselben Bildungsabschlusses unterschiedlich groß ist (Keller/Zavalloni 1964, S. 60). Während primäre Effekte den kulturellen Hintergrund der Familien darstellen, bewirken sekundäre Effekte, dass Individuen schichtspezifische Bildungsentscheidungen treffen (Boudon 1974, S. 29f). Für die Erklärung von Bildungsungleichheiten kommt sowohl dem Statusverlustmotiv wie auch den schichttypischen Unterschieden bei der Bewertung von Bildungserträgen eine zentrale Bedeutung zu.

Auch Breen und Goldthorpe (1997) gehen davon aus, dass Kinder und ihre Familien rational handeln, wenn sie zwischen den ihnen zur Verfügung stehenden Bildungsoptionen wählen. Dies geschieht auf der Basis einer subjektiven Abwägung von Kosten und Nutzen, wie auf den erwarteten Wahrscheinlichkeiten eines erfolgreichen versus nicht erfolgreiches Abschließens des (gewählten) Bildungsweges. Unter Bezugnahme auf Boudon (1974), gehen sie davon aus, dass Kinder aus verschiedenen Schichten im Durchschnitt unterschiedliche schulische Fähigkeiten besitzen (primäre Effekte). Zudem sind die verschiedenen Schichten mit unterschiedlichen Ressourcen ausgestattet, die Familien zur Deckung der (Bildungs-)Kosten einsetzen können. Sekundären Effekten kommt in ihrem Modell weit größere Bedeutung zu: Hierin kommt die Bildungswahl zum Ausdruck, die Kinder zusammen mit ihren Eltern – in einem durch die Sozialstruktur und das Bildungssystem vorgegebenen Kontext – vornehmen (Breen/Goldthorpe 1997, S. 277f). Familien aller Schichten wollen eine Abwärtsmobilität ihrer Kinder vermeiden und eine (Bildungs-)position sichern, die mindestens ihrer eigenen entspricht. Während manche Bildungsentscheidungen für Familien höherer Schichten einen Statusverlust bedeuten, sind diese für Familien unterer Schichten statussichernd. Die relative Distanz der Statusposition zum angestrebten Bildungsabschluss ist zentral (Breen/Goldthorpe 1997, S. 282f): Familien unterer Schichten müssen – bei gleichen Bildungszielen wie höhere Schichten – wesentlich mehr Anstrengungen zur Erreichung des Bildungszieles erbringen.[3]

---

[3] Esser (1999) legt eine Integration der Modelle von Boudon (1974), Breen/Goldthorpe (1997) und der Humankapitaltheorie von Becker (1999) vor und entwickelt damit ein additiv formalisiertes Modell zur Erklärung von Bildungsentscheidungen. Dieses soll hier nur knapp umrissen werden. Eine spezifische Formali-

## 2.2 Stand der empirischen Forschung zu Bildungsentscheidungen

Der Schwerpunkt der in den 1960er/70er Jahren durchgeführten Studien lag auf der Untersuchung verschiedener Ursachen der geringeren Bildungsbeteiligung von Kindern aus unteren sozialen Schichten (Baur 1972; Bolder 1978; Fröhlich 1978; vgl. auch Ditton 1992, S. 71ff; Ditton 1995; Krais 1996; Maaz u. a. 2006, S. 316ff). Neben den „herkömmlichen" Statuskriterien wurden eine Vielzahl von Merkmalen betrachtet, die unter anderem den familiären Hintergrund, die Schulwünsche der Eltern, die Leistungen der Kinder, die Einflüsse der Peer Group, wie auch Interaktionen zwischen Eltern und Schule betreffen (Kristen 1999, S. 39ff). In der Studie von Baur (1972) wurden Mediatoren identifiziert, wie z. B. zwischen den Schichten variierende „Informiertheit über das Bildungssystem", „positive Einstellung zur Bildung" oder auch „Bildungsmotivation". Diese sind häufiger in Elternhäusern der oberen Bildungsschicht zu finden (Maaz u. a. 2006, S. 316).

Zur Untersuchung von Übergangsquoten in verschiedenen Jahrgangsstufen innerhalb und zwischen verschiedenen Schultypen stand die Fragestellung im Vordergrund, welche Faktoren für die Wahl einer bestimmten Schulform ausschlaggebend sind und welche Mechanismen die zu beobachtenden Bildungsmuster entstehen lassen (Baur 1972, S. 11ff; Gresser-Spitzmüller 1973, S. 25ff). Auch hier wurden verschiedene als bedeutsam erachtete Einzelfaktoren herangezogen, um einen Eindruck von den Einflussgrößen im Entscheidungsprozess zu erhalten.

In einer weiteren Untersuchung, die sich auf die Erfassung des Bildungsverhaltens in Arbeiterfamilien konzentrierte, ging es Bolder (1978) und Fröhlich (1978) vor allem darum, spezifische Lebensaspekte des Arbeitermilieus ins Blickfeld zu bekommen, die für die auffälligen Bildungsmuster verantwortlich waren (z. B. Belastung durch hohe Bildungskosten, die aus dem Besuch höherer Bildungsgänge resultieren, Auswirkungen der Arbeitserfahrungen der Eltern auf die Schulwahl). Ein Ergebnis war die klare Diskrepanz in der Bildungswahl zwischen Arbeitern und Nicht-Arbeitern. Während die

---

sierung des Modells findet sich in Esser (1999, S. 265ff). Gegen Ende der Grundschulzeit entscheiden sich Eltern für den Verbleib auf einem unteren Schulniveau oder den Wechsel auf ein höheres Schulniveau. Die Konsequenz der Entscheidung ergibt den subjektiv erwarteten Nutzen. Der Wert des Bildungsertrages hängt dabei von den erwarteten Gewinnen des (gewählten) Bildungsweges auf dem Arbeitsmarkt ab. Sowohl die erwarteten Kosten der Entscheidung wie auch der Statusverlust sind von zentraler Bedeutung für die elterlichen Kalkulationen. Dabei wählen Individuen stets die Alternative mit dem für sie besten Kosten-Nutzen-Verhältnis: Den Hauptmechanismus schichtspezifischer Entscheidungen stellen die Unterschiede in der (subjektiv) erwarteten Wahrscheinlichkeit des Statusverlustes wie die Wahrscheinlichkeit eines erfolgreichen Abschließens des Bildungsweges dar (Maaz u. a. 2006, S. 306 ff).

ersten zu 75% die Hauptschule besuchten, taten dies etwa 39% aus der zweiten Gruppe (Bolder 1978, S. 86).

In den 1980er Jahren setzen erneut empirische Studien ein, die sich mit der Bildungsentscheidung beschäftigen. Erstmals wurde die Übergangsentscheidung an zwei Erhebungspunkten von Fauser und seinen Kollegen untersucht (Fauser 1984; Fauser/Pettinger/Schreiber 1985; Fauser/Schreiber 1987). Die Befragungen fanden sowohl vor wie auch nach dem Übertritt statt, sodass der Entscheidungsprozess mit den schließlich getroffenen Übertrittsentscheidungen in Verbindung gebracht werden konnte. Unterschiede in den institutionellen Rahmenbedingungen der Bildungssysteme konnten insoweit Berücksichtigung finden, als verschiedene Bundesländer in der Stichprobe berücksichtigt wurden. Fauser und Schreiber (1987, S. 44ff) konnten deutliche Unterschiede im Bildungsverhalten innerhalb der Arbeiterschicht nachweisen. Zudem konnte belegt werden, dass besonders die wirtschaftliche Zukunftsperspektive eine wichtige Rolle bei der Bildungsentscheidung spielte (Fauser/Pettinger/Schreiber 1985).

Eine weitere Studie zum ersten Bildungsübergang wird Mitte der 1980er Jahre von Ditton (1987, 1992) durchgeführt. Thematisiert wurden sowohl die Bedeutung des Elternhauses wie auch die Einflussnahme seitens der Schule und, davon unabhängig, die Leistungen der einzelnen Schülerinnen und Schüler. Darüber hinaus wurden Bedingungen des räumlichen Kontextes in die Analysen einbezogen. Nachgewiesen werden konnte, dass neben der Schülerleistung auch soziale und regionale Faktoren die Prozesse beim Übergang in die Sekundarstufe I beeinflussen (Ditton 1992, Ditton/Krüsken 2006).

Zusätzlich ist die Studie von Büchner und Koch (2001) erwähnenswert. Der Fokus des Marburger Übergangsprojekts lag weniger auf dem Entscheidungsprozess als vielmehr auf den Übergangserfahrungen. Somit rücken Kinder als Informationsquellen stärker ins Zentrum der Befragung. Ziel war es, die Schüler- und Elternsicht zu Übergangsfragen ebenso zu berücksichtigen wie die der Lehrerinnen und Lehrer. Im Mittelpunkt standen Analysen von schulischen und außerschulischen Lernerfahrungen sowie von Bildungsvorstellungen aus Kinder- und aus Elternsicht am Ende der Grundschul- und zu Beginn der Sekundarschulzeit. Als ein Ergebnis lässt sich festhalten, dass Schüler wie auch Eltern in Bezug auf den kindlichen Bildungsweg sehr präzise Vorstellungen und Erwartungen haben. Neben vielfältigen Überlegungen, die am Ende der Grundschulzeit bei Eltern und Kindern in den Entscheidungsprozess einfließen, haben vor allen der soziale Status der Herkunftsfamilie und der eigene Bildungsstand der Eltern eine differenzierte Bedeutung (Büchner/Koch 2001, S. 144ff).

Zusammenfassend kann festgehalten werden, dass sich in vielen bildungssoziologischen Studien, die in den letzten drei Jahrzehnten zum Übergang von der Grundschule in die Sekundarstufe I durchgeführt worden sind, immer wieder folgende Faktoren als erfolgreiche Prädiktoren der Bildungswahl erwiesen haben: Sozialschichtzugehörigkeit, Berufsklasse, familiärer Hintergrund, ökonomische Lage, Schulwünsche der Eltern, Leistung der Kinder, Einflüsse der Peer Group, Interaktionen zwischen Elternhaus und Schule, Informiertheit über das Bildungssystem, positive Einstellung zur Bildung, Bildungsmotivation, Lehrerempfehlung, institutionelle Rahmenbedingungen und regionale Faktoren.[4]

## 2.3 Hypothesen und Fragestellungen

Im Zusammenhang mit der Schullaufbahnwahl gegen Ende der Grundschulzeit stehen für uns drei Fragestellungen im Vordergrund:
*(a) Schulwunsch und Wirklichkeit:*
Wie sehr stimmen Schulwunsch bzw. die Bildungsaspiration der Eltern und die tatsächlich vom Kind besuchte Schulform überein und von welchen Hintergrundfaktoren ist diese Übereinstimmung von elterlicher Aspiration und schulischer Wirklichkeit abhängig?
*(b) „Informiertheit":*
Bildungsfernen Eltern wird oft eine mangelnde Informiertheit über das (weiterführende) Schulsystem unterstellt. Dabei wird angenommen, dass, je mehr jemand über das Bildungssystem weiß, es ihm umso leichter fällt eine Bildungsentscheidung mit alle ihren Folgen und Nebenfolgen für sein Kind zu treffen (Becker 2000). Unsere zentrale Fragestellung lautet deshalb: Lassen sich Unterschiede in der Informiertheit in schulischen Angelegenheiten zwischen Eltern aus verschiedenen sozialen Schichten empirisch nachweisen und hat dieser Umstand letztlich Auswirkungen auf den Bildungswunsch der Eltern?
*(c) Hintergrundfaktoren der Bildungswahl:*
Welche weiteren Faktoren beeinflussen den Bildungswunsch von Eltern und Kindern? Mit dieser Fragestellung werden sowohl sozialstrukturelle Indikato-

---

[4] Andere empirische Arbeiten (vgl. Becker 1998, 1999; Lauterbach/Lange 1998) zum ersten Bildungsübergang mit den Daten des Sozio-ökonomischen Panels (SOEP) beschäftigen sich mit den Auswirkungen materieller Armut auf die Bildungsentscheidung am Übergang in die Sekundarstufe I (für einen Überblick siehe Kristen 1999, S. 38ff). Weitere neuere empirische Arbeiten konzentrieren sich auf die empirische Überprüfung entscheidungs- und handlungstheoretischer Modelle zur Erklärung früher Bildungsungleichheiten (u. a. Stocké 2006; Becker 2004; Jonsson/Erikson 2000).

ren, die sozioökonomische Situation, statusrelevante Variablen (wie schulische Bildung, Einkommen, Beruf) als auch unterschiedliche Motive, die für die Schulwahl wichtig sein könnten, betrachtet und getrennt für Mütter, Väter und Kinder untersucht.

## 3. Empirische Analysen

### 3.1 Datengrundlage

In den folgenden Analysen beschränken wir uns auf die ältere Kohorte des Kinderpanels. Basis der Modellrechnungen bilden stets die Angaben der Mütter und die dazugehörigen Kinderinterviews. Diese werden – wo dies möglich ist – komplettiert bzw. verglichen mit den Väterangaben. Allerdings liegen nicht für alle in einer Partnerschaft lebenden Mütter auch Väterangaben vor. Für die Analysen kompletter Familien verbleiben 511 Mütter und Kinder im Datensatz. Die Kinder besuchten zum Zeitpunkt des Interviews die Jahrgangsstufe 5 oder 6. Die Datenstruktur lässt sich durch folgende zwei Tabellen veranschaulichen. Tabelle 1 gibt – unabhängig von den Bildungswünschen der Eltern – Auskunft über die momentan besuchte Schulform der Kinder. Etwa die Hälfte besucht das Gymnasium, während sich die andere Hälfte überwiegend auf der Realschule befindet. Nur etwa 12% der befragten Kinder besuchen eine Hauptschule.[5]

Tab. 1: Schulbesuch der Kinder

|  | Häufigkeit | Prozent |
|---|---|---|
| Hauptschule | 63 | 12,3 |
| Realschule | 181 | 35,4 |
| Gymnasium | 267 | 52,3 |
| Gesamt | 511 | 100,0 |

Quelle: DJI-Kinderpanel, eigene Berechnungen

---

[5] Bei Kindern, die eine Gesamtschule (N=60) oder eine Haupt- und Realschule (N=13) besuchen, wurde zusätzlich der besuchte Schulzweig erfragt, so dass man einen Großteil dieser Schüler der Hauptschule, der Realschule oder dem Gymnasium zuweisen konnte. Bei den Kindern, die eine erweiterte Realschule, Mittel-, Regel-, Sekundar- oder Regionalschule besuchen (N=22), war dies nur teilweise möglich.
 Für eine Panelstudie nicht überraschend ist, dass die Daten im Zeitverlauf systematische selektive Ausfälle aufweisen. Diese Ausfälle beziehen sich überwiegend auf bildungsniedrigere Gruppen. Auch das Kinderpanel weist einen Mittelschichtbias auf, was in der geringen Zahl von Hauptschülern deutlich wird.

Zum Zeitpunkt der Befragung (3. Welle, September 2005) besuchten drei Viertel der Kinder die Jahrgangsstufe 6 und das restliche Viertel die Jahrgangsstufe 5. Der Schulwechsel lag für die Mehrheit der Kinder zu diesem Zeitpunkt schon ein Jahr zurück.

Tab. 2: Klassenstufe der Kinder

|  | Häufigkeit | Prozent |
| --- | --- | --- |
| 5. Klassenstufe | 151 | 29,5 |
| 6. Klassenstufe | 360 | 70,5 |
| Gesamt | 511 | 100,0 |

Quelle: DJI-Kinderpanel, eigene Berechnungen

### 3.2 Verwendete Variablen

*(a) Abhängige Variable: Bildungswunsch der Eltern*
Ziel der vorliegenden Analyse ist es, Hintergründe elterlicher Bildungsentscheidungen herauszuarbeiten und somit Ursachen für den Entscheidungsprozeß zu verdeutlichen. Bildungsentscheidungen werden dabei als Familienentscheidungen verstanden. Gerade durch die Befragung von Müttern, Vätern und Kindern bietet das Kinderpanel die Chance, Bildungswünsche dieser drei Gruppen separat voneinander zu betrachten und auf mögliche Unterschiede hin zu analysieren.[6]

*Bildungswunsch der Eltern*: Gefragt nach dem späteren Bildungswunsch, wurde beiden Elternteilen im Wortlaut folgende Frage gestellt:
*„Einmal angenommen, es ginge allein nach Ihren Wünschen: welchen Schulabschluss sollte (Zielkind) später einmal erreichen?"* (Antwortmöglichkeiten: Hauptschulabschluss (1,4%), Qualifizierter Hauptschulabschluss (1,2%), Realschulabschluss/Mittlere Reife (27,7%), Fachhochschulreife (5,1%), Abitur (64,7%))[7]

*Bildungswunsch des Kindes*: Die Frage an die zehn- bis elfjährigen Kinder wich von der Elternfrage im Wortlaut ab, da nicht nach dem Wunsch des

---

[6] Da im DJI-Kinderpanel die Bildungsaspirationen der Eltern retrospektiv erhoben wurden, kann nur mehr auf die vorhergehende Entscheidungssituation geschlossen werden. Eine Befragung der Eltern vor der Bildungsentscheidung hätte den Vorteil gehabt, dass sich Eltern mit der bevorstehenden Entscheidung direkt beschäftigen müssen. Eine im Nachhinein möglicherweise stattfindende Annäherung der ursprünglichen Bildungsaspiration der Eltern an den vom Kind realisierten Übertritt hätte ausgeschlossen werden können.

[7] Die Häufigkeitsangaben geben den Bildungswunsch der Mütter wieder.

späteren Schulabschlusses gefragt wurde, sondern nach der Schulform, auf die das Kind im Anschluss an die Grundschule gerne gegangen wäre:

*"Einmal angenommen, es wäre allein nach Deinen Wünschen gegangen, welche Schule hättest Du dann nach der Grundschule besuchen wollen?"* (Antwortmöglichkeiten: Hauptschule (5,7%), Realschule (27,0%), Gymnasium (55,3%), Gesamtschule (7,2%), Haupt- und Realschule (0,8%), erweiterte Real-, Mittel-, Regel- Sekundar-, Regionalschule (2,7%) Ich hatte keinen bestimmten Schulwunsch (1,0%), etc.).[8]

*(b) Unabhängige Variablen: Hintergrundfaktoren (elterlicher) Bildungswünsche*
Die in der Analyse zur Erklärung der Bildungsentscheidung herangezogenen Merkmale können in drei Gruppen aufgeteilt werden: individuelle Einflussfaktoren seitens der Familie, determinierende Bedingungen seitens der Schule sowie auf Aggregatebene Einflüsse des räumlichen Wohnumfeldes. Zunächst werden die individuellen Einflussfaktoren seitens der Familie kurz erläutert.

*Höchster Schulabschluss im Haushalt*: Wenn Angaben von Mutter und Vater vorlagen, wurde der höhere Schulabschluss herangezogen. Wenn nur Angaben der Mutter vorlagen, wurde der Schulabschluss der Mutter verwendet. Als höchsten Schulabschluss weisen 18% der Familien einen Hauptschulabschluss auf, 35% einen Realschulabschluss und 47% die Hoch- bzw. Fachhochschulreife.

*Armutsindikator*: Auf der Basis der neuen OECD-Skala gibt dieser Indikator in einer Dreierabstufung über die Armutslage der Familien Auskunft. Familien, die maximal über 40% des durchschnittlichen Äquivalenzeinkommens verfügen, leben in strenger Armut (7%). Stehen einem Haushalt die Hälfte bzw. 60% des durchschnittlichen Äquivalenzeinkommens zur Verfügung, so spricht man von armen (14%) bzw. armutsgefährdeten (25%) Familien.

*Sozioökonomischer Status*: In den sozioökonomischen Status fließen drei Variablen ein: Haushaltseinkommen, höchster Schulabschluss von Vater/Mutter und die höhere berufliche Position von Vater/Mutter. Von den 511 untersuchten Familien wurden 8% der Unterschicht zugewiesen, 19% der unteren Mittelschicht, 38% der mittleren und 25% der oberen Mittelschicht. 10% der Familien wurden der Oberschicht zugeordnet.

*Berufsprestige nach Goldthorpe*: Selbst in seiner reduzierten Form erwies sich das Schema für die vorliegende Untersuchung als zu detailliert (Erik-

---

[8] Für die multivariaten Analysen wurde die abhängige Variable so kodiert, dass die Kategorie 1 stets mit Gymnasium/Abitur belegt wurde und die Kategorie 0 mit den verbleibenden niedrigeren Schulformen bzw. -abschlüssen.

son/Goldthorpe 1992). Um einerseits der geringen Fallzahl einzelner Kategorien in der Stichprobe gerecht zu werden und um andererseits die Analysen überschaubar zu halten, wurden die ursprünglich 7 Berufsgruppen zu fünf Kategorien zusammengefasst: Obere Dienstleistungsklasse (11%), untere Dienstleistungsklasse/leitende Arbeiter (44%), Selbständige (9%), ausführende nicht manuelle Berufe (23%) sowie gelernte, an- und ungelernte Arbeiter (13%).

*Bildungswahlmotive der Eltern*: Mütter und Väter wurden identisch nach wichtigen Gründen der Bildungsentscheidung für ihr Kind gefragt. Dabei wurden verschiedene Aspekte nach ihrer Wichtigkeit abgefragt: die Grundschulnoten des Kindes, die Nähe der Schule zur Wohnung, die finanzielle Belastung durch den Schulbesuch, die kognitive Überforderung des Kindes, die über den Schulabschluss vermittelte Vielfalt der beruflichen Möglichkeiten sowie eine später einmal gute finanzielle Situation des Kindes.

*Schulkontakt*: Hier wird der Informationsgrad der Eltern über das Schulsystem gemessen. Der Indikator setzt sich aus drei Variablen – die in verschiedenen Wellen erhoben wurden – zusammen: Erstens die Häufigkeit der Gespräche der Eltern mit den Lehrern, zweitens die Häufigkeit des Besuchs von Elternabenden sowie drittens die Mitwirkung der Eltern an Aktivitäten der Schule.

Die als determinierende Bedingungen seitens der Schule genannten Bedingungen wurden im Elternfragebogen erfragt.

*Durchschnittsnote des Kindes*: Die Durchschnittsnote der Kinder wurde als Mittelwert aus der Deutsch- und Mathematiknote in der Jahrgangsstufe 3 bzw. 4 der Grundschule berechnet.

Auf Aggregatebene kommen Einflüsse der Wohnregion in Betracht, die für das Zustandekommen unterschiedlicher Bildungswünsche bedeutsam sind (Ditton 1992, 2006).

*Urbanitätsindex*: Dieser Indikator teilt die Landkreise und kreisfreien Städte Deutschlands in unterschiedlich stark verdichtete Regionen auf. Dabei werden gering verdichtete Regionen (bis 300 Einwohner/Quadratkilometer), Regionen mit mittlerer (ab 300 bis 1.200 Einwohner/Quadratkilometer) und starker Verdichtung (über 1.200 Einwohner/Quadratkilometer) unterschieden.

*Soziale und wirtschaftliche Lage der Region*: Um Analysen zu diesem sozial-geografischen Aspekt vornehmen zu können, wurde auf einen Indikator zurückgegriffen, der auf Kreisebene anhand der Bildungssituation (Abiturientenquote minus Schulabgängerquote ohne Abschluss), der Arbeitslosenquote sowie der Quote von Sozialhilfeempfängern und der Finanzkraft der Kommu-

## 4. Ausgewählte empirische Ergebnisse

### 4.1 Explorative Analysen

*(a) Schulwunsch und Wirklichkeit*

In einer ersten explorativ-statistischen Betrachtung wird zunächst der Frage nachgegangen, wie sehr der Schulwunsch der Eltern und die vom Kind tatsächlich besuchte Schulform übereinstimmen. Abbildung 1 stellt diesen Zusammenhang graphisch dar.[10] Das Ergebnis ist nicht überraschend und entspricht den Ergebnissen bisheriger bildungssoziologischer Forschung: Die ganz überwiegende Mehrheit der Kinder tritt nach der Jahrgangsstufe 4 der Grundschule auf eine Schulform über, die der Bildungsaspiration der Eltern entspricht. Dies gilt sowohl für Kinder, deren Eltern sich einen Hauptschulabschluss wünschen, als auch für Kinder, deren Eltern einen mittleren Abschluss oder das Abitur präferieren. Die Übereinstimmung zwischen Wunsch und Wirklichkeit ist besonders hoch bei Eltern, die sich einen Hoch- bzw. Fachhochschulabschluss für ihr Kind wünschen.[11] Allerdings erlauben die Daten keine Aussage darüber, wie häufig die Schulabschlüsse der Kinder langfristig den Aspirationen der Eltern entsprechen werden. So kann ein Teil der aktuellen Haupt- und Realschüler, die den Wünschen der Eltern (noch) nicht gerecht werden, zu einem späteren Zeitpunkt auf eine Realschule bzw. Gymnasium wechseln. Auf der anderen Seite ist denkbar, dass ein Teil der Gymnasiasten, die den Schulwunsch der Eltern aktuell gewissermaßen übererfüllen das Gymnasium nach der 10. Jahrgangsstufe verlassen werden.

---

[9] Eine ausführliche Beschreibung findet sich bei Steinhübl (2005).
[10] In den Analysen betrachten wir in der Regel den von den Müttern gewünschten Schulabschluss, da Väterangaben oftmals fehlen. Sind diese vorhanden, stimmen die Bildungswünsche beider Eltern in hohem Maß miteinander überein (Spearman-Rho .605**).
[11] Für Eltern mit der Aspiration Hauptschulabschluss ist wegen der geringen Fallzahl keine gesicherte Aussage möglich.

Bildungswünsche von Eltern und Kindern im Vergleich 305

Abb. 1: Bildungsaspiration der Mutter und tatsächlich besuchte Schulform des Kindes (Angaben in %)

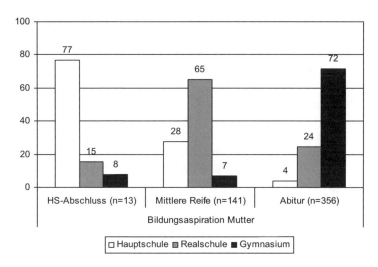

Quelle: DJI-Kinderpanel, tau-b .60***, eigene Berechnungen

Doch Wunsch und Wirklichkeit fallen mitunter auch weit auseinander. Die sich aufdrängende Anschlussfrage lautet deshalb, wie hoch der Prozentsatz der Übereinstimmung zwischen den „idealistischen" und „realistischen" Bildungsvorstellungen der Eltern ist. Von den insgesamt 510 Kindern erfüllen etwa 70% die elterlichen Bildungsvorstellungen. Sie sind auf einen Schultyp übergetreten, der in Übereinstimmung mit den Bildungswünschen der Eltern steht. In nur ganz wenigen Fällen übertreffen die Kinder den Bildungswunsch ihrer Eltern. 3% der Kinder besuchen eine Schulform, die zu einem höheren als von den Eltern gewünschten Schulabschluss führen wird. Immerhin 27% der Kinder werden den Schulwünschen der Eltern (noch) nicht gerecht. Hier wünschen sich Eltern einen höheren Abschluss, als es die aktuelle vom Kind besuchte Schulform erwarten lässt.

Explorative Analysen zur Entsprechung des Schulwunsches und der tatsächlich besuchten Schulform nach sozialer Schicht ergaben, dass sich Kinder aus der Unterschicht bzw. unteren Mittelschicht im Vergleich zu Kindern aus der oberen Mittelschicht und Oberschicht signifikant häufiger auf einer Schulform befinden, die nicht mit dem elterlichen Schulwunsch übereinstimmt (Kontingenzkoeffizient: .21***). Dieser signifikante Befund gilt auch für den höchsten Bildungsstand im Haushalt. Je niedriger der Schulabschluss im Haushalt, desto höher ist der Anteil von Kindern, die dem Schulwunsch der

Mutter nicht gerecht werden und diesen unterschreiten (Kontingenzkoeffizient: .26**). Diese Ergebnisse können passend in die bisherige bildungssoziologische Forschung eingeordnet werden. Es wird angenommen, dass Eltern bildungsferner Schichten oft ambitionierte Bildungswünsche an ihre Kinder herantragen, die diese dann – u. a. wegen mangelnder materieller und immaterieller Ressourcenausstattung – nicht erfüllen können (Ditton 2006; Gisdakis 2007).

*(b) Grad der „Informiertheit"*
Im Folgenden soll geprüft werden, ob Unterschiede im Schulkontakt der Eltern (Mütter) nach sozialer Schicht bestehen. Bildungstheoretische Annahmen gehen davon aus, dass mit der Höhe des Bildungsniveaus der Eltern, deren Informationsgrad über das Schulgeschehen und damit alternative Wahlmöglichkeiten der Bildungswege ihrer Kinder zunehmen. Folglich wirkt sich eine größere Bildungsdistanz der Eltern negativ auf deren Informationsaktivität zur Abklärung der Schulwahl aus. Schließlich ist das Bemühen, Informationslücken zu schließen, eher für bildungsnahe Familien charakteristisch (Bolder 1978, S. 157ff). In einer ersten explorativen Betrachtung wird deutlich, dass mit dem Bildungshintergrund der Familie (höchster Schulabschluss der Eltern) die Informiertheit über das Schulgeschehen zunimmt (vgl. Abbildung 2).

Abb. 2:   Schulkontakt der Eltern nach Bildungsstand (Angaben in %)

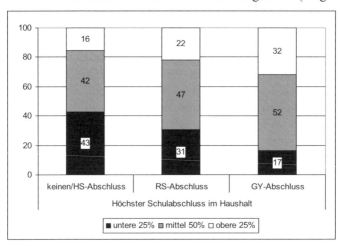

Quelle: DJI-Kinderpanel, tau-b .20*, eigene Berechnungen

Ein T-Test bestätigt diesen signifikanten Unterschied für Familien mit dem Bildungshintergrund Abitur gegenüber Familien mit Hauptschul- oder Realschulabschluss, nicht aber beim Vergleich zwischen Familien mit Hauptschul- und solchen mit Realschulabschluss. Aus diesem Ergebnis wird ersichtlich, dass sich Familien mit Haupt- und Realschulabschluss in ihrem Informationsverhalten ähnlich sind.

*(c) Hintergrundfaktoren der Bildungswahl*
Interessant erscheint es aber, auf die wichtigsten Aspekte bei der Schulformwahl aus Elternsicht einzugehen. Auf einer vierstufigen Skala sollten die Eltern verschiedene Aspekte hinsichtlich ihrer subjektiven Bedeutsamkeit für die Schulwahl beurteilen. Je niedriger der Wert, desto wichtiger ist das jeweilige Motiv für die Wahl der Schulform. In Tabelle 3 sind die Mittelwerte für Mütter und Väter und differenziert nach dem jeweiligen sozialen Status dargestellt. Zunächst werden dabei die Angaben der Väter mit denen der Mütter verglichen (T-Test). In einem zweiten Schritt werden die Motive innerhalb der Teilgruppe der Mütter und innerhalb der Teilgruppe der Väter getrennt nach Unterschicht und Oberschicht verglichen (Kolmogorov-Smirnov-Test). Sowohl für Väter wie auch für Mütter sind die *Noten bzw. Schulleistungen des Kindes* für die Schulwahlentscheidung wichtig (M=1.66 bzw. 1.76), wie auch der *Wunsch des Kindes*, auf diese Schule zu gehen (M=1.57 bzw. 1.77). Auch der Wunsch der Eltern, dass das *Kind später ein gutes Einkommen* haben soll, beeinflusst die Wahl der Schulform stark (M=2.02 bzw. 2.18). Darüber hinaus ist für die Schulwahlentscheidung von Bedeutung, ob der Schulbesuch auf Dauer finanziell stark belastet (M=3.21 bzw. 3.44). Ob das Kind mit Freunden aus der Grundschule zusammenbleibt (M=2.74 bzw. 2.85) oder ob Geschwister bereits diese Schulform besuchen (M=2.85 bzw. 2.94) ist für das Wahlverhalten der Eltern wenig bedeutsam.

Das Motiv „*Schulbesuch belastet auf Dauer finanziell nicht zu stark*" bewerten Mütter und Väter insgesamt ähnlich, jedoch zeigen sich in Abhängigkeit von der sozialen Schicht signifikante Unterschiede in der Bewertung. Eltern der unteren Schicht berücksichtigen die (antizipierte) finanzielle Belastung bei der Wahl der Schulform stärker als dies Eltern oberer sozialer Schichten tun. Dass *jemand aus der Familie bei Hausaufgaben helfen* kann, ist für Väter der Unterschicht signifikant wichtiger als für Väter der Oberschicht. Dass das *Kind später ein gutes Einkommen* haben soll, hat für Väter aus der Unterschicht signifikant mehr Bedeutung als für Väter der Oberschicht. Aus diesen Ergebnissen lässt sich ablesen, dass sich die Schulwahl-Motive weniger nach dem Geschlecht unterscheiden, sondern vielmehr schichttypische Muster aufweisen.

Tab. 3: Wichtigkeit verschiedener Motive der Schulformwahl für Mütter und Väter, differenziert nach sozialer Schicht (Darstellung der Mittelwerte)

| | Mütter (Mittelwert) | | | Väter (Mittelwert) | | |
|---|---|---|---|---|---|---|
| | | US | OS | | US | OS |
| Noten bzw. Schulleistungen | 1.66* | 1.57 | 1.68 | 1.76* | 1.63 | 1.84 |
| Nähe der Schule zur Wohnung | 2.66* | 2.65 | 2.65 | 2.80* | 2.85 | 2.87 |
| Schulbesuch belastet auf Dauer finanziell nicht zu stark | 3.21** | 2.92*** | 3.36*** | 3.44** | 3.06*** | 3.70*** |
| Jemand aus Familie kann bei Hausaufgaben helfen | 2.81 | 2.67 | 2.91 | 2.89 | 2.38*** | 3.16*** |
| Kind wird in Schule nicht überfordert | 1.98** | 1.90 | 2.01 | 2.17** | 1.89 | 2.28 |
| Kind bleibt mit Freuden aus der Grundschule zusammen | 2.74 | 2.67 | 2.79 | 2.85 | 2.87 | 2.84 |
| Geschwister besuchen schon diese Schule | 2.85 | 3.22 | 3.22 | 2.94 | 3.00 | 2.86 |
| Wunsch von Zielkind auf diese Schule zu gehen | 1.57*** | 1.79 | 1.49 | 1.77*** | 1.89 | 1.72 |
| Urteil des Lehrers/der Lehrerin | 2.07 | 2.06 | 1.99 | 2.02 | 1.98 | 2.17 |
| Kind sollen später alle beruflichen Möglichkeiten offen stehen | 1.56 | 1.63 | 1.51 | 1.57 | 1.53 | 1.56 |
| Kind soll später ein gutes Einkommen haben | 2.02** | 1.82 | 2.07 | 2.18** | 1.89* | 2.32* |

Quelle: DJI-Kinderpanel, eigene Berechnungen, US: Unterschicht, OS: Oberschicht, *** p≤.000, **p≤.01, *p≤.05

## 4.2 Multivariate Analysen

Nach einer ersten bivariaten Betrachtung der Hintergrundfaktoren für den elterlichen Bildungswunsch, soll jetzt in einer logistischen Regression die Erklärungskraft ausgewählter Variablen überprüft werden. Dabei werden nicht nur die Bildungswünsche der Eltern, getrennt für Väter und Mütter, analysiert, sondern auch die der Kinder. Welche Faktoren beeinflussen den Bildungs- bzw. Schulwunsch von Eltern und Kindern? In Betracht gezogen werden auf Aggregatebene Einflüsse der Wohnregion, der Familien, individuelle Einflussfaktoren seitens der Eltern sowie determinierende Bedingungen der Schule. Tabelle 4 zeigt logistische Regressionen für die – in der Regel – am Entscheidungsprozess Beteiligten: Mütter, Väter und Kinder. Die drei Modelle sind so modelliert, dass für Mütter und Väter die Wahrscheinlichkeit geschätzt wird, dass das Kind am Ende seiner Schulkarriere die Fach- bzw. Hochschulreife erreicht haben soll, und für Kinder die Wahrscheinlichkeit, dass nach der Grundschule der Wechsel auf ein Gymnasium gewünscht wurde.

Tab. 4: Logistische Regression Bildungswunsch Abitur (Odds-Ratio)

| | Mütter | Väter | Kinder |
|---|---|---|---|
| **Soziale und wirtschaftliche Situation der Region** | | | |
| Belastet | 2.513* | 2.274 | .325* |
| Durchschnittlich | 1.563 | 1.807 | .944 |
| Privilegiert | 1 | 1 | 1 |
| | | | |
| **Notendurchschnitt** | .251*** | .434* | .206*** |
| **Schulkontakt** | 1.075 | 1.070 | - |
| | | | |
| **Armutslage** – armutsgefährdet | .486* | .638 | 1.446 |
| **Motiv**: Schulwunsch Kind | 2.091† | 2.074 | - |
| | | | |
| **Motiv**: Berufliche Möglichkeiten | 1.506 | .479 | - |
| **Schulwunsch** Mutter | - | - | 3.485* |
| **Schulwunsch** Vater | - | - | 4.751* |
| | | | |
| **Soziale Schicht**[12] – Unterschicht | .576† | .581 | .334* |
| **Soziale Schicht** – Mittelschicht | 1 | 1 | 1 |
| **Soziale Schicht** – Oberschicht | 2.862* | 5.544** | 1.728 |
| | | | |
| Cox und Snell R-Quadrat | .289 | .199 | .397 |
| Nagelkerkes R-Quadrat | .409 | .309 | .545 |

Quelle: DJI Kinderpanel, eigene Berechnungen, N=395 (Mütter), N=234 (Väter), N=235 (Kinder),
*** p≤.000, **p≤.01, *p≤.05, †p≤.10

Die *soziale und wirtschaftliche Region*, in der eine Familie lebt, zeigt ihren Einfluss nur in der Modellschätzung für Mütter und für Kinder. Überraschend ist, dass Mütter in belasteten Regionen gegenüber privilegierten Regionen eine höhere Wahrscheinlichkeit aufweisen, für ihre Kinder den Bildungswunsch Abitur anzugeben. Die soziale und wirtschaftliche Lage der Region ist ein Spiegelbild für die gesellschaftlichen Verhältnisse, in die die Menschen eingebettet sind. Mütter, die in belasteten Gegenden leben, sind sich

---

[12] Eine alternative Verwendung des EGP-Klassenschemas als Statusindikator brachte keinen Zugewinn an Varianzaufklärung.

möglicherweise aufgrund ihrer Alltagserfahrungen in besonderem Maße der hohen Bedeutung des Schulabschlusses für den beruflichen Lebensweg ihrer Kinder bewusst. Die hohe Bildungsaspiration kann dann als Hoffnung verstanden werden, dass ein hoher Schulabschluss es den Kindern erlauben wird, die sozial und wirtschaftlich belastete Region zu verlassen. Werden Kinder selbst befragt, dreht sich dieser Effekt um. Kinder aus belasteten Regionen zeigen im Vergleich zu Kindern aus privilegierten Regionen eine geringere Wahrscheinlichkeit für den Wunsch ein Gymnasium zu besuchen.

Mit Blick auf die schulischen Einflussfaktoren der Bildungsentscheidung zeigt sich, dass ein schlechter *Notendurchschnitt* des Kindes – sowohl in der Modellschätzung für Mütter, Väter wie auch Kinder – die Wahrscheinlichkeit reduzieren, den Bildungswunsch Abitur zu äußern. Mit höherer Schichtzugehörigkeit nimmt in der Regel die Wahrscheinlichkeit auf gute schulische Leistungen zu (primäre Effekte). Andererseits gehen Unterschiede in der Bildungsbeteiligung auf die Belastung durch Bildungskosten (und die nach Schichtzugehörigkeit variierenden Bildungserträge) zurück (sekundäre Effekte). Unzureichende schulische Leistungen schränken die Bildungswahl vor allem in einzelnen Bundesländern stark ein. Familien besitzen aber dennoch bedeutsame Entscheidungsalternativen (Goldthorpe 1996, S. 490).

In der multivariaten Analyse verliert der – in der bivariaten Analyse näher beschriebene – Indikator *„Schulkontakt der Eltern"* seine Einflusskraft. Möglich ist, dass dieser Indikator mit den zur Verfügung stehenden Variablen – Häufigkeit Lehrergespräch, Häufigkeit Elternsprechtag, Mitwirkung Schulveranstaltungen – nicht adäquat operationalisiert werden konnte.

Mütter aus *armutsgefährdeten Familien* (diese Familien verfügen über weniger als 60% des durchschnittlichen Äquivalenzeinkommens) haben eine geringere Wahrscheinlichkeit, für ihre Kinder das Abitur als Schulabschluss zu präferieren. Ungleichheit in der Bildungsbeteiligung resultiert aus Unterschieden in den antizipierten Kosten und dem Nutzen der Bildung, die in Abhängigkeit von der Position im Statussystem variieren. Monetäre Bildungskosten belasten die Familien unterschiedlich stark und wiegen in Familien mit geringerem Einkommen schwerer (Boudon 1974). In der Modellschätzung für Kinder zeigt sich dieser Effekt nicht. Ursächlich hierfür ist, dass Kinder in jungen Jahren weder die finanziellen Ressourcen der Familie kennen noch Zugang zu ihnen haben (Blossfeld/Shavit 1993, S. 9). Die finanzielle Situation der Familie ist deshalb bedeutungslos für die von ihnen präferierte Schulform. Auch in der Modellschätzung für die Väter hat eine armutsgefährdende Einkommenssituation keinen erklärungskräftigen Einfluss auf die Bildungsaspiration Abitur.

Die Eltern wurden auch nach verschiedenen *Motiven für den von ihnen gewünschten Schulabschluss* ihrer Kinder gefragt. Während in explorativen Analysen sowohl „der Wunsch des Kindes selbst, diese Schulform zu besuchen" wie auch der Wunsch danach, „dass dem Kind später alle beruflichen Möglichkeiten offen stehen" bedeutsam war, verlieren beide Motive in der multivariaten Analyse ihre Einflusskraft. Vermutlich werden beide Motive durch den sozioökonomischen Status der Familien überdeckt.

Bezogen auf die *Schichtzugehörigkeit* gilt für Mütter wie auch für Väter, dass sich die Wahrscheinlichkeit auf den Bildungswunsch Abitur mit der Zugehörigkeit zur oberen Mittelschicht bzw. Oberschicht erhöht und mit der Zugehörigkeit zur unteren Mittelschicht bzw. Unterschicht abschwächt. Dabei haben Eltern mit Realschul- oder Hauptschulabschluss eine geringe Wahrscheinlichkeit für den Bildungswunsch Abitur, als Eltern, die selbst das Abitur gemacht haben. Die Wahl eines niedrigeren Schulabschlusses für ihre Kinder würde für die Gruppe der Eltern mit Abitur einen sozialen Abstieg bedeuten. Ihre Kinder würden dann Gefahr laufen, eine Position, die unterhalb der Statusposition der Eltern liegt einzunehmen (Breen/Goldthorpe 1997). Interessant erscheint auch, dass Kinder aus unteren sozialen Schichten im Vergleich zu Kindern aus höheren sozialen Schichten, weniger häufig aufs Gymnasium wollen.

Zum Schluss wird der Einfluss des *elterlichen Bildungswunsches* auf den Schulwunsch der Kinder betrachtet. Festzuhalten ist hier, dass der Wunsch der Kinder auf eine bestimmte Schulform zu gehen, entscheidend von den Bildungsvorstellungen der Eltern bestimmt wird (vgl. Meulemann 1985, S. 257).

## 5. Schlussfolgerungen und Diskussion

Mit diesen Analysen sind drei sich ergänzende Fragestellungen verfolgt worden: Zuerst wurde der Frage nachgegangen, wie sehr Wunsch (Schulwunsch der Eltern) und Wirklichkeit (tatsächlich vom Kind besuchte Schulform) übereinstimmen. In einem zweiten Schritt wurde die Frage verfolgt, ob und wie sich der elterliche Schulkontakt auf die Bildungsentscheidung auswirkt. Und schliesslich war die Frage zentral, welche Faktoren den Bildungswunsch von Müttern, Vätern und Kindern beeinflussen.

Zunächst kann festgehalten werden, dass Wunsch und Wirklichkeit bezüglich der elterlichen Vorstellungen der Bildungslaufbahn und der tatsächlich von den Kindern besuchten Schulform insgesamt recht gut übereinstimmen:

Zwei Drittel der Kinder besuchen in der 5. und 6. Jahrgangsstufe eine Schulform, die direkt zu dem von den Eltern gewünschten Schulabschluss führt. Aber immerhin 1/3 besuchen zu Beginn der Sekundarstufe I eine Schulform, die unterhalb des gewünschten Bildungsniveaus liegt. Vor allem bei sozial niedrigen Schichten klaffen Wunsch und Wirklichkeit weit auseinander. Dass Kinder eine Schulform besuchen, die zu einem höheren als von den Eltern gewünschten Schulabschluss führt, kommt fast nicht vor. Nur bei etwa 3% der Kinder ist dies zu Beginn der Sekundarstufe I der Fall.

Mit Blick auf die zweite Fragestellung kann festgehalten werden, dass die Unterschiede im Grad der Informiertheit (Schulkontakt) für sich betrachtet zwischen bildungsnahen und bildungsfernen Gruppen variieren. Der Grad der Informiertheit über schulisches Geschehen hat in den drei Regressionsmodellen keinen Einfluss auf die Erklärung der Bildungswünsche von Eltern gehabt. Zwei inhaltliche Überlegungen sind hier plausibel: Eltern treffen die Bildungsentscheidung ohne zusätzliche schulische Informationen einzuholen. Oder: Dieses entscheidungsrelevante Wissen bringen die Eltern durch ihren eigenen Bildungshintergrund schon mit.

Schliesslich bestätigen die multivariaten Analysen eine Reihe klassischer Faktoren, die den Bildungswunsch von Eltern und Kindern beeinflussen. Als wichtige Einflussgröße ist zunächst die soziale und wirtschaftliche Lage der Region zu nennen. Speziell in belasteten Regionen schlägt ein (idealistischer) hoher Bildungswunsch durch. Einschränkend ist darauf hinzuweisen, dass sozialstrukturelle Einflüsse eine wichtige Größe sind, eine eigentliche Erklärung von Bildungsungleichheit aber erst durch den Einschluss individueller unabhängiger Variablen erfolgt. Für die soziale Schicht zeigt sich, dass mit der Höhe der Schichtzugehörigkeit die Wahrscheinlichkeit steigt, dass Eltern das Abitur als den für ihre Kinder adäquaten Schulabschluss wünschen. Betrachtet man den Bildungsstand der Eltern unabhängig von der sozialen Schicht, so wünschen Eltern, die selbst das Abitur erreicht haben, für ihre Kinder besonders häufig diesen Schulabschluss, gefolgt von Eltern mit Realschulabschluss. Die Schulleistung des Kindes (gemessen an den Schulnoten) fällt für die Bildungsentscheidung insofern ins Gewicht, als schlechte Schulnoten die Wahrscheinlichkeit auf den Bildungswunsch Abitur verringern. Schließlich haben Bildungsentscheidungen immer auch mit Kosten zu tun. Folglich kann es nicht überraschen, dass zumindest aus Sicht der Mütter die Wahrscheinlichkeit auf den Bildungswunsch Abitur sinkt, wenn Familien in Armutsnähe leben. Interessant ist auch das Ergebnis, dass die Schulwünsche der Kinder in hohem Maße mit den elterlichen Bildungsvorstellungen übereinstimmen. Wünschen sich Mütter und/oder Väter das Abitur für ihren

Nachwuchs, geben Kinder häufiger an, nach der Grundschule auf ein Gymnasium gehen zu wollen. Ob ein Kind im Anschluss an die Grundschule auf eine Hauptschule, Realschule oder ein Gymnasium wechselt, hängt nicht nur von dessen schulischen Leistungen ab, sondern wird maßgeblich durch die Bildung der Eltern sowie deren ökonomischer und sozialer Lage beeinflusst. Aus diesem Ergebnis können zwei zentrale Schlussfolgerungen gezogen werden. Erstens: Eine erfolgreiche Schul- und Bildungspolitik hat nur begrenzten Einfluss auf das Übertrittsgeschehen. Will man die Übertrittsquote auf das Gymnasium erhöhen, so bedarf es nicht nur einer optimalen schulischen Förderung der Kinder, sondern auch einer Sozial- und Wirtschaftspolitik, die sich positiv auf die ökonomischen Verhältnisse von Familien auswirkt. Zweitens: Auch der Zusammenhang zwischen elterlichen Bildungswünschen und elterlicher Schulbildung, wirkt sich stabilisierend auf das Übertrittsverhalten aus, bzw. macht deutlich, dass grundlegende Veränderungen in diesem Bereich nur über einen längeren Zeitraum zu erzielen sein werden.

## Literatur

Baur, Rita (1972): Elternhaus und Bildungschancen. Eine Untersuchung über die Bedeutung des Elternhauses für die Schulwahl nach der 4. Klasse Grundschule, Schriftenreihe der Arbeitsgruppe für empirische Bildungsforschung, Bd. 4. Weinheim

Becker, Gary S. (1999): Human capital: a theoretical and empirical analysis, with special reference to education, 3. Ausgabe. Chicago

Becker, Rolf (1998): Rationale Bildungsentscheidungen, Chancengleichheit und Bildungserfolg von ostdeutschen Jugendlichen in Armut, unveröff. Manuskript. Technische Universität Dresden

Becker, Rolf (1999): Kinder ohne Zukunft? Kinder in Armut und Bildungsungleichheit in Ostdeutschland seit 1990. In: Zeitschrift für Erziehungswissenschaft, 2, 2, S. 263-285

Becker, Rolf (2000): Klassenlage und Bildungsentscheidungen. Eine empirische Anwendung der Wert-Erwartungstheorie. In: Kölner Zeitschrift für Soziologie und Sozialpsychologie, 52. Jg., S. 450-475

Becker, Rolf (2004): Soziale Ungleichheit von Bildungschancen und Bildungsgleichheit. In: Becker, Rolf/Lauterbach, Wolfgang (Hrsg.): Bildung als Privileg? Erklärungen und Befunde zu den Ursachen der Bildungsungleichheit. Wiesbaden, S. 161-193

Blossfeld, Hans-Peter (1988): Sensible Phasen im Bildungsverlauf. Eine Längsschnittanalyse über die Prägung von Bildungskarrieren durch gesellschaftlichen Wandel. In: Zeitschrift für Pädagogik, 34, 1, S. 45-64

Blossfeld, Hans-Peter/Shavit, Yossi (1993): Persisting Barriers. Changes in Educational Opportunities in Thirteen Countries, In: Shavit, Yossi u. a. (Hrsg.): Persistent Inequality. Changing Educational Attainment in Thirteen Countries, Boulder, S. 1-23

Böttcher, Wolfgang (1991): Soziale Auslese im Bildungswesen. Ausgewählte Daten des Mikrozensus 1989. In: Deutsche Schule, 83, S. 151-161

Bolder, Axel (1978): Bildungsentscheidungen im Arbeitermilieu. Frankfurt a. M.

Boudon, Raymond (1974): Education, Opportunity, and Social Inequality. Changing Prosepects in Western Society. New York

Breen, Richard/Goldthorpe, John H. (1997): Explaining Educational Differentials. Towards a Formal Rational Action Theory. In: Rationality and Society, 9, 3, S. 275-305

Büchner, Peter/Koch, Katja (2001): Von der Grundschule in die Sekundarstufe. Der Übergang aus Kinder- und Elternsicht. Bd. 1. Opladen

Ditton, Hartmut (1987): Familie und Schule als Bereiche des kindlichen Lebensraums. Eine empirische Untersuchung. Europäische Hochschulschriften 318. Frankfurt a. M.

Ditton, Hartmut (1992): Ungleichheit und Mobilität durch Bildung. Theorie und empirische Untersuchungen über sozialräumliche Aspekte von Bildungsentscheidungen. Weinheim

Ditton, Hartmut (1995): Ungleichheitsforschung. In: Rolff, Hans-Günter (Hrsg.): Zukunftsfelder der Schulforschung. Weinheim, S. 89-124

Ditton, Hartmut (2006): Urie Bronfenbrenners Beitrag für die Erziehungswissenschaft. In: Zeitschrift für Soziologie der Erziehung und Sozialisation, 26, S. 268-281

Ditton, Hartmut/Krüsken, Jan (2006): Der Übergang von der Grundschule in die Sekundarstufe I. In: Zeitschrift für Erziehungswissenschaft, 9, 3, S. 348-372.

Erikson, Robert/Goldthorpe John H. (1992): The Constant Flux: A Study of Class Mobility in Industrial Societies. Oxford

Erikson, Robert/Jonsson Jan O. (1996): Explaining Class Inequality in Education: The Swedish Test Case. In: Erikson, Robert u. a. (Hrsg.): Can Education be Equalized? The Swedish Case in Comparative Perspective. Stockholm, S. 1-63

Esser, Hartmut (1999): Soziologie. Spezielle Grundlagen. Situationslogik und Handeln. Bd. 1. Frankfurt a. M.

Fauser, Richard (1984): Der Übergang auf weiterführende Schulen. Soziale und schulische Bedingungen der Realisierung elterlicher Bildungserwartungen. Projekt: Bildungsverläufe in Arbeiterfamilien Abschlußbericht 1. Universität Konstanz

Fauser, Richard/Schreiber, Norbert (1987): Schulwünsche und Schulwahlentscheidungen in Arbeiterfamilien. In: Bolder, Axel u. a. (Hrsg.): Das Prinzip der aufge(sc)hobenen Belohnung. Die Sozialisation von Arbeiterkindern für den Beruf. Friedrich-Ebert-Stiftung, Reihe Arbeit 19. Bonn, S. 31-58

Fauser, Richard/Pettinger, Rudolf/Schreiber, Norbert (1985): Der Übergang von Arbeiterkindern auf weiterführende Schulen. Bedingungen für Bildungserwartungen und Schulentscheidungen bei Familien angelernter Arbeiter und Facharbeiter. Projekt: Bildungsverläufe in Arbeiterfamilien Abschlußbericht 1. Universität Konstanz

Fröhlich, Dieter (1978): Arbeitserfahrung und Bildungsverhalten. Der Einfluß der Arbeitswelt auf die elterliche Schulwahl. Untersuchungen des Instituts zur Erforschung sozialer Chancen. Frankfurt

Geißler, Rainer (1987): Soziale Schichtung und Bildungschancen. In: Geißler, Rainer (Hrsg.): Soziale Schichtung und Lebenschancen in der Bundesrepublik Deutschland. Stuttgart, S. 79-110

Gisdakis, Bettina (2007): Oh, wie wohl ist mir in der Schule... Schulisches Wohlbefinden – Veränderungen und Einflussfaktoren im Laufe der Grundschulzeit. In: Alt, Christian (Hrsg.) – Start in die Grundschule. Band 3: Ergebnisse aus der zweiten Welle. Wiesbaden, S. 107-136

Goldthorpe, John H. (1996): Class Analysis and the Reorientation of Class Theory: The Case of Persisting Differentials in Educational Attainment. In: British Journal of Sociology, 47 (3), S. 481-505

Gresser-Spitzmüller, Ruth (1973): Lehrerurteil und Bildungschancen. Eine Untersuchung über den Einfluß des Grundschullehrers auf die Wahl weiterführender Schulen. Schriftenreihe der Arbeitsgruppe für empirische Bildungsforschung 9. Weinheim

Hansen, Rolf/Rolff, Hans-Günter (1990): Abgeschwächte Auslese und verschärfter Wettbewerb – Neuere Entwicklungen in den Sekundarschulen. In: Rolff, Hans-Günter u. a. (Hrsg.): Jahrbuch der Schulentwicklung 6. Weinheim, S. 45-79

Hansen, Rolf/Rösner, Ernst/Weißbach, Barbara (1986): Der Übergang in die Sekundarstufe I. In: Jahrbuch der Schulentwicklung, 4, S. 70-101

Henz, Ursula (1997): Die Messung der intergenerationalen Vererbung von Bildungsungleichheit am Beispiel von Schulformwechseln und nachgeholten Bildungsabschlüssen. In: Becker, Rolf (Hrsg.): Generationen und sozialer Wandel. Generationsdynamik, Generationsbeziehung und Differenzierung von Generationen. Opladen, S. 111-133

Jonsson, Jan O./Erikson, Robert (2000): Understanding Educational Inequalitiy: The Swedish Experience. In: L'Année sociologique, 50, S. 345-382

Keller, Suzanne/Zavalloni, Marisa (1964): Ambition and Social Class: A Respecification. In: Social Forces, 43, S. 58-70

Köhler, Helmut (1992): Bildungsbeteiligung und Sozialstruktur in der Bundesrepublik. Zu Stabilität und Wandel der Ungleichheit von Bildungschancen. Studien und Berichte 53. Berlin

Krais, Beate (1996): Bildungsexpansion und soziale Ungleichheit in der Bundesrepublik Deutschland. In: Bolder, Axel u. a. (Hrsg.): Die Wiederentdeckung der Ungleichheit. Aktuelle Tendenzen in Bildung für Arbeit, Jahrbuch '96 Bildung und Arbeit. Opladen, S. 118-146

Kristen, Cornelia (1999): Bildungsentscheidungen und Bildungsungleichheit – ein Überblick über den Forschungsstand. Arbeitspapiere – Mannheimer Zentrum für Europäische Sozialforschung Nr. 5. Mannheim

Lauterbach, Wolfgang/Lange, Andreas (1998): Aufwachsen in materieller Armut und sorgenbelastetem Familienklima. Konsequenzen für den Schulerfolg am Beispiel des Übergangs in die Sekundarstufe 1. In: Mansel, Jürgen u. a. (Hrsg.): Armut und soziale Ungleichheit bei Kindern. Reihe Kindheitsforschung 9. Opladen, S. 106-128

Maaz, Kai/Hausen, Cornelia/McElvany, Nele/Baumert, Jürgen (2006): Stich-wort: Übergänge im Bildungssystem – Theoretische Konzepte und ihre Anwendung in der empirischen Forschung beim Übergang in die Sekundarstufe. In: Zeitschrift für Erziehungswissenschaft, 9, 3, S. 299-327

Mare, Robert D. (1980): Social Background and School Continuation Decisions. In: Journal of the American Statistical Association, 75, 370, S. 295-305

Meulemann, Heiner (1985): Bildung und Lebensplanung. Die Sozialbeziehung zwischen Elternhaus und Schule. Frankfurt a. M.

Meulemann, Heiner (1992): Expansion ohne Folgen? Bildungschancen und sozialer Wandel in der Bundesrepublik. In: Glatzer, Wolfgang (Hrsg.): Entwicklungstendenzen der Sozialstruktur. Soziale Indikatoren XV. Frankfurt a. M., S. 123-156

Müller, Walter/Pollak Reinhard (2004): Weshalb gibt es so wenig Arbeiterkinder in Deutschlands Universitäten? In: Becker, Rolf/Lauterbach, Wolfgang (Hrsg.): Bildung als Privileg? Erklärungen und Befunde zu Ursachen der Bildungsungleichheit. Wiesbaden, S. 311-325

Rodax , Klaus (1995): Soziale Ungleichheit und Mobilität durch Bildung in der Bundesrepublik Deutschland. In: Österreichische Zeitschrift für Soziologie, 20, 1, S. 3-27

Statistisches Bundesamt (2007): Bildung und Kultur Schuljahr 2006/07 – Allgemein bildende Schulen. Fachserie 11/Reihe 1. Wiesbaden

Steinhübl, David (2005): Sag mir wo du wohnst … Risiken und Ressourcen unterschiedlicher Räume für Kinder. In: Alt, Christian (Hrsg.): Kinderleben – Aufwachsen zwischen Familie, Freunden und Institutionen. Band 1: Aufwachsen in Familien. Wiesbaden, S. 239-276

Stocké, Volker (2006): Explaining Secdondary Effects of Families' Social Class Position. An Empirical Test of the Breen-Goldthorpe Model of Educational Attainment. Arbeitspapier No. 06-07 des SFB 504. Mannheim

Wiese, Wilhelm (1982): Elternstatus, Lehrerempfehlung und Schullaufbahn: Eine empirische Analyse des Einflusses des Grundschullehrers auf die Bildungslaufbahn des Schülers. In: Zeitschrift für Soziologie 11, 1, S. 49-63

*Christoph Weber/Ursula Winklhofer/Johann Bacher*
# Partizipation von Kindern in der Grund- und Sekundarschule

1. Einführung ..................................................................... 318
2. Methodische Vorbemerkungen ...................................... 319
3. Partizipation in der Grundschule .................................... 319
4. Partizipation in der Sekundarstufe I ............................... 332
5. Fazit ............................................................................... 340
Literatur .............................................................................. 341

## 1. Einführung

In Bacher, Winklhofer und Teubner (2007) haben wir auf der Grundlage der 2. Welle des DJI-Kinderpanels die Partizipation von Kindern in der Grundschule im Schulalltag untersucht. Gefragt wurde die ältere Kohorte des Panels (9- bis 10-Jährige) nach der Gestaltung des Klassenzimmers, nach der Mitbestimmung bei Pausenregeln und bei Inhalten der Schulstunden sowie nach der Möglichkeit, eigene Anliegen und Themen im Unterricht behandeln zu können. Formale Partizipationsstrukturen, wie Klassenforen, Klassensprecher/innen usw., wurden nicht erfasst. Jeweils 17% berichteten ein über- bzw. unterdurchschnittliches Partizipationsausmaß. Weiterführende bivariate Analysen zeigten, dass das Ausmaß der schulischen Partizipation weitgehend unabhängig von institutionellen/rechtlichen Regelungen auf Landesebene, von außerschulischen Faktoren (Sozialstruktur der Wohnumgebung, sozialstrukturelle Merkmale des Schülers/der Schülerin) und Schulorganisationsfaktoren (z. B. Ganztagesform) ist. Lediglich mit der Klassengröße ergab sich ein erwarteter signifikanter Zusammenhang: In Klassen mit 19 und mehr Schüler/innen war die Partizipation geringer.

Auf der Grundlage der Ergebnisse wurde die These formuliert, dass die schulische Partizipation – bei entsprechenden Rahmenbedingungen – von der Persönlichkeit der Lehrenden und der Lernenden abhängt. Bezüglich der Persönlichkeit der Lernenden (Schüler/innen) konnte diese These empirisch abgestützt werden. Der Einfluss der Persönlichkeit der Lehrer/Lehrerinnen konnte wegen fehlender empirischer Daten im Kinderpanel nicht geprüft werden. Auf die Bedeutung und den Einfluss der Lehrkräfte hat bereits Lewin (Lewin/Lewin 1982) hingewiesen. Von ihm geht auch der Persönlichkeitsansatz der Lehrer/innen/forschung (Mayr/Neuweg 2006) aus. Empirische Untersuchungen zur Klassenführung (Mayr 2006) – allerdings für ältere Kinder – zeigen, dass sich gute Lehrer/innen an der Situation orientieren, also auf die Fähigkeiten und Kompetenzen der Kinder eingehen.

Der nachfolgende Beitrag knüpft an die Ergebnisse der 2. Welle an und untersucht folgende Fragestellungen:

- Lassen sich die in der 2. Welle (1. Quartal 2004) für die Grundschule berechneten Ergebnisse auch für die 3. Welle (4. Quartal 2005) replizieren?

- Lassen sich ähnliche Befunde für die Sekundarstufe I ermitteln oder besteht in dieser Altersgruppe ein stärkerer Zusammenhang mit institutionellen, sozialstrukturellen und organisationsbezogenen Merkmalen?

## 2. Methodische Vorbemerkungen

Ähnlich wie in Bacher, Winklhofer und Teubner (2007) werden uni- und bivariate Befunde berichtet. Darüber hinaus gehend werden multivariate Verfahren (explorative Faktorenanalyse, explorative Pfadanalyse [Holm 1976, 1977]) eingesetzt. Zur Gewährleistung der Vergleichbarkeit werden zur Berechnung von Faktorwerten die Gewichte (Faktorbetaladungen) und deskriptiven Verteilungsmaßzahlen (Mittelwerte und Standardabweichungen) der 2. Welle verwendet. Zusammenhänge werden berichtet, wenn ein beidseitiges statistisches Signifikanzniveau von p<5% unterschritten wird. Tendenzielle Assoziationen (p<10%) finden im Text Erwähnung, wenn sie konsistent in beiden untersuchten Kohorten der 3. Welle auftreten. Die Kinder der jüngeren Kohorte sind zum Zeitpunkt der 3. Welle zwischen 8 und 9 Jahre alt und die der älteren Kohorte sind zwischen 11 und 12 Jahre alt. [1]

## 3. Partizipation in der Grundschule

In vier der sechs erfassten Partizipationsaspekte treten zwischen den beiden Wellen signifikante Unterschiede auf (siehe Tabelle 1 und 2). Die Grundschulkinder (jüngere Kohorte) der 3. Welle werden weniger häufig in die Unterrichts- und Klassenzimmergestaltung einbezogen. Auch ein Meinungsbild bei geplanten Aktivitäten wird von dem/der Klassenlehrer/in seltener eingeholt. Diskussionen gibt es ebenfalls weniger häufig. Vermutliche Ursache hierfür ist die Tatsache, dass die Grundschulkinder der 3. Welle im Schnitt um eineinhalb Jahre jünger sind. Klassenlehrer/innen orientieren sich bei der Unterrichtsgestaltung vermutlich an dem Alter der Kinder. Keine Unterschiede gibt es allerdings bei der Mitsprache von Pauseregeln („... mitreden, welche Regeln ihr in der Pause befolgen müsst?") und dem Einbringen von Themen („...über Dinge sprechen, die für euch wichtig sind?").

---

[1] Die Daten der 2. Welle wurden gewichtet, um im Erhebungsjahr dem Mikrozensus entsprechen zu können, ebenso die Daten der 3. Welle.

Jüngeren Kindern werden somit sehr wohl Mitwirkungsmöglichkeiten zugestanden, jedoch weniger den Kernbereich des Unterrichts betreffend. So zeigen sich die stärksten Unterschiede im Ausmaß der Einbindung bei der Planung von Aktivitäten und bei der Mitbestimmung, was in den Schulstunden gemacht wird.

Tab.1: Mitbestimmung von Schülern/Schülerinnen in der Klasse (Frage/2.Welle 1035, mündlicher Fragebogen für die 9- bis 10-jährigen Kinder; Frage/3.Welle 1035, mündlicher Fragebogen für die 8- bis 9-jährigen Kinder; Zeilenprozente)

| Wie oft könnt ihr Schüler in deiner Klasse ... | Welle (a) | fast immer | häufig | selten | nie | Gesamt | tau-b Sign. |
|---|---|---|---|---|---|---|---|
| bestimmen, was in den Schulstunden gemacht wird? | 2(N=721) 3(N=648) | 4,2 3,4 | 14,6 10,3 | 53,9 45,8 | 27,3 40,5 | 100 100 | -0,114 p<0,1% |
| über Dinge sprechen, die für euch wichtig sind? | 2(N=718) 3(N=646) | 18,3 20,5 | 43,4 41,1 | 32,9 29,6 | 5,3 8,9 | 100 100 | 0,002 p>5% |
| mitreden, wie euer Klassenzimmer gestaltet ist? | 2(N=719) 3(N=649) | 25,2 18,3 | 33,9 34,0 | 26,4 25,7 | 14,6 21,9 | 100 100 | -0,080 p<1% |
| mitreden, welche Regeln ihr in der Pause befolgen müsst? | 2(N=716) 3(N=646) | 15,6 11,3 | 20,5 22,9 | 27,6 27,1 | 36,3 38,7 | 100 100 | -0,021 p>5% |

(a) 2 = 2. Welle, 2004, 9- bis 10-jährige Kinder, 3 = 3. Welle, 2005, 8- bis 9-jährige Kinder
Quelle: DJI-Kinderpanel, 2. und 3. Welle, eigene Berechnungen

Fasst man die Angaben zu einem Faktorwert zusammen (siehe Abschnitt 2), ergibt sich auf der Gesamtebene ebenfalls ein leichter Rückgang des Mittelwerts der schulischen Partizipation von -0,01 auf -0,13 (t-Wert=3,84; p<0,1%).

Tab. 2: Mitbestimmung von Schülern/Schülerinnen in der Klasse (Frage/2. Welle 1037, mündlicher Fragebogen für die 9- bis 10-jährigen Kinder; Frage/3. Welle 1037, mündlicher Fragebogen für die 8- bis 9-jährigen Kinder; Zeilenprozente)

| Was trifft auf deinen Klassenlehrer bzw. deine Klassenlehrerin zu? | Welle | trifft überhaupt nicht zu | trifft eher nicht zu | trifft eher zu | trifft voll und ganz zu | Gesamt | tau-b Sign. |
|---|---|---|---|---|---|---|---|
| Unser Klassenlehrer ist bereit, mit uns zu diskutieren, wenn uns etwas nicht gefällt | 2(N=717) 3(N=648) | 8,9 9,6 | 22,9 22,4 | 35,1 44,4 | 33,2 23,6 | 100 100 | -0,059 p<5% |
| Unser Klassenlehrer fragt uns häufig nach unserer Meinung, wenn etwas entschieden oder geplant werden soll | 2(N=719) 3(N=648) | 8,5 12,4 | 20,1 27,7 | 42,6 40,2 | 28,8 19,7 | 100 100 | -0,111 p<0,1% |

(a) 2 = 2. Welle, 2004, 9- bis 10-jährige Kinder, 3 = 3. Welle, 2005, 8- bis 9-jährige Kinder Quelle: DJI-Kinderpanel, 2. und 3. Welle, eigene Berechnungen

Wie in Bacher, Winklhofer und Teubner (2007) wurde in der Folge untersucht, ob der Umfang der schulischen Partizipation vom Bundesland, der Sozialstruktur der Wohnumgebung und der sozialen und nationalen Herkunft des Kindes abhängt. Im Unterschied zur 2. Welle ergibt sich ein signifikanter Zusammenhang zwischen Bundesland und schulischer Partizipation (Tabelle 3): Während zum Beispiel 38,5% bzw. 29,2% der Kinder aus Sachsen-Anhalt (N=13) und Berlin (N=24) überdurchschnittlich häufig mitbestimmen, sind dies in Rheinland-Pfalz (N=27) und in Bayern (N=91) jeweils 0%.

Tab. 3: Mitbestimmung von Schülern/Schülerinnen in der Klasse (Faktorwert, trichotomisiert) nach Bundesland (3. Welle, 8- bis 9-jährige Kinder [jüngere Kohorte]; Zeilenprozente)

| Bundesland | Partizipation in der Schule | | | |
|---|---|---|---|---|
| | unterdurchschnittlich | durchschnittlich | überdurchschnittlich | Gesamt |
| *[Bremen]* | *[0,0]* | *[0,0]* | *[100,0]* | *100,0 (N=2)* |
| Sachsen-Anhalt | 0,0 | 61,5 | 38,5 | 100,0 (N=13) |
| Berlin (Gesamt) | 20,8 | 50,0 | 29,2 | 100,0 (N=24) |
| Mecklenburg-Vorpommern | 16,7 | 58,3 | 25,0 | 100,0 (N=12) |
| Hessen | 15,2 | 65,2 | 19,6 | 100,0 (N=52) |
| Hamburg | 12,5 | 68,8 | 18,8 | 100,0 (N=16) |
| Niedersachsen | 22,4 | 59,2 | 18,4 | 100,0 (N=76) |
| *[Brandenburg]* | *[10,0]* | *[80,0]* | *[10,0]* | *100,0 (N=10)* |
| Baden-Württemberg | 33,0 | 57,4 | 9,6 | 100,0 (N=94) |
| Sachsen | 16,0 | 76,0 | 8,0 | 100,0 (N=25) |
| Nordrhein-Westfalen | 20,5 | 75,3 | 4,1 | 100,0 (N=146) |
| Schleswig-Holstein | 15,2 | 81,8 | 3,0 | 100,0 (N=33) |
| Thüringen | 18,2 | 81,8 | 0,0 | 100,0 (N=11) |
| *[Saarland]* | *[20,0]* | *[80,0]* | *[0,0]* | *100,0 (N=10)* |
| Rheinland-Pfalz | 29,6 | 70,4 | 0,0 | 100,0 (N=27) |
| Bayern | 34,1 | 65,9 | 0,0 | 100,0 (N=91) |
| Gesamt | 23,1 | 67,1 | 9,7 | 100,0 (N=636) |

Chi² (ohne Saarland, Brandenburg und Bremen) = 77,4; df = 24; p<0,01%; C=0,334
[…] Zellen haben erwartete Häufigkeiten kleiner 1.
Quelle: DJI-Kinderpanel, 3. Welle, eigene Berechnungen

Zur Ermittlung der Ursachen für diesen Zusammenhang wurden aus der Variablen „Bundesland" drei neue Variablen gebildet:

- Bundesländer mit gesetzlich verankerter Mitbestimmung im Grundschulbereich vs. Bundesländer ohne gesetzliche Mitbestimmung: Der ersten Gruppe gehören an: Brandenburg, Thüringen, Bremen, Hamburg, Hessen, Mecklenburg-Vorpommern, Niedersachsen, Schleswig-Holstein). In diesen Bundesländern ist entweder die Wahl von Klassensprecher/innen

gesetzlich verankert oder als Option ausdrücklich eröffnet (Bacher/Winklhofer/Teubner 2007).
- Stadtstaat vs. andere Bundesländer: Der Gruppe der Stadtstaaten wurden Berlin, Hamburg und Bremen zugerechnet.
- Neue vs. alte Bundesländer: Die Gruppe der neuen Bundesländer umfasst Brandenburg, Mecklenburg-Vorpommern, Sachsen, Sachsen-Anhalt und Thüringen.

Abb. 1: Ergebnisse zur Erklärung des Einflusses des Bundeslandes

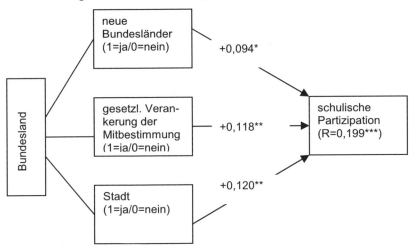

*p<5%, **p<1%, ***p<0,1%, N=637

Quelle: DJI-Kinderpanel, 3. Welle, eigene Berechnungen

Eine multivariate Analyse erbrachte das in Abbildung 1 dargestellte Bild. Die Analyse ermittelt für alle drei Variablen signifikante Effekte: Die schulische Partizipation ist in den neuen Bundesländern, in Stadt-Staaten und in Bundesländern mit gesetzlich verankerter Mitbestimmung größer. Abgesehen vom Einfluss der Stadt-Staaten lassen sich die berechneten Zusammenhänge – wie weiterführende Analysen zeigen – durch andere Variablen, wie zum Beispiel durch die soziale Schicht der Eltern aufklären.[2] Der Einfluss der Stadt-

---

[2] Angemerkt sei einschränkend, dass das Bundesland in der 1. Welle erfasst wurde und daher ein Wohnortwechsel in ein anderes Bundesland nicht berücksichtigt wurde. Der Effekt der neuen Bundesländer auf die wahrgenommene Partizipation bleibt in der Tendenz bestehen, was sich auch in der Gruppe der 11- bis 12-Jährigen wieder findet (siehe dazu später).

Staaten, der in der Tendenz auch bereits in der 2. Welle vorfindbar war, lässt sich modernisierungstheoretisch interpretieren: Prozesse der Individualisierung sind in städtischen Gebieten weiter fortgeschritten. Größere Aufgeschlossenheit von Lehrkräften gegenüber der Mitbestimmung von Kindern auf der einen Seite und ein stärkerer Subjektstatus der Kinder auf der anderen Seite sind die Folge. Hinzu kommt vermutlich, dass sich Eltern mehr für Mitbestimmung ihrer Kinder einsetzen. Dies hat zur Konsequenz, dass mehr Partizipation in den Schulen stattfindet.

Wie in Bacher, Winklhofer und Teubner (2007) erwies sich die Klassengröße als wichtiger schulbezogener Faktor. Für 2005 ergibt sich ein kontinuierlicher Abfall bei den Anteilswerten für eine überdurchschnittliche Partizipation bei steigender Klassenschülerzahl (siehe Tabelle 4).

Tab. 4: Mitbestimmung von Schülern/Schülerinnen in Abhängigkeit von der Klassengröße (3. Welle, 8- bis 9-jährigen Kinder (jüngere Kohorte), Zeilenprozente)

| Klassengröße | Partizipation in der Schule | | | Gesamt |
|---|---|---|---|---|
| | unterdurch-schnittlich | durchschnittlich | überdurch-schnittlich | |
| unterdurchschnittliche Klassengröße (< 19 Kinder) | 25,0 | 60,0 | 15,0 | 100,0 (N=100) |
| durchschnittliche Klassengröße (19 - 26 Kinder) | 21,5 | 68,4 | 10,1 | 100,0 (N=405) |
| überdurchschnittliche Klassengröße (> 26 Kinder) | 24,3 | 72,1 | 3,6 | 100,0 (N=111) |
| Gesamt | 22,6 | 67,7 | 9,7 | 100,0 (N=616) |

Chi²=9,0; df=4; p<10%; C=0,12; tau-b = -0,05; p>10%
Chi²=7,8; df=2; p<5%; C=0,11; tau-b = -0,11; p<1% wenn die Spalten 1+2 zusammengefasst werden
Quelle: DJI-Kinderpanel, 3. Welle, eigene Berechnungen

Hinsichtlich der anderen schulbezogenen Merkmale (Geschlechterverhältnis, Ganztagsform) ergeben sich keine signifikanten Zusammenhänge. Diese Befunde stimmen mit Bacher, Winklhofer und Teubner (2007) überein. Abweichend dazu werden aber signifikante Zusammenhänge mit der Sozialstruktur der Wohnumgebung und dem sozialen Status der Eltern berechnet. Bei einer multivariaten Betrachtung (multiple Regression) verschwindet der Einfluss der Wohnumgebung und es verbleibt die Wirkung der sozialen Position der Eltern.[3]

Abb. 2: Effekte sozialstruktureller Variablen auf die Partizipation (ohne Kontrolle von Persönlichkeitsmerkmalen)

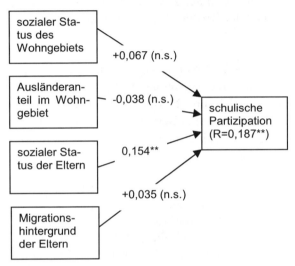

n.s.= nicht signifikant, **p<1%, N=539

Quelle: DJI-Kinderpanel, 3. Welle, eigene Berechnungen

Der Effekt der sozialen Position der Eltern entspricht der in Bacher, Winklhofer und Teubner (2007) formulierten Erwartung. Es wird angenommen, dass Eltern aus mittleren und höheren Schichten von der Schule mehr Mitbestimmung und Selbständigkeit ihrer Kinder erwarten und diese auch einfordern bzw. dass Eltern aus mittleren und höheren Schichten gezielt Schulen für ihre Kinder auswählen, die vermehrt Partizipationsmöglichkeiten anbieten. In der 2. Welle konnte dieser Effekt allerdings nicht nachgewiesen werden.

Der Effekt verschwindet auch nicht, wenn Persönlichkeitsmerkmale der Kinder eingeführt werden. D.h. der Einfluss der sozialen Position der Eltern auf die schulische Partizipation kann nicht vollständig dadurch erklärt werden, dass Kinder aus höheren sozialen Schichten bestimmte Persönlichkeitsmerkmale (höherer Selbstwert, höhere soziale und kognitive Aufgeschlossen-

---

[3] Einschränkend sei wiederum angemerkt, dass die Merkmale der Wohnumgebung der 2. Welle entnommen wurden. Dies ist gerechtfertigt, da nur 9% der Familien der jüngeren Kohorte zwischen 2. und 3. Welle ihren Wohnsitz änderten.

heit, positives Selbstbild, ...) haben und dass diese die schulische Partizipation beeinflussen. Unsere Ausgangsthese, dass schulische Partizipation von der Persönlichkeit der Lehrer/innen und der Persönlichkeit der Schüler/innen abhängt, muss somit um den Einfluss der Eltern erweitert werden. Wie die fehlende Wirkung in der 2. Welle zu erklären ist, bleibt offen.[4]

Untersucht man wie in der 2. Welle die Zusammenhänge mit den Persönlichkeitsmerkmalen der Kinder, so berechnen sich folgende bivariate Korrelationen:

- Partizipation und Externalisierung: r=-0,074; N=635; p>5%
- Partizipation und Internalisierung: r=-0,060; N=637; p>5%
- Partizipation und Motorische Unruhe: r=-0,024; N=634; p>5%
- Partizipation und Positives Selbstbild: r=0,039; N=637; p>5%
- Partizipation und soziale und kognitiven Aufgeschlossenheit: r=0,135; N=635; p<0,1%

Im Unterschied zu der 2. Welle mit signifikanten Zusammenhängen für vier der fünf Persönlichkeitsmerkmale[5] ergibt sich nur eine signifikante Assoziation für die soziale und kommunikative Aufgeschlossenheit. Kinder, die also offen für soziale Kontakte sind, die sich in Andere hineinversetzen können, die über eine rasche Auffassungsgabe verfügen und die kreativ sind, berichten häufiger davon, dass sie in der Schule in Entscheidungsprozesse miteinbezogen werden. In der Tendenz (p<10%) zeigt sich ferner ein Zusammenhang der Externalisierung mit der wahrgenommenen Partizipation. Kinder, die angeben, dass sie beispielsweise leicht sauer werden, oft mit jemand Streit beginnen oder gerne raufen, geben seltener breite Partizipationsmöglichkeiten an. Die zwischen den Kohorten auftretenden Differenzen sind vermutlich durch das Alter der Kinder erklärbar. In der jüngeren Kohorte sind die Persönlichkeitsmerkmale noch nicht so stabil und weisen daher eine höhere Zufallsstreuung auf.

Im Hinblick auf die Schulleistungen und Gewalterfahrungen ergeben sich folgende Zusammenhänge:

---

[4] Möglicherweise ist die Wirkung in der 3. Welle auf Unterschiede zwischen den beiden Kohorten zurückzuführen. Es zeigen sich kohortenspezifische Differenzen in der Verteilung der sozialen Schicht in Abhängigkeit des Bundeslandes. In drei Bundesländern bestehen signifikante Zusammenhänge zwischen den Alterskohorten und der sozialen Schicht. Diese Assoziationen ließen sich bei der 1. Welle noch nicht beobachten, was darauf schließen lässt, dass eine kohorten- und bundeslandspezifische Panelmortalität in Abhängigkeit der sozialen Schicht besteht.
[5] Die Korrelation mit der Internalisierung war auch zum Zeitpunkt der 2. Welle nicht signifikant.

- Partizipation und Schulleistungen: r=-0,048; N=628; p>5%
- Partizipation und Gewalterfahrung: r=-0,032; N=637; p>5%

Keiner der beiden Zusammenhänge ist statistisch signifikant. 8- bis 9-jährige Kinder, denen breite Mitbestimmungsmöglichkeiten zugestanden werden, berichten also nicht von besseren Schulleistungen als Kinder, deren Partizipationsmöglichkeiten als eingeschränkt zu bezeichnen sind. Ebenso wenig zeigt sich in der jüngeren Kohorte, dass breite Mitbestimmungsmöglichkeiten in einem „friedlicheren" Schulklima resultieren. Die fehlenden Zusammenhänge können analog zu oben erklärt werden. Gewalterfahrungen in der Schule treten in der Gruppe der 8- bis 9-jährigen Kinder vermutlich „noch nicht" systematisch, sondern vielmehr zufällig auf. Ebenso kann angenommen, dass in den ersten Klassen der Grundschule die Kinder ihre Schulleistungen über kurzfristige Ereignisse (Tests, Hausarbeiten) definieren, während sich erst im weiteren Verlauf der Schulkarriere eine stabilere Selbstwahrnehmung als „gute/r Schüler/in" bzw. „nicht so gute/r Schüler/in" entwickelt. Abgesehen von den fehlenden Zusammenhängen zwischen Partizipation und Schulleitungen bzw. Gewalterfahrungen zeigt sich eine signifikante Assoziation mit der familialen Partizipation (r=0,153; N=556; p<0,1%). Kinder, die zu Hause mitbestimmen dürfen, berichten häufiger, dass dies auch in der Schule der Fall ist.

Hinsichtlich der familialen Partizipation ergibt sich das in der Tabelle 5 wieder gegebene Bild: Jeweils rund zwei Drittel der befragten Kinder geben an, dass ihre Mutter sie häufig bzw. immer nach ihrer Meinung fragt, bevor sie etwas entscheidet, was das Kind betrifft. In Entscheidungen über Familienangelegenheiten, die auch die Kinder betreffen, werden etwas weniger Befragte von ihren Müttern miteingebunden. Rund 61% der älteren Kohorte gaben zum Zeitpunkt der 2. Welle an, dass ihre Mutter sie häufig bzw. immer nach ihrer Meinung fragt, bevor sie über Familienangelegenheiten entscheidet, die auch die Kinder betreffen. Demgegenüber geben dies rund 57% der jüngeren Kohorte an, wobei sich hier zwischen den beiden Wellen ein signifikanter Unterschied zeigt. Jüngere Kinder werden von ihren Müttern weniger in Entscheidungen über Familienangelegenheiten miteinbezogen. Im Gegensatz zu der Einbindung in Entscheidungen von Seiten der Mutter fällt auf, dass Väter aus der Sicht der Kinder vermehrt Entscheidungen treffen, ohne die Kinder zu fragen (vgl. dazu auch Alt/Teubner/Winklhofer 2005).

Tab. 5: Mitbestimmung in der Familie (Frage/2. Welle 1006A/B, mündlicher Fragebogen für die 9- bis 10-jährigen Kinder; Frage/3. Welle 1006A/B, mündlicher Fragebogen für die 8- bis 9-jährigen Kinder; Zeilenprozente)

| Ich lese Dir jetzt ein paar Sätze zur Beziehung zu deiner Mutter / zu deinem Vater vor! | Welle (a) | nie/ selten | manchmal | häufig | immer | Gesamt | tau-b (Sign.) |
|---|---|---|---|---|---|---|---|
| Wie oft fragt dich deine **Mutter** nach deiner Meinung bevor sie was entscheidet, was dich betrifft? | 2 (N=714) | 9,0 | 25,8 | 34,6 | 30,7 | 100,0 | 0,004 |
| | 3 (N=644) | 6,7 | 30,3 | 32,3 | 30,7 | 100,0 | (p>5%) |
| Wie oft fragt dich dein **Vater** nach deiner Meinung bevor er was entscheidet, was dich betrifft? | 2 (N=672) | 13,7 | 33,2 | 31,1 | 22,0 | 100,0 | 0,016 |
| | 3 (N=599) | 12,9 | 37,9 | 26,9 | 22,3 | 100,0 | (p>5%) |
| Wie oft fragt dich deine **Mutter** nach deiner Meinung bevor sie über Familienangelegenheiten entscheidet, die dich betreffen? | 2 (N=710) | 7,0 | 32,2 | 32,0 | 28,7 | 100,0 | 0,056 |
| | 3 (N=625) | 8,6 | 34,7 | 33,6 | 23,1 | 100,0 | (p<5%) |
| Wie oft fragt dich dein **Vater** nach deiner Meinung bevor er über Familienangelegenheiten entscheidet, die dich betreffen? | 2 (N=673) | 13,2 | 34,2 | 29,1 | 23,5 | 100,0 | 0,041 |
| | 3 (N=586) | 12,3 | 39,9 | 28,7 | 19,1 | 100,0 | (p>5%) |

(a) 2 = 2. Welle, 2004, 9- bis 10-jährige Kinder, 3 = 3. Welle, 2005, 8- bis 9-jährige Kinder
Quelle: DJI-Kinderpanel, 2. und 3. Welle, eigene Berechnungen

Eine explorative Faktorenanalyse (Hauptkomponenten-Methode) zeigt, dass alle vier Items einen gemeinsamen Faktor (Eigenwert=2,53; Faktorladungen>0,75; Cronbachs-Alpha=0,81) messen, der als familiale Partizipation bezeichnet werden kann. Für weiterführende Analysen wurde analog zur schulischen Partizipation ein Faktorwert mit der Bartlett-Methode berechnet, wobei zur Gewährleistung der Vergleichbarkeit jeweils die deskriptiven Verteilungsmaßzahlen und die Faktorbetaladungen der 2. Welle verwendet wurden.

In Tabelle 6 sind die Verteilungen der wahrgenommenen familialen Partizipation dargestellt. Es zeigt sich, dass die ältere Kohorte im Vergleich zu den Jüngeren sowohl vermehrt von einer unterdurchschnittlichen als auch von einer überdurchschnittlichen familialen Partizipation berichtet. Die Differenzen sind aber gering. Die beiden Gruppen unterscheiden sich nicht signifikant in Hinblick auf dieses Merkmal (t=-1,368; p>5%).

Tab. 6: Mitbestimmung in der Familie (Faktorwerte der Einzelitems)

|  | Welle (a) | unterdurch- schnittlich (b) | durchschnittlich (c) | überdurch- schnittlich (c) |
|---|---|---|---|---|
| wahrgenommene Partizipation in der Familie | 2 (N=653) | 13,9 | 67,0 | 19,1 |
|  | 3 (N=569) | 11,5 | 75,9 | 12,6 |

(a) 2 = 2. Welle, 2004, 9- bis 10-jährige Kinder, 3 = 3. Welle, 2005, 8- bis 9-jährige Kinder
(b) Faktorwert kleiner/gleich -1,0; (c) Faktorwert zwischen -1,0 und 1,0; (d) Faktorwert größer/gleich 1,0
Quelle: DJI-Kinderpanel, 2. und 3. Welle, eigene Berechnungen

Die Ergebnisse einer explorativen Pfadanalyse (Holm 1977) vermitteln einen zusammenfassenden Überblick (Abbildung 3). In die Analyse wurden folgende Variablen einbezogen: neue vs. alte Bundesländer, Stadtstaat vs. andere Bundesländer, Bundesländer mit gesetzlichen Mitbestimmungsmöglichkeiten in der Grundschule vs. Bundesländer ohne entsprechende gesetzliche Regelungen, Klassengröße, Geschlechterverhältnis in der Klasse, Ganztagsform vs. Halbtagsform, sozialer Status der Eltern, Migrationshintergrund der Eltern, Geschlecht des Zielkindes, Alter des Kindes, soziale und kognitive Aufgeschlossenheit, familiale und schulische Partizipation. Nicht einbezogen wurden die Strukturmerkmale der Wohnumgebung, da sich für diese ein schwer interpretierbarer negativer Effekt auf die familiale Partizipation ergab. Das Modell nimmt an, dass die schulische Partizipation abhängt von:
- Persönlichkeitsmerkmalen der Schüler/innen – operationalisiert über die kognitive und soziale Aufgeschlossenheit
- schulische Rahmenbedingungen – operationalisiert über neue Bundesländer, Stadt-Staaten und Bundesländer mit rechtlicher Verankerung der Partizipation.
- elterlichem Engagement – operationalisiert über soziale Schicht und familialer Partizipation.

Abb. 3: Einflussfaktoren auf die schulische Partizipation (Ergebnisse einer explorativen Pfadanalyse, 3. Welle, 8- bis 9-jährige Kinder)

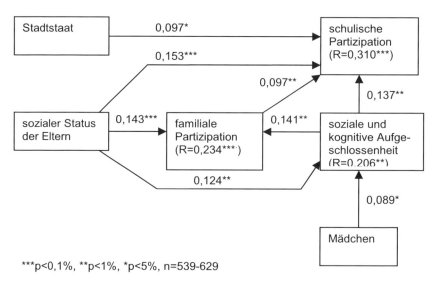

***p<0,1%, **p<1%, *p<5%, n=539-629

Quelle: DJI-Kinderpanel, 3. Welle, eigene Berechnungen

Abbildung 3 bestätigt zunächst die Ausgangsthese, dass die schulische Partizipation von der Persönlichkeit des Schülers/der Schülerin – operationalisiert über die soziale und kognitive Aufgeschlossenheit – abhängt. Eine Studie von Biedermann und Oser (2006) untermauert diesen Zusammenhang zwischen schulischen Partizipationsmöglichkeiten und kindlichen Persönlichkeitsmerkmalen. Die Autoren kommen zu dem Ergebnis, dass Mitbestimmungsmöglichkeiten im institutionellen Kontext (u. a. Schule[6]) in Zusammenhang mit einer positiven Lebenseinstellung und einer geringen Perspektivenlosigkeit von Kindern und Jugendlichen stehen. Schulische Partizipation hängt des Weiteren von der familialen Partizipation und dem sozialen Status der Eltern ab. Diese Effekte lassen sich als elterlicher Einfluss auf die Schule interpre-

---

[6] Die Studie umfasste N=182 Personen, wobei es sich um 95 Schüler/innen handelt. 56 Personen wurden zu ihren Partizipationsmöglichkeiten im Beruf gefragt, andere zu Beteiligungsmöglichkeiten in Sportvereinen u.s.w. Die Auswertung erfolgte nicht getrennt nach den unterschiedlichen Institutionen. Es können also nicht konkrete Aussagen bzgl. des Zusammenhangs zwischen Partizipation in der Schule und Persönlichkeitsmerkmalen getroffen werden.

tieren, der dadurch zustande kommen kann, dass Eltern abhängig von der sozialen Schicht ein unterschiedliches Engagement zeigen oder dass Eltern aus höheren sozialen Schichten gezielt Schulen auswählen, die ihren Kindern Partizipationsmöglichkeiten ermöglichen. Die schichtspezifische Schulwahl für den Übergang von der Grundschule in den Sekundarbereich I ist empirisch gut belegt (vgl. u. a.: Schneider 2004; Prenzel u. a. 2004; Prenzel u. a. 2005; Baumert u. a. 2001; Lauterbach/Lange 1998). Möglicherweise ist durch die verstärkte Bildungsdiskussion seit der Jahrtausendwende auch eine Verstärkung dieses Trends bei der Wahl der Grundschule zu beobachten.

Wie die schulische Partizipation wird auch die familiale Partizipation von der Persönlichkeit des Kindes[7] und der sozialen Schichtzugehörigkeit bestimmt. In höheren sozialen Schichten werden Kinder in den familialen Entscheidungsprozess stärker einbezogen. Dieses Ergebnis zeigt sich auch bei Alt, Teubner und Winklhofer (2005). Basierend auf Ergebnissen der zweiten Welle des Kinderpanels wird berichtet, dass mit steigendem sozioökonomischem Status die Bereitschaft der Eltern zunimmt, die Kinder in Familienentscheidungen mit einzubeziehen. Die beobachteten schichtspezifischen Differenzen im Ausmaß an gewährten Partizipationsmöglichkeiten stimmen auch mit Analysen zum Verhandlungshaushalt (Du Bois-Reymond/Büchner/Krüger 1993) überein. Der Zusammenhang zwischen demokratischen Mitbestimmungsformen und Persönlichkeitsmerkmalen von Kindern und Jugendlichen findet sich ebenfalls in der Literatur wider. Biedermann und Oser (2006) berichten unter anderem von einer positiven Assoziation zwischen Mitbestimmungsmöglichkeiten in der Familie und dem Selbstkonzept der Kinder und Jugendlichen sowie zwischen Partizipationserfahrungen und einer positiven Lebenseinstellung. Weitere (stärkere) Zusammenhänge werden neben den Möglichkeiten zur Mitbestimmung für die wahrgenommene Gleichberechtigung in Entscheidungsprozessen und den Selbst- und Sozialkompetenzen[8] der Kinder und Jugendlichen konstatiert.

Bacher und Kollegen/innen (Bacher u. a. 1999) liefern einen empirischen Beleg für positive Effekte von Partizipation auf die Persönlichkeit von Kin-

---

[7] Die Richtung der Kausalität ist offen. Vermehrte Partizipationsmöglichkeiten in der Familie können dazu führen, dass Kinder eine stärkere soziale und kognitive Aufgeschlossenheit entwickeln. In Wirklichkeit bestehen Wechselwirkungen: Die Partizipation beeinflusst die Entwicklung der sozialen und kognitiven Aufgeschlossenheit und diese wiederum führt zu mehr Mitbestimmung usw. Diese Wechselwirkungen können in Querschnittsdaten aber statistisch nicht geschätzt werden, sodass eine kausale Richtung angenommen werden muss.

[8] Selbst- und Sozialkompetenzen umfassen das Selbstkonzept (vergleichbar mit dem positiven Selbstbild), subjektive Sicherheit in der Gruppe, positive Lebenseinstellung und Perspektivenlosigkeit.

dern und Jugendlichen. Sie zeigen, dass (ältere) Kinder und Jugendliche nach der Teilnahme an Beteiligungsprojekten vermehrt eine solidarische Grundhaltung berichten, die inhaltlich der sozialen und kognitiven Aufgeschlossenheit inhaltlich entspricht.

Soziale und kognitive Aufgeschlossenheit schließlich wird vom sozialen Status der Eltern und dem Geschlecht des Kindes beeinflusst. Mädchen und Kinder aus höheren sozialen Schichten besitzen eine höhere soziale und kognitive Aufgeschlossenheit. Auch diese Zusammenhänge zwischen Persönlichkeitsmerkmalen des Kindes, Geschlecht und sozialer Herkunft sind empirisch gut dokumentiert. Die Ergebnisse der zweiten Welle des Kinderpanels zeigen geschlechtsspezifische Differenzen (Gloger-Tippelt/Vetter 2005; Wahl 2005), als auch schichtspezifische Unterschiede in den Persönlichkeitsmerkmalen (Wahl 2005).

## 4. Partizipation in der Sekundarstufe I

Den Kindern der älteren Kohorte (11- bis 12-Jährige), die sich zum Befragungszeitpunkt in der Sekundarstufe I befanden, wurden dieselben Partizipationsitems zur Beantwortung vorgelegt wie der jüngeren Kohorte. Erwartungsgemäß berichten sie im Vergleich zu den Jüngeren ein höheres Partizipationsausmaß, allerdings im unterschiedlichen Maße in Abhängigkeit von der erfassten Aktivität (Tabelle 7 und 8). Bei der Mitbestimmung bei den Pausenregeln gibt es keine signifikanten Unterschiede. Hier dürfte mit etwa 34% („fast immer" und „häufig") Mitwirkung bereits in der Grundstufe der Plafonds erreicht worden sein. Deutliche Differenzen treten bei der Gestaltung des Klassenzimmers und bei den Beurteilungen der partizipativen Bereitschaft des Klassenlehrers/der Klassenlehrerin auf. Allerdings ist auch in der Gruppe der 11- bis 12-Jährigen die schulische Partizipation noch keine Selbstverständlichkeit. Etwa 21% („trifft überhaupt nicht zu" und „trifft eher nicht zu") berichten, dass Diskussionen mit dem Klassenlehrer/der Klassenlehrerin nicht oder eher nicht stattfinden. Ebenso viele geben an, dass ihre Meinung bei geplanten Aktivitäten vom Klassenlehrer/von der Klassenlehrerin nicht oder kaum eingeholt wird. Etwa 30% antworten auf die Frage, ob sie über Dinge sprechen können, die für die Klasse wichtig sind, mit „selten" oder „nie". Noch häufiger (ca. 83%) wird angegeben, dass die Kinder selten oder nie bestimmen können, was in den Schulstunden gemacht wird.

Tab. 7: Mitbestimmung von Schülern/Schülerinnen der älteren Kohorte in der Klasse (3. Welle, Frage 1035, mündlicher Fragebogen für Kinder; Zeilenprozente)

| Wie oft könnt ihr Schüler in deiner Klasse | Kohorte (a) | fast immer | häufig | selten | nie | Gesamt | tau-b (Sign.) |
|---|---|---|---|---|---|---|---|
| bestimmen, was in den Schulstunden gemacht wird? | 1 (N=648) | 3,4 | 10,3 | 45,8 | 40,4 | 100 | -0,172 (p<0,1%) |
| | 2 (N=623) | 2,7 | 14,1 | 62,6 | 20,5 | 100 | |
| über Dinge sprechen, die für euch wichtig sind? | 1 (N=645) | 20,5 | 41,1 | 29,6 | 8,8 | 100 | -0,057 (p<5%) |
| | 2 (N=618) | 18,6 | 51,1 | 26,5 | 3,7 | 100 | |
| mitreden, wie euer Klassenzimmer gestaltet ist? | 1 (N=649) | 18,3 | 34,1 | 25,7 | 21,9 | 100 | -0,222 (p<0,1%) |
| | 2 (N=617) | 33,7 | 39,1 | 19,0 | 8,3 | 100 | |
| mitreden, welche Regeln ihr in der Pause befolgen müsst? | 1 (N=647) | 11,3 | 22,9 | 27,2 | 38,6 | 100 | -0,034 (p>10%) |
| | 2 (N=618) | 10,0 | 26,7 | 29,4 | 33,8 | 100 | |

(a) 1 = jüngere Kohorte (8- bis 9-Jährige), 2 = ältere Kohorte (11- bis 12-Jährige)
Quelle: DJI-Kinderpanel, 3. Welle, eigene Berechnungen

Tab. 8: Mitbestimmung von Schülern/Schülerinnen der älteren Kohorte in der Klasse (3. Welle, Frage 1037, mündlicher Fragebogen für Kinder; Zeilenprozente)

| Was trifft auf deinen Klassenlehrer bzw. deine Klassenlehrerin zu? | Kohorte | trifft überhaupt nicht zu | trifft eher nicht zu | trifft eher zu | trifft voll und ganz zu | Gesamt | tau-b (Sign.) |
|---|---|---|---|---|---|---|---|
| Unser Klassenlehrer ist bereit, mit uns zu diskutieren, wenn uns etwas nicht gefällt | 1 (N=643) | 9,6 | 22,4 | 44,3 | 23,6 | 100 | -0,167 (p<0,1%) |
| | 2 (N=614) | 3,3 | 17,3 | 41,5 | 37,9 | 100 | |
| Unser Klassenlehrer fragt uns häufig nach unserer Meinung, wenn etwas entschieden oder geplant werden soll | 1 (N=643) | 12,4 | 27,7 | 40,1 | 19,8 | 100 | -0,221 (p<0,1%) |
| | 2 (N=616) | 2,8 | 17,7 | 45,3 | 34,3 | 100 | |

(a) 1 = jüngere Kohorte (8- bis 9-Jährige), 2 = ältere Kohorte (11- bis 12-Jährige)
Quelle: DJI-Kinderpanel, 3. Welle, eigene Berechnungen

Geht man zur Gesamtbetrachtung aller Angaben über, so berichten 18,9% der 11- bis 12-Jährigen eine überdurchschnittliche Partizipation und 9,1% eine unterdurchschnittliche. Im Vergleich sind dies in der Gruppe der 8- bis 9-Jährigen 9,7% (überdurchschnittlich) und 23,1% (unterdurchschnittlich). Der Unterschied zwischen den beiden Kohorten ist statistisch signifikant (Mittelwertsdifferenz =0,23; t-Wert=7,566; p<0,1%).

Tab. 9: Mitbestimmung von Schülern/Schülerinnen in der Klasse (Faktorwert, trichotomisiert) nach Bundesland (3. Welle, 11- bis 12-jährige Kinder; Zeilenprozente)

| Bundesland | Partizipation in der Schule | | | |
|---|---|---|---|---|
| | unterdurchschnittlich | durchschnittlich | überdurchschnittlich | Gesamt |
| [Bremen] | [0,0] | [50,0] | [50,0] | 100,0 (N=8) |
| [Brandenburg] | [0,0] | [66,7] | [33,3] | 100,0 (N=6) |
| Sachsen-Anhalt | 5,9 | 64,7 | 29,4 | 100,0 (N=17) |
| Sachsen | 4,8 | 66,7 | 28,6 | 100,0 (N=21) |
| Niedersachsen | 22,7 | 49,3 | 28,0 | 100,0 (N=75) |
| Mecklenburg-Vorpommern | 7,7 | 69,2 | 23,1 | 100,0 (N=13) |
| Nordrhein-Westfalen | 5,6 | 72,0 | 22,4 | 100,0 (N=143) |
| Hessen | 4,1 | 77,6 | 18,4 | 100,0 (N=49) |
| Thüringen | 0,0 | 83,3 | 16,7 | 100,0 (N=18) |
| Baden-Württemberg | 6,5 | 79,2 | 14,3 | 100,0 (N=77) |
| Rheinland-Pfalz | 26,7 | 60,0 | 13,3 | 100,0 (N=15) |
| Bayern | 15,4 | 72,5 | 12,1 | 100,0 (N=91) |
| Schleswig-Holstein | 0,0 | 89,5 | 10,5 | 100,0 (N=38) |
| [Berlin (Gesamt)] | [9,1] | [81,8] | [9,1] | 100,0 (N=11) |
| [Saarland] | [0,0] | [100,0] | [0,0] | 100,0 (N=5) |
| Hamburg | 6,3 | 93,7 | 0,0 | 100,0 (N=16) |
| Gesamt | 9,1 | 72,0 | 18,9 | 100,0 (N=603) |

Chi² (ohne Saarland, Bremen Berlin und Brandenburg)=56,7 ; df=22; p<0,1%; C=0,30
[...] Zellen haben erwartete Häufigkeiten kleiner 1.
Quelle: DJI-Kinderpanel, 3. Welle, eigene Berechnungen

Wie in der jüngeren Kohorte ist der Zusammenhang mit dem Bundesland signifikant (Tabelle 9). An vorderster Stelle rangieren die neuen Bundeslän-

# Partizipation von Kindern in der Grund- und Sekundarschule

der. Hamburg als Stadtstaat nimmt den letzten Platz ein und weist die geringste Partizipation auf. Bei einer zur jüngeren Kohorte analogen multivariaten Betrachtung (zur Vorgehensweise siehe Abbildung 1) werden allerdings keine signifikanten Zusammenhänge ermittelt (siehe Abbildung 4). Analog zu den Ergebnissen der jüngeren Kohorte berichten Kinder aus den neuen Bundesländern in der Tendenz vermehrt von Partizipationsmöglichkeiten in der Schule. Dieser Effekt kann jedoch durch weitere Einflussfaktoren (siehe Abbildung 6) erklärt werden kann.

Abb. 4: Ergebnisse zur Erklärung des Einflusses des Bundeslandes (Ergebnisse einer explorativen Pfadanalyse, 3. Welle, 11- bis 12-jährige Kinder)

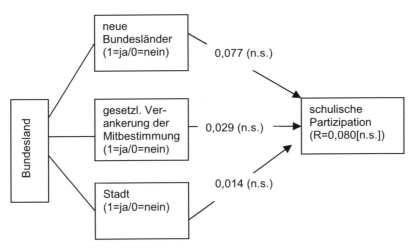

n.s.= nicht signifikant, N=605

Quelle: DJI-Kinderpanel, 3. Welle, eigene Berechnungen

Bezüglich der schulbezogenen Faktoren „Ganztagesform" und „Geschlechterverhältnis" und „Klassengröße" resultieren keine signifikanten Zusammenhänge. Im Unterschied zur Grundschule stellt in der Sekundarstufe I die Klassengröße keinen Hemmschuh mehr da. Allerdings gibt es Unterschiede nach Schulform (Tabelle 10): In Haupt- und Realschulen ist Partizipation seltener. Die Differenzen entstehen primär dadurch, dass Kinder aus Haupt- und Realschulen häufiger unterdurchschnittlich partizipieren. Hinsichtlich eines überdurchschnittlichen Engagements bestehen keine Differenzen zwischen den Schulformen.

Tab. 10: Mitbestimmung von Schülern/Schülerinnen in Abhängigkeit von der Schulform (3. Welle, Kohorte der 11- bis 12-jährigen Kinder; Zeilenprozente)

| Klassengröße | Partizipation in der Schule | | | |
| --- | --- | --- | --- | --- |
| | unterdurchschnittlich | durchschnittlich | überdurchschnittlich | Gesamt |
| Hauptschule (a) | 16,4 | 64,2 | 19,4 | 100 (N=67) |
| Realschule (b) | 11,9 | 68,8 | 19,4 | 100 (N=160) |
| Gymnasium | 5,3 | 75,9 | 18,9 | 100 (N=228) |
| Gesamtschule | 6,2 | 72,3 | 21,5 | 100 (N=65) |
| Andere (c) | 0,0 | 86,7 | 13,3 | 100 (N=15) |
| Gesamt | 8,6 | 72,4 | 18,9 | 100 (N=533) |

$Chi^2$=13,6; df=8; p<10%; C=0,16;
$Chi^2$=10,1; df=4; p<5%; C=0,15; wenn die Zeilen 4 und 5 weggelassen werden.
(a) inkl. 2 Kinder, die im Schultyp „Haupt- und Realschule" den Schulzweig „Hauptschule" besuchen.
(b) inkl. 5 Kinder, die im Schultyp „Haupt- und Realschule" den Schulzweig „Realschule" besuchen.
(c) Erweiterte Realschule, Mittel-, Regel-, Sekundar- oder Regionalschule, Haupt und Realschule ohne Angaben des Schulzweigs.
Quelle: DJI-Kinderpanel, 3. Welle, eigene Berechnungen

Wie in der jüngeren Kohorte ergibt sich bivariat ein schwacher, aber signifikanter Zusammenhang zwischen der schulischen Partizipation mit dem sozialen Status der Eltern (r=0,082; p<5%; tau-b=0,085; p<5%). Eine multivariate Betrachtung der wahrgenommenen Partizipation in Abhängigkeit des Migrationshintergrundes, der sozialen Schicht und der sozialstrukturellen Merkmale der Wohnumgebung (Ausländeranteil, sozialer Status) bestätigt den signifikanten Einfluss des sozialen Status der Eltern. Den Sozialstrukturmerkmalen der Wohnumgebung und dem Migrationshintergrund kommt keine Bedeutung zu.

Abb. 5:  Effekte sozialstruktureller Variablen auf die Partizipation
(ohne Kontrolle von Persönlichkeitsmerkmalen)

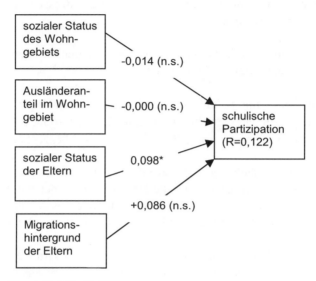

n.s.= nicht signifikant, *p<5%, N=509

Quelle: DJI-Kinderpanel, 3. Welle, eigene Berechnungen

Untersucht man die Korrelationen der schulischen Partizipation mit den Persönlichkeitsmerkmalen der Kinder, so berechnen sich folgende Werte:

- Partizipation und Externalisierung: r=-0,210; N=605; p<0,1%
- Partizipation und Internalisierung: r=-0,055; N=605; p>10%
- Partizipation und Motorische Unruhe: r=-0,148; N=605; p<0,1%
- Partizipation und Positives Selbstbild: r=0,083; N=605; p<5%
- Partizipation und soziale und kognitive Aufgeschlossenheit: r=0,193; N=605; p<0,1%

Im Unterschied zur jüngeren Kohorte ergeben sich mit einer Ausnahme durchgehend signifikante und stärkere Zusammenhänge. In der jüngeren Kohorte konnte nur ein signifikanter Zusammenhang zwischen der sozialen und kognitiven Aufgeschlossenheit und der Partizipation festgestellt werden. Negative Assoziationen ergeben sich für Externalisierung und motorische Unruhe und Partizipation. Kinder, die sich selbst als zappelig und unruhig beschreiben berichten von geringeren Möglichkeiten zur schulischen Mitbestimmung. Ebenso erweisen sich die Partizipationsmöglichkeiten für Kinder mit negativen emotionalen Reaktionen und Gewaltbereitschaft als eingeschränkt. Gegensätzlich dazu berichten sozial und kognitiv aufgeschlossene Kinder davon, dass sie stärker in Entscheidungsprozesse miteinbezogen werden und ein positiveres Selbstbild haben.

Hinsichtlich der Schulleistungen, Gewalterfahrungen und familialer Partizipation ergeben sich folgende Zusammenhänge.

- Partizipation und Schulleistungen: $r=-0{,}183$; $N=604$; $p<0{,}1\%$
- Partizipation und Gewalterfahrung: $r=-0{,}166$; $N=605$; $p<5\%$
- Partizipation und familiale Partizipation: $r=0{,}112$; $N=563$; $p<1\%$

Auch die Zusammenhänge zur Gewalterfahrung und zu den Schulleistungen fallen stärker aus. Umgekehrt ist die Korrelation mit der familialen Partizipation schwächer. Für die unterschiedlich starken Zusammenhänge zwischen den Persönlichkeitsmerkmalen und den Partizipationsmöglichkeiten sind zwei Erklärungen denkbar:

- Die Persönlichkeitsdimensionen besitzen in der Gruppe der Älteren eine größere Stabilität. Daher sind sie verhaltenswirksamer und geringeren Zufallsschwankungen ausgesetzt.
- Das Lehrpersonal gesteht den Kindern ein unterschiedliches Ausmaß an Mitbestimmungsmöglichkeiten in Abhängigkeit von deren Persönlichkeit zu. Konstant auftretende „negative" Persönlichkeitsaspekte resultieren auf die Dauer in gespannten Interaktionsmustern zwischen Schüler/innen und Lehrer/innen, was dazu führt, dass den Kindern weniger Partizipationsmöglichkeiten zugestanden werden.

Der geringere Zusammenhang zwischen familialer und schulischer Partizipation kann dadurch erklärt werden, dass es in der Sekundarstufe I zu einer Trennung von Schule und Familie kommt, was einen abnehmenden Einfluss der Eltern zur Folge hat.

Zur Vermittlung eines Gesamtbildes wurde eine explorative Pfadanalyse (Holm 1977) gerechnet. Das Vorgehen entsprach jener, wie in Abbildung 3 dargestellt. Zusätzlich in die Modellschätzung wurde der Schultyp in dichotomer Form (Hauptschule und Realschule[9] vs. andere) einbezogen.

---

[9] Die Variable wurde auf Basis der in Tabelle 10 angegebenen Werte gebildet.

Abb. 6: Einflussfaktoren auf die schulische Partizipation (Ergebnisse einer explorativen Pfadanalyse, 3. Welle, 11- bis 12-Jährige)

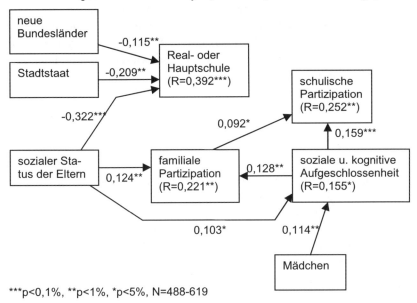

***p<0,1%, **p<1%, *p<5%, N=488-619

Quelle: DJI-Kinderpanel, 3. Welle, eigene Berechnungen

Die schulische Partizipation hängt – wie sich auch in der jüngeren Kohorte zeigte – am stärksten von der sozialen und kognitiven Aufgeschlossenheit des Kindes ab. Einen weiteren signifikanten Einflussfaktor hat die familiale Partizipation. Im Unterschied zur jüngeren Kohorte wirkt der soziale Status der Eltern nicht mehr direkt auf die schulische Partizipation. Es lassen sich aber indirekte Effekte feststellen. Kinder aus höheren sozialen Schichten sind sozial und kognitiv aufgeschlossener und genießen vermehrt familiale Mitbestimmungsmöglichkeiten, was sich in der Folge positiv auf die schulische Partizipation auswirkt. Die familiale Partizipation hängt zusätzlich zu der sozialen Schicht auch von der sozialen und kognitiven Aufgeschlossenheit ab.[10] Die Wahl des Schultyps wird erwartungsgemäß stark von der sozialen Schicht der Eltern beeinflusst (vgl. u. a. Schneider 2004; Prenzel u. a. 2004; Prenzel u. a. 2005; Baumert u. a. 2001; Lauterbach/Lange 1998). Jedoch lassen sich bei multivariater Betrachtung keine Einflüsse des Schultyps auf

---

[10] Wiederum ist von Wechselwirkungen auszugehen: Vermehrte Partizipationsmöglichkeiten in der Familie führen dazu, dass Kinder eine stärkere soziale und kognitive Aufgeschlossenheit entwickeln, und dass in der Folge die Partizipation weiter zunimmt.

die Partizipation feststellen. Dies kann als Hinweis interpretiert werden, dass nicht die Schulform und die Schulorganisation entscheidenden Einfluss auf die Partizipationsmöglichkeiten der Kinder haben, sondern dass vielmehr die Persönlichkeit der Lehrkräfte ausschlaggebend ist. Persönlichkeitsmerkmale des Lehrpersonals wurden im Kinderpanel nicht erhoben. Daher kann ihr Einfluss nur vermutet, aber nicht statistisch nachgewiesen werden. Dies muss anderen Studien vorenthalten bleiben.

## 5. Fazit

Schulische Partizipation findet in der Grundschule und in der Sekundarstufe I statt. Sie ist aber auch in der Sekundarstufe I noch keine Selbstverständlichkeit. Zwar nimmt die Partizipation im Schulalltag mit dem Alter zu. Dennoch berichten in der Gruppe der 11- bis 12-Jährigen etwa 20%, dass Diskussionen mit dem Klassenlehrer/der Klassenlehrerin nicht oder eher nicht stattfinden. Ebenso viele geben an, dass ihre Meinung bei geplanten Aktivitäten nicht eingeholt wird. Etwa 30% antworten auf die Frage, ob sie über Dinge sprechen können, die für die Klasse wichtig sind, mit „selten" oder „nie". Noch häufiger (ca. 84%) wird angegeben, dass die Kinder selten oder nie bestimmen können, was in den Schulstunden gemacht wird. In der jüngeren Kohorte gibt nicht ganz ein Drittel der 8- bis 9-Jährigen an, dass sich mit dem Klassenlehrer/der Klassenlehrerin überhaupt nicht oder eher nicht diskutieren lässt. Die Frage, ob der Klassenlehrer/die Klassenlehrerin die Meinung der Kinder einholt, wenn Aktivitäten geplant sind, verneinen rund 38% der jüngeren Kohorte. Ebenso viele geben an, dass es selten oder nie möglich ist, in der Klasse über Dinge zu sprechen, die ihnen wichtig sind. In die Gestaltung des Klassenzimmers sind beinahe die Hälfte (ca. 47%) der jüngeren Kinder nicht eingebunden und 86% geben an, dass sie nie oder nur selten bestimmen können, was in den Schulstunden gemacht wird.

Aus diesen Befunden folgt, dass Initiativen und Programme zur Verbesserung der Mitbestimmung von Kindern in der Schule und in allen Lebensbereichen nach wie vor wichtig sind.

Weiterführende Analysen bestätigen die auf der Basis der 2. Welle entwickelte These, dass der Umfang und die Art der schulischen Partizipation von der Persönlichkeit der Schüler/innen und jener der Lehrer/innen abhängen. Bzgl. der Persönlichkeit der Schüler/innen konnte diese These empirisch bestätigt werden. Sowohl in der jüngeren als auch in der älteren Kohorte beeinflusst die soziale und kognitive Aufgeschlossenheit die schulische Partizipation. Allerdings ergeben sich darüber hinaus für die jüngere Kohorte der 8- bis 9-Jährigen keine bedeutsamen Zusammenhänge zwischen schulischer Partizipation und weiteren Persönlichkeitsmerkmalen, was vermutlich darauf zurückzuführen ist, dass diese bei den Jüngeren höhere Zufallsschwankungen aufweisen, da Persönlichkeitsmerkmale noch stärker variabel sind.

Zusätzlich zum Effekt der Persönlichkeit des Schülers/der Schülerin wirken der soziale Status und die familiale Partizipation auf die schulische Mitbestimmung ein. Bei der älteren Kohorte wirkt der soziale Status der Eltern indirekt über die familiale Partizipation und die soziale und kognitive Aufgeschlossenheit. Der direkte Schichteffekt in der jüngeren Kohorte lässt sich dahingehend interpretieren, dass die Ausgangsthese um das elterliche Engagement zu erweitern ist. Fordern Eltern schulische Partizipation ein, wird diese auch häufiger ausgeübt oder Eltern wählen Schulen, die verstärkt Partizipationsmöglichkeiten bieten.

Der schulischen Ganztagesform kommt kein signifikanter Effekt zu. Dies bedeutet, dass Ganztagesschulen ihr diesbezügliches Potenzial, das der längere Aufenthalt an der Schule eröffnet, nicht nützen. Vermutlich ist dies darauf zurückzuführen, dass der Großteil der Ganztagesschulen nicht verbunden, sondern in offener Form geführt wird, sodass sich an der Unterrichtsorganisation am Vormittag wenig ändert (vgl. dazu Höhmann /Holtapples/Schnetzer 2004).

## Literatur

Alt, Christian/Teubner, Markus/Winklhofer, Ursula (2005): Partizipation in Familie und Schule – Übungsfelder der Demokratie. In: Aus Politik und Zeitgeschichte, 41, S. 24-31

Bacher, Johann/Winklhofer, Ursula/Teubner, Markus (2007): Partizipation von Kindern in der Grundschule. In: Alt, Christian (Hrsg.): Kinderpanel – Start in die Grundschule. Bd. 3, Ergebnisse aus der zweiten Welle. Wiesbaden, S. 271-298

Bacher, Johann/Gerich, Joachim/Lehner, Roland/Straßmeier, Martina/Wilk, Liselotte (1999): Auswirkungen kommunaler Jugendbeteiligungsprojekte. In: Christian Friesl/Martina Hahn/Bernhard Heinzlmaier/Christian Klein (Hrsg.): Erlebniswelten und Gestaltungsräume: die Ergebnisse des „Dritten Berichts zur Lage der Jugend in Österreich". Graz/Wien, S. 213-238.

Baumert, Jürgen/Klieme, Eckhard/Neubrand, Michael/Prenzel, Manfred/ Schiefele, Ulrich/Schneider, Wolfgang/Sanat, Petra/Tillmann, Klaus-Jürgen/Weiß, Manfred (Hrsg.) (2001): PISA 2000. Basiskompetenzen von Schülerinnen und Schülern im internationalen Vergleich. Opladen

Biedermann, Horst/Oser, Fritz (2006): Partizipation und Identität. Junge Menschen zwischen Gefügigkeit und Mitverantwortung. In: Quesel, Carsten/Oser, Fritz (Hrsg.): Die Mühen der Freiheit. Probleme und Chancen der Partizipation von Kindern und Jugendlichen. Zürich, S. 95-136

Bois-Reymond, Manuela du/Büchner, Peter/Krüger, Hermann (1993): Die moderne Familie als Verhandlungshaushalt. In: Neue Praxis, 1/2, S. 32-42

Gloger-Tippelt, Gabriele/Vetter, Jürgen (2005): Ein kleiner Unterschied: Geschlechtsspezifische schulische Entwicklung aus der Sicht von Müttern und ihren 8- bis 9-jährigen Töchtern und Söhnen. In: Alt, Christian (Hrsg): Kinderleben – Aufwachsen zwischen Familie, Freunden und Institutionen. Bd. 2, Aufwachsen zwischen Freunden und Institutionen. Wiesbaden, S. 231-256

Höhmann, Katrin/Holtappels, Heinz Günther/Schnetzer, Thomas (2004): Ganztagsschule – Konzeptionen, Forschungsbefunde, aktuelle Entwicklungen. In: Holtappels, Heinz Günther u. a. (Hrsg.): Jahrbuch der Schulentwicklung, Band 13. Daten, Beispiele und Perspektiven. Weinheim/München, S. 253-289

Lauterbach, Wolfgang/Lange, Andreas (1998): Aufwachsen in materieller Armut und sorgenbelastetem Familienklima. Konsequenzen für den Schulerfolg von Kindern am Beispiel des Übergangs in die Sekundarstufe I. In: Mansel, Jürgen/Neubauer, Georg (Hrsg.): Armut und soziale Ungleichheit bei Kindern. Opladen, S.106-128

Lewin, Kurt/Lewin, Gertrud (1982 [1942]): Demokratie und Schule. In: Graumann, Carl-Friedrich (Hrsg.): Kurt Lewin-Werkausgabe, Band 6: Psychologie der Entwicklung und Erziehung, Stuttgart, S. 285-291

Holm, Kurt (1976): Die Faktoranalyse – ihre Anwendung auf Fragebatterien. In: Holm, Kurt (Hrsg.): Die Befragung 3, München, S. 11-285

Holm, Kurt (1977): Lineare multiple Regression und Pfadanalyse. In: Holm, Kurt (Hrsg.): Die Befragung 5, München, S. 7-102

Mayr, Johannes (2006): Klassenführung auf der Sekundarstufe II. Strategien und Muster erfolgreichen Lehrerhandelns. In: Schweizer Zeitschrift für Bildungswissenschaften, 28/2, S. 227-242

Mayr, Johannes/Neuweg, Georg Hans (2006): Der Persönlichkeitsansatz in der Lehrer/innen/forschung. In: Heinrich, Martin/Greiner, Ulrike (Hrsg.): Schauen, was 'rauskommt. Kompetenzförderung, Evaluation und Systemsteuerung im Bildungswesen. Wien, S. 183-206

Prenzel, Manfred/Baumert, Jürgen/Blum, Werner/Lehmann, Rainer/Leutner, Detlev/Neubrand, Michael/Pekrun, Reinhard/Rolff, Hans-Günter/Rost, Jürgen/Schiefele, Ulrich (Hrsg.). (2004). PISA 2003. Der Bildungsstand der Jugendlichen in Deutschland – Ergebnisse des zweiten internationalen Vergleichs. Münster

Prenzel, Manfred/Baumert, Jürgen/Blum, Werner/Lehmann, Rainer/Leutner, Detlev/Neubrand, Michael/Pekrun, Reinhard/Rost, Jürgen/Schiefele, Ulrich (Hrsg.) (2005). PISA 2003. Der zweite Vergleich der Länder in Deutschland – Was wissen und können Jugendliche? Münster

Schneider, Thorsten (2004): Hauptschule, Realschule oder Gymnasium. Soziale Herkunft als Determinante der Schulwahl. In: Szydlik, Marc (Hrsg.): Generation und Ungleichheit. Wiesbaden, S. 77-103

Wahl, Klaus (2005): Aggression bei Kindern: Emotionale und soziale Hintergründe. In: Alt, Christian (Hrsg.): Kinderleben – Aufwachsen zwischen Familie, Freunden und Institutionen. Bd.1, Aufwachsen in Familien. Wiesbaden, S. 123-156

*Claudia Zerle*
# Lernort Freizeit: Die Aktivitäten von Kindern zwischen 5 und 13 Jahren

1. Die Freizeit von Kindern als Ort des Lernens .................. 346
2. Die beliebtesten Freizeitaktivitäten von Kindern .............. 348
   - 2.1 (Sport-)Vereine ................................................. 349
   - 2.2 Mediennutzung der Kinder ................................. 353
3. Die Freizeitmuster der Kinder ....................................... 355
   - 3.1 Entwicklung der Freizeitmuster von 2002-2005 ....... 356
   - 3.2 Lerneffekte durch Freizeitaktivitäten? .................. 359
   - 3.3 Multivariate Analyse der Freizeitmuster ............... 363
4. Ausblick ....................................................................... 365

Literatur ........................................................................... 367

## 1. Die Freizeit von Kindern als Ort des Lernens

Die freie Zeit von Kindern gilt heute als Ort informellen Lernens, so hält es der Zwölfte Kinder- und Jugendbericht (2005) fest. Durch die „Verallgemeinerung und Inflation von schulischen Bildungstiteln" wird der „Erwerb von Bildungsressourcen und Bildungskompetenzen in außerschulischen Bereichen zunehmend wichtiger" (ebd., S. 131). Informelles Lernen und der Zugang zu außerschulischen Lernorten leisten einen bedeutsamen Beitrag in Hinblick auf die Erweiterung von Lernchancen und somit auch auf die Chancen gesellschaftlicher Teilhabe von Kindern.

Für die Kindheitsforschung bedeutet dies eine Hinwendung zum Thema Freizeitgewohnheiten, mit dem Ziel, die außerschulischen Lernprozesse von Kindern zu untersuchen. Dazu soll auch der vorliegende Artikel einen Beitrag leisten, indem er sich der Untersuchung der Freizeitmuster von 5- bis 13-jährigen Kindern widmet und einen Einblick in die Lernmöglichkeiten gibt, mit denen sich die Kinder in ihrer Freizeit konfrontiert sehen.

Die Daten der ersten beiden Wellen des DJI-Kinderpanels haben gezeigt, dass sich die Freizeitaktivitäten von Kindern in Abhängigkeit der soziodemographischen Merkmale der Herkunftsfamilie deutlich unterscheiden. Aus den Interessen der Kinder und deren familialer und individueller Ausstattung mit Ressourcen ergeben sich unterschiedliche Freizeitprofile (Zerle 2007a und b) – und damit ein ungleicher Zugang zu den Orten informellen Lernens. Dies wird im vorliegenden Artikel eingehender betrachtet.

Dabei steht die Analyse außerschulischer Bildungsprozesse im Fokus des Interesses. Die Abgrenzung zwischen außerschulischer bzw. informeller und formaler Bildung wird gerade mit Blick auf die von Fölling-Albers festgestellten „Entgrenzungserscheinungen" (2000, S. 118) der vormals klar umrissenen Bereiche Schule und Freizeit in Kindheit und Jugend zunehmend schwierig. Mit der Ent-Scholarisierung von Schule[1] geht die Scholarisierung von Freizeit einher. Ein großer Anteil an Lernchancen der Kinder verlagert sich von der rein formalen Bildung in den klassischen Institutionen und Einrichtungen auf die freie Zeit der Kinder und somit auf die Bereiche der non-formalen und informellen Bildung. Die Freizeit von Kindern, früher ganz klar

---

[1] Fölling-Albers sieht als Anzeichen einer Entscholarisierung von Schule beispielsweise die „Berücksichtigung spielerischer Lernformen" und das Postulat einer „Öffnung der Schule" (Fölling-Albers 2000, S. 122).

als Gegenpart zur nicht-freien Zeit Schule begriffen, wird weitaus heterogener und kann nicht mehr nur als Zeit der Muse verstanden werden. Die freie Zeit wird genutzt, um schulisches Wissen zu vertiefen oder zusätzliches Wissen und Kompetenzen zu erwerben, welches für das spätere Leben sowie das soziale und berufliche Fortkommen notwendig oder hilfreich sein könnte. Der UNESCO-Weltbildungsbericht spricht von **informellem Lernen** als einem lebenslangen Prozess, bei dem das Individuum Einstellungen, Fertigkeiten und Wissen aus täglichen Erfahrungen und dem bildenden Einfluss seiner Umwelt erwirbt. Diese Erfahrungen entstehen im Kontext von Familie, Nachbarn, Freunden und Peers. Sie entstehen in Arbeit und Spiel, durch den Markt, die Literatur und die Massenmedien (UNESCO 2000, S. 45).[2]

Während formale Bildung vor allem im schulischen Bildungssystem erworben wird, gibt es in der Freizeit eine Vielzahl von Orten, an denen Kinder etwas lernen können. So lässt sich zwischen *organisierten institutionellen Freizeitwelten* (z. B. Vereine, Verbände) und *nicht organisierten Freizeitwelten* (z. B. Hobbys, Mediennutzung, Jobs) unterscheiden. Hinzu kommen die *organisierten, institutionellen Lernwelten* (z. B. Nachhilfeunterricht, Musik- und Tanzschulen, Museen) sowie die Familie und die Peers (Grunert 2005, S. 22). Diese Umgebungen bilden für Kinder die sozialen Settings, an denen zusammen mit Familie oder Freunden gelernt wird (vgl. Tully 2006). Während die organisierten Lernwelten direkt auf den Lerneffekt abzielen, sind die organisierten und nicht-organisierten Freizeitwelten der Kinder auf Spaß an Sport und Spiel und den Umgang mit Gleichaltrigen ausgerichtet. Gelernt wird nebenbei und „Kinder eignen sich bei der Ausübung ihrer Interessen nicht nur eine Menge Wissen und Können an, sondern auch die für das Lernen selbst notwendigen Voraussetzungen wie z. B. Konzentration, Regeleinhaltung, Geschicklichkeit, Zeiteinteilung, Durchhaltevermögen, Kreativität" (Hössl u. a. 2002, S. 216).

Wie sich anhand der Daten der 2. Welle des DJI-Kinderpanels gezeigt hat, unterscheiden sich die Vorlieben für Freizeitbeschäftigungen und damit auch die Lernorte, an denen die Kinder sich aufhalten deutlich nach sozialstrukturellen Gesichtspunkten wie Milieu (vgl. Betz 2006), Schicht und Einkommen der Herkunftsfamilie, aber auch in Abhängigkeit von der sozialen Einbettung der Kinder in die Freundesnetze (Zerle 2007a). Die Daten des DJI-

---

[2] Im Gegensatz dazu ist unter formaler Bildung in Anlehnung an den UNESCO-Weltbildungsbericht (2000) ein hierarchisch strukturiertes, chronologisch aufgebautes „Bildungssystem" zu verstehen, das von der Primarstufe bis zur Universität geht und zusätzlich zu dem akademischen Bereich eine Vielzahl an spezialisierten Programmen und Institutionen für technische und berufliche Ausbildung beinhaltet (S. 45).

Kinderpanels ermöglichen es, mit sich wiederholenden Fragekomplexen Veränderungen im Freizeitverhalten der Kinder über die drei Befragungswellen hinweg abzubilden. Weiterhin lassen sich durch die Befragung zweier unterschiedlicher Alterskohorten mittels Kohortenvergleich alters- und entwicklungsbedingte Veränderungen unterscheiden. Der Entwicklungsperspektive und dem Vergleich von Altersgruppen soll daher im Folgenden Rechnung getragen werden.

## 2. Die beliebtesten Freizeitaktivitäten von Kindern

Von den im Kinderpanel abgefragten Aktivitäten haben sich fünf als besonders beliebt erwiesen: Kinder im Alter zwischen 8 und 13 Jahren verbringen ihre Freizeit sehr vielseitig und sportlich und weisen ein breites Spektrum an Aktivitäten in ihrer freien Zeit auf. Zu den Aktivitäten, die die höchsten Zustimmungswerte erhalten haben, gehören sowohl bei den 8- bis 9-jährigen (vgl. Abbildung 1, jüngere Kohorte) als auch bei den 11- bis 13-jährigen Kindern (ältere Kohorte) der 3. Welle des Kinderpanels „auf einen Spielplatz gehen", „in das Schwimmbad gehen", „einen Sport machen", „ins Kino/Theater gehen" und „Bücher aus der Bibliothek holen".

Abb. 1: Die Freizeitaktivitäten 8- bis 13-Jähriger

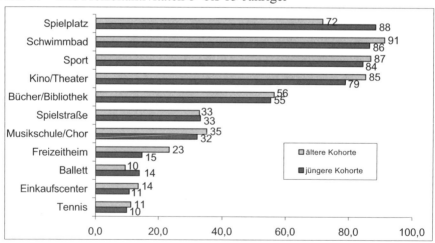

Quelle: 3. Welle Kinderpanel; eigene Berechnungen; jüngere Kohorte: N=673; ältere Kohorte: N=620

Die Befragung von zwei Alterskohorten über den Zeitraum von drei Jahren hinweg macht deutlich, dass das Freizeitverhalten von Kindern ganz klar altersbedingte Vorlieben aufweist: Es zeigt sich, dass „auf den Spielplatz gehen" bei den 8- bis 9-jährigen Kindern sowohl der älteren Kohorte in 2002, wie auch in 2005 bei den 8- bis 9-jährigen Kindern der jüngeren Kohorte an der Spitze der beliebtesten Freizeitaktivitäten steht. Bei den älteren Kindern hat sich bereits zum zweiten Erhebungszeitpunkt 2004 (also im Alter zwischen 9 und 11 Jahren) gezeigt, dass der Spielplatz an Beliebtheit etwas verloren hat und sich das Schwimmbad als meistgenannte Aktivität an die erste Stelle geschoben hat. Auch in 2005 steht das Schwimmbad weiter an der Spitze der Aktivitätenliste. „Sport machen" befindet sich bei den älteren Kindern an der zweiten und bei den jüngeren Kindern an der dritten Stelle der Skala der beliebtesten Freizeitaktivitäten. Die Zustimmung fällt hier durch die Aufsplittung der Sportarten in der Abfrage (Tennis, Ballett und Schwimmbad wurden extra abgefragt) etwas geringer aus, als wenn man allgemein fragt, ob die Kinder in ihrer freien Zeit „sportliche Sachen machen": Mit dieser Frage ergibt sich eine Zustimmungsquote von insgesamt 91,5%.[3]

## 2.1 (Sport-)Vereine

Die Zugehörigkeit zu Vereinen zählt zu den institutionalisierten Freizeitaktivitäten und ist dem Bereich non-formaler Bildung[4] zuzuordnen. Formalen Bildungsangeboten ähneln die Vereine dahingehend, dass die Ausübung der Aktivitäten speziellen Regeln unterliegt: Termine einhalten, Anweisungen beachten, Aufgaben und Verantwortung übernehmen und mit anderen Kindern auskommen sind Anforderungen, die die Mitgliedschaft in Vereinen mit sich bringt.

Die im DJI-Kinderpanel befragten Kinder sind bereits im Alter von 5- bis 6 Jahren zu einem sehr großen Teil in Vereine eingebunden[5]: Mehr als die Hälfte der Kinder dieser Altersgruppe waren zum ersten Befragungszeitpunkt bereits Mitglied in einem Sport-, Musik-, Theater- oder Tanzverein. Ab 8 Jahren sind bereits ca. drei Viertel aller Kinder in einem Verein aktiv – und

---

[3] Diese Ausprägung ist sowohl für die älteren als auch die jüngeren Kinder ähnlich hoch (91,3% bzw. 91,7%; N=1293).
[4] Der Begriff non-formaler Bildung umfasst jegliche organisierte Bildungsaktivität außerhalb des etablierten formalen Systems, egal ob es separat oder ein bedeutender Anteil einer allgemeineren Aktivität ist, die auf bestimmte Kunden oder Lernziele ausgerichtet ist (UNESCO 2000, S. 45).
[5] Die Vereinszugehörigkeit wurde sowohl bei den älteren als auch bei den jüngeren Kindern über die Mütter abgefragt.

der Anteil steigt weiter, bis die Kinder zwischen 9 und 11 Jahren alt sind (siehe Abbildung 2).

Abb. 2: Allgemeine Zugehörigkeit zu Vereinen von 2002–2005

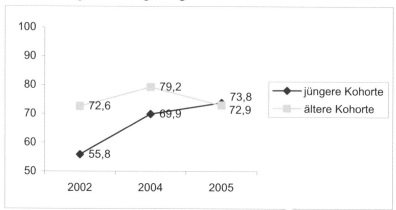

Quelle: 3. Welle Kinderpanel; eigene Berechnungen, gewichtete Daten; N=1279

Gerade die Teilnahme an den institutionalisierten Sportangeboten der Vereine hat einen besonders guten Ruf in Hinblick auf die Möglichkeiten informellen Lernens. Gelernt werden in den Sportvereinen unter anderem „Leistungsbereitschaft, Konkurrenz und Wettbewerb" (Grunert 2005, S. 24). Zudem werden Sportvereine neben der sportiven Komponente gerne wegen der dort möglichen Peerkontakte aufgesucht (vgl. Hampsch 1998). Die soziale Integration und die interpersonale Kompetenz der Kinder soll so an dem Lernort Sportverein gefördert werden. Nancy Fussan etwa stellt in ihrer Sekundäruntersuchung relevanter Jugend(sport)surveys im Hinblick auf die Einbindung Jugendlicher in Gleichaltrigen-Gruppen fest, dass „Jugendliche Sportvereinsmitglieder […] zentraler in ihren Peer-Netzwerken integriert sind, als Nichtmitglieder" (Fussan 2006, S. 394): Mädchen und Jungen, die in einem Sportverein aktiv sind, geben seltener an, sich als Außenseiter zu fühlen und haben weniger Schwierigkeiten, einen Freund zu finden.

Etwas mehr als 90% der Kinder geben an, in ihrer freien Zeit sportlich aktiv zu sein – rund zwei Drittel der befragten Kinder sind zudem auch Mitglieder in einem Sportverein. Ein Drittel der sportlich aktiven Kinder begnügt sich also mit der Ausübung von Sport in einem informellen Rahmen ohne Anleitung durch ausgebildete Trainer. Die jüngeren Kinder treiben Sport vorwiegend als Familienaktivität mit Eltern oder Geschwistern. Die älteren Kinder betreiben Sport häufig mit ihren Peers zusammen, weniger mit der Familie (Zerle 2007a). Sieht man sich die weiteren Determinanten an, die die Zu-

Lernort Freizeit: Die Aktivitäten von Kindern 351

gehörigkeit zu Sportvereinen bestimmen, erweist sich die Mitgliedschaft zum einen als abhängig vom *Alter* der Kinder und zum anderen von der sozialen *Schicht* der Herkunftsfamilie.

Abb. 3: Zugehörigkeit zu einem Sportverein von 2002-2005

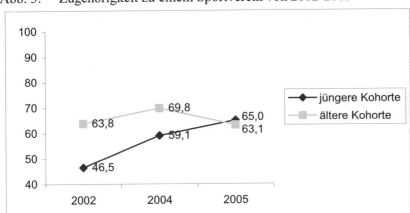

Quelle: 3. Welle Kinderpanel; eigene Berechnungen, gewichtete Daten; N=1288

*Die Zugehörigkeit zu Sportvereinen ist eine Altersfrage*

Vergleicht man die Entwicklung der Zahlen zwischen den beiden Kohorten zeigt sich, dass von den 5- bis 6-jährigen Kindern der jüngeren Kohorte zum ersten Befragungszeitpunkt bereits 46,5% in einem Sportverein aktiv sind. Dieser Wert steigt mit zunehmendem Alter noch deutlich an und zeigt seine stärkste Ausprägung bei den Kindern der älteren Kohorte zum zweiten Erhebungszeitpunkt: Fast 70% der 9- bis 11-jährigen Kinder sind im Sportverein aktiv. Wie sich zum dritten Befragungszeitpunkt zeigt, sinkt der Anteil jedoch bei den 11- bis 13-jährigen Kindern: In 2005 sind 6,7 Prozentpunkte weniger (63,1%) im Sportverein aktiv.

Auf das Phänomen der Austrittsbewegungen von Kindern und Jugendlichen aus den Sportvereinen wurde in der bestehenden Forschung bereits hingewiesen. So berichten Brinkhoff und Ferchhoff (1990, S. 64, zitiert nach Hasenberg/Zinnecker 1996, S. 108) von einem steigenden Sportinteresse der Kinder bis zum vierzehnten Lebensjahr, das dann langsam wieder abnimmt. Hasenberg und Zinnecker betrachteten die Mitgliedschaft der 10- bis 13-jährigen Kinder im Siegener Kindersurvey als stabil; die „vielbeklagte Austrittsbewegung" setze erst „im weiteren Verlauf der Adoleszenz" (Hasenberg/Zinnecker 1996, S. 108) ein. Mit den Daten des Kinderpanels lässt sich 2005 empirisch zeigen, dass diese Interessensabnahme an Sportvereinen bereits früher einsetzt: Schon im Alter zwischen 11 und 13 Jahren zeigt sich ein Einbruch in der Attraktivität der Sportvereine bei den Kindern.

*Schichtspezifische Variation der Sportvereinsmitgliedschaft*

Als weitere Einflussgröße im Zusammenhang mit der Sportvereinsmitgliedschaft von Kindern hat sich im DJI-Kinderpanel die soziale Herkunft erwiesen. Die Daten zeigen, dass die Zugehörigkeit der Kinder zu einem Sportverein schichtspezifisch stark variiert: Je höher die soziale Schicht der Herkunftsfamilie, umso eher ist das Kind in einem Sportverein aktiv. Während nur 37,4% der Unterschichtskinder in einem Sportverein aktiv sind, sind 82,7% der Kinder aus der Oberschicht in einem Sportverein Mitglied. Auch in einer bivariaten Analyse zeigt sich bei den (gewichteten) Daten ein höchstsignifikanter Zusammenhang von 0,25*** (Cramers V) zwischen der sozialen Schicht und der Mitgliedschaft in Sportvereinen. Eine Analyse des Deutschen Instituts für Wirtschaftsforschung (DIW) anhand der Daten des Sozioökonomischen Panels zeigt, dass ein solcher Zusammenhang auch bei 17-jährigen Jugendlichen weiterhin besteht: „Mädchen und Jungen, deren Elternhaushalte dem höchsten Einkommensquartil zugerechnet werden, treiben mit einer höheren Wahrscheinlichkeit Vereinssport" (Erlinghagen/Frick/ Wagner 2006).

Abb. 4: Sportvereinszugehörigkeit nach sozialer Schicht der Familie

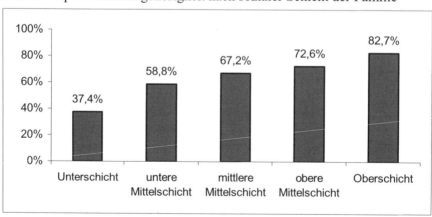

Quelle: 3. Welle Kinderpanel; eigene Berechnungen, gewichtete Daten; N=1268

Es ist zu vermuten, dass einer der Gründe für diesen Zusammenhang darin besteht, dass sich einkommensschwache Familien die Mitgliedsbeiträge für ihre Kinder und die zusätzlich anfallenden Kosten für die notwendige Sportausrüstung finanziell nicht leisten können. Ein bedauerlicher Befund, denn gerade „die Einbindung in die Gleichaltrigenkultur [spielt] bei der Bewältigung von Entwicklungsaufgaben und der psychosozialen Anpassung von Jugendlichen eine wichtige Rolle" (Fussan 2006, S. 397). Gerade die soziale Integration und die soziale Kompetenz gelten als bedeutsam für den späteren Bildungserfolg und die Persönlichkeitsentwicklung von Kindern (vgl. Illich 1972, Bernstein 1973 und Halsey u. a. 1980; zitiert nach Goia 2005, S. 100).

Über Lösungsansätze, wie die Finanzierung von solchen Angeboten auch für einkommensschwächere Familien möglich werden könnte, ist nachzudenken, denn „ein Nicht-Teilnehmen an den prestigeträchtigen institutionalisierten Freizeitangeboten kann dann auch schnell zu Ausgrenzungen und Belastungen für die betroffenen Kinder führen" (Grunert 2005, S. 44).

### 2.2 Mediennutzung der Kinder

Die Medien spielen im Alltag der Kinder eine bedeutsame Rolle und sind den *nicht organisierten Freizeitwelten* hinzuzurechnen (Grunert 2005, S. 22). Fernsehen und Video/DVD schauen, mit dem Computer umgehen, im Internet surfen sowie das Lesen von Büchern sind Aktivitäten, die wie selbstverständlich in den Freizeitarrangements von Kindern auftauchen.

*Fernsehen*

Auch im DJI-Kinderpanel steht das Fernsehen an der Spitze der am häufigsten genannten Aktivitäten: 97,2% der 5- bis 6-jährigen Kinder[6] und 98,4% der 11- bis 13-jährigen Kinder[7] sehen in ihrer freien Zeit fern. Mit den Daten des DJI-Kinderpanels lassen sich leider keine Aussagen zu dem zeitlichen Umfang machen, den das Fernsehen an der freien Zeit der Kinder einnimmt. In der KIM-Studie (Medienpädagogischer Forschungsverbund Südwest (MPFS) 2005, S. 19) zeigt sich, dass 78% der dort befragten Kinder jeden oder fast jeden Tag vor dem Fernseher sitzen; 19% gaben an, nur ein- oder mehrmals die Woche vor dem Fernseher zu sitzen. Weiterhin zeigt sich in dieser Studie, dass das Fernsehen zwar die häufigste, nicht aber die liebste Freizeitaktivität der Kinder darstellt: An Platz 1 der beliebtesten Aktivitäten steht das „Spielen im Freien" mit 45% und das „Treffen von Freunden" mit 44%. Fernsehen landet mit 32% nur auf dem dritten Platz. Es ist jedoch eine der Aktivitäten, die die Kinder am häufigsten gemeinsam mit ihrer Familie unternehmen: 56,9% der Kinder zwischen 9 und 11 Jahren geben an, oft mit jemandem aus der Familie vor dem Fernseher zu sitzen. Der Anteil der Kin-

---

[6] 1. Welle; jüngere Kohorte; Proxy-Angaben der Mütter; N=1148.
[7] 3. Welle; eigene Angaben der Kinder; N=620.

der, die in diesem Alter oft mit Freunden gemeinsam fernsehen, ist mit 12,1% vergleichsweise gering.

*Computernutzung der Kinder*

Die Ausstattung mit Computern ist unter den im DJI-Kinderpanel befragten Familien beachtlich: In 97,8% der befragten Haushalte ist ein Computer vorhanden; 39,5% der Kinder besitzen sogar selbst ein solches Gerät.[8] Dementsprechend hoch ist auch die Zustimmung der Kinder auf die Frage, ob sie in ihrer freien Zeit auch schon mal den Computer nutzen: 84,3% der in der 3. Welle befragten Kinder geben an, etwas mit dem Computer zu machen. Nach Kohorten aufgeteilt zeigt sich, dass 80,2% der 8- bis 9-jährigen Kinder und 88,7% der 11-bis 13-Jährigen computern. Diese Zahlen im Kinderpanel machen deutlich: Die Nutzung von Computern gehört heute zum Standard in der Freizeitgestaltung der Kinder.

Abb. 5:    Aktivitäten der Kinder am Computer

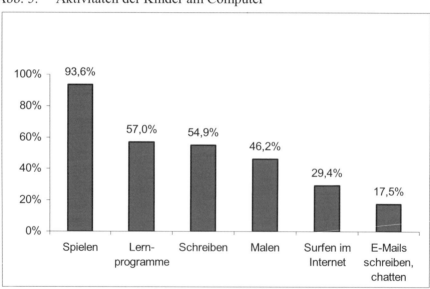

Quelle: DJI-Kinderpanel, 3. Welle, eigene Berechnungen; N=1288; ältere und jüngere Kohorte zusammen

---

[8] Die Ausstattung der Haushalte mit Computern wurde über die Väter (N=722) erfragt und ist vergleichsweise hoch. Die KIM-Studie 2005 spricht von einer Ausstattung mit Computern von 83% aller Haushalte, in denen Kinder zwischen 6 und 13 Jahren leben.

Auch die Art der Nutzung von Computern weist verschiedene Einsatzbereiche bei den Kindern auf. Ein großer Anteil der Kinder (93,6%) gibt an, den Computer für Spiele zu nutzen. Dieser Wert ist sowohl für die älteren (11 bis 13 Jahre) als auch die jüngeren Kinder mit 93,7% bzw. 93,5% Zustimmung sehr hoch. An zweiter Stelle befinden sich die Lernprogramme mit insgesamt 57,0% und an dritter Stelle steht mit 54,9% das Schreiben am Computer. An fünfter Stelle, mit einer Zustimmung von knapp einem Drittel, liegt das Surfen im Internet. Hier zeigt sich ein deutlicher Unterschied zwischen den beiden Alterskohorten: Nur 13,8% der befragten 8-bis 9-Jährigen geben an, den Computer zu nutzen, um im Internet zu surfen, während es bei den 11- bis 13-Jährigen ein großer Anteil von 44,8% in dieser Weise nutzt!

*Bücher*

Von den im Kinderpanel befragten Kindern holt sich ein Anteil von insgesamt 55,7% zumindest von Zeit zu Zeit Bücher aus der Bibliothek. 17,8% geben sogar an, dies oft zu tun. Auch die Ergebnisse der KIM-Studie (MPFS 2005, S. 23) zeigen, dass 54% der befragten Kinder gerne oder sehr gerne Bücher lesen; Mädchen lesen etwas mehr als Jungen und „Kinder, die mit einem Computer aufwachsen, [geben] häufiger an, zumindest gerne zu lesen (61%), als Kinder in einem Haushalt ohne Computer (50%)". Ein Befund, der sich auch durch die nächste Feststellung erklären lässt: Die Aktivität Lesen variiert mit dem Haushaltseinkommen der Herkunftsfamilie. „Während in einem Haushalt mit einem Nettoeinkommen unter 1.500 Euro nur 38% gerne oder sehr gerne lesen, sind es bei einem Einkommen über 2.500 Euro 66%." (KIM 2005, S. 23).

## 3. Die Freizeitmuster der Kinder

Das Kinderpanel zeichnet sich im Vergleich zu vielen anderen Kindheitsstudien dadurch aus, dass es die Perspektive der Kinder berücksichtigt und alle Kinder ab 8 Jahren auch selbst zu Wort kommen lässt (vgl. Alt 2005). Daher stellt auch dieser Artikel die Perspektive der Kinder in den Vordergrund und beschreibt die Freizeitwelten der Kinder so, wie sie sie selbst darstellen.[9] Die Abfrage der Freizeitaktivitäten erfolgte nach zahlreichen ausgewählten Akti-

---

[9] Nur zu einigen Daten, von denen davon ausgegangen wurde, dass die Mütter bzw. alleinerziehenden Väter reliablere Antworten geben können, wird auf die Perspektive der Eltern als sogenannte Proxy-Angabe eingegangen.

vitäten. Bei sechs allgemeinen Freizeitaktivitäten[10] wurde zudem gefragt, mit wem die Kinder diese unternehmen.

## 3.1 Entwicklung der Freizeitmuster von 2002-2005

Mit den Daten der 2. Welle des DJI-Kinderpanels konnten mittels einer Faktorenanalyse und anschließender bivariater und multivariater Untersuchungen vier Freizeitprofile entwickelt werden. So unterscheiden sich die Profile *„Spielen (oder: der institutionalisierte Freizeiter)", „Mobil unterwegs (oder: der nicht-institutionaliserte Freizeiter)", „Zuhause (oder: der Indoor-Freizeiter"* sowie das Profil *„Sportiv (oder: der sportive Freizeiter)"* nicht nur in den Aktivitäten, mit denen sie ihre freie Zeit verbringen, sondern vor allem in Bezug auf die Ressourcen, mit denen die Kinder durch ihre Familien und die Einbettung in Freundesnetze ausgestattet sind (Zerle 2007a).

Die in 2004 gezeigten Freizeitmuster lassen sich auch für die Befragungen 2002 und 2005 mittels Faktorenanalyse nachbilden und ermöglichen somit, eine Entwicklung und Veränderung der Freizeitmuster der Kinder von 8 Jahren bis zum Alter von 13 Jahren aufzuzeigen. Im Vergleich dieser sich verändernden Typologien über die drei Wellen hinweg wird deutlich[11]: Auch wenn sich die Zusammensetzung der Freizeitaktivitäten über die drei Erhebungen unterscheidet, gibt es Muster, die über die zeitliche Entwicklung hinweg gleich bleibend vorherrschen.

*Freizeitmuster der 1. Welle des DJI-Kinderpanels*

Der Freizeittyp *„Spielen"* leiht sich gerne Bücher aus der Bibliothek aus, geht ins Freibad oder Hallenbad und musiziert in seiner freien Zeit. Typ *„Mobil unterwegs"* geht gerne ins Freizeitheim, spielt in einer Spielstraße oder hält sich im Einkaufszentrum auf. Der Typ *„Indoor"* verbringt seine Freizeit medienorientiert mit Kino/Theater sowie mit Fernsehen oder Videoschauen. Der *„sportive Typ"* ist in seiner freien Zeit aktiv beim Sport, auf dem Spielplatz, spielt mit der Spielkonsole und unternimmt Ausflüge.

*Freizeitmuster der 2. Welle des DJI-Kinderpanels*

Der Typ *„Spielen"* (institutionalisierter Freizeiter) geht in seiner freien Zeit ins Schwimmbad, ins Kino oder Theater und macht Musik oder unternimmt

---

[10] Zu den allgemeinen Aktivitäten zählen das „Spielen mit der Spielkonsole", „Video/TV", „unternehmen sportlicher Sachen", „ins Kino/Theater gehen", „Musik machen" und „Ausflüge unternehmen".
[11] Für die Faktorenanalyse werden die Aktivitäten der älteren Kohorte herangezogen, da nur für diese Gruppe die Kinderaussagen über alle 3 Befragungszeitpunkte vorliegen.

Ausflüge. Wie die Daten zeigen, ist dieser Typ häufiger in Vereinen eingebunden, hat tendenziell mehr Freunde als Peers und macht gerne auch mal etwas mit dem Computer. Der nicht-institutionalisierte Freizeiter *„Mobil unterwegs"* geht gerne auf den Spielplatz oder ins Freizeitheim, spielt in der Spielstraße und hält sich im Einkaufszentrum auf. Der *Indoor-Freizeiter* leiht sich Bücher aus der Bibliothek aus, spielt mit der Spielkonsole und sieht gerne fern oder schaut sich Videos an. Der *sportive Freizeiter* geht in seiner freien Zeit vorwiegend sportlichen Aktivitäten nach: Wie der institutionalisierte Freizeiter ist er in Vereinen aktiv, hat viele Freunde und nutzt in seiner freien Zeit den Computer. Er verfügt über ein hohes subjektives Wohlbefinden.

Abb. 6: Die Freizeitmuster

|  | **Spielen** | **Mobil unterwegs** | **Indoor/ mediales Konzept** | **Sportiv** |
|---|---|---|---|---|
| **2002** | Bücher, Schwimmen, Musik | Freizeitheim, Spielstraße, Einkaufszentrum | Kino/Theater, TV/Video | Sport, Spielplatz, Spielkonsole, Ausflüge |
| **2004** | Schwimmbad, Kino/Theater, Musik, Ausflüge | Spielstraße, Freizeitheim, Einkaufszentrum, Spielplatz | Bücher, Spielkonsole, TV/Video | Sport |
| **2005** | Schwimmen, Kino | Spielstraße, Freizeitheim, Einkaufszentrum, Spielplatz | Bücher, Musik, Ausflüge | Sport, Spielkonsole, TV/Video |

Quelle: 3. Welle, DJI-Kinderpanel, eigene Darstellung

*Freizeitmuster der 3. Welle des DJI-Kinderpanels*

Typ *„Spielen"* geht in seiner freien Zeit gerne zum Schwimmen ins Frei- oder Hallenbad und Kino. Der *„Mobil unterwegs"*-Freizeiter ist auf dem Spielplatz, im Freizeitheim, in der Spielstraße oder im Einkaufszentrum anzutreffen. Der *„Indoor-Freizeiter"* holt sich Bücher in der Bibliothek, musiziert oder unternimmt in seiner freien Zeit Ausflüge. Der *„Sportive"* treibt Sport, spielt mit der Spielkonsole oder lässt sich von TV/Video berieseln.

Abb. 7: Freizeitaktivitäten nach sozialen Schichten – 1. Welle bis 3. Welle

| | Unterschicht | Untere Mittelschicht | Mittlere Mittelschicht | Obere Mittelschicht | Oberschicht |
|---|---|---|---|---|---|
| Freizeitheim | 1 2 3 | | | | |
| Einkaufszentrum | 1 2 3 | | | | |
| Spielstraße | 1 2 3 | | | | |
| Spielplatz | 2 3 | | | | 1 |
| Bücher | | | | 1 | 2 3 |
| Musik | | | | 1 2 | 3 |
| Ausflüge | | | | 2 1 | 3 |
| Sport | 3 | | | 1 2 | |
| Spielkonsole | 3 | | | 1 2 | |
| TV/Video | 3 | | 1 | 2 | |
| Schwimmen | | | | 3 1 2 | |
| Kino/Theater | | | 1 | 3 2 | |

Quelle: 3. Welle, DJI-Kinderpanel; eigene Darstellung[12]

Sieht man sich die Typen der jeweiligen Welle in einer Korrespondenzanalyse in Abhängigkeit von der sozialen Schicht der Herkunftsfamilie an, zeigt sich, dass die Freizeitmuster und die einzelnen Aktivitäten mit unterschiedlichen sozialen Schichten in Zusammenhang gebracht werden können (Abbildung 7). Dies wird besonders deutlich an den Aktivitäten des nichtinstitutionalisierten *„mobilen Freizeiters"*, der über alle drei Wellen hinweg äußerst konstant bleibt und vorwiegend in den unteren Schichten zu finden ist. Dieser Typ streift in seiner freien Zeit wenig organisiert auf dem Spielplatz, im Freizeitheim und im Einkaufszentrum umher. Nur die Aktivität Spielplatz ist 2002 (die Kinder waren zu dem Zeitpunkt 8 bis 9 Jahre alt) noch bei allen Kindern hoch im Kurs. Deutlich kristallisieren sich in den Freizeitmustern auch Aktivitäten heraus, die vorwiegend von Kindern höherer sozialer Schichten ausgeübt werden, wie zum Beispiel das Ausleihen von Büchern aus der Bibliothek, das Musizieren und das Unternehmen von Ausflügen, eine klassische Familienaktivität. TV/Video schauen, Schwimmen, Kino/Theater hingegen sind Aktivitäten, die besonders häufig in den Familien der Mittelschicht vertreten sind. Als Ausreißer ist der *„sportive Typ"* anzusehen: Während Sport in den beiden ersten Wellen deutlich eine Aktivität der Kinder aus den oberen Schichten war, rückt die Korrespondenzanalyse diese Aktivität zusammen mit den Mittelschichts-Aktivitäten Spielkonsole und TV/Video in der 3. Welle nahe an die Unterschicht – ein Befund, der er-

---

[12] Die Darstellung zeigt die für die jeweiligen Wellen 1, 2 und 3 errechneten Zusammenhänge zwischen der sozialen Schicht und den Freizeittypen nach Aktivitäten.

staunt, zumal die Mitgliedschaft in Sportvereinen gerade in den oberen Schichten deutlich ausgeprägter ist, als in den unteren Schichten. In der multivariaten Analyse ist dieser Befund weiter zu untersuchen.

### 3.2 Lerneffekte durch Freizeitaktivitäten?

Wie sich gezeigt hat, verfolgen die Kinder in ihrer Freizeit unterschiedliche Muster an Freizeitaktivitäten. In Abhängigkeit von der jeweiligen „Lernwelt" (vgl. Wahler/Tully/Preiß 2004), in der sie sich bewegen, können unterschiedliche Dinge gelernt werden. In einer bivariaten Analyse der erarbeiteten Freizeittypen der 2. und der 3. Welle des DJI-Kinderpanels soll nun untersucht werden, über welche Fähigkeiten und Fertigkeiten die Kinder verfügen. Dabei sollen mögliche Zusammenhänge zu den in der aktuellen Forschung diskutierten Lerneffekten in Bezug auf das Sozialverhalten der Kinder, wie etwa die soziale Kompetenz und die Integration in die Freundesnetzwerke, untersucht werden (vgl. u. a. Fussan 2006, Wahler/Tully/Preiß 2004 und Furtner-Kallmünzer u. a. 2002).

Abb. 8: Bivariate Zusammenhänge: Die Freizeittypen der 2. Welle

|  | **Spielen:** Schwimmbad, Musik, Kino/ Theater, Ausflüge | **Mobil unterwegs:** Freizeitheim, Einkaufszentrum, Spielplatz, Spielstraße | **Indoor/ mediales Konzept:** Bücher, Spielkonsole, TV/Video | **Sportiv:** Sport |
|---|---|---|---|---|
| Soziale Integration | n.s. | n.s. | n.s. | 0,23*** |
| Schulerfolg | n.s. | n.s. | n.s. | 0,19*** |
| Beliebtheit in der Schulklasse (Selbst) | 0,18*** | n.s. | n.s. | n.s. |
| Anzahl der Peers | n.s. | n.s. | n.s. | 0,13** |
| Anzahl der Freunde | n.s. | n.s. | n.s. | 0,12** |
| Motorische Unruhe (Kindersicht) | -0,11** | 0,11** | n.s. | n.s. |
| Motorische Unruhe (Muttersicht) | -0,17** | n.s. | -0,15** | 0,11** |

Quelle: 3. Welle Kinderpanel, eigene Berechnungen

In der 2. Welle weist der *Typ „Spielen" (institutionalisierter Freizeiter)*, wie aus Abbildung 8 ersichtlich wird, einen positiven Zusammenhang mit der Selbsteinschätzung der Beliebtheit in der Schulklasse auf; je häufiger die Kinder sich im Schwimmbad oder Kino/Theater aufhalten und ihre freie Zeit mit musizieren und dem Unternehmen von Ausflügen verbringen, desto beliebter schätzen sie sich in ihrer Klassengemeinschaft ein.[13] Dieser Freizeittyp wird sowohl von sich selbst als auch von seiner Mutter als weniger motorisch unruhig eingeschätzt. Die Gamma-Koeffizienten von -0,11 bzw. -0,17 deuten auf einen leichten Zusammenhang hin.

In der bivariaten Analyse weist der Typ *„Mobil unterwegs"* (*nicht-institutionalisierte Freizeiter*) nur einen statistisch signifikanten Zusammenhang auf: Kinder, die diesem Typ angehören, schätzen sich selbst als motorisch unruhig[14] ein; der Zusammenhang ist mit 0,11 zwar nicht besonders stark ausgeprägt, aber signifikant.

Auch der *Indoor-Freizeiter*, der in seiner freien Zeit eher häuslichen Aktivitäten nachgeht, wie etwa Bücher ausleihen und lesen, Spielkonsole spielen und fernsehen, weist ebenfalls nur mit der motorischen Unruhe einen statistisch signifikanten Zusammenhang auf: Kinder, die diesem Freizeitmuster nachgehen, werden von ihren Müttern als weniger unruhig beschrieben.

Wie in Abbildung 8 aufgezeigt, findet sich in den Daten des DJI-Kinderpanels ein signifikanter Zusammenhang zwischen dem *„Sportiven"* Freizeitprofil[15] und der sozialen Integration[16]: Kinder, die in ihrer Freizeit sportlich aktiv sind, sind besser in ihre Freundesnetzwerke integriert (Gamma=0,23) als Kinder, bei denen Sport nicht zu den Beschäftigungen in der Freizeit gehört. So zeigen sich mit der Anzahl der genannten Peers und der Anzahl der genannten Freunde ebenfalls signifikante Zusammenhänge. Je sportiver die Kinder ihre freie Zeit verbringen, desto mehr Peers und Freunde werden von ihnen genannt. Weiterhin zeigt sich in der bivariaten Analyse ein signifikanter Zusammenhang zwischen dem sportiven Freizeitprofil und dem Schulerfolg: Kinder, die ihre Freizeit oft mit Sport verbringen, sind in der

---

[13] Erstaunlicherweise sinkt die Selbsteinschätzung in Hinblick auf die Beliebtheit bei den Mitschülern bei allen Kindern der älteren Kohorte zwischen der 1. und der 3. Welle deutlich ab. Zum ersten Befragungszeitpunkt schätzen sich 33,6% der Kinder als „sehr beliebt" ein, anderthalb Jahre später sind es 21,6% und in der 3. Welle sind es nur noch 11,2% der Kinder, die sich als „sehr beliebt" einstufen. Es ergibt sich ein leichter aber hochsignifikanter positiver Zusammenhang von 0,18. Dies könnte daran liegen, dass der Schulwechsel in die Sekundarstufe erst kurz zuvor stattgefunden hat und die Kinder sich möglicherweise noch nicht in der neuen Klasse eingelebt haben.
[14] Die Fragen zur motorischen Unruhe decken ab, ob ein Kind zappelig ist, nicht lange stillsitzen kann oder oft handelt, ohne vorher nachzudenken.
[15] Freizeitprofile berechnet mittels Faktorenanalyse mit den Daten der 2. Welle des DJI-Kinderpanels.
[16] Der Indikator „Soziale Integration im Freundeskreis" bildet Dimensionen ab, die den Merkmalen sozialer Integration in den Theorien von Friedrichs/Jagodzinski (1999), Lockwood (1969) und Esser (1999) entsprechen. Zur Operationalisierung des Indikators vgl. Goia (2005).

Schule erfolgreicher als Kinder, die keinen Sport treiben (Gamma=0,19). Dieser Befund ließe sich mit der „Kompetenzwahrnehmungs-Hypothese" erklären, die davon ausgeht, „dass sportliche Aktivitäten in vielen Bereichen zu spezifischen Kompetenzerfahrungen führen, die sich auf das globale Selbstkonzept positiv auswirken" (vgl. Fuchs/Hahn/Schwarzer 1994; zitiert nach Brinkhoff 1998, S. 112). Brinkhoff (1998) führt weiter aus, dass dies „insbesondere bei Kindern und Jugendlichen [...] von besonders hoher Relevanz [ist], weil sportliches Können sowohl in den Augen der Gleichaltrigen als auch bei den Erwachsenen hohe Anerkennung findet" (ebd.). Dass dies auch für die Kinder selbst von hoher Relevanz ist, zeigen die Analysen von Gisdakis. Danach gilt, dass Kinder, die bessere Sportnoten haben (aus der Sicht der Mutter), ein signifikant höheres schulisches Wohlbefinden aufweisen als Kinder, die eher weniger gute Noten in Sport haben (Gisdakis 2007, S. 125).

Abb. 9: Bivariate Zusammenhänge: Die Freizeittypen der 3. Welle

|  | **Spielen:** Schwimmen, Kino/ Theater | **Mobil unterwegs:** Spielplatz, Freizeitheim, Spielstraße, Einkaufszentrum | **Indoor/ mediales Konzept:** Bücher, Musik, Ausflüge | **Sportiv:** Spielkonsole, Sport, TV/Video |
|---|---|---|---|---|
| Soziale Integration | n.s. | n.s. | n.s. | -0,13** |
| Schulerfolg | 0,17*** | n.s. | 0,21*** | n.s. |
| Beliebtheit in der Schulklasse (Selbst.) | 0,18*** | n.s. | 0,11** | n.s. |
| Anzahl der Peers | 0,14*** | n.s. | n.s. | -0,09** |
| Anzahl der Freunde | 0,20*** | n.s. | n.s. | -0,11*** |
| Motorische Unruhe (Kindersicht) | n.s. | n.s. | -0,16*** | n.s. |
| Motorische Unruhe (Muttersicht) | n.s. | 0,13* | n.s. | -0,11* |
| Interpersonale Kompetenz (sich behaupten) | 0,18*** | n.s. | n.s. | n.s. |
| Interpersonale K. (Kontaktleichtigk.) | 0,22*** | n.s. | n.s. | n.s. |
| Selbstwirksamkeit (Muttersicht) | 0,15* | n.s. | n.s. | n.s. |

Quelle: 3. Welle Kinderpanel, eigene Berechnungen

Typ „*Spielen*" der 3. Welle des Kinderpanels weist in der bivariaten Analyse Zusammenhänge mit dem Schulerfolg und der Selbsteinschätzung in der Beliebtheit bei den Klassenkameraden auf. Je mehr die Kinder ihre freie Zeit mit dem Ziel verbringen, mit anderen Kindern im Schwimmbad spielen zu können oder mit ihnen ins Kino gehen zu können, desto größer ist ihr Schulerfolg und als desto beliebter schätzen sie sich bei ihren Klassenkameraden ein. Typ *„Spielen"* nennt folgerichtig mehr Freunde und Peers, mit denen er regelmäßigen Kontakt hat. Die Mütter dieses Freizeittyps berichten über ein höheres Maß an Selbstwirksamkeit ihrer Kinder.[17] Ein weiterer positiver Zusammenhang ergibt sich in der bivariaten Analyse mit der Sozialkompetenz der Kinder: Der Typ *„Spielen"* kann sich anderen Kindern gegenüber nicht nur besser behaupten, sondern auch die Kontaktaufnahme zu anderen Kindern fällt ihm leichter (vgl. hierzu auch Baquero i.d.B.).[18]

Typ *„Mobil unterwegs"* weist in der bivariaten Analyse nur einen signifikanten Zusammenhang mit den abgefragten Variablen auf, so berichten die Mütter dieses nicht-institutionalisierten Freizeittyps, der in der freien Zeit unorganisiert mit seinen Freunden unterwegs ist, über mehr motorische Unruhe ihrer Kinder.

Auch der *„Indoor-Freizeiter"* weist in der bivariaten Analyse positive Zusammenhänge mit dem Schulerfolg und der Selbsteinschätzung in der Beliebtheit bei den Klassenkameraden auf. Kinder, die ihre Zeit mit Bücher-Lesen, musizieren und Ausflüge unternehmen verbringen, haben besseren Schulerfolg und schätzen sich bei den Mitschülern als beliebter ein. Weiterhin berichten die Kinder auch selbst von weniger motorischer Unruhe; der Zusammenhang ist mit -0,16 zwar nicht sehr stark, aber höchstsignifikant.

Der *„sportive Typ"* der 3. Welle des Kinderpanels unterscheidet sich nicht nur in seinem Aktivitätsspektrum von dem „sportiven Typ" der 2. Welle: In seiner freien Zeit spielt er zusätzlich zum Sport auch gerne Spielkonsole und sieht fernsehen oder Video. Es zeigen sich negative Zusammenhänge mit der sozialen Integration[19] in die Freundes- und Gleichaltrigennetze, dementsprechend berichten die Kinder über weniger Peers und weniger Freunde, mit

---

[17] Die im DJI-Kinderpanel erhobene Selbstwirksamkeitsskala deckt Bereiche ab wie etwa die Fähigkeit, sich auch gegen Widerstände durchzusetzen, die Lösung schwieriger Probleme und der Umgang mit neuen und überraschenden Ereignissen etc.

[18] Die Fragen beziehen sich zum einen darauf, wie gut sich ein Kind anderen gegenüber behaupten kann, also wie gut es darin ist, anderen zu sagen, dass es sich falsch behandelt fühlt, oder zu einem anderen Kind auch mal „nein" zu sagen (interpersonale Kompetenz: sich behaupten). Zum anderen beziehen sich die Fragen zur Sozialkompetenz darauf, wie schwer es einem Kind fällt, auf andere zuzugehen, sich mit anderen zu verabreden etc. (interpersonale Kompetenz: Leichtigkeit Kontaktaufnahme).

[19] Die Skala zur sozialen Integration bildet u. a. die Anzahl der Freunde und die Qualität der Freundschaften ab, die ein Kind pflegt, und bezieht sich zudem auf Kontakthäufigkeit, den Erhalt von Hilfeleistungen etc. Eine genaue Operationalisierung der Skala findet sich bei Goia 2005 (S. 107).

denen sie sich regelmäßig treffen. Die Mütter dieser Kinder berichten über weniger motorische Unruhe.

### 3.3 Multivariate Analyse der Freizeitmuster

Wie sich in der bivariaten Analyse gezeigt hat, weisen die erarbeiteten Freizeittypen der 2. und 3. Welle des DJI-Kinderpanels einige signifikante Zusammenhänge mit dem Sozialverhalten der Kinder auf. Diese Zusammenhänge gilt es nun in einer multivariaten Analyse dahingehend zu untersuchen, ob sich die Variablen als bedeutsame Prädiktoren in Hinblick auf die Freizeitgestaltung der Kinder erweisen.

Dabei werden in den einzelnen Modellen die vier Freizeittypen der 3. Welle jeweils als Dummy-Variable kodiert und als abhängige Variable in der logistischen Regression alleine gegen die jeweiligen drei anderen Typen getestet. Für alle vier Modelle werden dieselben unabhängigen Variablen getestet, um so herauszufinden, welche Einflussgrößen sich für welchen Freizeittyp als bedeutsam erweisen. In allen gerechneten Modellen befinden sich auch die soziodemographischen Angaben zur Herkunft/Herkunftsfamilie der Kinder: Die soziale Schicht, das Netto-Haushaltseinkommen und der Migrationshintergrund[20] der Kinder werden zur Analyse herangezogen.

Neben den vier Modellen der 3. Welle, wird in der multivariaten Analyse noch ein fünftes Modell mit dem „sportiven Typen" der 2. Welle gerechnet, da dieser Typ in der bivariaten Analyse andere Zusammenhänge gezeigt hat, als der „sportive Typ" der 3. Welle, der zusätzlich zum Sport noch die Spielkonsole und TV/Video als Freizeitaktivitäten aufweist.

*Der Freizeittyp „Spielen":* Die Ergebnisse der Analysemodelle zeigen, dass Kinder, die eine hohe *soziale Integration* in ihre Freundesnetzwerke aufweisen, ihre freie Zeit gerne beim Schwimmen, im Kino oder Theater verbringen (Effektkoeffizient=1,54). Sie sind häufig *im Sportverein aktiv* und es fällt ihnen leicht, mit anderen Kindern Kontakte zu schließen. So zeigt sich ein signifikanter Zusammenhang mit der *interpersonalen Kompetenz* (Effektkoeffizient=1,59). Die Selbsteinschätzung in Hinblick auf die Beliebtheit in der Klasse zeigt sich, anders als in der bivariaten Analyse, nicht als signifikante Einflussgröße und kann somit nicht als Prädiktor für die Interpretation herangezogen werden.

*Der Typ „Mobil unterwegs":* Die Kinder des unorganisiert umherstreifenden Typs *„Mobil unterwegs",* die ihre freie Zeit im Einkaufszentrum, Freizeitheim, auf der Spielstraße oder dem Spielplatz verbringen, finden sich

---

[20] Unter Migrationshintergrund wird hierbei verstanden, dass zumindest entweder der Vater oder die Mutter des Kindes keine deutsche Staatsangehörigkeit besitzt.

eher in den unteren *Schichten* wieder – ein Befund, der sich bereits in der letzten Befragungswelle und auch in der bivariaten Analyse gezeigt hat. Die Mütter dieser Kinder berichten häufiger über *motorische Unruhe* ihrer Söhne und Töchter. In der multivariaten Analyse zeigen sich keine weiteren Prädiktoren für diesen Typ.

Tab. 1: Multivariate Analysemodelle

| Prädiktoren | Spielen: Schwimmen, Kino/Theater | Mobil unterwegs: Freizeitheim, Spielstraße, Spielplatz, Einkaufszentrum | Indoor/mediales Konzept: Bücher, Musik, Ausflüge | Sportiv: Sport, Spielkonsole, TV/Video | Sportiv (2. Welle): Sport |
|---|---|---|---|---|---|
| | | | Effektkoeffizienten (B) | | |
| Soziale Integration | 1,54** | 0,79 | 0,95 | 0,95 | 1,35** |
| Schulerfolg | 1,07 | 0,79 | 1,48* | 0,78 | 1,16 |
| Beliebtheit in der Klasse | 1,09 | 1,31 | 1,03 | 0,80 | 0,79 |
| Zugehörigkeit Sportverein | 1,93* | 0,89 | 2,71*** | 0,33*** | 2,90*** |
| Computernutzung | 1,82 | 1,34 | 6,04** | 0,27*** | 1,44 |
| Int.pers. Kompetenz (sich behaupten) | 0,87 | 0,76 | 0,94 | 1,30 | 0,79 |
| Int.pers. Kompetenz (Kontaktleichtigkeit) | 1,59* | 1,01 | 0,79 | 0,94 | 1,14 |
| Motorische Unruhe (Muttersicht) | 1,25 | 1,64** | 0,86 | 0,72* | 1,55** |
| Soziale Schicht der Herkunftsfamilie | 0,91 | 0,67* | 1,39* | 0,996 | 1,14 |
| Netto-Haushaltseinkommen | 1,00 | 1,00 | 1,00 | 1,11 | 1,00 |
| Migrationshintergrund | 1,30 | 1,28 | 0,95 | 0,67 | 0,81 |
| N | 435 | 435 | 435 | 435 | 415 |
| Nagelkerkes $R^2$ | 0,12 | 0,12 | 0,18 | 0,17 | 0,16 |

p***<0,001, p**<0,01, p*<0,05
Quelle: DJI, 3. Welle Kinderpanel, eigene Berechnungen

Der Freizeittyp *„Indoor/mediales Konzept"* weist einen Zusammenhang mit dem *Schulerfolg* der Kinder auf: Kinder, die erfolgreich in der Schule sind, leihen sich gerne Bücher aus, musizieren und unternehmen Ausflüge. Der Effektkoeffizient liegt bei 1,48, der Zusammenhang ist signifikant. *„Indoor-Freizeiter"* sind häufig in *Sportvereinen* organisiert und gehören überwiegend den höheren *Schichten* an. Auch die Nutzung von *Computern* ist bei diesem Typ beliebt.

Der *„sportive Typ"* der 3. Welle des Kinderpanels weist auf einen negativen Zusammenhang mit der Sportvereinsmitgliedschaft hin, obwohl gerade dieser Typ angibt, in seiner freien Zeit besonders sportlich aktiv zu sein. Der Effektkoeffizient von 0,33 ist höchstsignifikant. Den Sport betreiben diese Kinder also vorwiegend unorganisiert außerhalb der Vereine. Kinder dieses Typs nutzen zudem weniger den *Computer* (Effektkoeffizient=0,27), sondern sehen lieber fern bzw. spielen mit der Spielkonsole. Interpretierbar werden beide Befunde durch die Ergebnisse der Korrespondenzanalyse, in der der „sportive Typ" der 3. Welle eher in den unteren Schichten zu finden war (vgl. Abbildung 7). Die Familien dieser Kinder sind mit weniger materiellen Ressourcen ausgestattet, was zur Folge hat, dass sie einen schlechteren Zugang zu Computern haben und weniger in den Vereinen präsent sind als Kinder höherer Schichten. In der multivariaten Analyse zeigt sich die Schicht jedoch nicht als signifikante Einflussgröße. Der *„sportive Typ"* der 2. Welle des Kinderpanels unterscheidet sich, wie auch schon in der bivariaten Analyse festgestellt, an zwei Punkten grundlegend von dem „sportiven Typ" der 3. Welle: Er betreibt seinen Sport aktiv im *Verein* und weist auf eine höhere *soziale Integration* hin. Zudem scheinen die sport-aktiven Kinder über einen stark ausgeprägten Aktivitätsdrang zu verfügen, der in der Vorliebe zum Sport seinen Ausdruck findet, denn die Mütter dieser Kinder berichten über ein höheres Maß an *motorischer Unruhe* (Effektkoeffizient=1,55).

## 4. Ausblick

In der aktuellen Forschungsdiskussion ist die Freizeit als Bereich außerschulischer Bildung in den Fokus des Interesses gerückt. Wenn formale Bildungsabschlüsse immer weniger zur Unterscheidung dienen können, werden die zusätzlich erworbenen Kompetenzen zum Schlüsselkriterium, wenn es um den schwierigen Zugang zum Arbeitsmarkt geht. „Eine aktive Freizeitgestaltung […] leistet damit einen Beitrag, die Chancen der Kinder und Jugendlichen

[...] auf der Ebene der Qualifikation für den Arbeitsmarkt zu erhöhen" (Grunert 2005, S. 17).

Anhand der Daten des DJI-Kinderpanels wird deutlich: Kinder zwischen 8 und 13 Jahren gestalten ihre Freizeit bunt und vielfältig. (Sport-)Vereine stehen hoch im Kurs, genauso wie die Unternehmungen mit den Freunden oder der Familie. Auch wenn sich die Vorliebe der Aktivitäten mit zunehmendem Alter verändert, lassen sich doch spezifische Profile an Aktivitäten nachzeichnen, denen die Kinder nachgehen. Um Aussagen über die Anregungen und Ressourcen machen zu können, die die Freizeit als Ort des Lernens für Kinder bedeutsam macht, muss also die gesamte Lebens- und Lernwelt von Kindern in den Blick genommen werden, aus der sich je spezifische Lerngelegenheiten ergeben.

Durch den Vergleich der verschiedenen Freizeittypen hat sich etwa gezeigt, dass auch der Kontext, in dem Aktivitäten ausgeübt werden, bedeutsam für die Ausbildung von bestimmten sozialen Fertigkeiten sein kann: Sport etwa wird in der 3. Welle des Kinderpanels von Kindern mit dem Freizeitprofil *„Spielen"* und *„Indoor"*, sowie von dem *„sportiven Typ (2. Welle)"* bevorzugt im Sportverein ausgeübt. Diese Kinder zeigen sich als in höherem Maße in soziale Freundeskreise integriert[21] und können leichter Kontakte zu anderen Kindern knüpfen. Der *„sportive Typ"* der 3. Welle ist nicht (mehr) in den Vereinen zu finden, sondern wird in einem außer-institutionellen Rahmen sportlich aktiv. Ein positiver Zusammenhang mit der sozialen Integration oder der interpersonalen Kompetenz zeigt sich bei diesem Typ nicht (mehr).

Sowohl die sozialen Ressourcen der Herkunftsfamilie (soziale Schicht) als auch die Einbindung in die Gleichaltrigen-Netzwerke (soziale Integration) zeigen sich also im DJI-Kinderpanel als bedeutsame Kriterien in Hinblick darauf, wie die Kinder ihre freie Zeit nutzen. Durch ihre Familien und Freundesnetze sind die Kinder mal mit mehr Ressourcen ausgestattet, mal mit weniger. Die Mechanismen, die bestimmend dafür sind, was die Kinder wo lernen, gilt es jedoch weiter zu untersuchen, um herauszufinden, welche Aktivitäten für das Fortkommen von Kindern relevant sein können.

---

[21] Genauso wie der *„sportive Typ (2. Welle)"*, der im Sportverein aktiv wird.

## Literatur

Alt, Christian (2005): Das Kinderpanel. Einführung. In: Alt, Christian (Hrsg.): Kinderleben – Aufwachsen zwischen Familie, Freunden und Institutionen. Band 1: Aufwachsen in Familien. Wiesbaden, S. 7-22

Betz, Tanja (2006): Milieuspezifisch und interethnisch variierende Sozialisationsbedingungen und Bildungsprozesse von Kindern. In: Alt, Christian (Hrsg.): Kinderleben – Integration durch Sprache? Band 4: Bedingungen des Aufwachsens von türkischen, russlanddeutschen und deutschen Kindern. Wiesbaden, S. 117-153

Brinkhoff, Klaus-Peter (1998): Sport und Sozialisation im Jugendalter. Weinheim und München

Erlinghagen, Marcel/Frick, Joachim, R./Wagner, Gert G. (2006): Ein Drittel der 17-jährigen Jugendlichen in Deutschland treibt keinen Sport. In: Wochenbericht DIW Berlin, 73. Jg, Nr. 29

Esser, Hartmut (1999): Inklusion, Integration und ethnische Schichtung. In: Journal für Konflikt und Gewaltforschung, Jg. 1, S. 5-34

Fölling-Albers, Maria (2000): Entscholarisierung von Schule und Scholarisierung von Freizeit? Überlegungen zu Formen der Entgrenzung von Schule und Kindheit. ZSE Zeitschrift für Soziologie der Erziehung und Sozialisation, 20. Jg., H. 2, S. 118-131

Friedrichs, Jürgen/Jagodzinski, Wolfgang (1999): Theorien sozialer Integration. In: Friedrichs, Jürgen/Jagodzinski, Wolfgang (Hrsg.): Soziale Integration. Sonderheft 39 der Kölner Zeitschrift für Soziologie und Sozialpsychologie. Wiesbaden, S. 9-43

Furtner-Kallmünzer, Maria/Hössl, Alfred/Janke, Dirk/Kellermann, Dorid/Lipski, Jens (2002): In der Freizeit für das Leben lernen. Eine Studie zu den Interessen von Schulkindern. München, S. 213-218

Fussan, Nancy (2006): Einbindung Jugendlicher in Peer-Netzwerke: Welche Integrationsvorteile erbringt die Mitgliedschaft in Sportvereinen? In: Zeitschrift für Soziologie der Erziehung und Sozialisation. 26. Jg., H. 4

Gisdakis, Bettina (2007): Oh wie wohl ist mir in der Schule... Schulisches Wohlbefinden – Veränderungen und Einflussfaktoren im Laufe der Grundschulzeit. In: Alt, Christian (Hrsg.): Kinderleben – Start in die Grundschule. Band 3: Ergebnisse aus der zweiten Welle. Wiesbaden, S. 81-136

Goia, Silvia (2005): Gebildete Eltern – aufgeschlossene Kinder? In: Alt, Christian (Hrsg.): Kinderleben – Aufwachsen zwischen Familie, Freunden und Institutionen. Band 1: Aufwachsen in Familien. Wiesbaden, S. 99-122

Grunert, Cathleen (2005): Kompetenzerwerb von Kindern und Jugendlichen in außerunterrichtlichen Sozialisationsfeldern. In: Sachverständigenkommission Zwölfter Kinder- und Jugendbericht (Hrsg.): Kompetenzerwerb von Kindern und Jugendlichen im Schulalter. Materialien zum Zwölften Kinder- und Jugendbericht, Bd. 3. München, S. 7-94

Hampsch, Heiner (1998): Freizeit und Schule. Die Selektion von Freizeitaktivitäten und ihr Einfluss auf schulisches Leistungs- und Sozialverhalten. Frankfurt a. M.

Hasenberg, Ralph/Zinnecker, Jürgen (1996): Sportive Kindheit. In: Zinnecker, Jürgen/Silbereisen, Rainer K. (Hrsg.): Kindheit in Deutschland. Aktueller Survey über Kinder und ihre Eltern. Weinheim und München, S. 105-136

Hössl, Alfred/Janke, Dirk/Kellermann, Doris/Lipski, Jens (2002): Freizeitinteressen und Lernen – ein Resümee. In: Furtner-Kallmünzer, Maria/Hössl, Alfred/Janke, Dirk/Kellermann, Doris/Lipski, Jens: In der Freizeit für das Leben lernen. Eine Studie zu den Interessen von Schulkindern. München, S. 213-218

Lockwood, David (1969): Soziale Integration und Systemintegration. In: Zapf, Wolfgang (Hrsg.): Theorien des sozialen Wandles. Köln, S. 124-137

Medienpädagogischer Forschungsverbund Südwest (Hrsg.) (2005): KIM-Studie 2005. Kinder + Medien, Computer + Internet. Basisuntersuchung zum Medienumgang 6- bis 13-Jähriger. Download am 20.08.2006 unter: http://www.mpfs.de/index.php?id=10

Tully, Claus J. (2006): Einleitung: Vom institutionellen zum informellen Lernen. Anmerkungen zum Wandel des Lernens und den absehbaren Trends zu informeller Bildung. In: Tully, Claus J. (Hrsg.): Lernen in flexibilisierten Welten. Wie sich das Lernen der Jugend verändert. Weinheim und München, S. 9-22

UNESCO (2000): World Education Report 2000. The Right to Education: Towards education for all throughout life.

Wahler, Peter/Tully, Claus J./Preiß, Christine (2004): Jugendliche in neuen Lernwelten. Wiesbaden

Zerle, Claudia (2007a): Wie verbringen Kinder ihre Freizeit? In: Alt, Christian (Hrsg.): Kinderleben – Start in die Grundschule. Band 3: Ergebnisse aus der zweiten Welle. Wiesbaden, S. 243-270

Zerle, Claudia (2007b): Immer in Bewegung – das Freizeitverhalten von Kindern. In: DJI-Bulletin 77, Heft 4/2007

Zinnecker, Jürgen/Silbereisen, Rainer K. (1996): Kindheit in Deutschland. Aktueller Survey über Kinder und ihre Eltern. Weinheim und München

Zwölfter Kinder- und Jugendbericht (Hrsg.) (2005): Band 3: Kompetenzerwerb von Kindern und Jugendlichen im Schulalter. München